P9-APW-866

Pourquoi la propriété

To Prof. Jany Buchanan
with my best regards.

Donated by
James M. Buchanan
BUCHANAN LIBRARY
George Mason University

Né en 1941, Henri Lepage est diplômé de l'Institut d'études politiques de Paris. Il entreprend une carrière de journaliste. Depuis 1976, chargé de mission à l'Institut de l'Entreprise, il est l'auteur de *Demain le capitalisme* et *Demain le libéralisme* (Hachette-Pluriel). Il a également publié *Vive le commerce* (Bordas-Dunod) et *Autogestion et Capitalisme* (Masson). Henri Lepage est membre de la Société du Mont Pèlerin et administrateur de l'ALEPS (Association pour la liberté économique et le progrès social). Membre du groupe des « nouveaux économistes », il est l'un des cofondateurs de l'Institut économique de Paris.

Donated by

BUCHANAN LIBRARY
George Mason University

Collection *Pluriel*
dirigée par Georges Liébert

HENRI LEPAGE

Pourquoi la propriété

HACHETTE

© Hachette, 1985.
ISBN 2-01-009541-3

Sommaire

Introduction

Un Français sur deux est pratiquement propriétaire de son logement. Les sondages le montrent clairement : les Français ont une solide mentalité de petits propriétaires. Et cela même lorsqu'ils votent à gauche. Tout pouvoir politique qui oserait attaquer le principe du lopin de terre commettrait un acte suicidaire.

Lorsqu'il s'agit d'industrie et de propriété industrielle, les choses sont, en revanche, fort différentes. Les élections de 1981 ont montré qu'à tout le moins, il n'y avait pas de majorité dans le corps électoral pour s'opposer aux nationalisations de la gauche. Même les actionnaires des groupes nationalisés n'ont, en vérité, pas offert une grande résistance. A quelques exceptions près, leur mobilisation et leur combativité ont été plutôt faibles.

Trois ans plus tard, le jugement des Français a complètement changé. Une majorité se dégage pour dénationaliser. Une telle situation suggère néanmoins que l'attachement des Français à la propriété est devenu extrêmement sélectif et variable. Si donc l'on veut être en mesure de s'opposer *durablement* aux menaces collectivistes, il est urgent de leur faire redécouvrir le sens véritable des institutions fondées sur la notion de propriété privée. L'ambition de ce livre est d'y contribuer.

L'objectif n'est pas de prendre la défense des propriétaires, gros ou petits, ni de présenter une apologie de la propriété individuelle en tant que structure sociologique. Mais de défendre un principe juridique : le régime de la propriété privée; c'est-à-dire un système d'organisation sociale fondé sur l'idée que les droits de propriété reconnus par la collectivité ne peuvent être, par définition, que des droits individuels, exclusifs et librement transférables. Ce principe, c'est celui de l'ordre du « marché ».

Mon intention est d'étudier les caractéristiques des institutions liées à la propriété privée, non seulement pour mettre en lumière les raisons de leur plus grande efficacité économique, mais aussi pour rappeler que leur légitimité se fonde également sur des arguments d'ordre éthique.

Pourquoi la propriété se présente bien évidemment comme une suite des deux volumes publiés dans la même collection, à l'initiative de Georges Liébert : *Demain le capitalisme* et *Demain le libéralisme*. A ce titre, alors que se multiplient les essais littéraires sur le libéralisme, ce livre s'efforce de rester fidèle au style et à la présentation adoptés dans les précédents : une sorte de reportage d'idées visant à informer les lecteurs français des développements les plus récents de la pensée et de la recherche néo-libérale américaine. Rien d'étonnant donc si, sauf exceptions, l'essentiel des références citées est quasi exclusivement d'origine anglo-saxonne. C'est là le résultat d'un choix délibéré, même si la propriété, depuis longtemps (mais cela est moins vrai des temps récents), a déjà inspiré un grand nombre d'auteurs français, au nom et au savoir souvent prestigieux.

Les lecteurs qui ont lu les précédents ouvrages retrouveront dans celui-ci une préoccupation constante : dénoncer toutes les idées fausses que notre culture a accumulées sur les défauts et les limites de la liberté économique. Plus que jamais, me semble-t-il, nous devons nous efforcer de débusquer et de combattre les « idéo-virus » qui ont envahi la pensée contemporaine et contaminent tout aussi bien ceux qui se disent libéraux que leurs adversaires. Qu'on ne voie aucun dogmatisme dans ce propos. Seule une pensée pleinement cohérente, j'en suis persuadé, et parfaitement consciente tant de ses véritables structures que de ses vrais fondements, peut être susceptible de séduire ceux qui seront la majorité de demain, et sans lesquels l'espoir libéral ne pourra jamais prendre forme : les jeunes.

Les chapitres consacrés à la propriété de l'entreprise

sont un peu plus longs et un peu plus fouillés que les autres. Cela tient à mes attaches à l'Institut de l'Entreprise. Pendant que je menais cette recherche, l'Institut ouvrait un vaste chantier de réflexion consacré notamment à l'avenir de la société de capitaux. Il me sembla utile de contribuer à ces travaux en insistant sur la manière dont les nouvelles approches de la théorie économique des droits de propriété renouvellent la compréhension des phénomènes d'organisation industrielle. Je précise cependant que les idées présentées ici n'engagent en aucune manière l'Institut de l'Entreprise, ni aucun de ses membres – auxquels la publication de ce livre m'offre une nouvelle occasion d'exprimer toute ma gratitude pour l'indépendance dans laquelle j'ai pu mener mes travaux au cours de ces dernières années.

La partie philosophique, en revanche, est moins développée. Ce n'est pas mon domaine. Cette recherche cependant m'a conforté dans la conviction qu'il est nécessaire de dégager le libéralisme de l'économisme dans lequel on le cantonne généralement un peu trop. Le libéralisme n'est pas seulement une idéologie économique. Si les Français avertis sont maintenant à peu près au courant des mouvements intellectuels et scientifiques qui, depuis vingt ans, aux États-Unis, ont contribué à renouveler l'approche libérale des faits économiques et politiques, on ignore en revanche qu'une révolution identique affecte actuellement des disciplines aussi importantes que la philosophie du droit ou la recherche éthique et morale.

Le néo-libéralisme américain ne se résume pas en un simple *new-look* économique. Au-delà du reaganisme, du friedmanisme, etc., se manifeste un bouillonnement intellectuel qui, à travers des questions aussi essentielles que celle de savoir si les hommes ont des « droits » – et lesquels –, renoue avec la plus pure tradition de l'ère des Lumières. Tout se passe comme si, après plus d'un siècle et demi d'erreur et de déviation utilitariste, on revenait enfin à l'essentiel, aux vraies questions, aux véritables sources de l'éthique libérale. Mais cela ne se sait pas encore dans notre pays. Dommage, car il me semble que le libéralisme serait une cause encore plus solide et peut-être plus séduisante, si ses défenseurs, ou supposés tels étaient enfin intimement convaincus qu'ils n'ont pas seulement pour eux l'efficacité, mais également la morale.

Ce livre, bien entendu, n'est pas complet. S'attaquer à la propriété, suppose qu'on aborde presque tous les aspects de la vie économique, sociale et politique. J'aurais dû non seulement parler de l'industrie et de l'entreprise, mais aussi de l'agriculture, des régimes fonciers, de la fiscalité, des inégalités, des frontières entre l'État et le marché, etc. Ce ne serait pas un livre que j'aurais alors entrepris, mais une encyclopédie. Aussi me suis-je limité aux problèmes de fond, de philosophie économique ou politique de la propriété, délaissant volontairement toutes les questions concrètes et particulières que certains s'attendraient à voir traitées dans un tel ouvrage. Comme dans les livres précédents, ce qui m'importe est de dresser un cadre conceptuel et non de participer à la rédaction d'un programme politique. On trouvera cependant dans le chapitre X consacré aux rapports entre la propriété et l'environnement, ainsi que dans les textes figurant en annexes, quelques exemples illustrant concrètement comment la propriété privée pourrait être étendue à des domaines où l'on croit généralement que seule l'action publique est envisageable, possible ou souhaitable.

Je sais bien qu'en me comportant ainsi je m'expose une nouvelle fois à l'accusation d'utopisme. Mais elle ne m'incommode nullement, ni ne me décourage, tant je reste persuadé que ce sont en définitive les idées qui mènent le monde, et non l'inverse.

Henri Lepage
Thoury-Ferrottes
Janvier 1985

CHAPITRE PREMIER

Droit et propriété : l'enjeu

Commençons par le commencement : qu'est-ce que la propriété? Qu'est-ce que la propriété privée?

« *Propriété* : Droit d'user, de jouir et de disposer d'une chose d'une manière exclusive et absolue sous les restrictions établies par la loi. » Telle est la définition que l'on trouve dans le dictionnaire. Elle est directement déduite du Code civil dont l'article 544 précise : « La propriété est le droit de jouir et de disposer des choses de la manière la plus absolue, pourvu qu'on n'en fasse pas un usage prohibé par les lois ou les règlements. »

Comme dans toute définition, chaque mot a son importance.

Bien qu'on considère généralement que notre régime de la propriété est issu du droit romain, le terme *propriété* est en fait relativement récent. A Rome, le mot qui se rapprochait le plus du concept tel que nous l'entendons aujourd'hui était celui de *dominium*. Issu de *dominus*, c'est-à-dire le maître, il évoquait l'idée de souveraineté absolue, notamment celle du chef de famille sur sa famille (la *domus*). Le mot *proprietas* n'est apparu qu'avec le droit romano-byzantin. Le mot propre étant le contraire de commun, il suggère l'idée d'une appartenance personnelle, excluant tous les autres individus de la maîtrise de la chose concernée. De par sa racine, le terme propriété évoque ainsi à lui seul l'idée d'*exclusivité*

* Les notes de ce chapitre commencent p. 37.

comme caractère essentiel de la relation que le droit de propriété établit entre les hommes et les choses.

Le mot *droit* s'oppose au fait, c'est-à-dire à la simple possession. Il exprime l'idée d'un avantage, d'un privilège opposable au reste de l'humanité, reconnu par les autres membres de la société et bénéficiant de la protection de celle-ci, que ce soit par la force contraignante des mœurs et des coutumes, ou par la sanction de la loi dont la puissance publique est l'agent d'exécution. Il établit la propriété comme un droit subjectif, individuel, faisant partie des droits de l'homme et du citoyen ainsi que le définit la Déclaration des droits de 1789 dans son article 2 :

« Le but de toute association politique est la conservation des droits naturels et imprescriptibles de l'homme. Ces droits sont la liberté, la propriété, la sûreté et la résistance à l'oppression. »

En l'occurrence, il s'agit d'un droit qui concerne la jouissance, l'usage et la disposition des choses. Détenir un droit de propriété, c'est se voir reconnaître l'*autorité de décider souverainement* de l'usage, de l'affectation et de la disposition du bien ou de la chose auxquels ce droit s'applique. Par exemple, s'il s'agit d'un sol, en détenir la propriété c'est se voir reconnaître le droit de décider librement si ce sol sera utilisé à des fins de culture ; si on y construira une maison d'habitation, un atelier, un commerce ; ou encore si on y installera un golf, un tennis ou un terrain de sport. Si on décide de l'affecter à des usages agricoles, c'est se voir reconnaître le droit souverain de décider qu'on y cultivera du blé plutôt que du maïs ou du soja, qu'on y fera de l'élevage plutôt que d'y planter des arbres fruitiers, etc. C'est aussi, le cas échéant, se voir reconnaître le droit de ne rien en faire du tout. A ce titre, il s'agit, comme le précise la définition du dictionnaire, d'un droit *exclusif et absolu,* c'est-à-dire d'un droit qui protège le libre choix de son détenteur contre toute interférence d'autrui non volontairement acceptée ou sollicitée par lui. Qui plus est, bien que le Code ne le précise pas, il s'agit d'un droit *perpétuel* qui ne peut s'éteindre que par abandon du titulaire ou destruction de la chose visée. La propriété n'est pas limitée à la vie du titulaire, ce qui la distingue de l'usufruit, et affirme en même temps son caractère héréditaire ; elle ne s'éteint pas par le non-usage.

Dans la mesure où il confère au propriétaire le droit d'exclure tout usage de sa propriété qui ne serait pas conforme à ses vœux, le droit de propriété implique le droit d'exclure de l'accès à sa propriété toute personne non agréée par lui, et donc, simultanément, celui de prendre toutes dispositions visant à exercer effectivement ce droit (par exemple par la construction d'un mur ou d'une clôture, ou par l'appel à la justice et à la force publique pour sanctionner les récalcitrants ou les tricheurs).

Ce droit entraîne pour les autres le *devoir* concomitant de respecter les décisions du propriétaire, même s'ils conservent le droit d'exprimer leur désaccord avec sa gestion et ses décisions. Quand quelqu'un se voit reconnaître le droit de choisir librement l'usage qu'il entend faire de sa propriété, cela signifie qu'il est non seulement illégal, mais également immoral d'essayer de restreindre sa liberté de choix, ou de l'en priver par la force, la contrainte ou la menace.

La présence du qualificatif *absolu* traduit la volonté du législateur de montrer que la propriété est le plus complet, le plus absolu de tous les droits réels reconnus : un propriétaire peut tout faire, alors que le titulaire de n'importe quel autre droit ne peut faire que ce qui lui est expressément accordé (comme c'est par exemple le cas en matière d'usufruit, ou de servitudes résultant du démembrement des différentes caractéristiques du droit de propriété originel). Chaque propriétaire se voit en quelque sorte attribuer une position de monarque absolu par rapport au domaine qui lui est reconnu.

Le droit de propriété n'est pourtant pas un droit illimité. Détenir un droit de propriété ne signifie pas que le propriétaire peut faire tout ce qu'il lui plaît avec les choses dont on lui reconnaît le contrôle. Outre les restrictions qui peuvent résulter de la Loi et des règlements édictés par le législateur, le propriétaire est naturellement limité dans l'exercice des prérogatives qui lui sont reconnues par les droits équivalents des autres — par exemple ses voisins. Il ne peut librement décider de l'affectation des biens dont il a la propriété que pour autant que ses choix n'affectent pas la nature et les caractéristiques des biens possédés par d'autres. S'il en était autrement, la propriété des autres n'aurait plus ce caractère exclusif et absolu qui en principe la définit. Par exemple, si la société me reconnaît la possession légitime d'un morceau de fer, je peux m'en servir pour fabriquer une pelle, une barrière ou un paratonnerre, mais je n'ai pas le droit de m'amuser à casser vos fenêtres. Un tel acte constituerait une violation répréhensible de vos propres droits de propriété.

Le fait que la propriété soit définie comme « le droit d'user, de jouir et de disposer d'une chose » signifie que le droit de propriété n'entraîne pas seulement celui de librement décider de l'emploi qui sera fait de cette chose, mais également : le droit de conserver pour mon usage exclusif et selon mes propres volontés les produits et revenus qui peuvent résulter de cet emploi (par exemple, l'argent que me rapportera la vente des pommes de mon verger); le droit de transférer librement à un tiers *tout ou partie* des droits spécifiques qui découlent du droit de propriété. Par exemple, au lieu d'exploiter moi-même un terrain, je peux me contenter de céder à un tiers le droit de le cultiver, et d'en percevoir les revenus, tout en gardant la nu-propriété (exemples du fermage et des différents régimes de métayage). Au lieu d'habiter moi-même le logement que j'ai fait construire, je peux décider d'en louer l'usage à un tiers pour un temps déterminé; tout en continuant à jouir librement et pleinement de la propriété de mon jardin, je peux reconnaître à mon voisin un droit de passage; tout en conservant la propriété de mon entreprise, et le droit d'en percevoir les bénéfices, je peux déléguer à d'autres – des managers professionnels – le droit d'en assurer la gestion et donc de prendre, sous certaines conditions contractuellement définies, ces décisions d'usage et d'affectation des ressources qui légalement sont le privilège du propriétaire.

On retrouve la trilogie classique prétendument héritée du droit romain, entre droit d'*usus*, de *fructus* et d'*abusus (jus utendi, fruendi et abutendi);* droits qui peuvent être cédés en bloc (lorsqu'il y a vente pure et simple ou transmission par héritage), ou bien négociés séparément sans pour autant pouvoir faire l'objet d'une aliénation perpétuelle (comme c'est le cas lorsqu'il s'agit de location, d'opération de *leasing,* etc.).

« *L'usus,* ainsi que le définit Jean Carbonnier dans son manuel de *Droit civil,* décrit cette sorte de jouissance qui consiste à retirer personnellement – individuellement ou par sa famille – l'utilité (ou le plaisir) que peut procurer par elle-même une chose non productive ou non exploitée. Le *fructus,* c'est la jouissance, le droit de percevoir les revenus du bien, soit par des actes matériels de jouissance, soit par des actes juridiques. L'*abusus* permet au propriétaire de disposer de la chose soit par des actes matériels en la consommant, en la détruisant, soit par des actes juridiques en l'aliénant [1]. »

Bien que très souvent invoqué par les juristes, ce triptyque est une classification des attributs de la propriété qui en réalité ne doit rien aux Romains. On la doit aux romanistes de la Renaissance qui étaient, ainsi que nous le rappelle le professeur Michel Villey, plus préoccupés de reconstruire le droit romain à la lumière des concepts et des préoccupations de leur époque, que de décrire le droit tel qu'il était pensé et vécu par les Romains eux-mêmes [2].

La définition du droit de propriété parle du « droit de jouir et de disposer des *choses...* ». A l'origine, le droit de propriété était essentiellement conçu par rapport aux problèmes posés par l'appropriation des biens fonciers et matériels; mais il faut comprendre ce terme dans le sens le plus large. Le mot choses se rapporte à tous les *biens* matériels ou immatériels, corporels ou incorporels qui peuvent faire l'objet d'un usage « privatif »; par exemple, tous les « droits » dont il est techniquement et légalement possible de garantir la jouissance exclusive à des individus (propriété industrielle, propriété littéraire, etc.).

Enfin, tous les attributs du droit de propriété peuvent être librement transférés au profit de personnes morales, sociétés ou associations, spécifiquement constituées à cette fin par plusieurs personnes. Cette personne morale acquiert alors tous les privilèges de la qualité de propriétaire.

Telles sont, rapidement rappelées, les grandes lignes du contenu du droit de propriété tel qu'il est consacré par notre Code civil et tel qu'il est généralement conçu en Occident.

Cette description ne permet cependant pas de saisir ce qui, fondamentalement, du point de vue de l'organisation sociale, définit le régime de la propriété privée. Pour cela, il faut dépasser la simple présentation juridique et repartir d'un constat très simple. A savoir que nous vivons par définition dans un univers marqué par un phénomène général de *rareté* : rareté du sol et de l'espace, des ressources naturelles, mais aussi rareté du temps (la plus rare de toutes nos ressources).

Cette situation générale de rareté n'était peut-être pas celle des hommes de la préhistoire vivant de la chasse et de la cueillette. Mais elle est celle de l'homme moderne depuis que la révolution agricole du néolithique, puis la seconde révolution de l'ère industrielle, ont apporté à l'humanité les moyens d'assurer la survie de populations de plus en plus nombreuses (environ 8 millions d'êtres humains sur terre un million d'années avant notre ère, 300 millions au début de l'ère chrétienne, 800 millions aux environs de 1750, 4 milliards aujourd'hui) [3].

Or, dès lors que l'on se trouve en situation de rareté, se pose un problème incontournable : celui d'arbitrer l'inévitable compétition que les hommes se livrent entre eux pour accéder au contrôle et à l'usage de ces ressources rares. Qu'il s'agisse de prescriptions écrites comme dans nos sociétés contemporaines, ou simplement de normes de comportement individuelles ou collectives découlant du respect de contraintes implicites imposées par la tradition, les coutumes, la religion, la présence de tabous, l'enseignement de philosophes ou de sages vénérés, etc., c'est la fonction même de ce qu'on appelle le droit, et des règles de propriété qui en découlent, que de définir la structure et les règles du jeu de ce processus d'arbitrage et de résolution des conflits.

Nous sommes tellement marqués par la révolution juridique et politique qu'a constitué la reconnaissance par la Révolution française du droit de propriété parmi les droits fondamentaux de l'homme, que nous avons pris l'habitude de raisonner comme si la propriété était une innovation radicale et exclusive de la société occidentale moderne. Une telle attitude est trop simplificatrice et nous fait perdre de vue que, par définition, il ne peut pas exister de société humaine sans présence de règles de propriétés – et donc de droits de propriété, explicites ou implicites, *organisant les rapports des hommes entre eux quant à l'usage des biens et des choses* [4]. Cela vaut aussi bien pour les sociétés primitives qui survivent encore que pour toutes les civilisations qui nous ont précédés dans l'histoire. Ainsi que le résument Henri Tézénas du Montcel et Yves Simon en s'inspirant des auteurs américains :

« Les droits de propriété ne sont pas des relations entre les hommes et les choses, mais des relations codifiées entre les hommes et qui ont rapport à l'usage des choses. Détenir des droits, c'est avoir l'accord des autres membres de la communauté pour agir d'une certaine manière et attendre de la société qu'elle interdise à autrui d'interférer avec ses propres activités, à la condition qu'elles ne soient pas prohibées. Ces droits permettent aux individus de savoir à priori ce qu'ils peuvent raisonnablement espérer obtenir dans leurs rapports avec les autres membres de la communauté. Ils permettent à leur détenteur de faire du bien ou du tort aux autres membres de la société, mais pas n'importe quel bien ni n'importe quel tort. On distingue les droits absolus et les droits contractuels. Les premiers concernent tous les membres de la communauté et leur sont opposables. Ils sont exécutoires et représentent des *principes de comportement* que toute personne doit observer. Les droits contractuels ne concernent, eux, que les parties impliquées. Ils n'échoient et ne sont opposables qu'à certains membres de la communauté. Leur but est d'harmoniser les intérêts différents des membres de la société par l'intermédiaire d'opérations d'échange. Les droits absolus déterminent la qualité et le contenu des accords contractuels. Ces derniers ne peuvent être exécutoires que s'ils ne violent pas les droits absolus [5]. »

Dans cette optique, ce qui différencie les sociétés humaines, ce n'est pas la présence ou l'absence de propriété, mais la façon dont les droits de propriété qui découlent des règles juridiques qu'elles observent prennent naissance, s'agencent et se conjuguent entre eux; ou encore, la façon dont ils se distribuent, s'attribuent, se transmettent, etc.

Prenons par exemple le cas de la société médiévale. Le concept de propriété au sens moderne du Code y est bien évidemment inconnu; mais ce n'est pas pour autant une société dépourvue de droits de propriété au sens où l'entend l'économiste contemporain. Hommage et retrait féodal, tenure censitaire et tenure servile, droit de ban, droits de glanage, de grappillage, de râtelage, de vaine pâture ou de libre passage, autant d'institutions et de règles qui organisent la façon dont les uns et les autres, suivant leur fonction ou leur statut personnel, peuvent accéder au contrôle des choses et des ressources; qui précisent ce que les individus ont le droit de faire ou de ne pas faire, dans quelles conditions ils peuvent ou non interférer avec les choix et les décisions des autres; qui définissent donc, même si les juristes n'utilisent pas ce langage, toute une grille de droits de propriété individuels et collectifs, explicites ou implicites, dont la fonction est d'organiser non pas les rapports des hommes avec les choses, mais, comme je l'ai déjà signalé, les rapports des hommes entre eux quant à l'usage des choses.

De la même façon, ce n'est pas parce que les sociétés socialistes ont aboli la propriété privée des biens de production, qu'elles ne se caractérisent pas par une certaine structure de droits de propriété. Méthode de planification, structures d'organisation économique, règles de gestion des entreprises, modes de nomination des dirigeants et des responsables –, autant de procédures dont la finalité est de définir qui, en définitive, a autorité sur qui et sur quoi, et qui déterminent toute une hiérarchie de droits de propriété fixant les conditions dans lesquelles chacun peut ou non tirer profit de l'usage des ressources de la collectivité.

Partant de là, ce qu'on appelle « le régime de la propriété privée » n'est qu'un cas particulier, un cas extrême où la règle générale est que les droits de propriété reconnus par la collectivité sont des *droits subjectifs* [6], à caractère *personnel, exclusif* et *librement transférable,* qui dérivent directement du droit inaliénable de chaque individu à la pleine et entière propriété de soi. Ce qui définit le régime occidental de la propriété privée n'est pas la présence de propriétés individuelles et personnelles (la propriété individuelle se retrouve toujours, d'une manière ou d'une autre, à des degrés divers, dans tous les régimes économiques ou politiques : par exemple, même dans les tribus les plus primitives, le chasseur se voit généralement reconnu la propriété personnelle de ses instruments domestiques ou de ses outils de chasse); mais la dominance de trois principes juridiques essentiels : le fait que, par définition, tout droit ne peut être qu'un attribut des personnes, définissant des droits individuels et personnels; le principe selon lequel tout droit concernant la possession, l'usage ou le transfert d'une ressource ne peut faire l'objet de plusieurs propriétés simultanées et concurrentes; enfin, le fait que tout droit légalement reconnu à un individu constitue un « bien privatif » qui peut être librement cédé et transféré au profit d'autres personnes.

Ce sont ces trois principes – le fondement individualiste du droit, la règle d'exclusivité, et le principe de libre transfert impliquant une pleine aliénabilité, cessibilité et transmissibilité du bien – qui définissent le régime occidental de la propriété privée. Ce sont eux qui, fondamentalement, constituent les trois piliers de ce régime économique et social et qui l'opposent aux autres types de société. Par exemple, aux sociétés féodales où les droits, le plus souvent inaliénables, sont d'abord et avant tout liés aux fonctions et au statut des individus et non à leur personne et s'emboîtent mutuellement dans un maquis inextricable d'obligations hiérarchiques et d'allégeances réciproques. Ou encore à la société socialiste dont le principe de base est que seule l'unité organique qu'est le groupe a qualité à être investi des attributs de la propriété; ce qui implique que les droits dont disposent les individus ne sont jamais que concédés par la collectivité au lieu d'être indéfectiblement ancrés dans la personnalité humaine.

Ce qu'on appelle la propriété privée n'est ainsi qu'un système d'organisation sociale parmi d'autres, lié à une philosophie particulière du droit, et des droits et obligations qui en découlent. Quelles sont les propriétés de ce système? Quelles conséquences a-t-il sur les mécanismes d'allocation des ressources? Quelles sont les raisons ou les origines de son apparition? Avec quelles conceptions de la justice est-il compatible ou incompatible? Telles sont les questions auxquelles nous essaierons de répondre dans les chapitres qui suivent.

En attendant, on peut remarquer que la propriété d'État de type socialiste et soviétique n'est elle-même qu'un autre cas particulier où la totalité des droits appartient en théorie à une entité collective – le peuple –, mais où les droits de propriété sur les biens de production sont en réalité regroupés de façon *exclusive et non transférable* dans les mains d'un appareil bureaucratique qui se présente comme l'instrument de la volonté populaire. Cet arrangement institutionnel n'interdit pas la présence de certaines sphères de possession privative (par exemple pour les objets personnels, les meubles particuliers, les automobiles, certains logements). Mais ces propriétés personnelles ne sont qu'une tolérance déléguée et font l'objet de sévères restrictions d'usage, comme par exemple les logements « privés » qui ne peuvent être utilisés à des fins de location payante. Il en va de même dans les autres démocraties populaires, y compris celles qui ont réintroduit une certaine dose d'initiative et d'entreprise privée. Il ne s'agit jamais que de *droits délégués* qui peuvent à tout moment se trouver remis en cause par les autorités, dépositaires ultimes de l'ensemble des droits de propriété attribués dans la société.

Paradoxalement, les marxistes ont pourtant une conception de la nature du droit de propriété qui n'est pas fondamentalement différente de celle que décrit le droit occidental. Ainsi que le fait remarquer Leopold Kohr :

« Les marxistes reconnaissent que la propriété est constituée par le droit exclusif qu'une personne détient sur l'usage et la disposition d'une chose, que la liberté elle-même est constituée par le droit exclusif qu'une personne détient sur ses propres actions, et que, dans un monde où les actions sont nécessairement médiatisées par des rapports aux choses, on ne peut pas avoir l'un sans l'autre. Mais la grande différence apparaît à partir du moment où il est question de déterminer quelle est la " personne " qui peut ainsi être sujet de ces droits [7]. »

C'est effectivement la question fondamentale. Seule une *personne* peut se voir investie du droit sacré à la pleine propriété. Mais qui est cette personne? A qui s'applique ce concept de personnalité? Est-ce toute personne humaine vivante, comme l'établit la pensée individualiste du droit occidental? Ou bien, nous, êtres vivants, ne sommes-nous que les particules élémentaires d'une entité supérieure au niveau de laquelle s'exprimerait seulement le concept de personnalité, comme le conçoivent les collectivistes? Dans le premier cas, cela signifie que tout être humain – ou toute construction juridique déduite de la libre volonté d'êtres humains, comme l'entreprise – peut être investie de la qualité et des prérogatives de la propriété. Dans le second, que seule l'entité supérieure dont nous sommes part peut prétendre à cette qualité.

Le point central de la doctrine marxiste est que le concept suprême de personnalité ne peut s'incarner qu'au niveau supérieur du groupe – qu'il s'agisse du peuple, de la nation, de la société conçue comme un tout organique. Cela n'implique pas que les marxistes dénient toute valeur à la personnalité humaine individuelle, pas plus que croire au tout organique du corps ne conduit à négliger la valeur et les apports de la cellule. Simplement dans leur credo la société vient d'abord, l'individu n'est que second; ses actions ne sont pas libres mais circonscrites et déterminées par les buts et les desseins de l'entité supérieure dont il n'est qu'une part.

« Une fois que l'on accepte cette philosophie, conclut Leopold Kohr, la position marxiste en ce qui concerne la propriété devient parfaitement cohérente. » On comprend mieux pourquoi, alors que les marxistes ne cessent de tirer à boulets rouges sur la propriété privée et « la spoliation bourgeoise » qui en découle, ils n'en décident pas pour autant de rendre au prolétariat ce qu'ils se proposent d'enlever à la bourgeoisie. Ni l'un ni l'autre, ni les bourgeois ni les prolétaires, dans leur optique, n'ont de personnalité propre et ne peuvent donc prétendre aux attributs de la propriété qui leur permettrait de faire obstacle aux desseins et à la volonté du Tout. Ce que veulent les marxistes, ce n'est pas transférer la propriété à ceux qui sont démunis et dont ils se font pourtant

les ardents avocats, mais la rendre au seul élément organique qui, à leurs yeux, incarne l'ego, la souveraineté, la personnalité : la société, le public, le peuple,
l'État.

Cette remarque est particulièrement intéressante en ce
qu'elle suggère que si les marxistes revendiquent la
propriété pour l'État et pour lui seul, c'est en définitive
pour les mêmes raisons que les individus qui veulent être
libres revendiquent le droit à la propriété : parce qu'être
propriétaire, détenir le droit de propriété, c'est détenir le
pouvoir de se prémunir contre toute interférence extérieure; c'est, en un mot, *être libre*. Mais il est bien
évident que les conséquences sont radicalement différentes.

Dans la conception marxiste, il n'y a donc pas de
différence de nature entre la propriété privée et la
propriété publique. La propriété publique est la propriété
du public de la même façon que les usines Ford sont la
propriété de la Ford Motor Company. Les deux types de
propriété confèrent à leurs propriétaires un gage de
liberté absolue. Mais un système de propriété publique ne
connaît qu'un seul propriétaire doté de tous les attributs
que lui confère la reconnaissance de sa personnalité
souveraine : l'État; alors que dans un système de propriété privée, l'État n'est qu'un élément souverain parmi
beaucoup d'autres égaux en droit. « Dans le premier cas,
on a peut être une " société libre " au sens marxiste du
concept; mais aux yeux de ceux qui estiment qu'une
société libre ne peut être qu'une société d'hommes libres,
c'est le second qui importe le plus. »

L'autogestion à la yougoslave est un autre système, de
type intermédiaire, où les différents droits de propriété
afférant à l'usage des biens de production sont en principe
répartis entre plusieurs niveaux d'organisation : le personnel des entreprises, les collectivités locales, les associations d'usagers ou de clients, les régions, l'État, et cela
selon toute une gradation qui admet certaines clauses
d'exclusivité limitée (par exemple, la redistribution des
profits de l'entreprise aux membres du personnel), certaines possibilités de libre cession (la libre vente des produits
de la firme), mais contient également de nombreux droits
qui ne sont ni exclusifs, ni librement transférables (par

exemple, l'impossibilité pour le collectif des travailleurs d'aliéner tout ou partie du capital dont l'usage lui est théoriquement concédé par la société).

Les théoriciens de l'autogestion sont particulièrement attentifs à souligner que leur conception de la propriété s'oppose autant au droit bourgeois classique qu'à la conception marxiste telle que celle-ci s'exprime à travers ses projets de nationalisation. C'est ainsi qu'il y a quelques années, percevant fort bien le lien paradoxal qui existe entre le dogme marxiste de la propriété d'État et le dogme libéral de la propriété privée, Pierre Rosanvallon écrivait :

« Il apparaît difficile de penser le socialisme dans le cadre de la conception bourgeoise de la propriété. Le problème de la socialisation, conçu comme mode d'articulation entre l'intérêt local et l'intérêt global, reste en effet insoluble tant qu'on le pose par le seul biais du changement de propriétaire. Il ne peut être résolu que par *l'éclatement et la redistribution* des différents droits qui, regroupés, forment le droit classique de propriété. La socialisation autogestionnaire doit faire éclater la conception capitaliste et bourgeoise de la propriété issue de la Révolution de 1789. La socialisation redistribue les différents droits attachés à la propriété classique entre différentes instances (au niveau de l'entreprise, de la région, de l'État, des collectivités diverses) et ne les remet donc pas tous ensemble entre les mains d'un même agent collectif. En ce sens, elle représente une véritable *dépropriation*. La société autogestionnaire doit tendre à ce qu'il n'y ait plus de droit de propriété à proprement parler, mais un ensemble de droits complémentaires exercés par différentes collectivités sur un même bien [8]. »

Ce qu'Edmond Maire lui-même complétait à l'époque en écrivant :

« Il ne s'agit pas seulement d'un changement de propriétaire, mais bien d'une mise en cause de la notion de propriété elle-même. C'est pourquoi nous parlons plus volontiers de propriété sociale ou de socialisation que de nationalisation (qui implique trop et de façon trop centrale uniquement le changement de propriétaire). Car, au-delà de la propriété physique privée, c'est la notion même de propriété avec les pouvoirs qui y sont attachés qu'il faut faire éclater afin de redistribuer ses diverses fonctions. Dans une société autogestionnaire, les différents pouvoirs que la propriété confère à son détenteur seront répartis entre les divers centres de décision autogérés : l'entreprise, la communauté régionale ou locale, le plan national. Ainsi, le " quoi produire " sera indiqué par le Plan, ainsi le " comment produire " sera déterminé par les travailleurs de l'entreprise ou de la branche industrielle, ainsi le " avec qui produire " résultera de ce qui précède mais aussi de l'intervention de la communauté locale (emploi) et des centres de formation (qualifications). Si bien que la propriété sociale ne peut se définir correctement qu'à partir de l'articulation instaurée entre ces différents pouvoirs [9]. »

Cette approche de la propriété ne manque pas d'intérêt. Elle constitue effectivement une rupture radicale avec les concepts abstraits hérités de la Révolution de 1789 et des philosophes des Lumières et renoue, d'une certaine façon, avec les traditions de l'époque féodale où, comme je l'ai rappelé, il n'y avait pas de propriété au sens propre du terme, mais un tissu complexe et enchevêtré de droits réels attachés à des biens, des fonctions ou des titres. Enfin, elle débouche sur une sorte de philosophie contractuelle et décentralisatrice où, comme l'explique Serge Christophe Kolm, tout le pays serait « organisé en associations et associations d'associations, volontaires et pouvant être dissoutes par leurs membres, pour chaque groupe de problèmes de la société [10] » – ce qui, indiscutablement, lui confère une certaine tonalité libérale particulièrement attirante pour ceux qui, entre le capitalisme qualifié de sauvage et le socialisme autoritaire, voudraient trouver une troisième voie.

Il faut bien voir cependant que cette conception autogestionnaire n'en reste pas moins profondément marquée par l'empreinte des idées marxistes – même s'il ne s'agit plus d'un marxisme d'État. Invoquer l'image d'un paradis contractuel sous le prétexte qu'une multitude de groupes de base et d'associations se lieraient entre eux dans le cadre d'un réseau de contrats volontairement souscrits, ne doit pas en effet cacher que la philosophie autogestionnaire reste fondée sur une conception du contrat qui n'a rien à voir avec ce que les libéraux entendent par ordre contractuel. Il ne suffit pas de décentraliser, même à outrance, pour réaliser l'idéal humaniste d'une société de liberté; il ne suffit pas de se gargariser du mot contrat pour dédouaner l'autogestion de toute rémanence collectiviste. Dans un tel système, les contrats engagent d'abord et avant tout des groupes en tant que groupes; expressions de la personnalité intrinsèque de ces groupes, ils ne sont pas ancrés, même indirectement, dans le libre arbitre et la libre adhésion des personnes. Tout contrat s'analysant en fin de compte comme un transfert ou une dévolution de droits de propriété au profit de tiers, cela signifie que tout droit de propriété procède du groupe et non des droits des individus. On retrouve une philosophie typiquement collectiviste où les droits de propriété individuels ne sont jamais que *concédés* et peuvent donc être *repris* à tout moment dès lors qu'une majorité le juge bon.

Cette remarque nous ramène à la propriété privée et au droit de propriété classique et m'incite à conclure ce chapitre introductif par quatre observations :

– Il est vrai que la grande innovation du Code civil a été de procéder au regroupement de tous les droits liés à la jouissance, à l'usage et à la disposition des choses en un droit de propriété unique conférant à son titulaire toute la puissance et la solennité du *dominium* romain. Cependant, en se concentrant sur les aspects politiques et sociologiques de cette révolution, on perd généralement de vue l'autre grande innovation du système, celle qui du point de vue de la dynamique de l'organisation sociale, est peut-être la plus importante : la généralisation du principe de *libre cessibilité* des titres de propriété et de tous les droits y afférant.

« La pleine aliénabilité, cessibilité, transmissibilité du bien est un attribut capital de la propriété, explique le professeur Carbonnier. Il peut sans doute exister des propriétés inaliénables, mais cette inaliénabilité n'est jamais entière, ni perpétuelle [11]. » Cette liberté d'aliéner – qui, sous l'Ancien Régime, était encore loin de faire figure de droit universel malgré les progrès réalisés au cours des siècles – est effectivement un trait tout à fait capital, car elle signifie que le régime de la propriété privée, tout en étant historiquement centré sur la propriété individuelle, autorise la présence et la formation d'une infinie variété d'autres cas de figure susceptibles d'émerger spontanément du simple exercice de la *liberté contractuelle* qui est la conséquence directe de la reconnaissance du droit individuel à la libre transférabilité des droits. Par exemple, le droit de propriété s'analysant en dernier ressort comme un panier de droits élémentaires dont la liste peut être presque infinie, et dont les attributs se déduisent eux-mêmes de ceux du droit de propriété (individuel, exclusif et librement transférable), dans un tel système, rien n'empêche ceux qui le désirent de s'entendre avec d'autres pour former ensemble des organismes fondés sur un principe de propriété commune – pour autant seulement que ces arrangements privés soient le produit du droit imprescriptible de chacun à négocier librement avec d'autres l'agencement des droits dont ils sont légitimement propriétaires.

Ainsi que le prouve l'expérience quotidienne et notamment toute l'histoire du capitalisme lui-même, particulièrement riche en expériences institutionnelles nouvelles, le terme de propriété privée est devenu dans le monde d'aujourd'hui un terme générique qui recouvre un univers extrêmement complexe où l'ensemble des droits afférents à la jouissance, l'usage et la disposition des biens peut se combiner et se recombiner selon une infinité de cas de figure dont la seule limite est l'ingéniosité et l'imagination des êtres humains, notamment des juristes : propriété individuelle, droit d'usufruit, viager, société à responsabilité limitée, société anonyme, propriété coopérative, copropriété, multipropriété, location, leasing, crédit-bail, association loi de 1901, contrat de servitudes, etc.

La caractéristique de la société capitaliste est de laisser au marché – c'est-à-dire au libre jeu des appréciations individuelles – le soin de déterminer quel est l'agencement contractuel le plus approprié selon les circonstances auxquelles chacun est confronté. Étant donné que chaque type d'arrangement institutionnel a pour conséquence de produire, du point de vue de l'usage des ressources ainsi contrôlées, des comportements individuels et collectifs qui peuvent être fort différents (par exemple, l'entreprise publique comparée à l'entreprise capitaliste), l'une des caractéristiques les plus remarquables de ce libre marché est de permettre à la collectivité d'accumuler une connaissance des avantages et inconvénients de chaque formule d'organisation infiniment plus étendue que dans un système où la liberté de choix contractuelle est nécessairement beaucoup plus réduite, comme c'est le cas dans les sociétés socialistes [12] – même la société autogestionnaire qui, pour survivre et ne pas être condamnée à se renier, se doit d'imposer des limites très strictes à la liberté d'initiative de ses membres, notamment et surtout à leur liberté contractuelle.

– Il est vrai que l'exercice du droit de propriété est limité par des restrictions législatives et réglementaires de plus en plus nombreuses. Nous n'en sommes pas encore au régime socialiste où, comme le définissait le premier projet de Constitution de 1946, « la propriété est le droit inviolable d'user, de jouir et de disposer des *biens garantis à chacun par la loi* » – ce qui implique que le législateur peut définir des catégories de biens qui, par définition, ne peuvent plus faire l'objet de procédures d'appropriation particulière; mais il est clair que nous vivons déjà dans un univers d'économie mixte où le caractère absolu du droit de propriété apparaît de plus en plus comme un anachronisme juridique [13].

Interrogeons-nous un instant sur la signification de cette croissance continue du pouvoir réglementaire de la puissance publique. Dès lors que l'État se mêle de tout et de n'importe quoi, dès lors qu'il s'arroge, sous de multiples formes, le droit de prendre à Pierre pour donner à Paul ce qu'il considère « juste » de lui donner, il est naturel que chacun se tourne de plus en plus vers lui et le monopole de la *contrainte* qu'il détient, pour satisfaire ses intérêts privés, plutôt que vers les formes de coopération *contractuelle* de la société civile. Ce faisant, nous ne sommes pas assez attentifs au fait que cette extension continue du champ d'intervention de la puissance publique conduit à un changement profond de la nature même du droit de propriété : celui-ci cesse d'être un attribut des personnes pour devenir un droit délégué; un droit qui n'est plus ancré dans les droits naturels de l'individu, mais dont la collectivité – et donc, en réalité, l'État – est le dépositaire premier. Autrement dit, un droit socialiste...

Prenons l'exemple des réglementations modernes qui se développent généralement sous le prétexte de « moraliser la concurrence » – ce qui est encore l'une des formes les moins interventionnistes de l'État contemporain. Lorsqu'il réglemente une profession ou une activité – les notaires, les médecins, les pharmaciens, les taxis, les banques, les agences de voyage, les maisons de travail temporaire, demain les agences matrimoniales, etc. – et qu'il introduit un *numerus clausus*, l'exigence d'un diplôme délivré par un aréopage de professionnels installés, ou encore le respect de certaines normes techniques qui, sous prétexte de protéger le client, rendent plus difficile l'établissement de nouveaux venus, l'État fait bénéficier les premiers installés d'une *protection* qu'il leur garantit par son monopole de la contrainte. En réduisant les possibilités d'entrée de nouveaux compétiteurs, cette protection crée au profit des professionnels déjà installés une « rente économique » dont la nature n'est pas fondamentalement différente de celle dont les corporations bénéficiaient sous l'Ancien Régime. La seule différence est qu'au lieu de vendre sa protection, l'État l'échange en général contre les votes de ceux qu'il protège ainsi [14]. Mais qu'il exerce cette activité de distributeur de privilèges sous le contrôle périodique des électeurs ne change rien à la nature du processus. En multipliant les règlements en tous genres (lois anti-trust mais aussi lois du travail ou sur le logement etc.), l'État redevient ce qu'il était sous le régime mercantiliste : non plus seulement le producteur essentiel et indispensable de droits de propriété – là où l'absence de droits de propriété clairement définis et librement échangeables empêche le mécanisme de la compétition marchande de fonctionner et d'apporter ses bienfaits à la collectivité –, mais aussi et surtout *le détenteur premier du droit de propriété*.

Ainsi, à partir du moment où l'on reconnaît à l'État le droit illimité d'interférer et de modifier autoritairement le contenu de droits de propriété légitimement acquis par des individus, la propriété cesse d'être l'extension naturelle de la personne comme dans la tradition du droit libéral; elle devient un privilège d'État dont l'usage est seulement *concédé* à des personnes privées. On entre dans un droit totalement différent. L'incertitude constante qu'une telle situation fait désormais peser sur tous les droits de propriété dont chacun de nous est légitimement le détenteur signifie en clair que c'est bien l'État qui se retrouve le titulaire réel du droit de propriété dont il ne fait plus que déléguer l'usage plus ou moins complet des attributs aux personnes et groupes privés.

Il s'agit *d'un renversement fondamental* de doctrine qui nous fait, sans que nous nous en rendions compte, basculer dans une société où la distribution de ces franchises légales constitue la monnaie d'échange que ceux qui contrôlent les instruments dont l'État moderne est aujourd'hui doté utilisent pour multiplier les votes en leur faveur et mieux assurer ainsi leur carrière. C'est l'engrenage de cette « démocratie hégémonique » dont Yves Cannac a décrit les rouages dans son livre *Le Juste Pouvoir* [15].

– Pour faire bon poids, bonne mesure et affirmer ainsi leur objectivité, les médias ont pris l'habitude d'opposer d'un côté, les régimes totalitaires de type communiste et de l'autre, les dictatures de type fasciste que certains n'hésitent pas à nous décrire comme le stade suprême du capitalisme et donc de la logique de la propriété privée.

Je voudrais réagir vigoureusement contre une telle présentation qui suggère l'existence d'une sorte d'affinité naturelle entre le régime de la libre entreprise, fondé sur le principe du pouvoir absolu de la propriété privée, et ces régimes autoritaires. Elle traduit en effet une méconnaissance profonde de la nature même des relations économiques et politiques qui caractérisent ces régimes.

Il est vrai que les régimes dictatoriaux ou les régimes qui se réclament d'une doctrine de type fasciste reconnaissent en général le principe du droit traditionnel de la propriété privée. Leur politique est de dissocier libertés économiques et libertés politiques. Jusqu'où les libertés économiques sont respectées dépend de chaque cas d'espèce. Mais il est une certitude commune, c'est que tous ces régimes, tout en maintenant le principe juridique de la propriété privée, n'en réduisent pas moins considérablement la zone d'applicabilité de son attribut le plus fondamental : le principe de la liberté contractuelle, qui concerne non seulement les contrats commerciaux, mais aussi le principe de la liberté d'association (formation de syndicats, d'associations, liberté des partis politiques). Si le droit de propriété entraîne la liberté absolue pour son détenteur de faire ce qu'il désire de sa propriété, cela signifie qu'il peut librement imprimer ou diffuser ce qu'il désire faire connaître aux autres. Dans l'optique du droit libéral, le droit de propriété est un tout qui entraîne non seulement la liberté de produire et de commercer, mais également la liberté de parole, la liberté d'expression, la liberté de la presse, ou encore la liberté d'utiliser ses ressources pour contribuer à la constitution d'associations contractuelles aux objectifs les plus divers – pour autant seulement que ces objectifs ne sont pas en contradiction avec la protection même de ce droit de propriété qui est le fondement de la société (par exemple, illégitimité des associations criminelles telles que les mafias). Attenter à l'une de ces libertés, c'est attenter au principe même du droit de propriété. Ce qui met ces régimes hors la loi.

Même s'ils maintiennent le principe de la propriété économique, il s'agit plus d'une façade juridique que d'une réalité concrète dans la mesure où la politique de ces régimes, du moins dans leurs formes les plus extrêmes, est généralement de priver cette propriété de tout contenu réel. Le fascisme, même s'il n'abolit pas officiellement le principe de la propriété privée des biens de production, s'identifie avec une politique économique et industrielle qui aboutit au contrôle des principales activités économiques par l'État et transfère à des bureaucraties publiques ou corporatives l'essentiel des attributs réels de la propriété. Un cas de figure qui, somme toute, est assez proche de celui des sociétés socialistes. Le droit de propriété n'y est plus qu'un droit délégué par un pouvoir central qui est le véritable détenteur du pouvoir économique, et donc des droits de propriété liés à l'activité économique. En ce sens, le principe qui régit les régimes fascistes n'est guère différent de celui qui régit les sociétés communistes ou socialistes, même si la façade est différente. Cela n'a plus rien à voir avec les conceptions libérales de la propriété capitaliste.

Dans son récent livre, *The Ominous Parallels, The End of Freedom in America*, l'écrivain et philosophe américain, héritier testamentaire d'Ayn Rand, Leonard Peikoff, cite ce passage significatif extrait des déclarations d'un des responsables de la propagande nazie dans les années 1930, Ernst Huber :

« La propriété privée, telle qu'elle est conçue par le libéralisme économique, est le contraire même du véritable concept de propriété. Ce que cette propriété confère à l'individu, c'est le droit de faire ce qu'il veut, sans se préoccuper de ce qu'exigerait l'intérêt général... Le socialisme allemand tourne définitivement le dos à cette conception irresponsable d'une propriété au droit illimité. Toute propriété est une propriété collective. Les droits du propriétaire sont naturellement limités par ceux du peuple et de la nation. Ceux-ci lui imposent d'en faire un usage responsable. Le droit juridique de la propriété n'est justifié que quand le propriétaire respecte ses obligations à l'égard de la collectivité [16]. »

Contrairement aux marxistes, remarque Leonard Peikoff (dont le livre est une recherche sur les origines du totalitarisme d'un point de vue libertarien), les nazis ne considéraient pas la nationalisation des biens de production privés comme indispensable. Il leur suffisait que le gouvernement obtînt le pouvoir effectif de diriger et de contrôler l'économie du pays. Pour eux, l'aspect juridique était tout à fait secondaire. Ce qui comptait, ce n'était pas l'aspect légal du pouvoir de décision économique. Il leur était bien égal que les citoyens allemands continuent de détenir des titres de propriété privée, du moment que l'État en contrôlait l'usage effectif. Si l'on appelle propriété, le droit de déterminer l'usage et de disposer des biens matériels, alors, conclut Peikoff, il faut considérer que c'était l'État nazi qui, dans la réalité, détenait les véritables prérogatives généralement associées au droit de propriété. Ce que conservaient les Allemands n'était qu'un bout de papier légal qui ne leur conférait, en fait, aucun droit réel. Ce qui caractérise le communisme, c'est que, de par la loi, tout est propriété collective. Ce qui distingue le nazisme du communisme, c'est seulement que celle-ci est une propriété *de facto*. Dès avant la guerre, les patrons des grandes entreprises privées allemandes n'étaient plus que des fonctionnaires d'État exécutant des ordres dictés par le parti national-socialiste.

– Il y a quelques années, deux universitaires britanniques, R. E. Pahl, et J. T. Winkler, dans un article intitulé « Vers le corporatisme », remarquaient :

« En Angleterre, le capitalisme moderne se meurt et ce qui se profile à l'horizon n'est pas le socialisme, mais le corporatisme – c'est-à-dire une forme de société fondée sur le contrôle étatique de la propriété privée [17]. »

Allant au-delà de la gestion keynésienne de la demande globale et de l'intervention à des fins de stabilisation conjoncturelle, le corporatisme, expliquaient-ils, s'efforcera de régler jusque dans les moindres détails les activités économiques et d'assurer une direction consciente des ressources. Par contraste avec l'économie mixte – pour partie nationalisée et dirigée par l'État, et pour partie constituée d'entreprises privées non dirigées –, le système corporatiste visera à un contrôle total de tout l'éventail des activités économiques nationales, tout au moins en ce qui concerne les plus grandes entreprises. A la différence de la technocratie du « nouvel État industriel » de Galbraith, où des experts commandent au nom de la science et de l'efficacité, le corporatisme reconnaîtra ouvertement qu'il y a contrôle politique à des fins déterminées par l'État lui-même. Le corporatisme ira également plus loin que la planification indicative à la française, qui repose sur un exercice non bureaucratique et d'ampleur limitée de fixation concertée d'objectifs entre fonctionnaires et patrons, avec l'appui financier de l'État. Plus qu'une forme simplement un peu poussée d'intervention gouvernementale, le corporatisme consiste à tenter d'instaurer le contrôle de l'État sur tous les aspects essentiels de la prise de décision dans les entreprises. Par ailleurs, le corporatisme implique la maîtrise par l'État de l'essentiel des investissements.

L'expérience Thatcher a fait mentir le pronostic que les deux professeurs britanniques portaient sur l'avenir probable de l'économie anglaise. En France, après les illusions et les graves erreurs de « l'état de grâce » de 1981-1982, on est revenu à un peu plus de réalisme. Le discours officiel réhabilite, du moins en paroles, les vertus traditionnelles de l'entreprise et de la responsabilité. Mais quand on y regarde de plus près, on demeure frappé par l'ampleur des coïncidences qui se dessinent entre ce qui, selon ces deux auteurs, définit un régime corporatiste, et tous les ingrédients qui caractérisent le nouveau compromis socio-économique atteint par la société française après trois années de politique socialiste. Par exemple :

– L'exaltation d'une philosophie de l'intérêt général qui accepte le maintien formel du droit à la propriété privée, mais qui conduit néanmoins à transférer à l'État le contrôle direct ou indirect de toutes les décisions économiques essentielles (nationalisations, notamment nationalisation du système bancaire).

– Le maintien d'un secteur privé encore numériquement majoritaire et donc l'acceptation de certaines règles de marché, mais dans le cadre d'une doctrine dénonçant le caractère immoral et incivique de ses réussites les plus spectaculaires et n'acceptant l'initiative privée que soumise à une réglementation étatique extrêmement poussée.

– L'exaltation d'une économie de coopération, de dialogue et de négociation qui gonfle le rôle des organisations professionnelles privées, favorise le jeu des intérêts corporatifs de minorités privilégiées (les fameuses organisations dites représentatives), et débouche sur une relation permanente de marchandage à tous les niveaux entre fonctionnaires, bureaucrates syndicaux et responsables privés, avec inévitablement beaucoup de combines, d'arbitraire, de collusions, de dérobades, de menaces, de rancœurs, de plaidoyers prodomo, et de manipulations de réseaux de camaraderie occultes, etc.

Il est vrai que, même de ce point de vue, le précédent régime français était loin d'être sans tache. Dans toutes les démocraties occidentales, on assiste à un déplacement du centre des décisions économiques de l'arène ouverte du Parlement et de la représentation politique, vers d'autres enceintes dominées par le jeu occulte d'organisations économiques privées, syndicales ou associatives dont l'idéologie à prétention universelle camoufle en réalité une habile capacité à utiliser le concept d'intérêt général ou de lutte des classes pour assurer la promotion d'intérêts étroitement corporatifs. En France, comme dans de nombreux autres pays, la crise n'a fait qu'accentuer cette dérive au nom d'un pragmatisme à courte vue. Mais ce n'est pas une excuse pour sous-estimer les excès du régime issu des élections de 1981.

Il est déjà grave, ainsi que le souligne le professeur Christian Atias, de voir l'exposé des motifs d'une loi de la République (loi Quillot du 22 juin 1982) décréter l'existence d'un droit fondamental nouveau [18] : le droit à l'habitat! Mais on devient franchement inquiet lorsqu'on découvre qu'un autre document officiel – le nouveau Code de l'urbanisme, tel qu'il résulte du vote de la loi du 7 janvier 1983 qui généralise l'obligation pour les communes d'établir des plans d'urbanisme – commence par la disposition suivante :

« Le territoire français est le patrimoine commun de la nation. Chaque collectivité publique en est le gestionnaire et le garant dans le cadre de ses compétences. »

Désormais plus personne n'aura le droit de construire une maison en dehors des zones déjà urbanisées des communes. Il suffira, remarque le professeur Claude Giverdon, qu'un maire ne prescrive pas l'établissement d'un plan d'urbanisme pour que le droit de construire, pourtant attaché à la propriété du sol par l'article L.112.1 du Code de l'urbanisme, soit paralysé [19].

Alors que les pouvoirs publics multiplient les messages apaisants et « réhabilitent le profit » (dans une industrie à moitié étatisée et complètement contrôlée par un crédit d'État), au plus profond de nos institutions se déroule une évolution inquiétante dont trop peu de Français ont véritablement conscience; elle n'est pas spectaculaire car elle ne change pas nos modes de vie du jour au lendemain, mais elle remet en cause les fondements les plus profonds de nos racines juridiques.

Il ne faut pas hésiter à le dire : nous vivons dans un

pays où *la propriété se meurt*. Une dichotomie se creuse chaque jour davantage entre l'esprit de notre droit fondamental et le contenu des lois que le régime socialiste fait voter par sa majorité depuis 1981. En principe, si nous nous en tenons aux textes fondateurs de notre Constitution, c'est l'homme qui est la source de tout droit de propriété. Mais, dans la réalité, nous vivons chaque jour davantage dans une société où, ce droit n'est plus qu'un droit délégué, par cette puissance tutélaire qu'est l'État désormais véritable détenteur réel de la puissance de la propriété.

Cette inversion des racines de la propriété signifie que, d'une démocratie libérale, nous sommes en train de basculer (et plus vite qu'on ne le croit généralement) dans l'hégémonisme socialiste. Lorsque la présente opposition reviendra au pouvoir, il ne s'agira donc pas seulement de dénationaliser, mais de faire beaucoup plus et beaucoup plus fondamental : faire revenir et ancrer pour de bon notre pays dans le camp des nations fidèles à leur foi libérale. Ce qui impliquera une activité législative à la hauteur des bouleversements que les socialistes n'ont pas hésité à introduire en moins de quatre années.

Une telle action supposera des hommes et une opinion publique solidement motivés, conscients des valeurs que véhicule le concept de propriété. C'est pour aider chacun à prendre vraiment conscience de ces valeurs que les pages qui suivent ont été écrites.

Notes

1. Jean CARBONNIER, *Droit civil*, t. III. *Les Biens (Monnaie, immeubles, meubles)*, P.U.F., « Thémis Droit », 10e édition, Paris, 1980, p. 107.
2. Voir les ouvrages de Michel VILLEY, notamment *Seize Essais de philosophie du droit*, Dalloz, 1969 ; *Le Droit et les droits de l'homme*. P.U.F., « Questions », 1983. Michel Villey est le frère du professur Daniel Villey décédé il y a quelques années.
3. Cf. Ansley COALE, « The Human Population », *Scientific American*, vol. 231, n° 3 ; Carlo CIPOLLA, *The Economic History of World Population*, Middlesex, Penguin Books, 1962.
4. Le passage du concept de « règles » de propriété au concept de « droits » de propriété s'effectue très simplement à partir du moment où

l'on considère que constitue un « droit » tout ce dont on vous reconnaît le *droit* d'exclure les autres. Toute règle, explicite ou implicite, qui vous reconnaît la jouissance exclusive d'une chose et vous protège contre toute interférence d'autrui, détermine automatiquement à votre profit un « droit » opposable à tous les autres.

5. Henri TÉZÉNAS DU MONTCEL et Yves SIMON, « Théorie de la firme et réforme de l'entreprise », *Revue économique*, n° 3, 1977. Voir également Eirik G. FURUBOTN et Svetozar PEJOVICH, « Property Rights and Economic Theory : a Survey of Recent Literature », *Journal of Economic Literature*, 10, 1972, pp. 1137-1162. Harold DEMSETZ, « Toward a Theory of Property Rights », *American Economic Review*, 57, mai 1967, pp. 346-359, reproduit dans FURUBOTN et PEJOVICH, *The Economics of Property Rights*, Ballinger, Cambridge Mass., 1974.

6. Pour une définition du concept du *droit subjectif*, voir Michel VILLEY, *Seize Essais de philosophie du droit, op. cit.,* pp. 144-146 : « Est *subjectif* ce qui est l'attribut du sujet, ce qui appartient à son essence, qui lui est inhérent, tandis que l'*objectif* au contraire est surajouté au sujet, jeté devant lui... Donc ce terme de droit subjectif désignait cette espèce de droit qui serait en dernière analyse *tiré de l'être* même du sujet, de son essence, de sa nature. »

7. Leopold KOHR, « Property and Freedom », dans Samuel L. BLUMENFELD, *Property in a Humane Economy : A Selection of Essays Compiled by the Institute for Humane Studies*, Open Court, LaSalle, Illinois, 1974.

8. Pierre ROSANVALLON, *L'Age de l'autogestion*, Le Seuil, 1976. Voir aussi « Autogestion et propriété », *Esprit*, avril 1976.

9. Edmond MAIRE, *Demain l'autogestion*, Seghers, 1976.

10. Serge Christophe KOLM, *La Transition socialiste*, Le Cerf, 1977.

11. Jean CARBONNIER, *Droit civil, op. cit.,* p. 107.

12. Sur ce sujet voir Steve CHEUNG, « Will China Go Capitalist », Institute of Economic Affairs, *Hobart Paper*, 1982, n° 94.

13. La formule du Code civil soviétique est la suivante : « Le propriétaire d'une chose a le droit d'en disposer librement, dans les limites de la loi ; il peut la revendiquer contre quiconque la détient sans droit et repousser toute usurpation. » Plus que de limiter le Droit subjectif, précise le professeur CARBONNIER (*Droit civil, op. cit.,* p. 116), il est important de délimiter les biens sur lesquels il sera admis à s'exercer. Chez nous, le premier projet de Constitution de 1946 (article 35) avait peut-être saisi le dualisme essentiel d'une définition de la propriété individuelle en régime socialiste (protection énergique du droit lui-même, mais limitation de ses objets possibles). On rencontre dans les codes civils d'inspiration soviétique une délimitation des différents secteurs de propriété : propriété socialiste, propriété personnelle ; éventuellement, entre les deux, propriété privée (propriété transitoire maintenue aux particuliers de certains moyens de production). Des théoriciens soviétiques réduisent la portée pratique de la propriété personnelle en la présentant comme un simple dérivé de la propriété socialiste ; elle ne serait qu'une fraction du revenu national répartie entre les citoyens pour la satisfaction de leurs besoins matériels ou psychologiques.

14. Sur ce thème, voir les essais publiés dans l'ouvrage de James BUCHANAN et Gordon TULLOCK, *Toward a Theory of the Rent Seeking*

Society, Texas A&M University Press, College Station, 1980. Notamment la contribution de B. BAYSINGER, R. B. EKELUND et Robert D. TOLLISON, « Mercantilism as a Rent Seeking Society ».

15. Yves CANNAC, *Le Juste Pouvoir*, Ed. J. C. Lattès, 1983 ; nouvelle édition revue et augmentée, « Pluriel », 1984.

16. Leonard PEIKOFF, *The Ominous Parrallels, the End of Freedom in America*, Stein and Day, 1982.

17. R. E. PAHL et J. T. WINKLER, « Vers le corporatisme », trad. par Bernard Caze, *Contrepoint*, n° 20, 1976.

18. Henri LEPAGE, Christian ATIAS et François GUILLAUMAT, *Les Vraies Clefs de la location*, éd. de l'Institut économique de Paris, 1984.

19. Voir Claude GIVERDON, « Le glas du droit de propriété peut encore ne pas sonner », tribune libre dans *L'Information immobilière*, revue mensuelle de l'Union nationale de la Propriété immobilière, n° 148, mars 1983.

II

Le droit de propriété : histoire d'un concept

Où et quand la propriété a-t-elle été inventée ? Il est probable qu'on n'en saura jamais rien.

Si l'on entend par propriété, le droit de propriété tel que le définit le Code civil, il est clair qu'il s'agit d'une invention fort récente (à l'échelle de l'histoire de l'humanité), et parfaitement localisée : elle a émergé en Occident, entre les XIIIe et XVIIIe siècles. En revanche, si l'on entend par propriété la simple faculté mentale et psychologique de l'homme à distinguer le *mien* du *tien* et à revendiquer l'accès total, durable et exclusif à certaines choses qu'il considère comme *siennes,* il est non moins clair qu'il s'agit là d'un comportement vieux comme le monde; dont les origines se confondent avec celles de l'humanité, et qui, comme l'explique Jean Cannone, est vraisemblablement né le jour où l'achèvement de la structure de son cerveau a permis à l'homme de dépasser l'instant pour imaginer le futur et mettre celui-ci en relation avec son passé vécu [1].

Dès la préhistoire, il est probable que le chasseur de cette « ère d'abondance », si chère à Marshall Sahlins, n'était pas moins propriétaire de ses armes et de ses outils que nous ne le sommes des objets domestiques indispensables à notre vie quotidienne. Il n'est pas déraisonnable d'imaginer, comme le fait Jean Dauvillier, que « les grottes et abris où chaque hiver revenaient familles ou hordes », ont constitué la première forme juridique d'ap-

---

* Les notes de ce chapitre commencent p. 77.

propriation du sol [2]. Henri Breuil et Raymond Lautier n'hésitent pas à interpréter les lignes gravées sur les armes d'os comme des marques de propriété individuelle [3].

Les études anthropologiques contemporaines montrent qu'on trouve chez les peuplades primitives les régimes de propriété les plus divers. Certaines d'entre elles pratiquent des formes de propriété individuelle qui ne sont guère éloignées de ce que nous connaissons en Occident [4]. Si on se limite à l'Afrique traditionnelle, celle-ci offre une bien plus grande diversité de situations qu'on ne le croit habituellement. Ainsi que l'expliquent David E. Ault et Gilbert L. Rutman, l'idée qu'il existerait ou aurait existé à travers tout le continent, une forme à peu près commune de tribalisme, dont le trait dominant serait l'absence de toute forme de propriété personnelle et privative, est une légende.

« Aucun aspect de la vie indigène, font remarquer ces deux auteurs américains, n'offre une telle diversité d'arrangements institutionnels que la façon dont s'organise le régime des droits fonciers. Les populations d'Afrique tropicale offrent le spectacle d'une infinie variété de systèmes de tenures foncières allant du système communautaire le plus intégral aux formes les plus abusives de la grande propriété latifundiaire, en passant par tous les stades intermédiaires possibles. Dans certaines zones, il n'est pas rare de trouver presque côte à côte des tribus, les unes fidèles à un esprit d'organisation communautaire, les autres pratiquant déjà des formes plus ou moins prononcées de propriété privée [5]. »

Il en va de même de l'Antiquité. Dès l'aube de l'histoire, en Basse-Mésopotamie, par exemple, où règne la propriété des temples, des particuliers disposent en toute liberté de leurs maisons et de leurs jardins. Dans l'ancienne Égypte, le principe est que toutes les terres et les outils appartiennent au pharaon; la propriété est un monopole étatique, qui rappelle le régime qu'ont connu, à d'autres époques, certaines civilisations comme l'empire des Incas ou l'Inde antique. Néanmoins on peut y repérer des traces très nettes de propriété individuelle, celle-ci connaissant des périodes d'avancée ou de recul. L'évolution est loin d'être rectiligne; chaque époque ou presque connaît simultanément plusieurs types de propriété [6]. Le cas est encore plus net en ce qui concerne la Grèce. Dans un essai sur les origines de la démocratie grecque, Jean Baechler remarque que dès Mycènes, les villages grecs sont « peuplés de paysans libres, propriétaires de leurs terres ». Passant à la Grèce classique, il observe que la dominance aristocratique de la cité grecque confirme l'image d'une société où « depuis toujours, le peuple était libre et propriétaire, chacun étant économiquement et moralement un centre de décision [7] ». Enfin, à Rome, il est clair que la légende de Remus et Romulus écarte toute hypothèse d'un communisme primitif. Dès les temps les plus reculés, de nombreux indices indiquent la présence d'une propriété personnelle, attribut du chef de famille, bien qu'il existe simultanément des terres appartenant collectivement à un groupe plus large : la *gens.*

Autrement dit, l'idée selon laquelle l'histoire de la propriété s'identifierait avec une évolution linéaire qui conduirait d'un communisme originel à des formes familiales de propriété, puis de celles-ci à la propriété privée telle que nous la connaissons aujourd'hui, relève de la légende. Il s'agit là d'un mythe pur et simple dont ont été victimes, depuis le siècle dernier, des générations d'ethnologues et de sociologues trop pressés de parer les sociétés qu'ils étudiaient de ces vertus mêmes qui leur paraissaient manquer à la société moderne.

Le droit romain de la propriété est-il vraiment l'ancêtre de notre droit de propriété moderne?

Avec l'avènement de la République romaine, la propriété collective de type lignagère s'efface devant la propriété publique de l'État-cité; les formes de faire-valoir individuel l'emportent sur la propriété collective, notamment à l'occasion des conquêtes de Rome. Quand une cité adverse est vaincue et ses habitants réduits en esclavage, comme ce fut le cas de la malheureuse Carthage, Rome s'empare de toutes les terres. Celles-ci deviennent propriété de l'État romain; elles constituent ce que l'on appelle l'*ager publicus.* Cependant l'État ne les exploite pas directement. Une partie fait l'objet de contrats de location ou de concession à des particuliers. Une autre est constituée des terres de colonisation assignées et divisées entre les soldats d'une même cohorte, que l'on fixe ainsi à la terre. Mais ces deux formes d'attribution ne concernent qu'une part relativement limitée des terres annexées. Le reste est ouvert à une sorte de colonisation libre où l'occupation de fait vaut possession, moyennant le versement d'une redevance annuelle au fisc. Le statut de cette troisième catégorie est laissée dans le vague. En principe l'État est propriétaire; il peut théoriquement en reprendre possession à tout moment. Mais comme il ne le fait pas, ces terres restent dans les mêmes familles pendant des siècles et font même l'objet d'actes de vente ou d'affermage à des tiers.

Ce système de colonisation profite surtout aux familles les plus riches de Rome. En effet, elles seules disposent d'une main-d'œuvre abondante qui leur permet d'occuper le maximum de terrain; elles seules peuvent également payer d'avance les taxes requises par un État toujours à court d'argent. Ce sont donc les plus riches qui tirent le plus grand profit de cette possibilité d'occuper les terres publiques, soit pour constituer de vastes *latifundia* privés, peuplés d'esclaves, soit pour rétrocéder ces terres à toute une population de petits tenanciers qui constituent leur clientèle. Rome connaît ainsi un mouvement continu de concentration foncière qui conduit peu à peu, dès les premiers siècles de notre ère, à l'apparition d'un nouveau système d'exploitation : le système domanial, ancêtre de la seigneurie des temps médiévaux.

A plusieurs reprises, le pouvoir romain tentera de récupérer les terres ainsi accaparées par les plus riches. L'histoire romaine est pleine de tentatives de réformes agraires. Mais les résistances internes les feront généralement échouer. Résultat : Rome se caractérise par la présence de trois grands régimes fonciers : le régime dit de la *propriété quiritaire,* qui ne concerne que les terres proprement romaines, celles qui faisaient partie du domaine d'origine de Rome (les terres des grandes familles patriciennes); l'*ager publicus* qui regroupe toutes les terres publiques, que celles-ci fassent l'objet d'une exploitation directe ou d'une appropriation privée sanctionnée par un acte officiel ou découlant tout simplement du droit du premier occupant; le régime des *terres provinciales* qui s'applique aux territoires des peuples soumis à Rome.

C'est la *propriété quiritaire* qui correspond à ce qu'on a pris l'habitude d'appeler la *propriété romaine*. Ses caractéristiques techniques sont fort voisines de celles du droit de propriété moderne. Reconnue comme un bien personnel, propre à un individu chef de famille, elle est librement transmissible entre vifs ou par héritage et la transmission est soumise à un formalisme juridique extrêmement strict (comme nos contrats de vente devant notaire). Elle a un caractère exclusif : il ne peut y avoir qu'un seul propriétaire pour un même sol. A la différence de ce qui se passe dans la plupart des civilisations anciennes, cette propriété apparaît très largement autonome de tout cadre religieux, politique, communautaire, ou même familial. C'est enfin, une propriété à caractère perpétuel, même si les Romains reconnaissent déjà le principe de l'expropriation publique.

Il faut toutefois prendre garde de ne pas pousser trop loin le parallèle et croire que notre droit de propriété moderne ne serait qu'une simple résurrection de l'ancien droit de propriété romain, après l'intermède féodal du Moyen Age. D'abord, parce que cette formule de la propriété quiritaire ne concernait qu'une toute petite partie seulement des terres de l'empire; elle voisinait avec une variété de régimes fonciers et de statuts juridiques sans aucun lien avec elle. A l'époque, on était encore très loin de la conception d'un droit de propriété unique et universel, dont auraient découlé tous les droits d'occupation du sol et d'appropriation des biens [8]. Ensuite, parce que la philosophie du droit était à Rome radicalement différente de celle sur laquelle se sont construites les institutions et mentalités juridiques de l'Occident, depuis la Renaissance.

Dans la conception occidentale de la propriété, telle que celle-ci s'exprime dans l'article 544 du Code civil, le droit de propriété est un *droit subjectif* – c'est-à-dire un droit abstrait, considéré comme un attribut même de l'être et qui, à ce titre, n'est pas une simple création de la loi, mais lui est antérieur et que la loi se contente de garantir, dans certaines limites. Par ailleurs, comme l'implique fort clairement la définition même de la propriété – « droit de jouir et de disposer des choses de la manière la plus absolue » – détenir un tel droit, c'est se voir reconnaître un véritable *pouvoir* à l'intérieur d'un univers dont le droit de propriété délimite les frontières. Moyennant quoi, le droit, et en particulier le droit de propriété, s'analysent essentiellement comme des instruments qui servent à déterminer parmi les individus des structures relatives d'autorité. Or, fait remarquer depuis plus de trente ans le professeur Michel Villey, une telle conception du droit et de la propriété était totalement étrangère à l'univers juridique et conceptuel du monde romain [9].

Pour les Romains, disciples d'Aristote, les sources du droit ne se trouvaient pas, comme c'est le cas du droit moderne classique, dans l'étude de la nature humaine, individuellement considérée, et, partant de là, dans la déduction de règles normatives définissant des droits et des devoirs à vocation universelle. Pour eux, le fondement du droit se situait dans le respect de l'*ordre naturel des choses,* tel que celui-ci peut nous être révélé par l'observation concrète et attentive des multiples relations inter-individuelles ou supra-individuelles qui, historiquement, déterminent la texture du corps social. Pour eux, le droit n'était pas une construction abstraite et théorique, mais une activité pragmatique ayant pour fin de préserver l'harmonie sociale en confiant aux juges la tâche d'assurer un « juste » équilibre entre tous ceux qui se disputent les honneurs et les biens. Le droit s'identifiait d'abord et avant tout avec la recherche et le maintien d'une « juste distribution » définie par l'ordre naturel des mœurs et des coutumes [10]. Les « codes » romains ne définissent pas, comme les Tables de la Loi, ou même comme notre Code civil, un ensemble de commandements qu'il convient pour l'homme juste de respecter, sous peine de sanctions. Ce sont de simples recueils offrant un recensement, une description de pratiques observées, dans le seul but d'aider les juges à remplir au mieux leur tâche, mais sans aucune prescription normative comme c'est le cas dans notre système juridique.

Ainsi que le remarque Michel Villey, une telle conception exclut par définition toute idée d'un droit de propriété conçu comme un droit subjectif, abstrait et universel, impliquant la reconnaissance de sphères autonomes d'autorité juridiquement opposables à tous de la manière la plus absolue. Il est vrai, observe-t-il, que, pour décrire la propriété quiritaire, les Romains utilisaient le terme *dominium (dominium ex jure quiritium),* alors que pour tous les autres types de possession et de droits réels ou personnels, ils se contentaient du mot *jus* qui ne contient pas l'idée de maîtrise ni de souveraineté présentes dans le terme *dominium.* Il est vrai aussi que, par extension, l'utilisation de ce terme évoque la présence d'un pouvoir absolu du propriétaire sur les gens et les choses qui relèvent de son domaine. D'où la tentation très légitime de voir dans cette « propriété romaine » la première forme historique décelable de notre propriété considérée comme un « droit absolu ». Mais, ajoute Michel Villey, réagir ainsi revient à oublier que, dans la conception romaine du droit, le *constat* juridique de l'existence d'une forme de relation « absolue », telle que celle qui se pratiquait dans le cadre du *dominium* quiritaire, n'entraînait nullement la *reconnaissance* juridique du droit à un tel pouvoir absolu. Ce sont là deux choses nettement différentes qui sont chez nous implicitement confondues depuis que nous avons adopté une conception essentiellement normative du droit, mais qui étaient totalement distinctes chez les Romains où régnait une séparation très nette entre ce qui relevait du droit et ce qui relevait de la morale.

> « Il se peut, écrit-il, qu'*en fait* le *dominium* ait été un pouvoir absolu ; seulement le droit romain s'abstient de consacrer cet absolutisme, de lui donner sa garantie ; il ne qualifie point des puissances ; il n'en fait pas des *droits.* Il trace les limites des domaines, et ce qui se passe sur chaque domaine, les rapports du propriétaire avec le domaine qui lui échoit, ne le concernent pas. La puissance absolue qu'exerce le maître romain sur sa chose, ce n'est point le droit, mais le silence du droit [11]. »

L'idée selon laquelle le droit de l'Europe moderne, et notamment sa conception du droit de propriété, devrait sa structure subjectiviste à l'influence du droit romain, est une idée fausse, une erreur historique. Une erreur qui s'expliquerait par le fait que romanistes et juristes de la

Renaissance, dans leur fièvre de retourner aux sources de l'Antiquité, auraient tout naturellement réinterprété les écrits des Anciens à la lumière des nouveaux concepts intellectuels en train d'émerger à leur époque, et non dans l'esprit même des temps où ils avaient été rédigés [12].

Il est vrai que les thèses de Michel Villey sont encore loin de faire l'unanimité parmi les romanistes contemporains et les spécialistes de l'histoire du droit. Mais s'il a raison, cela implique que notre droit de propriété n'est ni une simple copie, ni une simple extension du droit romain de la propriété; qu'entre celui-ci et le nôtre, il y a, à la base, malgré toutes les affinités apparentes, une opposition fondamentale qui tient à la manière de concevoir le droit et son rôle dans la société; qu'en conséquence, il faut chercher ailleurs, dans l'histoire des institutions et des idées, la genèse de notre conception moderne de la propriété.

Où l'on découvre que le concept moderne de la propriété, conçu comme un droit « naturel » et « subjectif », émerge pour la première fois à l'occasion d'une obscure querelle théologique et moyenâgeuse sur l'état de pauvreté apostolique

Avec les grandes invasions barbares commence une nouvelle période de l'histoire de l'Occident. Les guerres, l'inflation, les difficultés économiques, la ruine du trésor public entraînent le retour à un régime de plus en plus contraignant. Pour faire rentrer les impôts, le Bas-Empire recourt à la force. De même qu'il rive à leur profession tous ceux qui exercent des métiers indispensables, il attache les cultivateurs à leur terre et institue peu à peu un régime proche de l'esclavage : le colonat. Le colon ne peut abandonner sa tenure sous peine d'être châtié; il passe sous la dépendance juridique et personnelle du propriétaire : il ne peut se marier ni vendre ses biens sans son autorisation. Sa condition devient héréditaire. Un régime de fer s'abat sur les cultivateurs, cependant que se constituent d'immenses domaines – les *villae* – où vivent des milliers d'esclaves et de colons aux statuts les plus divers. Le grand propriétaire devient le maître tout-puissant, et acquiert peu à peu tous les attributs de la souveraineté. C'est la seigneurie qui déjà se dessine.

Les Germains sont des semi-nomades pratiquant une forme d'agriculture organisée autour du clan. Au contact des populations gallo-romaines, ils se sédentarisent et se convertissent à la propriété individuelle. La loi salique punit ceux qui se rendent coupables de déplacer les bornes. Mais ils ont importé leur esprit communautaire. Sous leur influence, les communautés villageoises acquièrent une dimension nouvelle. Tout un ensemble de règles collectives pèsent désormais sur les cultures : rotation et assolements obligatoires, récoltes à dates imposées, propriété communale des bois, des landes, des marais, des pâturages naturels, etc. Même les propriétés privées sont désormais soumises à des droits d'usage communs comme la vaine pâture. En cas de cession, la communauté acquiert le droit de s'opposer à l'installation d'un nouveau venu dans le village. Parfois même existe un droit de succession des voisins sur les biens d'un homme mort sans enfants.

De nombreux petits exploitants propriétaires (les alleux) subsistent encore; mais, en ces temps difficiles, leur sort devient de plus en plus précaire. L'implosion démographique, la déliquescence de l'autorité centrale, le recul du droit écrit et de l'instruction, l'aggravation de l'insécurité, conduisent nombre d'entre eux à rechercher la protection des plus puissants. Un vaste mouvement de dédition du sol s'amorce où la petite propriété tend à s'absorber dans la grande, nombre de paysans libres venant échanger la propriété de leur terre contre la protection du seigneur du lieu. Ils conservent leur tenure, mais doivent désormais payer redevance (système de la censive), ou participer aux corvées (c'est l'origine du servage).

On est revenu à l'autarcie. La circulation monétaire s'est à peu près tarie. Comment rémunérer les services des hommes d'armes, des chapelains, de tous les offices publics, sergents, baillis et autres? Les conditions économiques ne laissent le choix qu'entre deux solutions : ou retenir l'homme dans sa demeure, le nourrir, le vêtir, l'équiper à ses frais; ou bien, en lui attribuant une terre – ou du moins les revenus d'une terre –, s'en remettre à lui du soin de pourvoir à son propre entretien. C'est le système du bénéfice, sorte de tenure-salaire qui est liée à une fonction dont elle constitue la rémunération et qui est à l'origine directe du fief.

Sous les Carolingiens, la pratique du bénéfice se généralise. Il ne fait pas encore partie du patrimoine personnel des bénéficiaires qui ne peuvent en disposer librement; mais les fonctions tendent à devenir viagères et même héréditaires – et donc les fiefs. Les grands, à l'imitation du roi, et pour les mêmes raisons, concèdent à leur tour des sous-bénéfices sur leurs domaines. Peu à peu, la plupart des terres se retrouvent ainsi intégrées dans un vaste réseau hiérarchisé de sujétions paysannes et de fidélités militaires. C'est le régime féodal.

Dans son célèbre livre sur la société féodale, Marc Bloch résume ainsi l'esprit des conceptions médiévales en matière de propriété :

« Il est, durant toute l'ère médiévale, fort rare que l'on parle de propriété, soit d'une terre, soit d'un pouvoir de commandement; beaucoup plus rare encore – si même, en dehors de l'Italie, le cas se rencontre jamais – qu'un procès roule sur cette propriété (...). Sur presque toute terre, en effet et sur beaucoup d'hommes, pesaient en ce temps une multiplicité de droits, divers par nature, mais dont chacun, dans sa sphère, paraissait également respectable. Aucun ne présentait cette rigide exclusivité, caractéristique de la propriété romaine. Le tenancier qui, de père en fils généralement, laboure et récolte; le seigneur direct auquel il paie redevance et qui, dans certains cas, saura remettre la main sur la glèbe; le seigneur de ce seigneur, et ainsi de suite tout le long de l'échelle féodale; que de personnes qui, avec autant de raison l'une que l'autre, peuvent dire " mon champ " ! Encore est-ce compter trop peu. Car les ramifications s'étendaient horizontalement aussi bien que de haut en bas, et il conviendrait de faire place aussi à la communauté villageoise, qui ordinairement récupère l'usage de son terroir entier, aussitôt que celui-ci est vide de moissons; à la famille du tenancier, sans l'assentiment de laquelle le bien ne saurait être aliéné; aux familles des seigneurs successifs. Cet enchevêtrement hiérarchisé de liens entre l'homme et le sol s'autorisait sans doute d'origines très lointaines (...). Le système s'épanouit cependant aux temps féodaux avec une incomparable vigueur. Une pareille compénétration des saisines sur une même chose n'avait rien pour choquer des esprits assez peu sensibles à la logique de la

contradiction, et, peut-être, pour définir cet état de droit et
d'opinion, le mieux serait-il, empruntant à la sociologie une
formule célèbre : mentalité de " participation " juridique [13]. »

Plus encore que le régime de la propriété socialiste –
dont on a vu les liens qui l'attachent à la conception
occidentale du droit de propriété –, un tel système est
tellement aux antipodes de nos modes de pensée contemporains qu'on est en droit de se demander comment il a
bien pu, progressivement, donner naissance à ce culte du
droit de propriété individuel qui, à partir du XVIe siècle,
va de plus en plus dominer les esprits. C'est pourtant en
plein dans ce monde médiéval qu'apparaissent, à la
charnière des XIIIe et XIVe siècles, la première vision d'un
droit « individualiste », précurseur de la tradition juridique de notre Code civil, ainsi que la première conceptualisation de la propriété conçue comme un « droit naturel ».
Et cela à l'occasion d'une obscure querelle théologique
qui oppose la papauté à l'ordre de Saint-François.
    En ces temps-là, l'ordre des franciscains jouit d'un
immense prestige. Mais c'est aussi un formidable patrimoine : églises, couvents, livres et œuvres d'art, métairies,
domaines... Ce qui ne va pas de soi. Saint François
d'Assise, le créateur de l'ordre, a en effet prescrit à ses
frères de faire vœu de la plus extrême pauvreté, à
l'exemple du Christ et, à cette fin, de se dégager de toute
possession temporelle. Comment concilier ce vœu de
pauvreté apostolique avec la détention de tels biens?
L'astuce est trouvée par une bulle du pape Nicolas III,
publiée en 1279 et intitulée *Exiit* : les communautés
franciscaines y sont décrites comme ayant la libre disposition de ces biens, mais c'est le Saint-Siège qui en a
théoriquement la propriété (le *dominium*). Les franciscains reconnaissent jouir de l'*usage de fait,* mais ils nient
que cet usage soit la contrepartie de la reconnaissance
d'un quelconque *droit* ou *jus* temporel. Pour eux, la vie de
sainteté ne peut être qu'une vie en dehors du droit,
exclusive de droit.
    A cette époque c'est le terme *jus* qui correspond à notre
mot *droit*. Mais ce terme *jus* décrit une sorte de *droit à*
(quelque chose), plutôt qu'un *droit de* (faire quelque
chose) : comme dans la tradition juridique romaine,

dire que l'on a un *jus* n'implique aucune reconnaissance d'un quelconque droit ou pouvoir à l'égard des autres. Le *jus,* conformément à l'enseignement de saint Thomas d'Aquin, désigne seulement l'avantage, la valeur, le bien qui vous est reconnu dans le partage des choses, en fonction de ce que l'on considère être la « juste part » qui vous revient dans le cadre de l'ordre social naturel tel que le détermine l'observation des coutumes et des traditions. Par exemple, puisque l'on est en pleine ère médiévale, ce sont le statut, les honneurs, ou encore la part d'usufruit sur une terre qui vous reviennent en raison des fonctions que vous exercez.

Les franciscains considèrent qu'ils ont l'usage libre et assuré des produits de leurs monastères : logement, chauffage, vêtement, nourriture, produits de leurs jardins, etc. Mais, insistent-ils, ces consommations ne représentent pas un *jus,* elles ne sont pas un « droit ». Et elles le sont d'autant moins qu'à la différence des autres hommes, pour mieux assurer leur vœu de pauvreté apostolique, ils renoncent à tout négoce, à toute activité d'échange et de commerce, ainsi qu'à tout pouvoir de recours en justice – ce qui, techniquement parlant, leur permet de nier détenir la moindre propriété sur ces choses, l'une des traditions du langage juridique de l'époque étant de considérer qu'on ne peut parler de « propriété » que là où il y a une possession protégée par un système de recours judiciaire. « Nous avons, disent-ils, l'usage sans le droit. »

Mais, dans l'optique de la théologie thomiste de l'époque, cela n'a aucun sens : s'ils sont assurés de trouver le couvert et autres aménités, de façon régulière et garantie, c'est que la société elle-même reconnaît que cela fait partie de leur « juste part », qu'elle leur reconnaît un *jus* naturel en toutes ces choses. Il n'y a donc rien d'*injuste,* de contraire à l'ordre naturel, à ce que les franciscains se reconnaissent « propriétaires » de ce dont ils ont la jouissance, de la même manière que le Christ et ses apôtres étaient « naturellement » propriétaires de ce qu'ils ont mangé et bu, sans pour autant contrevenir à leur règle de pauvreté et d'humilité.

Or, un demi-siècle plus tard, arrive en Avignon un nouveau pape, Jean XXII, juriste de formation thomiste, entouré de conseillers thomistes. Pour eux, comme pour saint Thomas, rien n'indique que l'absence de propriété soit la vertu suprême. La morale et le droit sont, comme chez les Romains, deux sphères totalement distinctes. La propriété fait partie de l'ordre naturel des choses, non parce que, comme on le dira plus tard, la propriété est un attribut lié à l'essence même de l'homme, mais parce que la propriété est le régime qui, *à l'expérience,* apparaît le plus propre à assurer la réalisation du bien commun [14].

Dans les années 1320, le pape Jean XXII prend donc le parti, pour des raisons politiques, de désavouer ses prédécesseurs et de faire rentrer les pères franciscains dans le rang en les contraignant à admettre que, dans leur cas, séparer l'usufruit de la propriété, l'*usus* du *jus,* est une fiction qui ne rime à rien et donc à reconnaître leur qualité de « propriétaires ». Il s'agit de les aligner sur les autres ordres mineurs de l'époque comme celui des dominicains ; quoique mendiants, ceux-ci n'en ont pas pour autant renoncé à détenir juridiquement des biens temporels.

Pour les franciscains les plus dogmatiques cette décision est inacceptable. Elle revient à les priver de leur revendication théologique majeure : à savoir que, grâce à leur renoncement à toute possession temporelle, ils sont en mesure de vivre la vie « naturelle » qui était celle de l'homme d'avant la Chute – et ainsi de retrouver l'état d'innocence, de grâce et de vertu qui caractérisait celui-ci. Il leur faut donc contre-attaquer et prouver envers et contre tous qu'ils peuvent avoir « l'usage sans le droit ». C'est alors qu'intervient, pour défendre leur thèse, un moine d'Oxford : Guillaume d'Occam.

A la différence de Jean XXII, Occam n'est pas un juriste de formation. Son premier travail n'en consiste pas moins à redéfinir le contenu des mots et termes juridiques qui sont au centre de la controverse : *jus, jus utendi, dominium, proprietas,* etc. Mais comme il n'est pas juriste professionnel, ses définitions vont reproduire beaucoup plus la perception que les gens ont alors communément du *jus* (un « droit »), que le contenu donné à ce terme par les jurisconsultes savants. Ainsi que le rappelle Michel Villey, (à qui j'emprunte l'essentiel de ce récit), même à Rome, il est vraisemblable que les particuliers avaient du mot *jus* une idée très différente de celle des juristes. On peut penser que, sous l'influence de leur égoïsme naturel, les gens voyaient sans doute déjà, dans le *jus* qui leur était assigné, « non pas tant la *juste part* qu'au terme du travail des juristes, le législateur ou le juge leur ont reconnue par rapport aux autres, qu'un point de départ et qu'un tremplin pour l'exercice de leur pouvoir ». Et donc pour que tout *jus* fût interprété, plus ou moins consciemment, comme la reconnaissance d'une capacité à exercer une forme de *pouvoir* personnel *(potestas)*. Or, on est déjà aux débuts du déclin de l'organisation féodale. A l'ordre coutumier qui caractérisait celui-ci se substitue une société nouvelle qui accorde une place de plus en plus grande aux conventions libres et spontanées, résultant d'initiatives individuelles – comme les chartes, par exemple. Dans un tel contexte, il y a de fortes raisons de penser que la dérive du mot *jus* s'est encore accentuée. Et c'est naturellement cette conception du *jus* au sens de la rue que Guillaume d'Occam reprend dans ses définitions et analyses. Moyennant quoi, sous sa plume, le « droit », au sens technique du mot, cesse de désigner le *bien* qui vous revient selon la justice (le *id quod justum est* de saint Thomas); il exprime une notion beaucoup plus étroite : le *pouvoir* qu'on a sur un bien.

On voit facilement quels avantages les défenseurs des franciscains pouvaient retirer d'une telle dérive. *De facto,* une telle acception permettait d'établir une distinction juridique entre le « droit » qu'on a sur un bien et qui représente le *pouvoir* qu'on a sur lui, et l'*usage de fait* dont on peut bénéficier sur certaines choses sans pour autant avoir besoin de recourir à une quelconque forme de pouvoir (comme, par exemple, lorsqu'on se contente de consommer ce dont d'autres vous reconnaissent spontanément la libre disposition) et qui, techniquement parlant, ne saurait être assimilé à un « droit ». Ce qui permettait alors aux franciscains, moines mendiants, d'expliquer qu'ils pouvaient bel et bien avoir « l'usage sans le droit », dans la mesure où ce à quoi ils renonçaient, en prononçant leurs vœux, était précisément ce « pouvoir » qui, dans la nouvelle conception, forme l'essence de tout « droit ».

Pour des esprits contemporains, tout cela peut paraître

bien subtil et presque incompréhensible. Mais l'important est qu'à cette occasion, et à travers les écrits d'Occam, en faisant du droit non plus un objet mais un pouvoir, une faculté, une capacité personnelle de l'individu, apparaît pour la première fois en Occident une conception élaborée du droit en rupture radicale avec la philosophie aristotélicienne qui règne depuis l'Antiquité; une conception du droit qui, en faisant de la puissance des individus par rapport aux objets – et donc de leur volonté –, le pivot de toute construction juridique, annonce purement et simplement ce que sera, plus tard, le droit subjectif de l'individualisme moderne [15].

Cependant, la même évolution marque également les adversaires de l'ordre. Les franciscains, fondant leur argumentation sur le fait que leur vœu de pauvreté apostolique leur permet de mener une vie semblable à celle de l'homme naturel des origines (avant le péché), pour s'opposer à eux, il faut développer une théorie concurrente de l'état de nature démontrant que les hommes y jouissaient déjà de la propriété et que celle-ci n'est pas une simple création de la société humaine. C'est ce que fait Jean XXII.

Dans une nouvelle encyclique intitulée *Quia Vir Reprobus* et publiée en 1329, le pape entreprend de démontrer que le *dominium* reconnu aux hommes sur leurs possessions n'est pas différent, dans son essence, du *dominium* acquis par Dieu sur l'univers par son acte créateur et qu'il a ensuite concédé à l'homme lui-même en le créant à son image. Autrement dit, selon Jean XXII, Adam, dans l'état de nature, avant qu'Ève n'apparût, jouissait lui-même d'un *dominium* naturel sur toutes les choses temporelles de ce monde, du seul fait de la relation privilégiée qui le liait à Dieu et à sa création; même si, en ces temps-là, Adam se trouvait seul, sans personne à qui opposer « sa propriété ». Moyennant quoi, conclut le pape, il est clair que la propriété est quelque chose de naturel, en ce sens qu'elle découle du *dominium* universel de Dieu sur le monde, que Dieu a concédé aux hommes avant même qu'ils fussent chassés du paradis original et dont, à l'inverse de ce que pensent les franciscains, nul ne peut se dédire puisqu'il s'agit d'un don de la loi divine. Lorsqu'un individu consomme les produits de son environnement terrestre, c'est un simple acte d'exercice du droit de propriété *(dominium)* qui lui a été concédé par Dieu avant même l'existence d'aucune loi humaine.

Là encore, on assiste à un important glissement sémantique dans la mesure où une telle utilisation du concept de *dominium* est en contradiction totale avec toute la tradition du langage juridique de l'époque, selon lequel on ne peut parler de *dominium* que là où il y a possession protégée par un système de recours judiciaire. Mais, là encore, le plus important est qu'en faisant du *dominium* un attribut personnel de l'Être, et non plus un simple objet descriptif (comme dans les traités de droit romain), l'argumentation ainsi développée conduit à donner pour la première fois, à la propriété, un caractère nettement *universel* et *personnel.* Expression d'une puissance personnelle, il s'agit bel et bien déjà d'un véritable *droit subjectif.* La propriété n'est plus liée au passage à la vie en société, encore moins à la présence d'une loi civile ; c'est un fait de base, qui tient aux êtres humains en tant que fils de Dieu, indépendamment de toute relation civile ou politique.

Ainsi que le souligne Michel Villey, « nous sommes ici-même au moment copernicien de l'histoire de la science du droit, à la frontière de deux mondes ». Droits subjectifs de l'individu, assimilation du droit au concept de pouvoir (et donc de liberté), la personne considérée comme centre de puissance, caractère divin des origines de la propriété : tous les concepts qui mèneront, après bien des péripéties, à notre Déclaration des droits de l'homme de 1789 et à notre Code civil de 1804, sont déjà là, exprimés de façon on ne peut plus claire [16].

Un disciple anglais de la nouvelle histoire révolutionne le débat sur les origines sociologiques de l'individualisme occidental

J'ai raconté ailleurs comment, à partir des XIe et XIIe siècles, le démantèlement progressif de l'édifice féodal laisse peu à peu la place à une organisation agraire fondée non plus sur des liens statutaires complexes, mais sur une structure de petites propriétés paysannes [17]. Il n'est pas inutile cependant d'en rappeler les grandes lignes.

Tout commence par la reprise de la croissance démographique, au XIᵉ siècle, et la réapparition d'une économie d'échanges monétaires. Après le chaos prémédiéval, la féodalité a en effet permis de ramener un certain ordre qui favorise le retour à une plus grande sécurité des communications. Celle-ci contribue à l'extension d'un mouvement de spécialisation des productions agricoles. Naissent les premières villes, les premiers marchés (par exemple, les foires de Champagne).

Les débuts de cette nouvelle économie marchande, si modestes soient-ils, modifient l'équilibre des rapports de suzeraineté. Alors que de nouveaux horizons économiques s'ouvrent à eux, les nobles les plus entreprenants ressentent de plus en plus la charge improductive des obligations féodales traditionnelles. Comment s'en décharger ? En proposant à leurs suzerains de s'acquitter de leurs obligations personnelles par le versement de redevances monétaires forfaitaires, au lieu de prendre directement part aux guerres et expéditions. Cette solution s'impose d'autant plus aisément qu'une série d'innovations dans l'art et la technologie militaires dévalorisent les armées de chevaliers par rapport aux mercenaires salariés. Mais il en résulte aussi que la noblesse connaît une crise de trésorerie permanente.

Ces difficultés de trésorerie rétroagissent sur les rapports entre la noblesse et sa clientèle paysanne. Une première solution consiste à offrir aux paysans de condition servile la possibilité de racheter leur liberté moyennant le paiement d'une redevance annuelle. Cette solution est d'autant plus attrayante que la fin du mouvement de colonisation, la rareté croissante des terres, la chute des rendements qui fait suite à la surpopulation, dévalorisent la valeur de l'*impôt* dont les paysans s'acquittent sous forme de corvées personnelles sur les terres seigneuriales. C'est la fin du servage, tué par la remonétisation progressive de l'économie.

À côté de ces paysans « libérés », il y a les cultivateurs qui exploitent des terres à cens (censives), et puis, dans certaines régions, tous les titulaires d'alleux (terres libres). Une seconde source de revenus consiste à offrir à tous ces paysans de reprendre en fermage certaines portions du domaine féodal, jusque-là exploitées directement par les châtelains. S'amorce ainsi un mouvement de démantèlement des domaines réservés, exactement inverse du processus de dédition du sol qui avait marqué la fin du millénaire précédent.

Ce double mouvement d'individualisation des exploitations, par généralisation des censives et par morcellement des domaines, est un événement historique considérable. La tenure censitaire est en effet une forme d'exploitation du sol sur laquelle ne pèse aucune sujétion personnelle, contrairement aux tenures serviles ou aux fiefs [18]. Ce faisant, la censive est une forme de tenure dont l'hérédité et l'aliénabilité ont été reconnues de très bonne heure, avant même que les fiefs n'en bénéficient. Sa généralisation entraîne un véritable mouvement de libération du statut des sols, en rupture avec l'esprit de « participation juridique » de l'organisation féodale.

Certes, comme toutes les terres villageoises, ces nouvelles censives restent soumises à de nombreuses obligations seigneuriales et communautaires : le paiement de droits de mutation à chaque cession ou héritage ; la présence de droits banaux réservant au seigneur le monopole du moulin, du four, du pressoir, ou encore celui de la possession d'animaux de reproduction ; droits collectifs de vaine pâture, de libre parcours, de glanage, etc. [19]. Il n'en reste pas moins que ces tenures ont déjà la plupart des traits d'une véritable propriété individuelle, dont le censitaire peut disposer librement : l'exploiter, la vendre, la morceler, la transformer à son gré. C'est ainsi que dès le XIVe siècle, dans de nombreuses coutumes, le tenancier censitaire est déjà normalement qualifié de « propriétaire ».

Conséquence : entre le XIIIe et le XVIe siècle, l'Europe de l'Ouest, tout en assurant la continuité de ses institutions politiques féodales, donne naissance à une nouvelle société rurale de paysans propriétaires qui, en France, à la différence de ce qui se passera en Angleterre – où l'on assiste à partir de la fin du XVe, à un mouvement d'éviction des petites tenures au profit de grands propriétaires terriens – deviendront plus tard les petits proprié-

taires libres du XIXe siècle. En attendant, dès le XVIe siècle, plus de la moitié des terres cultivées sont déjà
occupées par des familles de petits paysans propriétaires.

Reste cependant à s'interroger sur la signification
économique et sociologique de cette propriété paysanne.
Comment est-elle vécue? Est-ce vraiment déjà une propriété individuelle, au sens que la société bourgeoise a
donné à ce terme?

L'idée qui prévaut généralement est que les paysans de
cette époque vivent encore dans un univers, non seulement économique, mais aussi culturel et mental très
éloigné de celui du paysan des temps modernes, intégré
au mode de production capitaliste. Le trait central de cet
univers, nous dit-on, est que le sol n'y est pas seulement
une valeur économique, un simple facteur de production,
mais aussi le support d'un ensemble de valeurs symboli-
ques et psychologiques. La terre reste essentiellement un
bien familial; le chef de famille n'en est que le dépositaire, le gérant temporaire, il ne saurait en disposer à sa
guise, et se doit autant que possible de le transmettre
intact aux générations qui prendront sa suite. C'est
l'ensemble de la généalogie familiale, des ancêtres aux
descendants futurs, qui constitue la véritable personne
propriétaire et non ceux qui n'ont que l'administration
viagère du bien qui leur est confié au nom de tous. Que
certains membres d'une famille puissent avoir des droits
de propriété opposables aux autres – comme l'implique
notre conception moderne de l'héritage – voilà une idée
radicalement étrangère à cet univers « communautaire ».

Cette thèse est celle qu'adoptent Marx et Engels
lorsqu'ils décrivent le passage du mode de production
féodal au mode de production capitaliste moderne, via
une phase intermédiaire de « capitalisme primitif » fondé
sur un mode de propriété « paysanne » (1450-1650). Pour
eux comme pour la plupart des historiens contemporains,
l'*individualisme possessif*, ce trait culturel et sociologique de la société bourgeoise que matérialisent nos codes
modernes de la propriété, est une invention britannique.
Une invention que l'on a beaucoup de mal à expliquer,

mais dont l'émergence se situerait entre 1550 et 1750, lorsque, nous dit-on, l'Angleterre se met soudain à diverger par rapport aux autres sociétés européennes. C'est également la thèse de Max Weber [20].

Il est vrai que, dès les années 1700, l'Angleterre est un pays dont les caractères et mentalités juridiques sont très en avance sur le reste du monde. Ainsi que l'observe le grand historien britannique de la fin du siècle dernier, Sir Henri Maine, « dès cette époque, la plupart des propriétés foncières anglaises exhibent déjà tout un ensemble de caractéristiques qui les distinguent radicalement des formes de propriété agraire en vigueur sur le continent, avant que celles-ci ne soient affectées par la grande réforme du Code civil français ». Les propriétés s'échangent, se vendent, se morcellent bien plus fréquemment et aisément qu'ailleurs. L'idée y est déjà solidement ancrée que le sol est un bien marchand comme un autre, dont la possession s'enracine dans la liberté des contrats privés. C'est un pays où règne le principe du droit de primogéniture et, avec celui-ci, l'idée que la jouissance d'une terre est un bien impartageable. Cependant, la thèse selon laquelle cette originalité britannique serait un phénomène relativement récent, produit d'une sorte d'accident historique se situant autour des XVIIe et XVIIIe siècles, est aujourd'hui contestée avec brio par un jeune historien britannique, Alan Macfarlane, auteur de *The Origins of English Individualism,* un livre qui, il y a quelques années, a fait l'effet d'une véritable bombe [21].

Si Marx et Engels avaient raison, explique Macfarlane (qui enseigne à Cambridge), il faudrait en déduire que l'Anglais du XVIIIe, ou même du XVIIe siècle, était déjà aussi différent, du point de vue du style de vie et des comportements économiques ou sociologiques, de ses ancêtres, qu'il ne l'était alors de ses contemporains attardés du continent. L'étude des documents et archives hérités des temps médiévaux devrait le démontrer. Or, remarque-t-il, c'est loin d'être le cas; une synthèse attentive des documents anglais des XVIe, XVe et même XIVe et XIIIe siècles tendant plutôt à suggérer exactement le contraire.

Par exemple, une société rurale conforme à la vision qu'en avait Marx est, à l'image des mirs russes ou des collectivités villageoises d'Europe orientale, incompatible avec la présence d'un marché foncier développé et actif. Or, remarque Alan Macfarlane, les archives des cours seigneuriales, notamment celles qui concernent l'établissement des tenures et leur transmission, montrent qu'un tel marché existait en Angleterre dès le XIVe siècle. Dans maints cas, dès la première décennie du XVe siècle (1400-1410), le nombre des mutations foncières enregistrées est presque aussi élevé qu'il le sera trois siècles plus tard. Qui plus est, contre toute attente, on découvre également que les trois quarts des mutations ainsi enregistrées concernent des transactions hors famille. Ce qui est peu conforme à l'image d'Épinal d'une société rurale de type traditionnel. Il en va de même de l'exercice du droit de primogéniture, ainsi que de la pratique des legs testamentaires, deux institutions incompatibles avec l'image d'une société rurale essentiellement fondée sur des solidarités non marchandes de type familial. Or, fait observer Macfarlane, ces pratiques sont déjà extrêmement répandues à travers toute l'Angleterre dès la fin du XIIIe siècle, non seulement pour les tenures « libres », mais également pour toutes les autres formes de tenures paysannes.

« Si l'on tient compte de ce que la mobilité des tenures, ainsi que la mobilité géographique des familles de l'époque apparaissent aujourd'hui beaucoup plus importantes que tout ce que l'on croyait jusque-là, il en résulte, conclut l'historien de Cambridge, que dès cette époque reculée, la propriété avait, du moins en Angleterre, déjà acquis tous les attributs d'un bien marchand hautement individualisé ; il en résulte aussi que le paysan anglais du XIIIe siècle était déjà un individu possédant une solide mentalité individualiste, doté d'un comportement économique guère éloigné de celui qui trois ou quatre siècles plus tard caractérisera ses successeurs de l'ère moderne. »

Je ne suis pas assez qualifié pour juger du bien-fondé ou non des thèses développées par Alan Macfarlane. Mais si celles-ci se vérifient, cela entraîne d'immenses conséquences. La vision traditionnelle que nous avions des origines de l'individualisme occidental et du capitalisme s'en trouve révolutionnée. Puisque les principaux comportements et traits culturels qui les caractérisent étaient déjà présents au moins deux siècles avant la Réforme, il n'est plus possible d'expliquer la naissance du capitalis-me, comme l'a fait Max Weber, par les conséquences des événements religieux qui se sont déroulés à la Renaissan-ce. Ni, comme l'ont analysé Marx et Engels, par l'en-chaînement des événements économiques qui ont découlé de l'élargissement progressif de la sphère des échanges marchands et monétaires, à partir de la fin de l'ère médiévale. L'avènement de la conception « individualis-te » de la propriété s'ancre dans des attitudes et des comportements culturels plus anciens que ce que nous croyons généralement.

La Renaissance, ou comment la rencontre du sacré et du profane conduit à installer le respect de la propriété au sommet des objectifs du droit

Sur le plan des idées, nous avons vu que c'est dans les années 1350-1450 que se constitue pour la première fois une philosophie juridique d'inspiration subjectiviste où la liberté est conçue comme une « maîtrise » analogue à celle que Dieu possède sur l'univers, et la propriété comme un attribut naturel de l'homme. Il ne s'agit cependant encore que d'un feu de paille. Cette théologie individualiste se trouve en effet éclipsée par l'essor de la Réforme.

A bien des égards, la Réforme est une période marquée par un retour aux sources de l'aristotélisme classique. La conception calviniste de la prédestination et de la grâce divine entre directement en conflit avec la doctrine du libre arbitre développée par les scolastiques du siècle précédent. Rien n'est plus éloigné des préoccupations calvinistes que l'idée d'élaborer une théorie des droits naturels, ou même une théorie du droit naturel tout court. Ce qui intéresse les réformés, c'est d'abord et avant tout la société civile elle-même, son organisation constitution-nelle. Le début du XVIe siècle voit donc les concepts de loi naturelle et de droits naturels perdre de leur importance dans les débats philosophiques et théologiques, au profit du droit positif.

Cette situation s'explique largement par les circonstan-ces de l'époque, et notamment l'intensité du débat sur les institutions politiques que nourrit le déclenchement des guerres religieuses. Cependant, dès la seconde moitié du siècle, l'histoire change à nouveau de direction, sous l'influence de deux nouveaux courants : le néo-thomisme hispanique et l'humanisme profane de la Renaissance.

Politiquement, le XVIe siècle est celui de la prépondérance espagnole (le siècle de Charles Quint et de Philippe II). Sur le plan des études universitaires, le XVIe est aussi le siècle de l'Espagne. L'Europe compte alors nombre d'universités très vivantes; mais aucune ne peut rivaliser avec la prestigieuse université de Salamanque. L'étude du droit y est dominée par l'enseignement d'une pléiade de maîtres espagnols appartenant soit à l'ordre des dominicains, soit à la Compagnie de Jésus : Francisco de Vitoria, Domingo de Soto, A. de Castro, Gabriele Vasquez, Luis de Molina...

Traditionnellement, l'influence de l'école de Salamanque est décrite comme marquant un retour aux sources de la doctrine de saint Thomas d'Aquin. Retour lui-même motivé par les nécessités de la Contre-Réforme et du combat contre l'hérésie protestante. Contre la doctrine calviniste de la prédestination, le retour à saint Thomas d'Aquin permet de réaffirmer le sens de la participation personnelle de l'homme et de ses mérites à la quête de son salut [22]. C'est cependant un bien curieux thomisme que ces théologiens et juristes espagnols remettent au goût du jour. Prenons par exemple le problème des sources du droit. Le philosophe hollandais Grotius s'est rendu célèbre par cette fameuse formule, composée en 1604 : « Dieu lui-même n'y peut rien changer, comme il lui est impossible de faire que deux et deux ne fassent pas quatre. » Elle a contribué à accréditer l'idée que Grotius était l'inventeur d'une conception parfaitement laïcisée des origines du droit; un droit ne devant plus rien à une quelconque volonté divine. En réalité, Grotius n'a fait que reprendre une formule déjà fort en usage dans les ouvrages de ses prédécesseurs espagnols. Par exemple chez Luis de Molina et Gabriele Vasquez dont les enseignements suggéraient que « les solutions du droit naturel, bien que connues de Dieu, ne sont pas nécessairement des créations de sa volonté ». Or tout cela dépasse singulièrement le cadre strict de la pensée de saint Thomas d'Aquin. S'il est vrai que le concept de droit naturel est déjà présent chez lui, il n'en reste pas moins que les racines de ce droit naturel restent situées en Dieu [23].

De la même façon, il est clair que ces Espagnols ont joué un rôle décisif dans l'élaboration du concept de « contrat social » qui, plus tard, jouera un rôle si important dans le développement de la pensée politique occidentale. Ils sont les premiers à en présenter une théorie très élaborée (Suarez). Mais il s'agit d'un développement qui renvoie beaucoup plus à la philosophie nominaliste des XIIIe et XIVe siècles (Duns Scot, Guillaume d'Occam...) qu'aux enseignements propres de saint Thomas.

Enfin, prenons le problème de la propriété tel qu'il est évoqué, par Francisco de Vitoria en 1556. Bien avant John Locke, celui-ci développe une théorie de l'origine de la propriété fondée sur le droit du premier occupant. Or il s'agit d'une conception qui entre directement en conflit avec le principe thomiste de la primauté de la « justice distributive » et qui renoue, là encore, bien davantage avec la théorie individualiste du droit, telle qu'elle a été produite par la scolastique franciscaine du siècle précédent.

Autrement dit, s'il est vrai que les auteurs de la scolastique espagnole du XVIe siècle se réclament officiellement de saint Thomas, la vérité est que, sous des habits thomistes plus conformes aux habitudes de pensée de l'époque, le droit dont ils s'inspirent est en fait un *droit subjectif* où la liberté est conçue comme une propriété (un *dominium*) et la propriété comme une liberté (une *facultas*).

Mais, cette fois-ci, les circonstances sont très différentes. En effet, si le XVIe siècle est le siècle de l'Espagne, c'est aussi le siècle d'Érasme, de Rabelais, de Montaigne. C'est-à-dire de la Renaissance. Pour la première fois, l'érudition et la connaissance s'affranchissent du monopole des clercs et des universités, contrôlées par l'Église. Les érudits de l'époque s'éloignent de la politique et de la philosophie. Ils retournent aux sources de l'Antiquité et surtout aux auteurs littéraires grecs et latins dont la lecture avait disparu depuis longtemps. Tout cela est bien connu. Ce qui l'est moins, en revanche, c'est que ce retour aux sources de l'Antiquité gréco-latine est loin d'être un phénomène indiscriminé. Ce qui intéresse les élites laïques de la nouvelle bourgeoisie naissante, ce n'est plus la Grèce antique, celle d'Aristote, ou même de Platon, mais la Grèce post-aristotélicienne de la décadence, celle des sectes qui, tels le stoïcisme, l'épicurisme, ou le scepticisme, ont surgi après les grandes conquêtes d'Alexandre.

Or, qu'elles exaltent la vertu de l'obéissance à la raison, cet attribut premier de la « nature humaine » (le stoïcisme); qu'elles enseignent une règle de vie fondée sur la recherche du bonheur et du plaisir (l'épicurisme); ou encore qu'elles professent le détachement et l'indifférence à l'égard de toutes les certitudes (le scepticisme), ces doctrines partagent un certain nombre de caractéristiques communes : il s'agit de *morales privées* d'essence strictement individualiste; produit d'un raisonnement à priori sur les fondements de la nature humaine, elles sont incompatibles avec la conception empirique du droit et de la justice qui caractérise l'univers aristotélicien; enfin, leur structure logique interne est telle qu'elle conduit presque nécessairement à une conception de l'ordre social et des sources du droit fondée sur l'application systématique de règles axiomatiques déduites non plus de l'observation des faits (comme dans la doctrine du droit naturel antique), mais d'une nature humaine immanente révélée par l'exercice de nos propres facultés de raisonnement.

Certes, cet individualisme d'origine rationaliste et profane n'a rien à voir avec le personnalisme chrétien qui se trouve aux sources de l'individualisme juridique des scolastiques. Mais la convergence n'en est pas moins remarquable. Et le produit de cette convergence est, à la fin du XVIe siècle, une véritable révolution copernicienne qui affecte toute la philosophie du droit, ses sources, ses fondements, sa structure, son contenu. Les effets et les principes de cette révolution sont déjà nettement perceptibles dans l'œuvre des juristes humanistes de la fin du XVIe siècle : Connan, Doneau, Bodin, Cujas, l'Allemand Althusius... Mais c'est chez Grotius seulement que cette révolution éclate de la façon la plus achevée, au tout début du XVIIe siècle.

Que dit Grotius? Le plus fondamental de tous les devoirs moraux est la sociabilité, car sans elle il ne saurait y avoir de paix ni d'ordre civil durable [24]. Ce devoir de sociabilité découle de la « loi naturelle » qui dicte à chacun de se préserver et que chacun peut trouver dans sa conscience par le seul exercice de sa raison. Mais encore faut-il que les lois de la société soient organisées de façon à garantir l'accomplissement de ce devoir. D'où l'idée que la « loi de nature », propre à l'espèce humaine, *impose* aux hommes de s'abstenir de toucher à la propriété d'autrui; de respecter les contrats et la parole donnée; de réparer tout dommage commis par leur faute, car c'est à ces seules conditions que la paix pourra être préservée. Ce que Grotius exprime, dans le *De Jure Belli ac Paci* de 1625 :

> « Cette sociabilité, ou ce soin de maintenir la société d'une manière conforme aux lumières de l'entendement humain, est la source du droit proprement nommé, et qui se réduit en général à ceci : qu'il faut s'abstenir religieusement de ce qui appartient à autrui, lui restituer ce qui lui appartient, ou le profit que l'on en a tiré; l'obligation de remplir ses promesses; la réparation des dommages commis par sa faute; le mérite d'être puni par les autres hommes (lorsqu'on a failli à ces obligations) [25]. »

En quelques lignes, sous la plume d'un auteur dont les ouvrages vont circuler à travers toute l'Europe et influencer pendant près de deux cents ans la pensée de la plupart des grands juristes européens – notamment Pothier, le principal inspirateur du Code civil –, surgit la définition sans équivoque et sans ambiguïté d'un *droit de propriété* conçu comme un droit subjectif, de nature personnelle et absolue. A travers les trois maximes de Grotius, apparaissent les trois colonnes du droit moderne, les trois règles dominantes de notre Code Napoléon dont tout le reste découle : la propriété absolue (article 544), la force de la convention (article 1134) et le principe de la responsabilité (article 1382).

Certes, Grotius n'est pas tout à fait original; dans bien des cas, il n'a fait que mettre en système une métamorphose qui se dessinait déjà. Ses trois maximes, déjà utilisées quelques années avant lui par Suarez, on les trouve presque mot pour mot dans l'exposé que Cicéron donne des grands principes de la morale stoïcienne de son temps. Mais, à l'époque, même si leur philosophie a exercé une certaine influence sur le développement du droit romain, les stoïciens n'avaient pas la prétention de faire œuvre de juristes. Leur domaine, c'était la morale privée et non le droit et la politique. La grande innovation de Grotius est que, pour la première fois, ce qui n'était que règle morale est élevé au rang de principe fondateur du droit. Là est la grande révolution.

Ainsi que le résume le philosophe anglais, Richard Tuck, « avec Grotius, le fondement de l'ordre social devient le respect par chacun des *droits* (personnels) des autres ». Le droit civil consiste désormais à connaître d'abord ce qui appartient à chacun, ensuite à énumérer les moyens procéduraux de l'obtenir. Au classement par distinction des « choses » qui caractérisait les traités de droit romain (les différentes espèces de personnes, de biens, d'activités, de statuts), l'humanisme substitue une classification des « droits » que nous avons à l'égard des choses. Il n'y a plus que deux catégories de « choses » : celles qui sont à nous au sens plein du terme et celles qui nous sont seulement dues (les créances). La propriété devient ainsi la clé de voûte de tout l'édifice du droit [26].

La protection de la propriété s'installe au sommet des objectifs du droit. C'est le triomphe du « droit subjectif ».

John Locke, et le triomphe de la doctrine libérale du droit de propriété

Pour être complet, il faudrait évoquer le débat qui, pendant toute la seconde moitié du XVIIe siècle, à la suite des écrits de Grotius, opposa des auteurs comme Selden, Hobbes, Pufendorf et bien d'autres, au sujet de l'état de nature et des origines du droit à la propriété personnelle. Mais cela mènerait trop loin. Je préfère passer directement à Locke, celui que l'on considère généralement comme l'inventeur de la philosophie libérale de la propriété.

C'est dans le *Second Traité sur le gouvernement civil* de 1690 que John Locke (1632-1704) développe sa

théorie de la propriété. Locke part de l'hypothétique
« état de nature » qui sert de cadre à toutes les discussions
philosophiques et politiques de son époque. La caractéristique de cet état de nature, explique-t-il, est que les
hommes y sont libres et égaux. Libres, parce qu'ils
peuvent y faire tout ce qu'ils désirent sans avoir à
rechercher la permission de quiconque ; égaux en ce sens
qu'il n'existe aucune autorité politique susceptible de leur
imposer un état de sujétion hiérarchique.

Toutefois, Locke s'empresse de préciser que cet état de
liberté naturelle, à la différence de l'analyse répandue par
Hobbes un demi-siècle plus tôt, n'est pas l'anarchie – une
anarchie marquée par la lutte permanente de tous contre
tous. Même s'il n'y règne aucune autorité humaine, les
hommes y respectent une sorte de code moral naturel
inscrit dans leur raison *(The Law of Nature)*, et qui veut
que « tous étant égaux et indépendants, aucun ne doit
attenter à la liberté et aux possessions des autres ». Ainsi,
d'emblée, remarque l'économiste américaine Karen
Vaughn (à laquelle j'emprunte l'essentiel de l'analyse qui
suit [27]), Locke pose le droit à la propriété à égalité avec le
droit à la vie et le droit à la liberté.

Cependant, si le droit fondamental de chacun à ne pas
voir sa vie ou sa liberté agressées par d'autres paraît
évident aux contemporains de Locke, il n'en va pas de
même du droit de tout homme à ne pas se trouver agressé
dans ses possessions. Ce qui conduit Locke à reconstituer
toutes les étapes logiques qui font que *la raison* fait un
devoir aux hommes de l'état de nature de ne pas toucher
aux propriétés des autres. Locke part de l'idée, banale en
son temps, qu'au commencement de tout, Dieu a donné
aux hommes un *usufruit commun* sur toutes les choses de
ce monde. Le problème auquel il se trouve alors confronté
est d'expliquer comment les ressources qui constituent le
fonds commun auquel chacun a librement accès, peuvent
ensuite, tout en restant dans l'état de nature – c'est-à-dire
sans qu'intervienne un quelconque pouvoir temporel –, se
retrouver légitimement transformées en une propriété
privée dont les autres sont exclus.

Pour répondre à cette question, Locke commence à
mettre en lumière qu'il existe au moins une forme de
propriété dont il est difficile de contester la légitimité : la

propriété que chacun a sur sa propre personne (son corps, ses actions, ses pensées, ses croyances). Cette idée que chacun possède un droit de propriété fondamental sur soi n'est pas propre à Locke, elle a déjà été largement exploitée par Grotius et d'autres auteurs de la Renaissance [28]. Mais Locke est le premier à en formuler de façon précise toutes les conséquences; notamment si on ne peut pas réfuter que, dans l'état de nature, chacun est légitimement propriétaire de sa personne – sinon ce serait la servitude –, il en découle nécessairement que chacun est « naturellement » propriétaire non seulement de son travail, mais également des fruits de son travail et, par extension, de tout ce à quoi il a mêlé son travail. C'est le fameux passage de Locke qui mérite d'être lu dans sa quasi-intégralité :

« Bien que la terre et toutes les créatures inférieures appartiennent en commun à tous les hommes, chacun garde la *propriété* de sa propre *personne.* Sur celle-ci, nul n'a droit que lui-même. Le *travail* de son corps, et l'*ouvrage* de ses mains, pouvons-nous dire, sont vraiment à lui. Toutes les fois qu'il fait sortir un objet de l'état où la Nature l'a mis et laissé, il y mêle son *travail,* il y joint quelque chose qui lui appartient, et de ce fait se l'*approprie.* Cet objet, soustrait par lui à l'état commun dans lequel la nature l'avait placé, se voit adjoindre par ce travail quelque chose qui exclut le droit commun des autres hommes; nul autre que l'ouvrier ne saurait avoir de droit sur ce à quoi le travail s'attache, *dès lors que ce qui reste suffit aux autres, en quantité et en qualité.*

« Quiconque s'est nourri des glands ramassés sous un chêne, ou des fruits cueillis sur les arbres d'un bois se les est certainement appropriés. Nul ne saurait nier que les aliments ne soient à lui. Je pose donc la question, quand ont-ils commencé à lui appartenir? Quand il les a digérés? quand il les a mangés? quand il les a fait bouillir? quand il les a rapportés chez lui? ou quand il les a ramassés? A l'évidence, si la première cueillette ne l'en a pas rendu propriétaire, rien d'autre ne le pouvait. Ce *travail* les a mis à part des biens communs. Il leur a adjoint quelque chose qui s'ajoutait à ce qu'avait fait la nature, la mère de tous les hommes, et par là ils sont devenus son bien propre.

« Quelqu'un viendra-t-il prétendre qu'il n'avait aucun droit sur les glands ou sur les fruits qu'il s'est appropriés de la sorte, faute de consentement de l'humanité entière pour les rendre siens? Était-ce voler que prendre ainsi pour lui ce qui appartenait en commun à tous? S'il avait fallu obtenir un consentement de ce genre, les hommes seraient morts de faim malgré l'abondance que Dieu leur a donnée. Sur les *terres communes,* qui restent telles par convention, nous voyons que *le fait générateur du droit de propriété,* sans lequel ces terres ne servent à rien, c'est l'acte de prendre une partie quelconque des biens communs à tous et de la retirer à l'état où la nature la laisse. Cependant le fait qu'on se saisisse de ceci ou de cela ne dépend pas du consentement exprès de tous. Ainsi l'herbe qu'a mangée mon cheval, la tourbe qu'a fendue mon serviteur et le minerai que j'ai extrait, partout où j'y avais droit en commun avec d'autres, deviennent *ma propriété* sans la cession ni l'accord de quiconque. Le travail qui m'appartenait a *fixé* mon droit de *propriété* en retirant ces objets de l'état commun où ils se trouvaient.

« (...) A présent que *la propriété ne porte plus, au premier chef,* sur les fruits de la terre et sur les bêtes qui y vivent, mais sur *la terre elle-même,* en tant que celle-ci inclut et comporte tout le reste, il me paraît clair que cette *propriété,* elle aussi, s'acquiert comme la précédente. La *superficie de terre* qu'un homme travaille, plante, améliore, cultive, et dont il peut utiliser les produits, voilà sa *propriété.* Par son travail, peut-on dire, il l'enclôt, et la sépare des terres communes. Il ne suffira pas pour prouver la nullité de son droit, de dire que tous les autres hommes peuvent faire valoir un titre égal et qu'en conséquence il ne peut rien s'approprier, ni rien enclore, sans le consentement de l'ensemble de ses co-indivisaires, c'est-à-dire l'humanité entière. Quand Dieu a donné le monde en commun à toute l'humanité, il a enjoint à l'homme de travailler; d'ailleurs l'homme s'y voyait contraint par la pénurie de sa condition. Dieu et la raison lui commandaient de venir à bout de la terre, c'est-à-dire de l'améliorer dans l'intérêt de la vie, et ce faisant, d'y investir quelque chose qui était à lui : son travail. Quiconque, pour obéir à ce commandement divin, se rendait maître d'une parcelle de terre, la cultivait et l'ensemençait, lui adjoignait quelque chose qui était sa *propriété,* que nul ne pouvait revendiquer ni lui prendre sans *injustice* [29]. »

Ainsi, la propriété de soi implique celle de son travail, donc des fruits du travail, mais aussi de la terre à laquelle on a mêlé son labeur. D'où l'on déduit que la propriété privée des choses est une pratique qui est dans la « nature des choses »; qu'il est *naturel* de trouver même dans l'état de nature, sans qu'il soit besoin de recourir à l'artifice formaliste d'un pacte social fondateur d'une société

politique : l'expérience de leur raison suffit à dicter aux
hommes qu'il est de leur *devoir* de ne pas toucher à ce que
les autres se sont légitimement approprié grâce à leur
travail.

Ayant établi par raisonnement déductif, l'existence de
la propriété dans l'état de nature, et ainsi démontré que la
propriété privée est un attribut naturel de la condition
humaine dans la mesure où il s'agit d'un acte parfaitement conforme à la logique *morale* la plus élémentaire,
Locke continue en analysant toutes les conséquences qui
en découlent. Il rappelle que cette même raison qui
impose aux hommes d'accepter et de respecter la propriété privée leur dicte aussi certaines *limites*. C'est le
fameux *proviso* où il explique que le droit du premier
occupant du sol n'est légitime que pour autant qu'il
n'empêche pas les autres de s'approprier ce qui est
nécessaire à leur propre subsistance.

Mais Locke introduit également une autre limitation,
sur laquelle il insiste d'ailleurs davantage. Si la raison
nous démontre que nous avons un droit clair et absolu à la
propriété de ce que nous avons produit, ou de ce à quoi
nous avons mêlé notre travail pour le produire, cette
même raison nous montre également que nous ne pouvons
tirer avantage de ce droit que pour autant que ce qui est
produit *ne sera pas gaspillé*. Nous ne pouvons clamer
comme nôtre que ce dont nous sommes sûrs que nous
ferons un usage utile. Il ne suffit pas de poser les pieds sur
une île déserte pour en réclamer toute la propriété si nous
sommes incapables d'assurer par notre propre travail la
mise en valeur et l'exploitation de tout le territoire ainsi
revendiqué.

Locke montre alors comment, dans cet état de nature,
la monnaie naît, elle aussi, « naturellement », comme
moyen de faciliter l'accumulation sans pour autant contrevenir aux limites morales de la propriété qu'il vient de
définir [30]. Si l'apparition de la monnaie est utile aux
hommes, c'est aussi un événement qui modifie complètement les données de la vie dans l'état de nature. La
monnaie permet à ceux qui sont les plus industrieux et les
plus rationnels, et donc capables de produire plus avec
leur seul travail, d'entrer dans un processus d'accumulation impossible auparavant. Mais cette accumulation, en

permettant de produire davantage et en favorisant le développement de la population, entraîne deux conséquences : d'une part, les inégalités augmentent; d'autre part, la croissance de la population provoque une pression accrue sur les ressources naturelles disponibles, notamment sur le sol et fait que, peu à peu, les derniers venus ont de plus en plus de mal à trouver encore des terres qu'ils peuvent s'approprier sans remettre en cause la propriété des autres.

Lorsqu'on en arrive à ce stade, les règles et disciplines morales qui régissaient l'usage de la propriété ne suffisent plus. Disputes et conflits deviennent inévitables; les inégalités attisent la discorde. Pour arbitrer les querelles et éviter les désordres, il devient de plus en plus difficile de s'en remettre à la seule bonne volonté des individus. Les hommes de l'état de nature ont donc un intérêt croissant à s'entendre entre eux pour créer, par contrat, une autorité commune, l'État, et installer un gouvernement à leur tête. C'est le fameux *contrat social*, revu et corrigé par Locke.

C'est par contrat que les hommes fondent la société politique. Mais tel que le conçoit Locke, il est très différent, dans son esprit et son contenu, du contrat social à la Hobbes.

Si, en effet, c'est l'insécurité croissante dans la jouissance de leur propriété qui pousse les hommes à s'engager dans ce contrat, il s'ensuit logiquement que celui-ci ne peut avoir de sens que si le gouvernement ainsi créé s'assigne pour mission prioritaire de rétablir l'ordre et la sécurité. Autrement dit, ce gouvernement n'a pu être instauré qu'à une seule fin : préserver, protéger, assurer tout ce qui, dans l'état de nature, était la propriété légitime des citoyens. Ses pouvoirs sont limités par les circonstances mêmes qui ont motivé sa naissance. Et si le gouvernement ainsi établi n'assume par les obligations pour lesquelles on a fait appel à lui, il est légitime que les citoyens exigent qu'il soit changé.

Partant d'une réflexion sur les fondements *moraux* de la propriété privée, Locke aboutit à poser, de façon purement logique, les principes du constitutionnalisme politique. Il est le premier à rompre avec cet étrange paradoxe qui voulait que tous ses grands prédécesseurs des XVIᵉ et XVIIᵉ siècles – en dépit de leur individualisme philosophique – se fussent faits les avocats des régimes absolutistes. Le libéralisme moderne est né.

Il est tentant de voir dans l'analyse de Locke une apologie brutale et sans réserve de l'accumulation capitaliste, conçue pour légitimer le pouvoir d'une « dictature » bourgeoise. La protection de la propriété étant la fin même du gouvernement, seuls les propriétaires auraient le droit d'être des citoyens à part entière. Cette interprétation que l'on rencontre chez de nombreux commentateurs [31] est inexacte et d'une injustice flagrante à l'égard de Locke et du sens réel de son entreprise intellectuelle.

Tout d'abord, il convient de rappeler que lorsqu'il parle de propriété *(property)*, Locke donne à ce terme une acception beaucoup plus large que nous, hommes du XXᵉ siècle, lui donnons habituellement. Lorsque Locke parle par exemple de ce droit de propriété « sans lequel les hommes seraient supposés perdre en entrant en société cette chose même qui les y fait entrer », il n'évoque pas seulement les possessions matérielles accumulées par les hommes et pour la sauvegarde desquelles ils auraient constitué un État, mais *tout ce qui, dans l'état de nature, est leur propriété « naturelle »* – à savoir leur corps, leur vie, leur liberté et, bien sûr, l'ensemble des possessions qu'ils ont légitimement acquises en mêlant leur labeur aux ressources naturelles léguées par Dieu. Lorsque Locke explique que l'État est créé pour « protéger la propriété », il entend par là la protection de tout ce que nous appellerions aujourd'hui les *droits* des individus – ces *droits* qui, dans l'esprit de Locke, sont la *propriété* naturelle des hommes en raison de cette règle morale élémentaire qui veut que chacun soit le seul et unique *propriétaire* de son corps; et dont le corollaire nécessaire est que chacun *possède* par définition un droit absolu à ne pas se trouver agressé par d'autres dans son corps, sa vie, sa liberté, ses possessions.

Ensuite, il faut contester l'attitude qui consiste à présenter la théorie lockienne de la propriété comme une philosophie de nature essentiellement hédoniste et matérialiste, fondée sur l'idée que le bonheur naîtrait de l'accumulation [32]. Il est vrai que, dans sa description du droit à la propriété comme le produit d'un argument de nature essentiellement morale, Locke introduit également une argumentation d'ordre utilitariste. Il n'explique pas seulement que la propriété est l'expression d'une nécessité morale; il ajoute qu'il s'agit d'une pratique dont l'avantage est de permettre à tous d'accéder à un plus grand bien-être parce que la propriété privée favorise des rendements plus élevés que la propriété commune. C'est ainsi qu'il prend nettement position en faveur du mouvement des *enclosures*.

Il faut souligner toutefois que lorsque Locke décrit les bénéfices économiques que la propriété apporte à l'humanité, il les présente comme une conséquence et non comme la justification ou l'explication de cette appropriation. L'argument utilitariste est seulement d'ordre second. Pour Locke, la justification première du passage à l'appropriation privée réside dans la loi morale que la raison dicte aux hommes de l'état de nature. Même si les avantages économiques disparaissaient ou n'existaient pas, Locke n'en maintiendrait pas moins que la propriété reste un *droit* et un devoir naturel. La justification économique est seulement donnée en plus.

En démontant les mécanismes du passage à l'appropriation privée, ce que Locke a foncièrement entrepris n'est donc pas une apologie de la propriété privée pour elle-même. Sa théorie de la propriété ne peut pas se lire indépendamment de tous les autres aspects de son *Traité*. Elle n'est que le pilier central qui lui sert à démontrer pourquoi le seul gouvernement légitime, au regard de la loi de nature – et donc de la raison humaine –, est un gouvernement limité, un État constitutionnel. En réalité John Locke a fait une œuvre de philosophie morale visant à établir le caractère *ontologique* de ce que l'on appelle la démocratie.

Avec lui, la propriété entre ainsi dans une nouvelle phase de son histoire conceptuelle. Jusque-là associée essentiellement à l'émancipation des notions métaphysiques de libre arbitre et de liberté personnelle, elle devient le fondement, l'expression, le garant de la liberté et de la démocratie politique. Résultat : les lumières du XVIIIe siècle, la Révolution et l'Indépendance américaine, mais aussi la Déclaration des droits de l'homme de 1789,

conçue et écrite par des hommes profondément marqués
par la problématique de Locke [33].

Épilogue

Dès la fin du XVIIIe siècle, la censive est devenue la
forme normale d'exploitation des terres. Le régime de la
féodalité est en pleine décadence. De chef paternaliste
résidant sur ses terres, le seigneur s'est transformé en une
sorte de rentier, souvent absent, pour qui l'essentiel n'est
plus la gestion de sa seigneurie, mais la perception
des redevances qui lui sont dues. Même s'il n'en a pas
encore la qualité juridique, le censitaire se comporte
de plus en plus comme un véritable propriétaire
qui exploite librement son bien, le vend et le transforme à son gré. La seule charge qui grève sa condition
est le paiement des droits de mutations perçus par le
seigneur.

Une querelle s'engage pour savoir à qui revient cette
qualité de propriétaire : l'exploitant à qui est désormais
reconnu ce qu'on appelle le domaine utile, ou le seigneur
qui conserve le domaine éminent – c'est-à-dire en quelque
sorte la « souveraineté » ? La question est tranchée par le
grand juriste de l'époque, Pothier, qui explique que le
domaine direct (ou éminent) n'est plus qu'un « domaine
de supériorité » et non « le domaine de propriété »; et en
conclut que celui qui le possède ne peut être appelé
propriétaire, mais « simplement seigneur ». Dans cette
optique, le domaine éminent du seigneur apparaît de
plus en plus comme une simple servitude sur la propriété du vassal, comme un parasite grevant la véritable
propriété. L'habitude se prend désormais de considérer
que « celui qui a le domaine utile se nomme propriétaire ».

Au cours de ce même XVIIIe siècle, on assiste cependant
à un regain de vigueur des droits féodaux qui pèsent sur la
condition paysanne. Dans certaines régions, les seigneurs
reprennent la pratique du retrait féodal, afin de reconstituer leurs domaines et d'en confier la gestion directe à des
métayers. Dans d'autres régions, pour lutter contre les

effets de l'inflation, on rachète les censives et on leur substitue des baux de durée limitée. Mais il y a encore plus grave : les seigneurs prennent l'habitude de confier la gestion de leurs biens à des agents d'affaires professionnels. Âpres au gain, ceux-ci recherchent jusque dans les archives oubliées tous les droits qui sont progressivement tombés en désuétude afin de les remettre en vigueur. Cette attitude suscite une pluie de procès le plus souvent favorables aux seigneurs, les parlementaires qui jugent ces conflits – l'équivalent de nos cours d'appel contemporaines –, étant eux-mêmes propriétaires de fiefs seigneuriaux. Résultat : ce qui reste de droits seigneuriaux est de plus en plus mal supporté par l'opinion publique.

C'est alors qu'intervient la Révolution et la fameuse nuit du 4-Août. En 1789, la disette provoque des révoltes qui s'aggravent, après la prise de la Bastille. La panique se déclenche, la Grande Peur. A la Constituante, la partie libérale de la noblesse demande qu'on « porte l'offrande des droits féodaux sur l'autel de la paix ». Dans l'enthousiasme, l'Assemblée nationale adopte sur-le-champ une déclaration de principe qui « détruit entièrement la féodalité ». Suit toute une série de décrets s'échelonnant entre mars 1790 et juin 1791.

Le décret du 15 mars 1790 supprime purement et simplement toutes les prérogatives féodales considérées comme le fruit de l'usage de la force et de l'usurpation : servage, mainmorte, corvées personnelles, droits personnels et honorifiques, justices seigneuriales avec leurs conséquences (saisie, retrait féodal), privilèges de chasse, de garenne et de colombier. Tout le reste, c'est-à-dire à peu de choses près toutes les redevances fixes ou casuelles, est seulement déclaré rachetable; en attendant leur rachat, il faut continuer de les payer, ainsi que tous les arriérés éventuels. Les modalités de rachat sont fixées par le décret du 3 mai 1790. Il peut se faire moyennant un prix fixé à 25 fois le montant des droits annuels en argent, ou des droits en nature, une échéance pour les droits casuels. Ces montants n'ont rien d'excessif [34], mais il faut racheter d'un coup tous les droits pesant sur la terre. Il n'y a pas de crédit.

Excellentes dans leurs intentions, ces mesures se heur-

tent à un certain nombre de difficultés, d'ordre politique
d'abord, juridique ensuite. La tension continue de monter
dans les campagnes. Les refus de payer les droits maintenus se multiplient. Le 25 août 1792, au lendemain de la
chute de la monarchie, la Législative décrète que seuls
peuvent être maintenus les droits pour lesquels on peut
faire la preuve de l'existence du titre primitif – ce qui est
pratiquement impossible pour la plupart des droits. La
Convention n'a plus qu'à tirer la conclusion finale, le
17 juillet 1793 : elle ordonne la suppression sans indemnité de tous les droits féodaux. Certes, demeurent encore
un certain nombre de servitudes collectives, comme la
vaine pâture, les communaux, dont la Révolution s'est
révélée incapable d'obtenir l'abandon malgré les efforts
des économistes de l'époque pour arriver à la suppression
de toute forme de propriété indivise. Mais cette fois-ci, la
féodalité et son principe d'éclatement des droits de
propriété ont définitivement vécu. Le mouvement de
reconstitution et d'unification du droit de propriété est
arrivé à son terme. La propriété, libre et unifiée, triomphe. Il ne reste plus qu'à en formaliser et structurer le
principe. Ce sera chose faite avec le Code civil de 1804.

A l'Assemblée, un Mercier de la Rivière peut se
permettre de déclarer que « la propriété est la mesure de
la liberté ». A quoi fait écho la phrase de l'abbé Maury,
s'adressant aux députés lors de la discussion sur les biens
du clergé : « Vous voulez être libres; or, sans propriété,
point de liberté. » Dans son *Préliminaire à la Constitution,* Sieyès fait de la liberté une propriété sur soi-même.
Son article 3 stipule que « tout homme est seul propriétaire de sa personne, et cette propriété est inaliénable ».
La propriété des objets extérieurs, ou la propriété réelle,
explique-t-il, n'est qu'une suite et comme une extension
de la propriété personnelle qu'est la liberté.

Pour rassurer les acheteurs de biens nationaux, on
introduit dans la Déclaration des droits de l'homme
l'article 17 :

« La propriété étant un droit inviolable et sacré, nul ne peut
en être privé, si ce n'est lorsque la nécessité publique, légalement constatée, l'exige évidemment, et sous la condition d'une
juste et préalable indemnité. »

C'est le triomphe du droit de propriété, droit subjectif; le couronnement d'un lent processus conceptuel engagé quelque cinq siècles plus tôt.

Notes

1. Jean CANONNE, *A propos des origines préhistoriques de la propriété.* Document ronéoté. Département des sciences administratives, Université du Québec à Montréal, 14 avril 1983.

2. Jean DAUVILLIER, « Problèmes juridiques de l'époque paléolithique », in *Droits de l'antiquité et sociologie juridique. Mélanges Henri Lévy-Bruhl,* Paris, Sirey, 1952.

3. Henri BREUIL et Raymond LAUTIER, *Les Hommes de la pierre ancienne,* 1951, Paris, rééd. Payot, 1959, 1979.

4. Pour des exemples, voir le livre de Jean William LAPIERRE, *Vivre sans État? Essai sur le pouvoir politique et l'innovation sociale,* Le Seuil, Paris, 1977.

5. David E. AULT et Gilbert L. RUTMAN, « The Development of Individual Rights to Property in Tribal Africa », *Journal of Law and Economics,* n° 22, 1979. Pour ces deux auteurs, tout dépend de multiples facteurs tels que l'environnement géologique et géographique, les conditions climatiques, le type de culture ou d'élevage pratiqué, et surtout le rapport entre la pression démographique et l'importance des réserves de terres disponibles. Les formes d'organisation communautaire se trouvent surtout dans les zones d'élevage ou d'économie de cueillette et de chasse faiblement peuplées par des populations semi-nomades. Les autres, au contraire, se rencontrent plutôt dans les régions de culture ou d'élevage caractérisées par une forte pression démographique et donc une rareté croissante de la terre.

« La grande différence entre ces deux types d'organisation, expliquent Ault et Rutman, ne réside pas dans la présence ou l'absence de droits de propriété individuels : même dans les régimes communautaires, le paysan se voit généralement reconnaître le droit de défricher la terre de son choix, de l'occuper et d'en conserver tous les fruits, sans avoir à demander l'autorisation des autorités villageoises, pour autant qu'il en assure lui-même la mise en culture et l'occupation ; mais dans l'étendue de ces droits – notamment et surtout en ce qui concerne la libre disposition vis-à-vis des tiers. » Tantôt, remarquent-ils, les achats de terre sont autorisés, mais le vendeur conserve le droit de reprendre son ancien bien au prix auquel il l'avait précédemment cédé. Tantôt, les individus se voient reconnaître le droit de louer des terres, mais sans pouvoir jamais les acheter en toute propriété. Tantôt, enfin, même lorsque le principe de la liberté de revente à des tiers est reconnue, cette liberté ne s'applique pas aux personnes étrangères au village ou à la tribu.

Cette dernière remarque est intéressante. Non seulement parce qu'elle permet de retrouver en Afrique des pratiques coutumières qui furent fort courantes sous l'Antiquité ou au Moyen Age; mais surtout parce qu'elle suggère que, si les formes de communisme primitif pur sont rarissimes (pour ne pas dire introuvables), c'est en définitive le régime des mutations – c'est-à-dire les conditions dans lesquelles chaque exploitant peut librement ou non aliéner tout ou partie des droits de propriété dont il se voit reconnaître l'usage – qui détermine le moment où l'on passe d'un système d'économie traditionnelle plus ou moins communautaire à un régime plus ou moins développé de « propriété privée ».

6. Jean-Philippe LÉVY, *Histoire de la propriété,* P.U.F., « Que sais-je ? » 1972, pp. 10-15.

7. Jean BAECHLER, « Les Origines de la démocratie grecque », *Archives européennes de Sociologie,* XXIII, 1982, pp. 241-293.

8. Notons ici que la propriété quiritaire est liée au statut de la terre, elle n'est pas un attribut distinct des personnes.

9. Voir les différents ouvrages de Michel VILLEY, déjà cités et aussi *La Formation de la pensée juridique moderne,* Cours d'histoire de la philosophie du droit, nouvelle édition corrigée, éd. Montchrétien, Paris, 1975.

10. « Le propre de la doctrine d'Aristote et de saint Thomas est de fonder la science juridique, non pas sur la " nature de l'homme " individuellement considéré, comme ce sera la prétention d'ailleurs étrange des Modernes, et d'où les Modernes inféreront cet attribut de l'homme isolé, son pouvoir, son " droit subjectif ", mais sur la base d'un donné naturel autrement fécond, à partir de l'observation de l'ordre inclus dans le corps social, mais sur la " nature cosmique ". Aussi bien l'office du juriste, selon cette philosophie, n'est point le service de l'individu, la satisfaction de ses désirs, la proclamation de ses puissances; ces buts relèvent d'autres arts, et la poursuite de l'utile ou du développement spirituel des individus ne ressortissent point à son domaine; le juriste est " prêtre de la justice ". Il poursuit le juste, cette valeur alors strictement définie, qui est harmonie, équilibre, bonne proportion arithmétique ou géométrique entre les choses ou les personnes. » Michel VILLEY, *Seize Essais..., op. cit.,* pp. 148-149.

11. *Ibid.,* p. 153.

12. « On nous a longtemps enseigné que le droit de l'Europe moderne devrait sa structure subjectiviste à l'influence du droit romain. Tandis que nous aurions hérité du monde germanique des coutumes communautaires (dont nous nous serions libérés progressivement à partir du XVIᵉ siècle), nous devrions à la renaissance du droit romain ces conceptions : la propriété absolue, droit de jouir et d'abuser de la chose de la façon la plus absolue, appelée encore parfois " propriété à la romaine ", et le réseau entier de nos droits subjectifs, droit de créance, droits de servitude, droits procéduraux, droits réels et droits personnels. Il n'est pas jusqu'aux droits publics de nos démocraties modernes, tels le droit de vote ou les diverses libertés publiques, qu'on n'ait parfois cru dérivés de la République romaine.

« Rien de plus faux que cette théorie. Elle témoigne d'une méthode raciste de l'explication historique qui est aujourd'hui controuvée; et il est trop clair qu'elle repose sur la confusion du droit romanistique moderne et du droit romain véritable : car notre définition du droit absolu de propriété, celle de l'article 544 du Code civil, par exemple, vient en effet des *romanistes,* c'est-à-dire des juristes savants de l'Europe, qui gardèrent longtemps la coutume de parler latin; il ne s'ensuit pas pour autant qu'elle ait existé dans le droit romain historique. Tous les manuels de droit romain traitent abondamment de " droit réel " et de " droit personnel "; il ne s'ensuit pas que ces expressions soient romaines. Les romanistes de l'Europe moderne, qui étaient fort loin de pratiquer notre actuelle " méthode historique ", ont édifié un *droit romain* sur lequel nous vivons encore et que nous enseignons encore, mais que Gaius eût jugé barbare. A ma connaissance, ni l'idée de " propriété à la romaine ", ni généralement l'idée de " droit subjectif " n'avaient cours dans la Rome classique. » *Ibid.,* p. 150.

13. Marc BLOCH, *La Société féodale,* Albin Michel, 1939.

14. Sur le concept de propriété chez saint Thomas d'Aquin, voir le mémoire de D.E.S. d'Hubert LANDIER, *L'Éthique sociale de saint Thomas d'Aquin et ses conséquences économiques,* Université de Paris, faculté de droit et des sciences économiques, enregistré le 23 janvier 1970 sous le n° 826.

15. A la suite de son plaidoyer pour les thèses franciscaines, Guillaume d'Occam se voit intenter un long procès pour hérésie par le Saint-Siège. Alors que le procès traîne en longueur, une nuit, il s'échappe d'Avignon en compagnie du général de son ordre, Michel de Césène. Il s'enfuit d'abord à Pise, puis à Munich où il passera le restant de ses jours. Lâché par ses frères franciscains qui acceptent de rentrer dans l'orthodoxie papale, il se consacre à l'écriture de livres politiques et philosophiques qui, plus tard, exerceront une influence décisive sur toute l'Europe (par exemple sur Hobbes et à travers lui, sur tous les philosophes des Lumières). Ses ouvrages, fruits de la controverse théologique dans laquelle il s'est compromis, présentent une caractéristique remarquable : à travers eux apparaît pour la première fois dans la pensée juridique et politique occidentale, une philosophie du droit en opposition totale avec la philosophie classique qui règne depuis l'Antiquité. Elle est fondée sur deux innovations radicales :

a) une conception *individualiste* des sources du droit, aux antipodes de la tradition aristotélicienne qui vient d'être remise à la mode par saint Thomas et qui domine alors les esprits;

b) une approche systématique et *hiérarchique* du droit fondé sur une cascade de pouvoirs subordonnés, elle aussi complètement étrangère à la tradition antique qui voyait dans l'art juridique d'abord et avant tout, la recherche d'un équilibre de proportions. Au sommet, à la source de tout, il y a le pouvoir de Dieu, son propre droit subjectif, sa *potestas absoluta.* Juste en dessous viennent les pouvoirs concédés par Dieu à chaque homme, les *jura poli,* pouvoirs assortis de sanctions. Puis en dessous encore, les pouvoirs engendrés par le droit positif des hommes, les *jura fori.* Tous des droits *absolus,* à l'image du pouvoir de Dieu dont ils descendent, des pouvoirs dont on peut user ou ne pas user à son gré, et qui constituent donc des « libertés ».

Maintenant, se pose la question de savoir quelles sont les sources de ce système : chez qui Guillaume d'Occam a-t-il puisé son inspiration? La réponse est simple : Guillaume d'Occam n'est que le continuateur de la tradition *nominaliste* inaugurée au siècle précédent par un autre moine franciscain d'Oxford, Duns Scot (1266-1308) ; tradition qui se présente elle-même comme une réaction religieuse, que l'on qualifierait aujourd'hui d'*intégriste,* fondée sur le retour à une stricte lecture des textes saints, et qui s'oppose à la théologie diffusée au début du XIIIᵉ siècle par saint Thomas d'Aquin à la suite de la redécouverte des écrits philosophiques d'Aristote.

Dans cette optique, l'émergence à laquelle on assiste au XIVᵉ siècle, à travers Guillaume d'Occam, mais aussi ses adversaires et leurs continuateurs que seront par exemple Claude Gerson et Jean d'Ailly, n'est pas autre chose que le produit d'un retour philosophique aux sources mêmes de la vision chrétienne du monde telle qu'elle s'exprime dans les Évangiles, en réaction contre une théologie « paganisée » par ses emprunts à la théorie antique du droit naturel (théorie qui, comme le remarque Michel Villey dans son analyse de la théologie scotienne – p. 180 sqq. de son *Histoire de la philosophie du droit* –, s'avérait particulièrement mutilante pour la vision chrétienne d'un Dieu omnipotent et *absolument libre* à l'égard de tout ordre préconçu). Ce qui fait que l'origine profonde des notions modernes de « liberté » et de « propriété », telles qu'elles émergent à l'occasion du débat sur la pauvreté apostolique, se situent en définitive au cœur même de l'épistémologie *personnaliste* très particulière qui est celle du christianisme.

Ainsi, il n'est pas absurde de dire, comme me le faisait remarquer il y a quelque temps John Cody de l'Institute for Humane Studies (Menlo Park), que, historiquement, la source profonde du concept moderne de « droit de propriété » est en définitive d'*origine religieuse.*

16. Dans son livre, *Natural Rights : their Origin and Development* (Cambridge University Press, 1979), Richard Tuck, un professeur d'histoire à Jesus College d'Oxford, montre que c'est à deux théologiens français qui vécurent à la charnière des XIVᵉ et XVᵉ siècles, Pierre d'Ailly, recteur de l'Université de Paris, et son successeur Jean Gerson, que l'on doit, à la suite de la controverse entre Jean XXII et les franciscains, la première élaboration systématique du concept de « liberté » vu comme un « droit » – un droit de nature *morale,* impliquant la reconnaissance et l'acceptation de son « libre arbitre ». « Ce qui émerge de tout cela, conclut Richard Tuck, est simplement que pour la première fois apparaissait clairement l'idée que l'homme, considéré comme un individu en soi, un individu isolé, pouvait avoir le contrôle de sa vie d'une manière que l'on peut assimiler à un *dominium,* à une propriété, et cela aussi bien dans le domaine spirituel que pour les choses matérielles. Ainsi émergeait une philosophie fondamentalement individualiste, qui n'allait avoir besoin que de quelques modifications mineures pour réapparaître au début du XVIIᵉ siècle et donner naissance à la théorie classique des *droits de l'homme.* »

Richard Tuck conteste cependant certains aspects du récit donné par Michel Villey. S'appuyant sur les recherches de G. LEFF (*Heresy in the Later Middle Age,* Manchester, 1969), il explique que l'assimilation du terme *jus* au concept de *potestas* était déjà achevée dans les écrits mêmes du pape Jean XXII avant même que Guillaume d'Occam ne vînt réaffirmer la position traditionnelle des franciscains. D'où l'idée que ce qui opposait Occam au pape ne concernait pas tant l'acception du mot *jus* que la définition du *dominium*.

17. Cf. *Demain le capitalisme,* chap. III : « Comment est née la propriété », « Pluriel », 1978, nouvelle édition, 1982.

18. Parmi ces sujétions, citons : le régime de la mainmorte, le système du retrait féodal, l'impossibilité d'aliéner sa tenure ou son fief sans autorisation, l'impossibilité de les morceler même en cas de transmission par héritage, ou encore, pour les fiefs, les servitudes qui pèsent sur leurs titulaires en matière de mariage et d'héritage et qui les empêchent de disposer librement de ce qu'ils ont de plus en plus tendance à considérer comme *leur* bien.

19. A quoi s'ajoutent : le monopole seigneurial des droits de chasse, de pêche et de colombage; l'interdiction de faucher avant que les perdrix n'aient couvé, ou encore l'interdiction d'élever des clôtures pour se protéger du gibier.

20. ... dans son histoire des origines du capitalisme, en liant cette évolution culturelle et sociologique – qu'on retrouve simultanément dans certaines régions des Pays-Bas espagnols – à l'influence exercée par le développement des doctrines calvinistes et puritaines.

21. Alan MACFARLANE, *The Origins of English Individualism,* Basil Blackwell, Oxford, 1978. Ayant eu accès à un document exceptionnel, le journal intime (*Diary*) d'un curé du XVIIe siècle, petit propriétaire terrien dans une localité rurale d'Essex et qui pendant quarante ans nota le détail de tous ses faits et gestes, Alan Macfarlane nous reconstitue ce que pouvait bien être le style de vie et la psychologie de cette famille.

22. Cf. Michel VILLEY, *Histoire de la philosophie du droit, op. cit. :* « L'école de Salamanque reprend dans la *Somme théologique* (de saint Thomas) en particulier la notion de droit naturel; à la différence de Luther et même de Calvin, dont la tendance est de dénier à la raison de l'homme tout pouvoir de trouver par elle-même des solutions justes, l'école de Salamanque restaure les sources naturelles du droit; c'est à l'intelligence des hommes, même à celle des infidèles, à celle d'Aristote, et de Cicéron, des juristes romains, qu'il faut demander les règles du juste. »

23. « Pour saint Thomas, toute la nature, avec l'ordre qu'elle renferme, est un fruit de la bonté de Dieu; la connaissance du droit se tire de l'observation de la nature, sans doute, mais l'ordre naturel lui-même procède de Dieu. » *Ibid.*

24. Pour comprendre cette mise au premier plan du concept de « sociabilité », il ne faut pas oublier que Hugo Grotius intervient dans une époque particulièrement troublée et que, comme le montre toute son œuvre, la grande question qu'il se pose est celle de la guerre et de la paix.

25. Ce texte d'apparence banale, pour nous hommes du XXe siècle, est en fait un texte capital. Ces quelques lignes font apparaître la plupart des principes qui, en rupture avec la tradition juridique jusque-là en vigueur, vont présider à la construction de tout le droit moderne occidental. Par exemple, l'idée que le droit est la mise en système de principes moraux d'ordre général, dont découlent des devoirs individuels et donc des droits, dont c'est précisément la finalité du droit que d'assurer la protection afin de rendre possible l'accomplissement même

de ces devoirs. L'idée que ces droits, déduits de la présence immanente d'une « loi naturelle » liée à l'essence même de l'homme et de sa raison, nous sont donnés par avance et sont donc opposables à tous sans exception, indépendamment de la prise en considération de tout critère d'équité. Enfin, le fait que le droit ainsi conçu apparaît comme une qualité personnelle liée immuablement à l'essence même de l'individu et donc comme une *liberté* – c'est-à-dire comme une « aptitude », une « faculté », le « pouvoir » de faire certains actes ou de conserver certains biens dont on a fait l'acquisition. Tous concepts qui définissent l'essence même d'un *droit subjectif* et qui sont complètement étrangers, pour ne pas dire antinomiques, avec l'esprit même des pratiques judiciaires de l'époque.

Prenons par exemple le concept de « liberté » (*libertas*). Pour les Romains et les juristes du Moyen Age, la notion de *libertas* est déjà décrite comme une *facultas*. Mais cette « faculté » est conçue comme une *chose* « naturelle », objective, une simple relation constatée et n'implique (comme nous l'avons vu pour le *dominium*) aucune connotation morale. D'où une déconnection complète entre le concept de « liberté » et le concept de *droit* (*jus*, la *part* qui vous revient dans l'ordre naturel des choses) : il s'agit de deux « choses » distinctes. Pour que la liberté devienne un *droit*, comme nous l'entendons aujourd'hui dans l'idéologie des Droits de l'homme, il fallait que deux étapes fussent accomplies : d'abord, que l'on fît l'assimilation du mot *jus* avec la description d'une « faculté » (ce qui fut fait par Occam et ses contemporains) ; ensuite, que le concept même de *facultas* se trouvât élargi de façon à décrire non plus seulement une simple relation de fait, appréhendable par l'exercice de la « raison », mais également une véritable capacité d'action et de décision, attribut même de la « raison » individuelle. C'est cette dernière étape, tout à fait essentielle dans la genèse de nos concepts philosophiques et juridiques modernes, nous raconte Richard TUCK dans son livre *Natural Rights*..., qui fut franchie par Jean Gerson au début du XVᵉ siècle. En définissant la liberté comme une faculté même de la « raison », Jean Gerson fut ainsi le premier, dans la littérature religieuse et juridique de son temps, à poser le principe du droit de chacun au « libre arbitre ». Ainsi, comme nous le résume Michel Villey, si le XIVᵉ siècle est le moment copernicien où émergent les premiers fondements d'un droit de style subjectiviste, en réalité cette mutation ne fut véritablement accomplie que dans les toutes premières années du XVᵉ siècle, avec les développements de l'école gersonienne. Mais ce n'est qu'au début du XVIᵉ que ces idées et concepts commencèrent réellement à s'intégrer aux fondements mêmes de la pensée occidentale. Et c'est là où l'on retrouve le rôle capital de Hugo Grotius.

26. Pour mieux comprendre la nature de l'événement, là encore, il n'est pas inutile de revenir un instant sur la nature de la tradition juridique et mentale à laquelle ce système s'oppose. Comme je l'ai déjà signalé, un homme comme saint Thomas reconnaît que la propriété est une institution conforme au « droit naturel », c'est-à-dire conforme à la « nature des choses », telle qu'on peut la déduire de l'observation attentive des faits et des pratiques guidée par notre raison (et non pas comme le résultat d'une démarche introspective s'appuyant sur le seul pouvoir de la « raison »). Mais cette propriété est loin d'être « absolue » dans la mesure où elle reste soumise à la règle de la *justice distributive*

et donc au critère de l'*équité,* qui tient une si grande place dans la conception aristotélicienne de la justice dont saint Thomas fut le restaurateur au début du XIIIe siècle.

De même, on considérait sans doute qu'il valait mieux qu'un contrat fût tenu et une parole donnée respectée. Mais cette obligation avait seulement le caractère d'une règle morale et non d'une règle de droit. Elle aussi restait soumise au critère de la justice distributive et de l'équité qui faisait qu'un juge pouvait librement délier un contractant du devoir de respecter ses engagements s'il lui apparaissait que les termes du contrat signé ou de la parole donnée ne respectaient pas les conditions d'un « juste » équilibre, défini non par référence à des critères à priori, mais par la libre appréciation du juge en fonction des circonstances concrètes de l'action en cause, ou encore en fonction de la nécessité de maintenir une « juste » distribution, gage de paix sociale. Et ceci, parce que, dans l'univers de pensée de l'époque, c'est précisément le maintien de cette « juste distribution » (des patrimoines, mais aussi des honneurs, des privilèges, des statuts) qui est considéré comme le fondement de l'ordre et de la paix sociale.

Dans les conflits, ce qui compte à l'époque ce n'est pas le titre de propriété, ou le titre de créance. Le juge n'est pas là pour garantir l'inviolabilité des titres ou des contrats, et cela indépendamment de la prise en considération des situations particulières, de façon quasi mécanique ; mais, pour rétablir une situation « équilibrée » entre les parties. Son rôle est de rétablir l'ordre « naturel » des rapports conformes à la « justice », tel que celui-ci peut être apprécié au terme d'une patiente et prudente démarche dialectique qui tient compte des situations particulières ainsi que des réalités et habitudes coutumières.

Avec Grotius, c'est toute cette démarche qui disparaît. Le droit devient une mécanique abstraite, chargée de définir et de protéger des droits fermes et préconstitués. La justice change de sens. Désormais ce qui est « juste » est ce qui est conforme au droit, à la loi, à ces règles abstraites et générales dont se déduit tout l'édifice juridique. Le « juste » n'est plus que ce qui n'est pas « injuste ». Il n'y a plus de place ni de rôle pour la prise en compte et l'administration d'une quelconque justice distributive. La loi devient synonyme de protection des propriétés. C'est le triomphe du droit subjectif.

Cela dit, il faudra encore près de deux siècles pour que ces considérations intellectuelles passent dans la pratique judiciaire quotidienne. Par exemple, fait remarquer le professeur P.S. ATIYAH d'Oxford (dans son remarquable livre : *The Rise and Fall of Freedom of Contract,* Clarendon Press, Oxford, 1979), au début du XIXe siècle, il est encore courant de voir les juges de la *Common Law* anglaise donner, dans leurs jugements, la priorité à des considérations d'équité.

27. Karen I. VAUGHN, « John Locke's Theory of Property », dans *Literature of Liberty,* printemps 1980, Institute for Humane Studies, Menlo Park, Californie. Karen Vaughn est également l'auteur d'un livre : *John Locke : Economist and Social Scientist,* University of Chicago Press, 1980.

28. En fait, l'assimilation de la « liberté » au droit à la libre propriété de soi est quelque chose qui, là encore, remonte au XIVe-XVe siècle et notamment aux travaux de Jean Gerson. Elle résulte de la double assimilation de la liberté à un *dominium* naturel (antérieur à la

constitution de la société), et de cette même liberté à un *droit* (au sens de *jus*).

29. *Second Traité sur le gouvernement civil*, chap. v, 1960, Vrin, 1967, trad. Gilson, pp. 90-94.

30. Pour Locke, ce qui limite l'étendue de votre droit de propriété, ce n'est pas le fait de savoir si vous avez ou non trop de terres, si vous êtes ou non trop riche, mais ce que vous en faites : si l'usage que vous en faites sert à accumuler des choses qui seront utiles demain, ou au contraire des choses qui ne serviront plus à personne parce qu'inmangeables ou inutilisables. Parce qu'elle permet de contourner les difficultés posées par le stockage des choses périssables, l'accumulation monétaire – même lorsqu'il s'agit d'une simple thésaurisation – est ainsi parfaitement conforme à la « loi de nature » et à la raison.

31. C'est la théorie que développe C.B. MACPHERSON dans son fameux livre : *The Political Theory of Possessive Individualism*, Clarendon Press, Oxford, 1962, de facture nettement marxiste.

32. Cf. par exemple la présentation que le professeur Georges BURDEAU donne de la théorie lockienne de la propriété dans son livre : *Le Libéralisme*, Le Seuil, « Points », 1979.

33. Il est important de noter que la traduction française de Locke fit l'objet d'une douzaine de rééditions au moins tout au long du XVIIIe siècle.

34. 25 fois les droits annuels, soit 25 ans : c'est à l'époque la valeur moyenne d'une vie active. Le prix de rachat représente ainsi la valeur capitalisée du bien; c'est un prix parfaitement « économique ».

III

La propriété privée : pourquoi ?

Le récit historique n'explique rien; il raconte, un point c'est tout. Il retrace la formation des concepts et des institutions, mais ne permet pas de répondre à la question : pourquoi? – Pourquoi la propriété privée existe-t-elle? Pourquoi est-elle devenue le fondement de l'ordre juridique et social de l'Occident? Il faut alors dépasser la simple présentation historique et recourir à une méthode analytique.

La réponse que suggère l'analyse économique est la suivante : si la propriété existe, si la propriété privée est devenue le pilier sur lequel se sont construits les réalisations et les succès de notre civilisation, nous le devons à ses propriétés d'efficacité; c'est le système qui, à l'expérience, s'est révélé le plus efficace pour résoudre les problèmes de vie et de survie que le caractère fini des ressources – la rareté – impose aux hommes. Reste cependant à identifier les sources de cette plus grande efficacité, ses origines, ses mécanismes.

Dans le premier chapitre, nous avons vu que « le régime de la propriété privée » n'est qu'un cas particulier, un cas extrême, où la règle générale est que les droits de propriété reconnus par la collectivité ont un caractère *personnel, exclusif* et *librement transférable.* Nous avons également vu que, dans la conception occidentale de la propriété, la libre transférabilité se confond avec la reconnaissance du principe juridique de la *liberté contractuelle.* Si donc on veut expliquer les origines de la

---

* Les notes de ce chapitre commencent p. 116.

propriété privée, les fonctions qu'elle remplit dans la société, ses structures, ainsi que les sources de sa plus grande efficacité, il faut commencer par identifier les caractères spécifiques qui donnent leur raison d'être à ses principes juridiques.

Les avantages de l'exclusivité

Commençons par le principe d'*exclusivité* – c'est-à-dire le pouvoir reconnu au propriétaire de jouir librement de ses biens, et notamment de décider souverainement qui peut y avoir accès ou non, et sous quelles conditions.

L'avantage que la société gagne à reconnaître une telle pratique et à lui donner sa garantie juridique, n'est pas difficile à identifier. Il suffit d'un peu de bon sens. Imaginez qu'on vous reconnaisse la libre disposition d'un champ. Personne ne vous conteste le droit d'en faire ce que vous désirez; d'y planter du blé, du maïs, d'y garder des vaches ou des moutons. Mais en revanche, on ne vous reconnaît pas le droit de l'enclore, ni de refuser, à quiconque la liberté de s'y promener en famille, d'y jouer au ballon, de cueillir ce qui y pousse, ou encore d'y mener paître ses propres bêtes. Quelles motivations aurez-vous à cultiver ce champ, à le mettre en valeur, à l'enrichir par des apports d'engrais ou des travaux de drainage? Quelles raisons aurez-vous de faire l'effort de le labourer, d'y semer des récoltes que vous n'aurez peut-être jamais l'occasion de voir arriver à maturité, ou encore d'y planter des arbres fruitiers dont les fruits seront mangés – ou peut-être même vendus – par d'autres? Aucune. Il y a toutes chances que vous laissiez votre terrain en jachère; ou, tout au moins, que vous n'y plantiez que ce dont les autres peuvent plus difficilement s'approprier la valeur à votre détriment (par exemple, une plantation de peupliers ou d'arbres de rapport, même s'il s'agit de bonnes terres à céréales). Sans possibilité d'exclure les intrus, pas de production possible; avoir l'exclusivité d'un bien permet de *produire plus* et de vivre mieux que lorsque d'autres peuvent sans vergogne détruire ou s'approprier le fruit de votre travail. L'individu est incité à travailler mieux et plus, car il existe un lien direct et immédiat entre l'effort fourni et les avantages personnels qu'il en tire. C'est bien ce que démontre l'attitude des paysans soviétiques et l'extraordinaire essor des marchés kolkhoziens privés (sans l'apport desquels l'U.R.S.S. vivrait dans un état de famine chronique). C'est ce que démontre aussi, dans les sociétés occidentales, le fantastique développement de l'économie parallèle (ou « souterraine ») qui suit la croissance du prélèvement fiscal sur les revenus du travail de chacun. Quand on peut librement profiter de l'intégralité des fruits de son travail, on travaille plus et mieux, plus efficacement; on soigne davantage ses outils, sa terre et l'on fait plus attention à l'entretien de son capital; on ressent davantage l'intérêt qu'il y a à épargner sur son revenu d'aujourd'hui pour pouvoir gagner plus et vivre mieux demain.

Il ne suffit pas cependant de travailler plus et mieux, encore faut-il que ce travail s'applique à quelque chose d'utile, qui soit réellement désiré par les autres. Supposez, par exemple, que cultiver du blé rapporte deux fois plus qu'un bois, mais que, faute de pouvoir empêcher les bêtes de votre voisin de venir brouter les récoltes, vous vous soyez résigné à ce second choix. Compte tenu des circonstances, cette décision est celle qui répond le mieux à vos intérêts. Mais cette situation est loin d'être la meilleure possible pour la collectivité. Un tel choix constitue clairement un « gaspillage », en ce sens qu'une ressource rare est affectée à un usage dont l'*utilité sociale* – telle qu'elle s'exprime sur le marché à travers ce que les consommateurs sont prêts à payer pour bénéficier des produits ou des services de cet usage – est moindre que ce que pourrait rapporter, non seulement au propriétaire, mais également à la société, un autre usage de ce même bien. Il y a « perte », non seulement pour le propriétaire – qui ne gagne pas ce qu'il pourrait gagner en cultivant du blé plutôt qu'en faisant pousser des arbres – mais aussi pour la collectivité puisque cette ressource sert à produire du bois que les gens désirent moins que le blé. L'absence d'exclusivité – qu'elle découle de dispositions légales, ou tout simplement de l'incapacité du propriétaire à assurer une surveillance effective de son bien – conduit à une situation où, en vérité, tout le monde perd; une situation « sous-optimale », dirait l'économiste.

Lorsqu'il y a propriété privée et que la législation garantit au propriétaire l'exclusivité des revenus que lui rapporteront les décisions qu'il prendra quant à son affectation et à son usage, les choses sont toutes différentes. Le propriétaire ne prendra pas nécessairement la meilleure de toutes les décisions possibles, – celle que prendrait un esprit omniscient, capable d'intégrer toutes les données économiques et techniques possibles. Mais il y a toutes chances que son *intérêt personnel* le conduise à affecter les ressources dont il a le contrôle ou l'usage à des choix dont la valeur sociale est plus grande que si le législateur ne lui reconnaissait pas le bénéfice d'une protection légale, ou ne lui reconnaissait qu'une forme atténuée d'exclusivité (en raison de certaines réglementations limitant les droits d'usage attachés à la propriété de certaines ressources, ou encore du fait d'une incapacité légale à utiliser certains moyens de surveillance et de police). Conséquence : les ressources seront mieux orientées, mieux exploitées, mieux gérées; l'économie sera plus efficace. L'intérêt personnel rejoint l'intérêt de tous [1].

Prenons un autre exemple, très souvent cité dans la littérature économique consacrée à la théorie des droits de propriété : celui des prés communaux. Imaginons un village de 100 personnes, entouré d'un pré où chacun est libre de laisser paître ses bêtes. Il n'y a aucune limite au nombre de bêtes que chaque villageois peut conduire sur ce pré. Mais il y a une limite naturelle au nombre total d'animaux que la superficie du pré permet de nourrir dans des conditions d'exploitation « optimale » – c'est-à-dire dans des conditions assurant une production maximale pour l'ensemble du troupeau. Au-delà de ce nombre, apparaît un problème classique de surpopulation et de rendements décroissants : tout animal supplémentaire prend une nourriture qui fait défaut aux autres; les rendements baissent; la production totale diminue [2].

Admettons que ce nombre optimal soit de 100 bêtes, que le rendement moyen de chaque animal est alors de 1 000 l de lait par an, et que tout animal supplémentaire mis en pâture fasse baisser ce rendement de 100 l. Si je suis propriétaire d'une bête et que j'en amène une seconde, portant à 101 le nombre de bêtes présentes sur le territoire communal, cela me procurera en fin d'année une production totale de 1 800 l (900 l × 2); soit un gain supplémentaire de 800 l par rapport à ma situation initiale. Mais si j'agis ainsi, la production totale du reste du troupeau ne sera plus que de 99 × 900 l = 89 100 l (au lieu de 99 × 1 000 l). Alors que la décision de faire paître une bête de plus me rapporte un gain personnel de 800 l, en agissant ainsi j'impose au reste de la collectivité une perte globale de production – ce que les économistes appelleraient une « externalité » – de 9 900 l.

Un second villageois fait de même. Lui aussi amène une seconde bête, portant l'effectif total à 102 animaux. Le rendement de la production tombe à 800 l par animal et par an. Chacun de nous encaisse un revenu supplémentaire de 600 l, mais la production totale des autres tombe à 78 400 l; soit, pour eux, une perte de 21 600 l par rapport à la situation initiale. Et ainsi de suite... Plus le nombre de bêtes en pâture augmente, plus on se rapproche de la production zéro. C'est l'engrenage de ce que l'écrivain américain Garrett Hardin a appelé un jour « la tragédie de la vaine pâture » (*The Tragedy of the Commons*) :

> « Chacun se trouve coincé par un système qui le pousse à accroître sans fin les effectifs de son troupeau personnel – dans un monde qui, lui, est limité. L'épuisement des sols, la ruine de tous est la destination vers laquelle on s'achemine inéluctablement dès lors que les hommes restent libres de poursuivre leur propre intérêt personnel dans une société qui pratique la liberté d'accès aux ressources communes [3]. »

L'intérêt de la collectivité est évidemment d'éviter que les villageois puissent ainsi mener sur le pré communal autant de bêtes qu'ils le désirent. La solution peut consister à instaurer un système de quotas et à obtenir de chacun qu'il s'engage à ne pas introduire plus d'une bête à la fois sur le champ commun. Mais quelle motivation chacun a-t-il à s'engager ainsi et à respecter un tel accord? Si j'accepte de me plier à la règle, cela me rapportera 100 l (du fait du rendement plus élevé de la première vache), mais me coûtera 900 l (la production de la seconde). Perte sèche : 800 l. Même si une telle décision permet au village de produire globalement plus, aucun des villageois n'a rationnellement intérêt à s'engager dans une telle convention.

On peut imaginer que chacun soit prêt à faire le sacrifice de son intérêt personnel sur l'autel de l'intérêt collectif. Mais alors se pose un autre problème : celui des éventuels *tricheurs*. Même si j'accepte volontairement de me plier à la règle commune, qu'est-ce qui me garantit que mes voisins en feront autant ? Si je ne veux pas perdre au change, n'ai-je pas intérêt à les prendre de vitesse et à m'empresser de tricher avec la règle même à laquelle je viens de donner mon accord avant que eux ne soient tentés ou n'aient la possibilité d'en faire autant ? Il est vrai qu'en signant l'accord, nous aurons prévu la mise en place d'un système de surveillance et de police pour veiller à ce que chacun se conforme à la nouvelle règle. Mais même cette police ne réglera pas totalement le problème. N'oublions pas en effet que, plus les autres respectent fidèlement la convention, plus le gain éventuel que les tricheurs peuvent réaliser en amenant clandestinement une bête supplémentaire est élevé. Lorsque mon tour de garde viendra, il y a de fortes chances que je m'entende avec certains de mes voisins afin d'échanger ma complicité contre leur bienveillance. Et il y a de fortes chances que tout le monde fasse de même. Le problème n'est pas trop grave lorsqu'on reste dans le cadre de petites communautés closes où chacun se connaît et où le contrôle social des uns sur les autres est extrêmement fort. Mais il devient vite insoluble dès lors qu'on passe à des communautés de plus en plus larges, de plus en plus ouvertes, de plus en plus complexes.

Supposons maintenant que ce même terrain soit la propriété d'un seul éleveur (mais on peut faire exactement le même raisonnement en imaginant que le terrain est divisé en une centaine de petites propriétés indépendantes). Faire paître une bête de plus lui rapportera un supplément de production de 900 l, mais lui coûtera du fait de la baisse de rendement du reste de son troupeau : $100 \text{ l} \times 100 = 10\,000 \text{ l}$. Autrement dit, parce qu'il supporte à la fois l'ensemble des gains et des coûts engendrés par sa décision, le fait de ne pas respecter les limites économiques que dictent les conditions physiques et

agronomiques du terrain se traduit immédiatement par un
coût énorme, hors de proportion avec les maigres gains
supplémentaires qu'il peut attendre de l'addition d'un
animal de plus. Dans de telles circonstances, à la différence de ce qui se passe dans un système de pré
communal, où les coûts des décisions individuelles se
trouvent diffusés sur l'ensemble des autres partenaires, il
y a toutes chances que son seul intérêt personnel garantisse qu'il fera tout pour respecter les conditions d'une
exploitation optimale, et veiller à ce que la terre soit
utilisée de la façon la plus efficace possible. Le fameux
dilemme de Hardin – ce mécanisme paradoxal qui faisait
que l'intérêt individuel de chacun conduisait à des comportements collectivement suicidaires – disparaît comme
par enchantement. Il n'y a plus de tragédie de la vaine
pâture.

On peut refaire le raisonnement en imaginant que
l'individu propriétaire des herbages, au lieu d'exploiter
lui-même son propre troupeau, se contente de louer un
droit de pacage aux 100 villageois, moyennant le paiement d'un droit d'accès égal à 10 % de la production de
chaque animal. Laisser entrer une bête de plus sur son
terrain lui rapporte un gain supplémentaire de 90 l, mais
lui coûte l'équivalent d'une recette de 1 000 l. Sa motivation à ne pas laisser pénétrer une bête de plus, et donc à
prendre les mesures de surveillance et de police en
conséquence, est on ne peut plus directe et tangible. Qui
plus est, comme il n'a à demander l'accord ni l'autorisation de personne, le coût des mesures nécessaires au
respect d'une telle décision n'a rien de comparable avec
les coûts de négociation que celle-ci entraînerait si elle
devait être acquise par un accord unanime de 100
personnes ayant toutes, individuellement, plus à perdre
qu'à gagner à l'instauration d'une telle discipline.

Supposons enfin qu'une nouvelle technique permette
d'accroître la production de chaque animal, mais requière
un investissement préalable important. L'un des villageois
est prêt à prendre le risque. Tous les autres, plus timorés,
s'y opposent. En régime de propriété collective, l'investissement ne se fera pas, même si l'unique éleveur qui y est
favorable a les moyens de financer tout ou partie de la
dépense. Pourquoi? A cause de l'impossibilité à laquelle il

se heurte d'*exclure* de l'accès au pré commun et aux avantages économiques qu'entraînera l'innovation, tous ceux qui ne désirent pas contribuer à l'investissement initial. Si cet éleveur est propriétaire d'une partie du terrain, qu'il peut l'enclore, la situation change tout à fait; il n'a besoin de demander l'avis de personne. Seules *ses* bêtes tireront avantage de l'innovation. Sa motivation à prendre le risque est maximale. S'il réussit, son exemple servira de modèle aux autres, l'innovation se diffusera, les terres seront plus productives. Toute la communauté en tirera un profit plus élevé.

Même si cet exemple peut passer pour une simplification abusive, on est en droit de penser que c'est dans ce type de calculs, somme toute assez élémentaires, que réside le secret de la propriété privée et de son émergence. Si l'appropriation individuelle s'est progressivement substituée aux formes d'exploitation collective, c'est tout simplement parce que, dans un univers dominé par la lutte quotidienne du plus grand nombre pour la survie la plus élémentaire, elle apportait à nos ancêtres un moyen plus efficace pour résoudre les problèmes de production et de sécurité qui se posaient à eux.

Il est vrai qu'une telle proposition est bien difficile à vérifier scientifiquement. On peut cependant tester certaines de ses implications. Par exemple, il doit exister un rapport étroit entre la démographie et le processus d'émergence des droits de propriété; ou encore, les périodes charnières de l'histoire économique de l'humanité ont dû également être cruciales du point de vue du développement de la propriété.

Je prendrai deux exemples tirés du dernier livre d'un auteur auquel j'ai déjà beaucoup emprunté dans mes précédents ouvrages, le professeur Douglass C. North [4].

La révolution agricole du néolithique

L'homme est « né » il y a plusieurs millions d'années. Mais ce n'est que depuis environ dix mille ans qu'il a commencé à apprendre à domestiquer la nature. C'est alors seulement que sont apparues les premières traces d'une activité agricole. Cette révolution de l'âge néolithique est certainement l'événement le plus important de toute l'histoire de l'humanité, dans la mesure où c'est elle seule qui a rendu ensuite possible l'extraordinaire essor de l'espèce humaine.

Cette révolution pose cependant un problème difficile : par quels mécanismes l'homme est-il passé d'une économie fondée sur la chasse et la cueillette à la culture et à l'élevage? Si, comme le prétendent un certain nombre d'anthropologues et d'archéologues contemporains, la grande caractéristique des bandes préhistoriques était leur capacité à maintenir un équilibre démographique de type homéostatique, on se demande ce qui a bien pu les inciter, ou les contraindre à quitter leur « paradis » pour le cycle « infernal » de la production, de l'expansion démographique et donc de la rareté.

Les explications ne manquent pas. Certains évoquent l'incidence d'un changement climatique de première grandeur qui aurait complètement modifié les conditions originelles d'équilibre de la faune et de la flore. D'autres penchent plutôt pour une sorte de processus spontané, fruit des connaissances accumulées progressivement par les hommes sur leur environnement naturel. Etc. A contrepied de toutes ces théories, Douglass North, lui, propose la thèse selon laquelle, loin d'être une conséquence de la révolution agricole, l'apparition de la propriété en aurait au contraire été le moteur même [5]. Son analyse reprend les arguments invoqués par Harold Demsetz à propos de l'évolution des droits de propriété sur les territoires de chasse des Indiens Montagnais d'Amérique du Nord, aux XVIIe et XVIIIe siècles [6].

Aux débuts de l'humanité, la situation est simple. Les ressources naturellement disponibles dépassent tout ce que les bandes nomades peuvent tuer ou ramasser; la nature est une « propriété commune » où chacun puise à volonté. Il est peu vraisemblable, remarque North, que ces populations de l'âge de pierre connaissent un principe de régulation homéostatique car, pour que les groupes humains soient incités à réguler volontairement leur croissance, il faudrait que l'on soit déjà dans une situation de rendements décroissants – ce qui est le contraire même de l'hypothèse de départ. L'âge de pierre est donc une période où la population augmente, mais très lentement (à un rythme estimé, d'après certains travaux, entre 0,0007 et 0,0015 % par an).

Arrive le jour où, malgré tout, la seule nature devient trop étroite pour tout le monde. Les bandes de chasseurs se trouvent en concurrence et se disputent la faune disponible – une situation caractéristique du « dilemme de Hardin » : personne n'a intérêt à prendre volontairement les mesures préservatrices qui permettraient à la faune de se reproduire normalement, car, ce que l'on ne tue pas aujourd'hui, c'est autant qu'une bande rivale risque de tuer demain. On entre dans le drame des rendements décroissants et de l'épuisement de plus en plus rapide des ressources. Comment enrayer cet engrenage ? Une solution consiste à contrôler la démographie par l'introduction de tabous et autres méthodes infanticides. Des groupes expérimentent cette solution. Mais dans une situation de rivalité généralisée où chacun est en compétition avec les autres pour survivre sur ce qui reste de ressources naturellement disponibles, cette solution n'est guère viable longtemps. Lorsque deux bandes se rencontrent et s'affrontent sur un même territoire de chasse, il y a toutes chances que la plus nombreuse – c'est-à-dire celle qui ne recherche pas « la croissance zéro » – l'emporte sur l'autre. Autrement dit, la régulation homéostatique est un système culturel incapable de survivre aux contraintes de la sélection naturelle.

L'autre solution consiste à revendiquer contre les bandes rivales l'usage *exclusif* d'un certain territoire de chasse et à en interdire l'accès aux intrus. Autrement dit, à imposer *sa propriété* – ou tout au moins, celle de la bande. C'est la stratégie qu'adoptèrent les tribus montagnaises du XVIIe siècle en réponse à la disparition progressive des populations de castors provoquée par la concurrence naissante des trappeurs canadiens. C'est vraisemblablement la solution qui, remarque Douglass North, s'imposa d'elle-même, par un processus d'essais et d'erreurs, aux bandes nomades de l'ère préhistorique.

Or, une fois que l'on a réussi à imposer aux autres et à leur faire respecter son « droit de propriété » sur un certain terrain de chasse, tout change. Le groupe a désormais la possibilité de s'organiser de façon à empêcher un prélèvement trop accéléré sur les ressources naturelles ainsi appropriées. Tout effort visant à améliorer les conditions de reproduction naturelle de la faune et de la flore est désormais protégé conte les déprédations d'autres individus qui n'obéissent pas aux mêmes disciplines. Conséquence : par rapport à la chasse et à la cueillette pures, la culture et l'élevage deviennent des activités plus rentables, plus prometteuses qu'elles ne l'étaient auparavant, lorsque personne n'avait encore songé à établir son « droit de propriété » sur les ressources offertes librement par la nature. Les premières expériences de culture et de domestication, observe North, découlèrent vraisemblablement d'un processus aléatoire d'essais et d'erreurs engagé par une multiplicité de petits groupes vivant dans des conditions d'environnement fort diverses. Mais, conclut-il, la diffusion de ces nouvelles techniques ne se généralisa que parce qu'au préalable, dans le cadre de l'économie de chasse et de cueillette, on était déjà passé à un nouveau système de propriété dont la caractéristique – en introduisant une première esquisse de « privatisation » du sol –, était d'accroître considérablement la motivation que les groupes humains de l'époque pouvaient avoir à maîtriser et développer cette nouvelle forme de savoir.

C'est ainsi que naquit l'agriculture, que chasseurs et nomades de l'époque néolithique se transformèrent peu à peu en éleveurs et cultivateurs sédentaires. Et c'est ainsi également qu'apparurent vraisemblablement les premières formes de propriété, à partir desquelles l'humanité accumula peu à peu les moyens et les connaissances nécessaires à la nourriture et à la survie de groupes de plus en plus nombreux.

La révolution industrielle anglaise

C'est à un retournement de perspective similaire que Douglass North se livre à propos des origines de ce que l'on a pris l'habitude d'appeler, à la suite d'Arnold Toynbee, la « révolution industrielle ».

Rétrospectivement, l'essor industriel des années 1750-1830 nous apparaît comme une véritable rupture, comme l'avènement d'un nouvel âge divisant l'histoire de l'huma-

nité en deux grandes périodes : « avant » et « après ». Mais
était-ce vraiment une « révolution »? Assez curieusement,
nous rappelle Douglass North, ce n'est absolument pas
ainsi que l'ont vécue les grands témoins contemporains de
l'événement, qu'il s'agisse par exemple d'Adam Smith ou
des autres pères fondateurs de l'économie politique classique. L'expression de « révolution industrielle » elle-
même ne fut introduite que dans les années 1880. Quand
on y regarde de plus près, on constate que c'est en réalité
dès le XVIIᵉ siècle que commencent à se manifester la
plupart des phénomènes qui, à nos yeux, caractérisent par
excellence « la révolution industrielle » : croissance du
niveau de vie, explosion démographique, constitution de
grandes cités, exode rural, régression du rôle économique
de l'agriculture, progrès des techniques. La période de la
« révolution industrielle » marque donc moins une rupture
radicale que le point culminant d'une évolution engagée
déjà depuis un certain temps et caractérisée par l'essor
d'un rythme de développement plus rapide et surtout plus
soutenu que jamais auparavant.

Traditionnellement, les livres d'histoire font de la
révolution industrielle essentiellement une révolution
« technologique »; il est vrai que l'accélération du progrès
technique et de ses applications industrielles joua un
grand rôle dans cet épisode de la vie anglaise : apparition
de la machine à vapeur, diffusion de nouvelles techniques
de tissage, mécanisation croissante, etc. Mais, là encore, il
faut relativiser les choses. Pourquoi les Anglais se
seraient-ils soudain montrés plus entreprenants et plus
innovateurs que leurs ancêtres? A d'autres époques, dans
d'autres civilisations, parfois fort anciennes, le monde a
connu d'autres grandes phases d'innovation technologique, sans que celles-ci aient pour autant entraîné des
transformations économiques et sociales aussi rapides et
aussi spectaculaires.

La question qu'il faut se poser est donc la suivante :
comment se fait-il que, soudain, à une certaine époque et
pas à une autre, on assiste à un raccourcissement considérable de la distance qui séparait jusque-là le génie
créatif et le savoir scientifique de quelques-uns, de leur
application à des activités économiques susceptibles
d'améliorer le sort quotidien du plus grand nombre? Et

comment se fait-il que c'est d'abord chez les Anglais que cette « révolution » s'est opérée?

La réponse, réplique Douglass North, n'a rien de mystérieux. Les Anglais furent les premiers, dès le début du XVIIe siècle, à inventer la notion du « brevet industriel », à l'occasion du célèbre *Statute of Monopolies* de 1624. Conçu par le Parlement britannique pour retirer à la monarchie le droit de vendre et de monnayer librement la distribution de franchises commerciales et industrielles (ce qui constituait alors une part essentielle des ressources financières du Trésor royal), ce texte reconnaissait néanmoins à tout inventeur d'un « art nouveau » le droit de se voir attribuer par la Couronne un monopole temporaire d'exploitation industrielle de son invention. Autrement dit, les Anglais furent historiquement les premiers à découvrir le concept de *propriété intellectuelle.*

Dès cette époque, l'essor du commerce international, l'amélioration de la sécurité des routes maritimes, l'extension des débouchés favorisaient le progrès des techniques et de l'industrie. Mais il ne suffit pas qu'un marché existe, que de nouvelles possibilités de débouchés ou d'économies d'échelle se manifestent, ou encore qu'une nouvelle invention vienne révolutionner la technologie, pour que ces éléments se transforment immédiatement en un supplément de croissance. Encore faut-il qu'un certain nombre de personnes soient suffisamment motivées pour saisir les opportunités nouvelles qui s'offrent. De quoi dépendent ces motivations? De l'importance des gains et avantages personnels que ces opportunités sont susceptibles de leur apporter. De quoi dépendent à leur tour ces gains? Des coûts que les agents économiques subissent pour saisir ces opportunités; mais aussi du système de droits de propriété qui détermine de quelle façon s'effectue, au sein du corps social, le partage des gains de productivité dégagés par l'initiative personnelle des innovateurs.

Toute société organisée – qu'elle reconnaisse ou non le principe de la propriété privée – se caractérise nécessairement par une certaine structure de droits de propriété, explicites ou implicites. C'est ce système de droits de propriété qui détermine dans quelle mesure les individus qui, par leur initiative, sont à l'origine d'une certaine « plus-value » sociale, peuvent s'approprier de manière plus ou moins *exclusive* les fruits de leurs efforts, ou sont contraints de les partager avec des tiers (par exemple, dans les systèmes d'agriculture communautaire). C'est lui également qui détermine dans quelles conditions ces individus peuvent voir le fruit de leurs initiatives protégé contre les déprédations ou les imitations d'autrui.

Partant de là, il n'est pas difficile de voir quels liens relient la structure des droits de propriété à l'innovation et à la croissance. Une société sera d'autant plus innovatrice et portée à la croissance que son système de droits de propriété définira de façon précise les droits d'exclusivité auxquels chacun peut prétendre, qu'elle en assurera la protection efficace et que, par là, elle réduira le degré d'incertitude et de risque associé à toute innovation. A l'inverse, une société sera d'autant moins réceptive au progrès et portée à la croissance que l'imprécision de son régime de droits de propriété et l'inefficacité de ses procédures de protection accroîtront les « coûts privés » de l'innovation et réduiront la rentabilité personnelle que l'innovateur anticipera de ses efforts. En conséquence, plus l'écart entre le « gain social » que l'innovation apporte à la collectivité et le « gain personnel » qu'elle est susceptible de rapporter à celui qui en prend l'initiative et le risque, sera réduit, plus les individus se sentiront motivés pour rechercher en priorité de nouvelles solutions de production allant dans le sens de ce qui est « le plus utile » à la société.

L'important n'est donc pas tant le génie industriel ou commercial, ou même le génie technique dont les Anglais ont fait preuve au XVIIe siècle, que le fait que « l'Angleterre était à l'époque – avec les anciennes provinces espagnoles des Pays-Bas – la nation européenne la plus avancée dans la définition d'un système d'institutions et de droits de propriétés permettant d'exploiter de façon efficace les motivations individuelles pour assurer l'orientation des capitaux et des énergies vers les activités socialement les plus utiles ». Autrement dit, si l'Angleterre est devenue la patrie de la révolution industrielle, ce n'est pas parce que les Anglais étaient par nature plus doués et plus entreprenants que leurs homologues du continent; mais parce qu'à partir du XVIIe siècle, l'Angleterre était le premier pays d'Europe où les concepts juridiques et les mœurs judiciaires avaient été le plus *concrètement* marqués par les conceptions nouvelles du droit et de la propriété *.

Là encore, avant d'être technologique, la vraie révolution fut donc juridique; une révolution affectant le statut, la pratique et la protection de la *propriété*. Et, nous dit Douglass North, c'est cette révolution au sein même de la *Common Law* anglaise qui a ensuite rendu possible la *révolution du savoir* sur laquelle s'est édifiée toute notre civilisation industrielle moderne.

Les avantages de la libre transférabilité

Traditionnellement, les discours en faveur de la propriété insistent surtout sur la liaison qu'elle introduit entre l'effort individuel et le résultat, et sur le fait qu'elle favorise l'expérimentation et le développement de techniques nouvelles plus productives. Mais cela n'est qu'un aspect, pas nécessairement le plus important, des avantages que la conception moderne de la propriété apporte à la société.

La rareté des ressources pose en effet deux problèmes, analytiquement distincts. Le premier est d'inciter celui qui contrôle une ressource à consacrer le maximum d'efforts personnels pour l'exploiter et la gérer de la façon la plus efficace possible, *compte tenu de ses capacités et aptitudes personnelles*. C'est ce problème que résout le principe de l'exclusivité des droits du propriétaire. Le second est de faire en sorte que le contrôle de ces ressources soit de préférence orienté vers *ceux qui sont susceptibles d'en faire le meilleur usage*. Tous les individus n'ont pas les mêmes capacités, les mêmes aptitudes, ni les mêmes motivations à bien gérer ce qui leur appartient. Du point de vue de la collectivité, il est préférable que le contrôle des ressources soit orienté vers ceux qui ont la capacité et/ou la motivation pour en faire l'usage le plus efficient. Par ailleurs, un individu particu-

---

* Pour des raisons que j'ai résumées dans un chapitre de *Demain le capitalisme* et qui tiennent notamment aux conséquences politiques des Révolutions du XVIIe siècle.

lièrement efficace aujourd'hui ne le sera pas nécessairement demain; d'autres peuvent se révéler, à l'expérience,
plus capables, ou plus motivés que lui. L'intérêt de tous
est que le contrôle des ressources passe dans les mains de
ces derniers. Il faut donc qu'intervienne un mécanisme de
réallocation permanente des droits de propriété sans qu'il
y ait pour autant contrainte ni spoliation. La vertu du
mécanisme de la propriété privée est, là encore, de
résoudre spontanément le problème par le seul jeu des
intérêts individuels. L'instrument en est le principe de la
libre transférabilité des droits et de leurs attributs –
c'est-à-dire, en fait, la règle d'or de la liberté des contrats
privés.

Imaginons que j'hérite d'une propriété agricole quelque
part dans le Sud-Ouest de la France, et que, fatigué de
l'air de Paris, je décide de me transformer en *gentleman
farmer*. N'ayant aucune connaissance de ce métier, je
ferai sans aucun doute un bien mauvais exploitant; de
mes quelques arpents, je tirerai à peine de quoi vivre
décemment. En revanche, j'ai un voisin qui, lui, est le
meilleur agriculteur du canton. S'il pouvait s'approprier
mes terres, nul doute qu'il en tirerait un rendement
beaucoup plus élevé, tout en augmentant la productivité
de son propre domaine grâce à une meilleure utilisation
de son matériel et de ses équipements. Il me propose de
racheter ma propriété. A quel prix? Personnellement, je
n'ai pas intérêt à vendre si le prix qu'on me propose est
inférieur à la valeur économique présente que cette
propriété constitue pour moi – c'est-à-dire si le prix est
inférieur à la somme actualisée des revenus futurs que
j'espère encaisser en dirigeant moi-même son exploitation.
A l'inverse, mon acheteur ne peut pas offrir un prix
supérieur à la somme actualisée des revenus futurs
supplémentaires qu'il espère encaisser demain grâce à son
acquisition. Toute transaction conclue à un prix compris
entre ces deux bornes extrêmes profite à tous les deux : à
moi, qui me retrouve avec un capital monétaire supérieur
à la valeur que représente l'exploitation de mon domaine
et dont le placement dans d'autres activités plus proches
de mes propres compétences professionnelles a toutes
chances de me rapporter un flux de revenus futurs plus
élevé que celui que je suis susceptible de dégager de mon

travail de la terre; à mon voisin, qui acquiert ainsi la perspective d'un flux de revenus supplémentaires supérieur au prix payé. Mais cette transaction profite aussi à toute la collectivité puisqu'un producteur plus efficace et plus productif prend la place d'un autre qui l'était moins et que mon capital personnel se trouve réorienté vers d'autres activités économiques qui correspondent mieux à mes propres facultés.

A travers cet exemple fictif, on retrouve le principe de l'*échange productif,* base de toute la théorie économique du marché. L'échange n'est pas un jeu à somme nulle, mais un véritable acte créateur. Lorsqu'il reste purement *volontaire,* dans une société d'hommes libres et sous la seule impulsion des intérêts individuels, l'échange est ce qui permet aux ressources, à mesure que les besoins se modifient et que les techniques évoluent, d'être réorientées constamment vers des emplois qui ont une plus grande utilité sociale.

Prenons un autre exemple. Imaginons une petite communauté de 100 personnes, collectivement propriétaires de 10 petites entreprises [7]. Chaque individu est supposé posséder un centième de chaque entreprise, mais ces parts ne sont pas librement cessibles (il s'agit en quelque sorte d'entreprises « publiques »). Imaginons que chacun consacre un dixième de son temps personnel à la gestion de chacune de ces entreprises dont il est, théoriquement, « copropriétaire », et que cette activité de gestion rapporte à chaque entreprise ainsi gérée un gain de 10 000 F. Au total, si vous êtes membre de cette communauté, votre activité rapporte à l'ensemble dix fois 10 000 F, soit 100 000 F. Le groupe est plus riche de 100 000 F. Personnellement, vous en retirez un gain de dix fois 100 F (un centième de 10 000 F), soit 1 000 F; les 99 000 F restants étant partagés entre les 99 autres sociétaires. De la même façon, ceux-ci rapportent à la collectivité un revenu total de 9 900 000 F, dont vous recevez un centième, soit 99 000 F. Ce qui vous donne un revenu global de 100 000 F.

Maintenant, imaginons qu'au lieu d'être propriétaire d'un centième des parts de chaque entreprise, chaque individu se voie allouer 10 % des actions d'une seule de ces entreprises. Si l'on suppose que toutes ces entreprises

sont identiques, la situation de chacun, en termes de
patrimoine, est nominalement la même. La seule différence est que, au lieu de partager son temps entre 10
entreprises, chaque individu consacre toute son activité à
la gestion d'une seule, celle dont il détient 10 % des parts.
Regardons alors ce qui se passe. Toutes choses étant
égales par ailleurs, votre activité rapporte une somme
globale de 100 000 F, dont vous recevez personnellement
10 %, soit 10 000 F. Rien n'a changé. Les 99 000 F
restants ne sont plus partagés entre 99 personnes, mais
seulement entre les 9 autres actionnaires qui, comme
vous, détiennent 10 % de l'entreprise dans laquelle vous
êtes impliqué. Chacun produisant l'équivalent de
100 000 F, ils rapportent à la société une somme globale
de 900 000 F, dont vous recevez 10 %, soit 90 000 F.
Votre gain personnel total est de 100 000 F, comme dans
le cas précédent. Mais cette fois-ci, il y a une différence :
alors que précédemment, sur ces 100 000 F, 99 000 F
provenaient du partage de ce qui était produit par
d'autres, et que 1 000 F seulement étaient liés directement à votre propre activité de gestion, cette fois-ci, la
proportion est toute différente : sur les 100 000 F que
vous gagnez, 90 000 F proviennent du partage et 10 000 F
sont le produit direct de vos propres efforts d'administration. Sachant qu'en matière de gestion, comme pour tout
travail humain, il existe une liaison étroite entre ce que les
efforts permettent de gagner et la motivation à bien faire,
il est clair que, dans le second cas, les motivations
personnelles de chaque membre à mieux faire sont dix
fois plus fortes qu'elles n'étaient précédemment. Le
réagencement de la distribution des parts des 10 entreprises modifie le contexte de l'activité de chacun. On peut
même aller plus loin et imaginer que les 10 entreprises
sont elles-mêmes éclatées en 100 sociétés indépendantes
n'ayant plus qu'un seul actionnaire. Dans ce cas – celui de
l'entreprise individuelle –, c'est l'intégralité des 100 000 F
gagnés qui dépend de la seule activité de celui qui a
contribué à les produire. Le système de motivation est
encore plus fort.

Au départ, nous avons posé que les actions de ces
entreprises n'étaient pas négociables individuellement. Il
en découle que, même si chacun a intérêt à ce que les

parts soient distribuées différemment de façon à accroître l'efficacité du système de motivation, un tel réagencement ne peut se faire. On est condamné à rester dans une situation économiquement moins efficace. Si, au contraire, on rend les actions de ces entreprises (publiques) librement négociables, les choses deviennent très différentes. Il est possible que la majorité des membres de la communauté préfèrent rester dans une situation du premier type où la plus grande part voire la quasi-totalité du revenu de chacun est le produit, non pas de ses propres efforts, mais du droit au partage dont chacun dispose sur ce que produisent les efforts des autres. Mais il suffit qu'un seul adopte un point de vue différent, qu'il préfère gagner plus même si cela implique plus de travail, plus d'efforts et moins de loisirs, pour que tout change. Sachant qu'en concentrant vos efforts sur la gestion d'une seule entreprise – autant que possible une entreprise spécialisée dans la production que vous connaissez le mieux – vous gagnerez plus grâce au plus grand contrôle que vous aurez de son fonctionnement, vous proposerez à vos compagnons d'échanger les actions que vous possédez dans les autres entreprises contre leurs propres actions dans celle que vous vous sentez le plus apte à gérer. Vos compagnons accepteront car, anticipant que cet échange vous rapportera demain des revenus plus élevés, vous leur offrirez de racheter leurs parts plus cher qu'elles ne valent en l'état actuel des choses. D'autres suivront votre exemple. L'un, parce qu'il s'y connaît particulièrement en mécanique, rachètera de préférence les actions de la firme spécialisée dans la réparation des automobiles; l'autre, diplômé en chimie, rachètera de préférence les actions de la société de transformation des matières plastiques, etc. Un processus de restructuration des avoirs de chacun s'engage, sans qu'il soit besoin de faire violence à qui que ce soit et qui durera tant que subsistera la moindre possibilité d'échange non satisfaite. Le processus ne s'arrêtera que lorsque les actions des entreprises auront été ainsi redistribuées que la gestion de chacune se trouvera désormais entre les mains des plus capables ou des plus désireux d'en tirer le maximum d'efficacité. Certes, de la situation patrimoniale égalitaire du départ, on sera passé à une situation caractérisée par des inégalités plus ou moins grandes. Mais celles-ci ne signifient pas que certains se soient enrichis aux dépens des autres, qui se seraient appauvris. Au contraire, tout le monde est plus riche : ceux qui ont acquis le contrôle des entreprises qu'ils s'estiment plus capables de gérer, plus riches des revenus futurs plus élevés qu'ils s'attendent à encaisser; ceux qui leur ont cédé leurs actions, plus riches de la plus-value que les premiers ont dû leur consentir pour procéder à cet échange. Et tout le monde sera plus riche demain car toutes les entreprises seront désormais gérées de façon plus efficace.

Mieux encore que le précédent, cet exemple illustre la façon dont le principe de libre transférabilité des titres de propriété contribue à améliorer l'efficacité économique et permet à chacun de vivre mieux. Encore faut-il cependant qu'un mécanisme incite à chaque instant les individus à tout faire pour tirer profit du plus grand nombre possible d'opportunités d'échange, dans un univers où elles ne sont pas spontanément connues de tous. Encore faut-il également qu'un autre mécanisme sanctionne ceux qui ne sont pas à la hauteur de leurs prétentions et dont les résultats montrent qu'ils ont eu les yeux plus gros que le ventre. C'est seulement à cette double condition que les potentialités du principe de la libre négociabilité des droits peuvent conduire à une économie vraiment plus efficace.

La caractéristique – le miracle, pourrait-on presque dire – du régime de la propriété privée est de résoudre automatiquement ce problème. Comment? Par les contraintes de la *concurrence,* cette situation de compétition qui apparaît naturellement, faut-il le souligner, dès lors que l'on reconnaît aux hommes la liberté d'*utiliser* et de *disposer* de leurs droits de propriété en fonction de ce qu'ils considèrent être leur intérêt personnel. Par exemple, c'est la plupart du temps la concurrence qui nous contraint de rester en éveil devant les opportunités d'échange qui s'offrent en permanence, mais que nous n'apercevrions peut-être pas si un élément extérieur – l'initiative d'autrui, la menace de la faillite – ne nous révélait en quelque sorte le chemin de notre propre intérêt. De la même façon, elle sanctionnera nos imprudences de gestion. Autrement dit, c'est la concurrence, elle-même produit de la *liberté de la propriété,* qui veille à ce que nous fassions le meilleur usage de cette liberté.

Parce qu'elle fournit à la fois la carotte et le bâton – la carotte de l'exclusivité des gains individuels et le bâton de la compétition économique – la propriété privée introduit au cœur du système social un processus spontané qui permet de résoudre, sans faire appel à la contrainte, les problèmes de transfert et de réallocation des ressources, dans des conditions d'efficacité les plus grandes possible, dès lors que, sous l'effet de la concurrence, quelqu'un, quelque part, discerne l'intérêt personnel qu'il peut retirer d'une telle transaction. Combinée avec la liberté d'usage de la propriété, la libre négociabilité des droits donne ainsi naissance à un véritable circuit « cybernétique » dont la vertu est de replacer la pression des égoïsmes privés dans le cadre d'un système de motivations et de sanctions individuelles qui favorisent la plus grande efficacité, sans que, pour autant, celle-ci soit recherchée consciemment.

La liberté des contrats et l'importance de l'environnement juridique

Dans notre conception de la propriété, ce n'est pas seulement la possession physique des choses qui est librement cessible. La liberté de la propriété donne au propriétaire non seulement la liberté de céder à qui lui agrée, aux conditions qui lui conviennent le mieux, ce qui est sa propriété, mais également *la liberté de céder à d'autres le droit d'exercer à sa place, temporairement, de façon complète ou seulement partielle, certaines prérogatives personnelles qui sont associées à cette possession ou qui en découlent.* Partant de là, l'une des caractéristiques les plus remarquables du système de la propriété privée est qu'il permet une très grande flexibilité dans la manière dont les personnes sont libres d'organiser et de réorganiser, à leur gré, par *contrat,* l'agencement de leurs droits de contrôle et d'usage des ressources productives. Le défaut de la plupart des études consacrées à la propriété est de ne pas suffisamment attirer l'attention sur l'ensemble des avantages que la collectivité tire du

respect de cet attribut fondamental de notre conception moderne de la propriété qu'est la *liberté contractuelle*.

Revenons à l'exemple du voisin qui désire acheter ma
propriété. Je suis propriétaire d'une ressource foncière
sous-exploitée; mon domaine produit moins qu'il pourrait
produire s'il était géré par quelqu'un de plus compétent.
Mon voisin, qui a ces compétences, peut donc s'en porter
acquéreur en m'offrant un prix suffisamment élevé pour
m'inciter à lui en céder spontanément le contrôle.
L'échange étant un véritable acte créateur, c'est non
seulement mon intérêt, ou le sien, mais également celui de
tous que cet échange se réalise.

Cependant, encore faut-il que mon voisin dispose de
l'argent nécessaire. Si ce n'est pas le cas, le mécanisme,
m'objectera-t-on, est bloqué. Erreur. Comme nous l'avons
vu dans le premier chapitre, le droit de propriété n'est
lui-même qu'un « panier » d'attributs qui peut être décom-
posé en une presque infinité de droits élémentaires. Dans
le droit libéral tel que le pratique l'Occident, ce n'est pas
seulement l'ensemble du panier qui est librement négociable, lorsqu'il y a vente pure et simple, mais également
chacun de ces droits élémentaires. Si mon voisin n'a pas
suffisamment d'argent pour acquérir la pleine propriété
de mon domaine, une autre solution s'offre à lui : me
suggérer de lui consentir un *contrat de location* lui
cédant, à défaut de la pleine et entière propriété, le droit
de contrôler l'exploitation de mes terres pendant une
période de temps déterminée, en échange du versement
d'un loyer fixé à l'avance. Dans ce cas, je reste propriétaire en titre – ce qui signifie qu'à l'expiration du contrat,
je récupérerai l'intégralité des prérogatives dont j'accepte
temporairement de lui déléguer le contrôle; mais, entre-
temps, je lui reconnais le droit d'exploiter ma propriété
selon les modalités qu'il juge les plus appropriées et sans
que je puisse jamais lui opposer mes propres préférences.
Ce contrat constitue un double engagement : je m'engage
à lui laisser la libre disposition de mes biens et du produit
de leur exploitation pendant la durée du contrat; en
contrepartie, il s'engage à me verser régulièrement pendant toute la durée du bail, un loyer fixe, librement
déterminé par notre convention. S'il est vraiment un

meilleur exploitant, cette solution est plus avantageuse pour moi que de poursuivre moi-même l'exploitation : les rendements plus élevés qu'il obtient me mettent en effet en position d'exiger de lui un loyer supérieur au revenu dont je fais ainsi le sacrifice, tout en lui laissant la possibilité de dégager un surplus personnel. Il s'agit là d'une autre forme d'*échange productif,* dont les modalités économiques et juridiques, ainsi que le statut légal, sont certes différentes d'une vente pure et simple – transfert partiel de certains attributs et de certaines prérogatives du droit de propriété personnel –, mais auquel tout le monde gagne également grâce à un meilleur usage des ressources.

La caractéristique du contrat de fermage est que, s'il garantit au propriétaire la recette d'un loyer fixe et définitif, en revanche il reporte sur l'exploitant tous les risques de l'exploitation : tempêtes, mauvaises récoltes, baisse des prix de marché, réduction de débouchés, etc. Cette incertitude, l'exploitant doit en tenir compte; elle réduit ses espérances de gains futurs. Moyennant quoi, si les aléas climatiques et naturels sont importants dans la région, si l'on est dans un secteur d'activité agricole à hauts risques, ou encore si mon interlocuteur répugne à prendre des risques, il y a toutes chances que nous ayons beaucoup de mal à faire affaire. Est-ce à dire qu'une nouvelle fois tout est bloqué? Pas nécessairement.

A défaut de négocier un contrat de fermage, assorti du paiement d'un loyer monétaire fixe, nous pouvons nous mettre d'accord sur une formule de partage des revenus de l'exploitation. C'est le système du métayage avec partage, soit du revenu monétaire provenant de la vente des récoltes, soit des récoltes elles-mêmes (comme c'était la règle sous l'Ancien Régime, ou comme cela se pratique encore souvent dans maints pays du tiers monde). Le métayage a des inconvénients. C'est notamment une formule plus coûteuse pour le propriétaire, dans la mesure où celui-ci doit veiller personnellement à ce que l'évaluation des récoltes corresponde bien à la réalité et que son métayer ne triche pas. Mais, en contrepartie, le métayage a pour caractéristique de partager plus également les risques de l'exploitation entre les parties. Ce qui rétablit

des possibilités d'échange qui n'auraient jamais pu se
réaliser si on ne reconnaissait à chacun le droit de
négocier librement le type d'arrangement contractuel qui
correspond le mieux à ses préférences et contraintes
personnelles.

Chacune de ces formules contractuelles a ses avantages
et ses inconvénients. Mais il est impossible de dire *à priori*
laquelle est supérieure à l'autre. Tout dépend des circonstances – notamment des attitudes personnelles face au
risque. Contrairement aux conclusions de l'analyse économique traditionnelle, il n'est tout simplement pas vrai que
le faire-valoir direct soit nécessairement, en toutes circonstances, la formule socialement la plus efficace, ni que
le fermage soit systématiquement préférable au métayage. Seul le libre fonctionnement du *marché* – c'est-à-dire
le respect de la liberté de chacun de choisir, en concurrence avec un grand nombre d'autres, *le contrat* le mieux
adapté à ses intérêts personnels – peut nous dire, *à
postériori,* quelle est, dans chaque circonstance, la formule de contrôle de la ressource convoitée la plus
favorable. Supprimer cette liberté, ou seulement la réduire, privera la collectivité de l'ensemble des gains de
productivité et de spécialisation que permet cette extrême
flexibilité de choix et restreindra la capacité de chacun à
faire le meilleur usage de ses compétences et de ses
connaissances [8].

Il en va de même dans l'industrie, quoique les problèmes s'y présentent généralement de façon beaucoup plus
complexe. Imaginons que mon interlocuteur paie comptant et que je désire placer ce capital dans l'industrie, une
activité où mes compétences sont supposées être plus
grandes qu'en matière de culture ou d'élevage. J'ai le
choix entre toute une gamme d'options possibles. Je peux
utiliser cet argent pour acquérir la propriété des ressources nécessaires à la création et au fonctionnement d'une
entreprise dont je serai moi-même le patron, mais dont je
supporterai personnellement tous les risques. Si je n'ai pas
les compétences nécessaires, je peux tout simplement
embaucher un manager professionnel. Mais je rencontre
alors un autre type de risque : celui du propriétaire
« absentéiste », contraint de faire confiance à un manda-
taire qui, par définition, est mieux placé que lui pour bien

connaître le fonctionnement de l'entreprise et éventuellement en abuser à son profit. Pour limiter encore davantage mes risques, je peux préférer répartir mes mises
entre plusieurs affaires. Je ne contrôle plus directement la
manière dont mes mandataires gèrent la part de capital
dont je leur délègue l'usage; mais, en contrepartie, je
gagne une plus grande sécurité personnelle du fait de la
division des risques entre un certain nombre d'entreprises
qui ont fort peu de chances de faire toutes faillite. Enfin,
si je ne suis même pas prêt à accepter le risque élémentaire de l'actionnaire – le non-versement de dividendes –,
j'ai toujours la solution du prêt pur et simple, rembour-
sable à échéance, moins risqué, mais qui me prive de tout
droit de regard et de sanction, même indirect (via les
mécanismes du marché boursier), sur la gestion de
l'équipe à laquelle je délègue temporairement le contrôle
de mes ressources financières.

Toutes ces formules de placement ont leurs avantages
et leurs inconvénients. Mais, pas plus que dans le cas
précédent, on ne peut dire que l'une soit, *à priori,*
supérieure ou inférieure à l'autre. Il n'y a pas plus de
raisons de vouloir que tous les Français soient actionnaires, qu'il n'y en a de vouloir que chacun d'entre nous se
transforme, du jour au lendemain, en chef d'entreprise.
Tout dépend des circonstances, des compétences et des
contraintes particulières de chacun. L'intérêt de la collectivité est seulement que, selon les circonstances, prévale
l'*arrangement contractuel* qui permet de placer l'usage
des ressources humaines, techniques et financières détenues par les uns ou par les autres, sous le contrôle total ou
partiel de ceux qui sont susceptibles d'en assurer la
meilleure gestion possible. Et ceci, tout en minimisant au
mieux l'ensemble des risques d'*opportunisme* inhérents à
toute organisation collective fondée sur le libre choix que
certains font de déléguer temporairement à d'autres
l'exercice total ou partiel des prérogatives personnelles
attachées à certains de leurs droits de propriété [9]. Or, là
encore, on peut montrer que seul un régime de *libre
concurrence* permet d'obtenir un tel résultat : si un
contrat est « inefficient », un jour ou l'autre, sous la
pression de la concurrence, quelqu'un, quelque part, ne
manquera pas de proposer ses services moyennant la mise

au point d'un contrat « plus efficient ». Limiter la liberté contractuelle, c'est se priver des moyens d'une telle connaissance.

Mais pour que la société puisse tirer le meilleur parti possible de toutes les potentialités d'efficacité propres à la *liberté des contrats;* pour que le plus grand nombre possible d'opportunités positives d'échange puissent être exploitées, deux conditions doivent être remplies : l'ensemble des droits au contrôle et à l'usage des ressources doivent faire l'objet d'une définition et d'une attribution précises, et il doit exister des procédures juridiques qui permettent d'en assurer une protection efficace; des mécanismes de recours judiciaire doivent garantir de façon efficace, qu'une fois un contrat signé, celui-ci sera pleinement respecté par les parties.

Comment protéger les droits de propriété

Imaginons une société où il n'y aurait ni cadastre, ni service central de l'enregistrement qui tienne en permanence à jour le recensement des titres de propriété, ainsi que les modifications qui y sont quotidiennement apportées, où la plupart des contrats de vente ou de location se réduiraient à des conventions purement verbales; où le droit soit tellement vague et incertain qu'aucune règle précise ne guide le jugement des arbitres appelés à régler les conflits, etc. Il est clair qu'en de telles circonstances, tous les mécanismes que je viens de décrire auront beaucoup de mal à fonctionner.

Celui qui envisage d'acheter ma propriété aura beaucoup de difficultés à savoir si je suis vraiment le seul et unique propriétaire légitime; s'il ne risque pas, par exemple, de voir apparaître demain ou dans quelques années, d'autres personnes qui lui contesteront l'exercice du droit que je lui aurai en principe cédé. Une telle situation implique que chacun consacre beaucoup de temps et d'efforts à s'informer sur le statut juridique des biens qu'il cherche à acquérir et à rechercher les différentes servitudes qui peuvent leur être attachées, mais que le vendeur se sera bien gardé de révéler. Les incertitudes inhérentes à une telle situation sont une source de coûts personnels dont l'acheteur doit tenir compte. Si la somme de tous ces *coûts de transaction* est trop élevée par rapport aux gains futurs qu'un échange est susceptible d'apporter cet échange n'aura pas lieu, laissant des ressources sous-utilisées. Le mécanisme qui, normalement, permet aux ressources de glisser vers les emplois les plus utiles à la collectivité, est bloqué. L'économie, la société sont moins efficaces. On produit moins, on vit moins bien et moins longtemps.

Une situation de ce genre est loin de n'être qu'une fiction. On la trouve encore fréquemment dans maintes sociétés du tiers monde, notamment en Afrique. Pour le professeur Omotunde Johnson, de l'université de la Sierra Leone, par exemple, s'il apparaît que les sociétés traditionnelles éprouvent beaucoup de difficultés à accommoder notre concept européen de propriété et à adapter à leurs besoins les règles dynamiques du capitalisme, ce n'est pas parce que la notion même de propriété privée serait, par définition, incompatible avec leurs systèmes culturels – comme le soutiennent les théoriciens du socialisme africain –, mais tout simplement à cause du caractère très rudimentaire de leurs appareils juridiques qui ne permettent pas encore de traiter efficacement les problèmes complexes que pose le développement d'une économie fondée sur l'échange [10]. On ne peut pas dissocier les avantages du régime de la propriété privée, de l'infrastructure juridique qui l'accompagne. Pour que le capitalisme moderne pût prendre son essor, encore fallait-il, préalablement, que se fût accumulée toute une expérience juridique et culturelle. C'est cette expérience qui fait encore défaut à tous les pays qui ne parviennent pas à prendre la route du développement.

La question n'est pas de protéger les propriétaires, en tant que classe sociale; mais de protéger les droits de propriété. Que ceux-ci soient aisément identifiables et vérifiables; qu'ils ne soient pas sujets à de trop grandes incertitudes juridiques; ou encore qu'ils fassent l'objet d'une délimitation suffisamment précise pour qu'on puisse les protéger efficacement contre tout empiétement d'autrui. Par ailleurs, il est absolument essentiel que la justice, lorsqu'elle intervient comme arbitre dans les conflits, soit suffisamment fiable et prévisible. C'est seulement si ces conditions sont remplies, si nous disposons de règles de propriété suffisamment *fiables, stables et certaines,* que le régime de la propriété privée peut nous apporter les bienfaits qui sont sa justification. En entraînant des coûts de transaction élevés, toute évolution trop prolongée en sens inverse ne peut que ruiner l'édifice juridique et économique grâce auquel nous sommes sortis de l'état de stagnation séculaire qui caractérisait la vie quotidienne de nos pas si lointains ancêtres [11].

L'application et la protection des contrats

Ce qu'on appelle la *liberté contractuelle* se décompose en fait en deux éléments : d'une part, le droit reconnu à chacun de déléguer à d'autres, selon des clauses convenues en commun, l'exercice temporaire de certaines prérogatives personnelles attachées à sa possession légitime (par exemple le contrôle de sa force de travail personnelle); d'autre part, la protection par la justice de ce qu'on appelle « la loi des parties » – c'est-à-dire la reconnaissance par le droit que les termes d'un contrat librement signé s'imposent non seulement aux parties signataires, mais également au juge qui est éventuellement appelé à intervenir en cas de conflit. On oublie souvent que cette conception du droit des contrats est une invention relativement récente; ce n'est pas avant le milieu du XVIIIe siècle qu'elle s'est répandue en Grande-Bretagne; et ce n'est qu'avec le Code civil de 1804 qu'elle apparaît véritablement en France.

Auparavant, comme nous l'avons vu au chapitre II, on vivait dans un univers de type aristotélicien. Sans doute considérait-on qu'il valait mieux qu'un contrat fût tenu et une parole donnée respectée, mais cette obligation avait seulement le caractère d'une règle morale et non d'une règle de droit; elle restait soumise au principe de la « justice distributive » et de l'équité. Un juge pouvait donc librement délier un contractant du devoir de respecter ses engagements, s'il lui apparaissait que les termes du contrat ou de la parole donnée ne respectaient pas les conditions d'un « juste » équilibre, qu'il définissait non par référence à des critères juridiques a priori, mais par sa libre appréciation de l'action en cause en fonction des circonstances concrètes, ou de la nécessité de maintenir une « juste » distribution. Cette « juste distribution » – des patrimoines, mais aussi des honneurs, des privilèges, des statuts – était alors considérée comme le fondement de l'ordre et de la paix sociale.

Dans les conflits, ce qui importait à l'époque, ce n'était pas le titre de propriété, ou le titre de créance. Comme le rappelle Michel Villey, le juge n'était pas là pour garantir l'inviolabilité des titres ou des contrats, et cela indépendamment de la prise en considération des situations particulières, de façon quasi mécanique ; mais pour rétablir une situation « équilibrée ». Son rôle était de rétablir l'ordre « naturel » des rapports conformes à la « justice », tel que celui-ci s'appréciait au terme d'une patiente et prudente démarche tenant compte des situations particulières, ainsi que des réalités et habitudes coutumières. Dans son livre *The Rise and Fall of Freedom of Contract*, le professeur Atiyah cite de nombreux exemples où la justice anglaise des XVIIᵉ et XVIIIᵉ siècles n'hésitait pas à utiliser ses pouvoirs pour remettre en cause les termes de certaines transactions commerciales ou financières qui paraissaient dépasser les bornes d'un « juste échange ». Alors que toute la doctrine juridique du XIXᵉ siècle repose sur le principe que le juge ne peut pas se substituer aux parties pour décider des clauses d'un contrat, sous l'Ancien Régime, on partait du présupposé inverse [12].

Reste à expliquer les raisons de cette mutation. Si on se replace dans le cadre d'analyse qui a été le nôtre tout au long de ce chapitre, elles ne sont pas difficiles à découvrir. Tant qu'on vivait dans une société essentiellement agricole, l'incertitude qui entourait le statut juridique des contrats ne présentait guère d'inconvénients. La plupart des échanges commerciaux concernaient des transactions ponctuelles, à dénouement rapide, où l'essentiel portait sur la livraison de marchandises ou de denrées aisément identifiables et échangeables. Le crédit était rarissime, apanage de quelques puissants qui ne manquaient d'ailleurs pas de renier régulièrement leurs engagements comme en ont fait, à leurs frais, l'expérience maints créanciers de la monarchie française. Avec l'industrie, tout change. Alors que l'économie agricole est une économie de « propriété », au sens propre, fondée sur la possession directe de biens tangibles, l'économie industrielle est au contraire une économie de « contrats », fondée sur la division du travail entre un grand nombre d'individus qui engagent soit leurs personnes, soit leurs ressources, dans la poursuite d'un objectif commun, contre l'espérance d'un gain futur non directement lié à leurs propres performances. Les « circuits de production » s'allongent. Il faut financer les achats de machines, les matières premières, les stocks de produits finis, les salaires qu'on verse aux ouvriers, avant de songer à empocher les revenus provenant de la vente de ce qui a été fabriqué. Le recours au crédit se généralise. L'économie industrielle est à la fois une « économie d'anticipations » et une « économie de dettes ». La richesse n'est plus liée à ce bien tangible et indestructible qu'est le foncier, mais à cette nouvelle « propriété » immatérielle et fongible qu'on appelle la créance : l'économie industrielle est une *économie de créances*.

Or, qu'est-ce qu'une créance? Un papier. C'est-à-dire une *promesse* que quelqu'un vous fait de vous payer un jour ce qu'il reconnaît vous devoir. Se pose alors le problème du statut de cette « promesse ». Est-elle absolument *contraignante*? Si oui, et si le système juridique vous offre tous les moyens possibles pour contraindre celui qui s'est ainsi engagé, cette promesse devient un bien, une véritable « propriété » que vous pouvez assez librement monnayer tant que d'autres considèrent qu'en vous l'achetant, ils ne prennent pas un risque excessif. Si, en revanche, cette protection ne vous est pas juridiquement accordée, ou encore si elle s'avère trop peu efficace, il y a toutes chances que vous ne trouviez guère de preneurs. Le moteur même de l'activité industrielle se trouve alors bloqué.

Dans cette optique, il paraît naturel de considérer que le premier essor industriel de la fin du XVIIIe siècle en Angleterre était étroitement lié à l'évolution juridique fondamentale qui se dessine, à la même époque, dans le même pays, et qui traduit le passage progressif à une *doctrine juridique reconnaissant le caractère contraignant des contrats privés*. Il aura fallu près de deux siècles pour que les trois commandements de la « loi de nature » de Grotius – s'abstenir de toucher à la propriété d'autrui; respecter les contrats et la parole donnée; réparer tout dommage commis par sa faute – passent dans la pratique judiciaire quotidienne.

J'ai évoqué le rôle important joué au XVIIe siècle par le *Statute of Monopolies* de 1624. Celui-ci a été le premier acte posant le principe de l'existence d'une *propriété industrielle.* Simultanément, en interdisant la fructueuse activité de vente de franchises industrielles et commerciales au profit du Trésor royal, il a permis l'essor d'un véritable marché concurrentiel en Angleterre (dont la France de l'époque, en raison du colbertisme, ne connaîtra jamais l'équivalent). On est cependant en droit de se demander si la véritable *révolution juridique* qu'évoque Douglass North dans ses différents ouvrages – mais qu'il n'explicite guère – n'est pas en réalité bien davantage l'avènement de cette nouvelle doctrine « libérale » de la *liberté contractuelle,* sans laquelle très vraisemblablement n'aurait jamais pu se produire le processus de dématérialisation de la propriété et de la richesse, fondement de toute l'économie moderne.

De la même façon, on est en droit de se demander si la véritable innovation du Code civil de 1804 est moins sa définition de la propriété contenue dans l'article 544, que tout ce qui concerne le *droit des obligations.* La Révolution marque moins le triomphe de la conception « absolutiste » et personnaliste de la propriété, que celui de la conception « libérale » du contrat, *libre mais contraignant.* L'origine des « obligations » ne se situe plus dans le statut des gens ou des choses, mais dans l'expression de leur libre volonté. Il s'agit d'une mutation fondamentale dans la conception juridique des rapports entre les hommes. Cette mutation a permis de donner aux ressources détenues par les uns et les autres une flexibilité, une mobilité sans précédent. Sans elle nous n'aurions jamais connu l'extraordinaire essor économique et social qui a caractérisé les deux siècles suivants.

La propriété privée est donc une institution qui n'a jamais été inventée par personne. Le régime de la propriété privée est le produit d'un long processus d'évolution séculaire au cours duquel les hommes – en luttant contre la rareté – ont progressivement appris à découvrir les instruments culturels, économiques et juridiques les mieux à même de résoudre leurs problèmes de vie et de survie.

Reconnaissons toutefois que cette analyse laisse sans réponse la question de savoir pourquoi c'est en Occident et non ailleurs que cette révolution s'est produite. C'est sans doute vers des explications de type religieux (l'influence de la doctrine « personnaliste » du christianisme), ou géopolitiques comme celle que propose Jean Baechler dans son fameux livre *Les Origines du capitalisme* [13] qu'il faut alors se tourner. Elle laisse aussi sans réponse une autre question, tout à fait cruciale aujourd'hui : dans quelle mesure est-il désormais possible de se passer du régime de la propriété privée sans prendre le risque de condamner nos héritiers à redécouvrir ces situations de pénurie et de famine d'où précisément ce régime nous a permis de sortir ?

Notes

1. Ainsi que le résume le professeur Richard Posner, l'un des pionniers de l'analyse économique du droit : « Avoir la propriété d'une chose, c'est se voir reconnaître le pouvoir de décider librement de l'usage ou de la destination que l'on désire donner à cette chose. C'est se voir protégé contre la possibilité que d'autres vous imposent, contre votre gré, un usage de la ressource placée sous votre contrôle différent de celui que vous lui destinez. Une telle protection remplit un rôle essentiel : elle protège l'intérêt que chacun a à faire le meilleur usage possible de sa propriété. » Richard POSNER, *Economics Analysis of Law*, Little, Brown and Company, Boston et Toronto, 2e éd. 1977. Voir le chap. III « Property ».

2. Cet exemple est reconstitué à partir du fameux article de Harold DEMSETZ, « Toward a Theory of Property Rights », paru dans l'*American Economic Review*, mai 1967, et reproduit dans le livre de PEJOVICH et FURUBOTN, *The Economics of Property Rights*, Ballinger, 1974.

3. Garrett HARDIN, « The Tragedy of the Commons », *Science*, 13 décembre 1968, no 162.

4. Douglass C. NORTH, *Structure and Change in Economic History*, *W.W. Norton & Company, New York, Londres, 1981*.

5. *Douglass C. NORTH* et Robert Paul THOMAS, « The First Economic Revolution », *The Economic History Review*, 1977, vol. XXX, no 2.

6. Pour un résumé en français de la thèse de Demsetz, voir Georges BERTHU et le Club de l'Horloge, *Vive la propriété*, pp. 48-50.

7. Cet exemple a été inspiré par l'article d'Armen ALCHIAN, « Some Economics of Property Rights », reproduit dans A. ALCHIAN, *Economic Forces at Work*, Liberty Press, Indianapolis, 1977.

8. Sur la théorie économique de la structure des contrats, cf. les articles de Steve CHEUNG ; notamment : 1. « Transaction Costs, Risk Aversion and the Choice of Contractual Arrangements », *The Journal of Law and Economics*, 1969 ; 2. « The Structure of a Contract and the Theory of a Non Exclusive Resource », *Ibid.,* 1970 ; 3. « Rent Control and Housing Reconstruction : the Postwar Experience of Prewar Premises in Hong Kong », *Ibid.*, 1979.

9. L'« opportunisme » est un terme introduit dans la littérature économique par le professeur Oliver Williamson pour décrire le comportement de ceux qui, dans le cadre d'un contrat, tirent profit des difficultés de surveillance que son application implique (« coûts de transaction »), pour s'approprier une part de la « valeur » qui devrait normalement revenir à l'autre partie. Sur ce sujet voir les principales publications d'Oliver WILLIAMSON, *Markets and Hierarchies*, The Free Press, 1975 ; « Transaction-Cost Economics : the Governance of Contractual Relations », *The Journal of Law and Economics, 1979.*

10. Omotunde E.G. JOHNSON, « Economics Analysis, The Legal Framework and Land Tenure Systems », *The Journal of Law and Economics*, 1972.

11. Pour des études visant à illustrer les relations existant entre « coûts de transaction » et systèmes de droit et de propriété, et leur évolution, voir notamment les contributions suivantes :

John UMBECK, « A Theory of Contract Choice and the California Gold Rush », *The Journal of Law and Economics*, 1977.

Terry L. ANDERSON et P.J. HILL, « The Evolution of Property Rights : A Study of the American West », *Ibid.*, 1975.

Terry L. ANDERSON et P.J. HILL, « An American Experiment in Anarcho-Capitalism : the Not so Wild, Wild West », *The Journal of Libertarian Studies.*

David E. AULT et Gilbert L. RUTMAN, « The Development of Individual Rights to Property in Tribal Africa », *The Journal of Law and Economics*, 1979.

12. P.S. ATIYAH, *The Rise and Fall of Freedom of Contract, op. cit.* Voir aussi du même auteur son petit ouvrage plus récent, *Promises, Morals and Law*, Clarendon Press, Oxford, 1981.

13. Jean BAECHLER, *Les Origines du capitalisme*, Gallimard, « Idées », 1971.

IV

L'entreprise et la propriété. I

Les sources du pouvoir capitaliste

Paradoxalement, les économistes ne se sont jamais beaucoup intéressés à l'entreprise. Dans la théorie traditionnelle, celle des manuels, même sous ses formes les plus évoluées, l'entreprise se réduit à une simple « boîte noire », sans personnalité ni épaisseur, dont les décisions se confondent avec celles d'un « entrepreneur » lui-même totalement abstrait. Depuis une vingtaine d'années cependant, les choses évoluent, à la suite notamment de la redécouverte d'un article vieux de plus de quarante ans : celui que le professeur Ronald Coase publia en 1937 dans la revue *Economica* intitulé : « *The Nature of the Firm* [1] ». Sous l'impulsion de personnalités comme les professeurs Armen Alchian et Harold Demsetz de U.C.L.A. (University of California, Los Angeles), Henry Manne (Atlanta), Steve Pejovich (Texas A & M), Steven Cheung (Hong Kong) et bien d'autres, une nouvelle discipline se constitue, aux frontières de l'économie, du droit et de la sociologie des organisations qui, utilisant les outils classiques du raisonnement économique, se donne pour programme d'explorer les propriétés économiques des différents systèmes d'organisation industrielle, afin de mieux comprendre la nature de leur logique juridique. Partant de l'idée hayékienne qu'à l'image des espèces biologiques et végétales, les organisations humaines subissent une sorte de sélection naturelle qui, par un lent

---

* Les notes de ce chapitre commencent p. 139.

processus d'essais et d'erreurs, conduit à l'élimination des formes institutionnelles les moins bien adaptées à leur environnement, ces travaux débouchent sur une vision renouvelée de l'entreprise et de ses institutions internes, encore peu connue en France.

Les origines de la firme capitaliste

La propriété privée n'est, rappelons-le, qu'un régime juridique particulier où les droits de propriété qui régissent les rapports des hommes entre eux quant à l'usage des choses, sont des droits subjectifs, à caractère individuel, exclusif et librement transférable. De même, l'*entreprise privée* n'est qu'une forme particulière d'organisation industrielle ou commerciale, où l'agencement des droits de propriété interne est conçu de telle façon que le droit d'organiser et de contrôler le travail des autres, et celui de s'approprier le profit résiduel de l'activité, sont eux-mêmes des droits individuels et exclusifs; et leur exercice est, par définition, réservé aux propriétaires du capital financier de l'entreprise (même si, conformément au principe de libre transférabilité, il s'agit de droits dont l'usage peut être en partie ou en totalité délégué à d'autres).

Pourquoi cette liaison entre *pouvoir, profit* et *capital*? Est-ce un hasard, un produit accidentel de l'histoire, une institution « naturelle », ou peut-on en expliquer rationnellement la raison d'être? On eût en effet très bien pu imaginer que l'industrialisation du monde occidental se fasse à partir de principes d'organisation tout différents. Par exemple, quand on étudie l'histoire de l'industrie anglaise, on découvre qu'aux alentours des années 1830-1850, près d'un tiers des entreprises manufacturières étaient en fait des « coopératives » ouvrières dont les statuts définissaient un régime de propriété indivise et non librement cessible. Mais ces coopératives n'ont pas survécu longtemps à la concurrence des entreprises « capitalistes » de l'époque. Au bout de quelques années, la plupart d'entre elles se sont fait éliminer du marché – le secteur coopératif ne représentant plus aujourd'hui, dans les grands pays industriels, qu'une faible part de l'ensemble de l'activité économique. Pourquoi? Comment se fait-il que dans une société fondée sur le respect de la liberté des contrats – et qui reconnaissait donc aux individus la liberté de choisir et de définir eux-mêmes leurs modes d'association –, ce soit cette forme particulière d'organisation, la firme privée de type capitaliste, qui ait émergé comme le principal vecteur de la division industrielle du travail [2]?

La réponse est simple : s'il en fut ainsi, c'est parce que cette forme d'entreprise, à l'expérience, s'est révélée dotée des capacités d'efficacité les plus grandes. Personne ne conteste qu'au XIXe siècle l'entreprise privée s'est affirmée comme la forme d'organisation industrielle la plus efficace pour résoudre les problèmes de survie qui se posaient encore au plus grand nombre. Même les marxistes sont d'accord sur ce point, qui reconnaissent les services éminents que le capitalisme a rendus à l'humanité dans sa marche vers le progrès.

Mais cela ne suffit pas. De même qu'il ne suffit pas d'invoquer les avantages économiques du régime de la propriété privée (que nous avons décrits au chapitre III), dans la mesure où l'entreprise se présente comme un univers infiniment plus complexe que la simple relation directe d'appropriation existant entre le propriétaire individuel et sa propriété personnelle, qu'il s'agisse d'un bien immobilier ou d'une propriété foncière. Il faut aller plus loin, il faut identifier ce qui, dans la combinaison juridique définissant l'entreprise capitaliste, permet d'expliquer sa plus grande efficacité [3].

Les analyses développées dans le cadre de la théorie moderne des droits de propriété suggèrent que la propriété privée doit sa supériorité essentiellement à trois caractéristiques :

– l'aptitude de son système interne de droits de propriété à résoudre, dans les conditions d'efficacité les plus grandes, les problèmes d'organisation, d'évaluation, de contrôle et de surveillance qui apparaissent nécessairement dès lors que l'on a recours à des formes collectives de division du travail;

– les avantages qui résultent pour la collectivité de ce que, dans ce système, le droit au pouvoir de contrôle et de décision est assis sur la propriété d'un bien fon-

gible, aisément individualisable et librement cessible;
– sa capacité à mobiliser – toujours dans les conditions
d'efficacité les plus grandes – les énergies créatrices des
individus pour découvrir et mettre en œuvre des techniques de production sans cesse plus performantes.

La propriété et le profit

Imaginons par exemple un monde où la production de
sabots est assurée par une multitude de petits artisans
indépendants, travaillant chacun pour leur compte, à la
manière de ce que l'on observe encore dans les sociétés
traditionnelles de l'Afrique du Nord ou du Proche-
Orient. Il s'agit d'une forme intégrée de travail individuel.

Survient une invention qui permet d'industrialiser la
fabrication. Une machine fait à elle seule le travail
combiné de plusieurs. Pour tirer pleinement partie des
économies d'échelle, il est cependant nécessaire qu'une
personne se spécialise dans l'acquisition et la préparation
des bois, une autre dans la coupe, un troisième dans
l'entretien et le fonctionnement de la machine, etc.,
jusqu'à celui qui s'occupe de la commercialisation. Plusieurs artisans décident alors de s'associer pour exploiter
cette petite merveille. Au travail individuel d'antan se
substitue un *travail d'équipe.* Cette forme d'organisation
et de division des tâches (pas la « machine ») apporte aux
associés le moyen de produire collectivement plus qu'ils
n'auraient jamais pu produire individuellement. Une
entreprise, au sens moderne du terme, est née.

On peut imaginer qu'au départ, pleins de leur idéal
associatif, ces artisans optent pour une convention qui
prévoit que le partage des revenus de l'équipe se fera de
façon égalitaire. Cependant, une difficulté apparaît rapidement. Lorsque l'artisan individuel réduit son effort, par
exemple pour se faire chauffer une tasse de café, la
sanction est immédiate : son revenu est amputé d'un
montant correspondant au travail non fourni. Dans le
travail en équipe, il en va autrement; il est possible, à
l'intérieur de certaines marges, de réduire son effort
personnel sans que les autres s'en aperçoivent – à la

manière de celui qui, dans une équipe chargée de
transporter un piano à queue, baisse légèrement sa prise
pour répercuter sur ses deux compagnons une partie de la
charge qu'il devrait assumer. On ne peut pas passer son
temps à surveiller ce que font les autres. Le travail en
équipe a ses avantages (on est plus productif), mais aussi
ses inconvénients : le risque de voir certains partenaires,
les moins sérieux, se comporter comme des *passagers
clandestins* sur le travail des autres.

L'intérêt de l'équipe est de s'organiser de manière à
déceler de tels comportements et à s'en protéger aussi
efficacement que possible. Les « resquilleurs » coûtent
cher aux autres. Si l'un triche à l'insu de ses compagnons,
tout le monde en pâtit. Le revenu global de l'équipe, et
donc le revenu individuel de chacun des partenaires, est
plus faible, et pas seulement celui du coupable. A la
limite, si les resquilleurs ne sont jamais sanctionnés, et s'il
n'existe aucun moyen de les exclure de l'équipe lorsque
leur comportement devient nettement abusif, plus personne n'a intérêt à faire quoi que ce soit. On retrouve très
précisément le mécanisme destructeur de la « vaine
pâture » et du paradoxe de Hardin, évoqué au chapitre
précédent à propos des prés communaux.

Comment se protéger contre de tels phénomènes ? L'idéal
serait que chaque compagnon soit rémunéré selon la *valeur*
de sa contribution réelle aux résultats du groupe (c'est-
à-dire, expliquera l'économiste, à sa « productivité marginale »). Mais comment la connaître ? Tant qu'on était dans
un univers d'artisans indépendants et concurrents où ce que
chacun gagne dépend directement du prix auquel il vend ce
qu'il a lui-même fabriqué, ce problème est automatiquement résolu par le *prix de marché* qui émerge de la
confrontation multiple des offres et des demandes (puisque,
par définition, dans une telle situation, comme nous
l'enseignent les manuels, le prix s'aligne spontanément sur
la productivité marginale du producteur le plus efficient).
Chacun dirige ses activités, son travail et l'usage des
ressources dont il a le contrôle en fonction des signaux
anonymes que le mécanisme des prix lui transmet, sans
avoir rien à demander à personne. Le mécanisme des prix
assure spontanément une triple fonction de mesure, de
coordination et d'incitation (rémunération).

Ce mécanisme ne fonctionne plus dès lors qu'interviennent des processus de production impliquant de nombreuses indivisibilités. Imaginer que chaque ouvrier travaillant le long de la chaîne de fabrication d'une machine puisse en permanence négocier avec ceux qui se trouvent en aval de lui, et en concurrence avec un grand nombre d'autres, le « prix » des pièces qu'il leur transmet ou celui des prestations personnelles qu'il leur rend devient impensable. Il faut trouver autre chose. La solution consiste à trouver un substitut au mécanisme des prix en déléguant à l'un des membres de l'équipe la responsabilité d'évaluer, de diriger et de rémunérer le travail des autres [4]. La défense des intérêts de tous contre les excès des resquilleurs requiert la désignation d'un *superviseur*. Pour être viable, toute association à des fins productives suppose que ses membres acceptent volontairement de déléguer à l'un d'entre eux – ou même pourquoi pas à un tiers – une partie des droits de propriété qu'ils possèdent naturellement sur leur propre force de travail.

Mais encore faut-il que ce *primus inter pares* remplisse lui aussi sa fonction le plus honnêtement et le plus efficacement possible, et qu'il ne profite pas de ses responsabilités pour tricher à son tour. Encore faut-il que le *contrat* qui le lie aux autres, et aux termes duquel ceux-ci acceptent de lui déléguer le contrôle de leur travail et de sa rémunération, soit conçu de telle sorte que lui-même y trouve une motivation directe et impérieuse à accomplir sa tâche de la façon la plus efficace. C'est seulement si cette condition est remplie que chacun trouvera intérêt à accepter cette part de délégation qu'implique la survie de l'association. Autrement dit, pour reprendre une vieille formule latine : « Qui garde le gardien? »

Dans leur célèbre article de 1972 « *Production, Information Costs and Economic Organization* », les professeurs Alchian et Demsetz démontrent que la solution la plus efficace, celle qui permet de réduire au mieux les risques de « passagers clandestins », consiste à dissocier la rémunération du superviseur du régime commun applicable aux autres et à lier celle-ci à l'attribution d'un statut de *créancier résiduel (residual claimant),* en posant comme principe que la gestion du travail des autres ne

peut être déléguée qu'à un homme qui s'engage à prendre
en charge personnellement, même sur ses propres deniers
(lorsque la trésorerie de l'entreprise est en difficulté), la
responsabilité d'assurer la continuité des rémunérations
évaluées et promises par lui. Moyennant quoi, on lui
reconnaît en échange le droit de s'approprier à titre
personnel *ce qui reste* des revenus de l'entreprise, une
fois que tous les facteurs de production impliqués
ont été rémunérés – c'est-à-dire la propriété personnelle
et exclusive de ce que les comptables appellent le
profit [5].

Les avantages d'un tel arrangement ne sont pas difficiles à identifier.

Prenons les problèmes de *contrôle*. Admettons que l'on
reste dans le cas de figure initial où une équipe de
10 hommes se répartissent également le produit de
leur activité commune. Celui qui resquille à l'insu de ses
compagnons leur impose un manque à gagner individuel
égal au dixième de la perte de revenu global que sa
moindre ardeur au travail inflige à la communauté.
Admettons maintenant que les 9 associés soient liés au
dixième par un contrat conçu selon le modèle que nous
venons d'évoquer. Si l'un triche, le seul à en subir les
conséquences est le dixième dont le revenu résiduel est
amputé de l'intégralité du manque à gagner. Dans un tel
système, la motivation du dixième à tout faire pour
déceler et sanctionner les fraudeurs éventuels est dix fois
plus forte que dans un arrangement où le revenu du
« contrôleur » serait, comme les autres, déterminé par un
partage égalitaire entre les associés. Ce mode d'organisation apporte la garantie d'un contrôle plus rigoureux,
d'une plus grande efficacité pour l'ensemble de l'équipe
et donc aussi de meilleures chances de survie en milieu
concurrentiel.

Prenons les problèmes de *mesure* et d'*évaluation*. Si
l'un des compagnons touche une rémunération supérieure
à la valeur réelle de son apport personnel, c'est autant de
moins que les autres ne pourront plus se répartir. La
rémunération des neuf autres sera inférieure à la valeur
de leur travail. L'intérêt de chaque membre de l'équipe
est donc que celui à qui on délègue la tâche d'évaluer et
de contrôler la quantité de travail fournie par chacun,

accomplisse sa tâche de la façon la plus objective possible, sans avantager personne.

On peut imaginer que l'individu qui se spécialise dans cette tâche le fasse sous le seul contrôle de ses camarades. Cela suppose alors que chacun des membres de l'association prenne sur son temps de travail pour se consacrer à des activités de « contrôle » mais c'est autant de perdu sur les avantages de la division du travail. Par ailleurs, la motivation de chaque membre à investir dans ce type de compétence particulière est faible, puisque les gains seront partagés. D'où les limites de cette formule « autogestionnaire » et l'intérêt de choisir la solution « capitaliste » qui lie la propriété du profit à l'exercice des fonctions de contrôle.

Dans un tel arrangement, toute évaluation incorrecte de l'apport d'un des ouvriers se traduit par un transfert de revenu qui se fait non plus au détriment des autres mais au seul détriment de celui à qui est reconnue la propriété du revenu résiduel. Si celui-ci paie l'un des travailleurs plus qu'il n'apporte, s'il remplit mal sa mission, c'est lui et lui seul qui en supporte les conséquences par une réduction équivalente de sa propre rémunération. Ainsi le profit est non seulement un instrument qui permet d'obtenir une meilleure discipline sans laquelle il ne saurait y avoir de travail en équipe vraiment productif, et donc durable; il permet également de discipliner le travail de celui qui a pour fonction de discipliner le travail des autres.

Prenons enfin les problèmes d'*organisation*. L'intérêt de l'équipe est que ses ressources humaines soient utilisées de la façon la plus efficace possible; c'est-à-dire que chacun soit affecté aux travaux où il est le plus compétent. Mais qui décide de l'affectation de chacun? Comment faire que celui dont c'est la fonction la remplisse de la façon la plus objective possible? Là encore, on peut, par un raisonnement identique, montrer que la meilleure solution consiste à lier la rémunération de cette fonction au « résidu » financier – à ce qui reste une fois que tous les autres facteurs de production ont été rémunérés.

L'incertitude étant le compagnon inévitable de toute décision, l'entreprise ainsi organisée ne sera pas nécessairement, en toutes circonstances, la plus efficace possible.

Mais il y a toutes chances qu'en règle générale, elle le soit plus qu'elle ne pourrait l'être si la propriété du profit était restée indivise. Ce qui explique pourquoi ce type d'entreprise – « capitaliste » – s'est généralisé.

Le capital et le pouvoir

Qu'est-ce que l'entreprise ? Traditionnellement, on considère que ce qui la définit est le caractère *hiérarchique* des relations qui y prennent place, par opposition à la nature purement *contractuelle* des transactions qui définissent l'univers des relations de marché. D'un côté, le règne de l'autorité et de la discipline unilatéralement imposée ; de l'autre, le domaine du contrat librement négocié.

L'analyse qui précède suggère que les choses ne sont pas aussi simples, ni aussi tranchées. La firme, expliquent Alchian et Demsetz en conclusion de leur article, n'est pas autre chose qu'un *nœud de contrats* avec un agent central – l'employeur, l'entrepreneur – à qui est confiée la responsabilité de gérer et de faire exécuter la multitude de conventions privées qui définissent, de façon explicite ou implicite, les conditions dans lesquelles l'entreprise peut disposer des ressources mises à sa disposition.

Cette analyse conduit à une conclusion fort importante : ce n'est pas dans la propriété du capital que le *droit au profit* trouve son fondement, mais dans la fonction entrepreneuriale qui lui est associée. Dans l'entreprise, c'est l'exercice des responsabilités d'organisation, de contrôle et donc de décision qui, pour les raisons que nous venons de voir, ouvre le droit à l'appropriation exclusive par l'un des partenaires du « revenu résiduel » produit par le travail de tous – et non la propriété personnelle des outils de production impliqués dans ce travail. Comme pour toutes les ressources qui font l'objet d'une appropriation privée, le capital, par lui-même, n'apporte à son propriétaire qu'un seul droit : celui de décider librement de son usage et de déterminer par contrat dans quelles conditions il peut être utilisé par d'autres.

Mais alors on se trouve confronté à une nouvelle

question : comment se fait-il que la formule juridique qui, à l'expérience, s'est révélée la plus dynamique soit une formule associative qui pose comme principe que l'exercice du pouvoir de contrôle et le « droit au profit » sont des prérogatives personnelles qui découlent de la propriété personnelle du capital? Une formule où il est de règle que la détention légitime et ultime du pouvoir soit réservée à ceux qui acceptent de mettre des capitaux personnels dans l'affaire? S'il en est ainsi, c'est qu'une telle formule juridique apporte à tous des avantages qui restent à identifier. Il faut donc rechercher les raisons de la liaison entre capital et pouvoir qui, traditionnellement, définit l'essence même de la firme capitaliste.

La première réponse qui vient à l'esprit est d'invoquer une sorte de logique historique. Si l'industrie s'est développée dans un contexte capitaliste, c'est tout simplement parce que, par définition, les premières entreprises ne pouvaient être créées que par des individus détenant un capital personnel : des nobles ou des bourgeois ayant accumulé une richesse foncière; des marchands qui s'étaient enrichis dans le commerce ou dans la banque. Seuls maîtres après Dieu sur leurs domaines, ils continuèrent à appliquer dans leurs nouvelles affaires les principes « propriétaristes » qui étaient les leurs.

Dans sa monumentale histoire du capitalisme, Fernand Braudel raconte comment, sous l'influence de l'apparition de nouvelles sources d'énergie, mais aussi – comme le souligne Douglass North – en raison des progrès enregistrés dans le domaine des techniques comptables de gestion (comptabilité en partie double), l'activité industrielle, qui jusque-là était essentiellement disséminée dans une nébuleuse d'ateliers familiaux dont les achats et les fournitures d'un marchand donneur d'ordres coordonnait le travail, s'est progressivement regroupée dans des fabriques agglomérées, ancêtres de nos modernes usines. Avec l'élargissement des marchés, cet ancien intermédiaire qu'était le marchand s'est peu à peu mué en industriel capitaliste régnant sur un univers concentré de machines et d'ouvriers salariés[6]. Cela n'explique pourtant pas pourquoi cette forme de propriété a ensuite survécu et s'est même développée au point de supplanter les autres formes possibles de propriété industrielle, comme la

coopérative. Pour trouver une explication qui tienne
compte de cette objection, il faut modifier l'approche :
c'est parce qu'elle apporte un certain nombre d'avantages
concurrentiels aux différents partenaires de l'entreprise
que la propriété capitaliste est devenue la règle de la
société industrielle naissante. Lesquels ?

Reprenons notre raisonnement là où nous l'avons laissé.
Tout le monde est d'accord pour déléguer à un agent
central le soin de gérer et de coordonner le travail des
membres de l'équipe. Chacun accepte de se voir dire ce
qu'il doit faire ; en contrepartie, au lieu du gain aléatoire
et irrégulier qui était le sien quand il était encore un
artisan indépendant, l'employé se voit assurer une rémunération régulière, garantie par contrat, et renégociée
périodiquement. De son côté, l'agent central reçoit le
pouvoir de dire aux autres ce qu'ils doivent faire, ainsi
que d'admettre de nouveaux membres ou d'exclure ceux
qui se révèlent indésirables [7]. Sa rémunération est constituée par ce qui reste des revenus de l'entreprise une fois
qu'il s'est acquitté de toutes les obligations contractuelles
le liant aux propriétaires des ressources mobilisées. Mais
sa position de « créancier résiduel » le rend également
responsable, sur ses deniers personnels, du paiement des
pertes éventuelles. Se pose alors une question capitale :
qui sera cet agent central ? Qui va-t-on désigner pour
exercer ces fonctions ? Selon quels critères de choix et
selon quelles procédures ?

L'un des attraits principaux qu'offre le nouveau contrat
est la promesse d'une rémunération régulière ; personne
n'aime vraiment le risque ni l'incertitude. Mais encore
faut-il que celui que l'on choisit se montre à même de
tenir cette promesse. A compétences égales, mieux vaut
choisir quelqu'un qui a quelques biens au soleil susceptibles de servir de gage ; et autant que possible, un
patrimoine aisément mobilisable, dont les éléments ne
subiront pas une trop forte dévalorisation en cas de
revente. Seront donc choisis les détenteurs d'un capital
bien tangible (des biens de production, par exemple, des
immeubles, ou des propriétés foncières), de préférence à
ceux qui n'ont pour tout bagage que leur seul « capital
humain » (leurs compétences). Autrement dit, dans un
univers qui ne connaît pas encore les indemnités de

chômage et tout notre appareil moderne de solidarité collective, le meilleur patron, ou tout au moins le plus sûr, est encore quelqu'un qui a du capital; c'est-à-dire un « capitaliste ».

L'exigence d'une certaine surface patrimoniale constitue une sorte d'assurance que le contrat passé entre l'agent central et les membres de l'équipe qui l'ont choisi survivra au moins un certain temps à des périodes de difficultés. On évitera ainsi que le « savoir-faire » spécifique accumulé par la pratique du travail en commun, l'habitude de collaborer ensemble, et les relations personnelles qui s'établissent au sein de l'entreprise, se trouve dispersé et annihilé au moindre aléa conjoncturel. De même, la responsabilité financière personnelle qu'implique son satut de « créancier résiduel » constitue une sorte de *gage* qui garantit à ses partenaires que leur agent central, leur « patron », fera bien tout ce qui est en son pouvoir et dans ses capacités pour éviter des pertes qui menaceraient la survie même de leur association productive. Et la valeur de ce gage est d'autant plus élevée, d'autant plus crédible, que ce patrimoine est lui-même investi de manière visible et durable dans les biens de l'entreprise dont il a la responsabilité.

Il en va de même pour les fournisseurs et créanciers extérieurs. On se demande souvent pourquoi une entreprise a besoin de fonds propres, et pourquoi elle ne fonctionnerait pas en ayant uniquement recours à des capitaux empruntés. La raison est bien simple : personne n'accepterait volontiers de lui prêter. Comme le démontrent les professeurs Jensen et Meckling, dans leur contribution fondamentale : « *Theory of the Firm, Managerial Behavior, Agency Costs and Ownership Structure* », une telle situation créerait un risque énorme pour le prêteur dans la mesure où, une fois la décision prise au vu des dossiers présentés par le chef d'entreprise, plus rien n'empêcherait ensuite celui-ci de changer son fusil d'épaule et d'utiliser les fonds ainsi collectés pour financer des projets plus risqués (mais personnellement plus rémunérateurs), que les prêteurs n'auraient jamais accepté de cautionner s'ils en avaient eu connaissance [8]. La seule façon de se prémunir contre ce risque consiste à n'accepter de prêter qu'à des gens dont on sait que la valeur de leur propre patrimoine est elle-même engagée par les décisions de gestion qu'ils prendront demain.

Conclusion : l'entreprise où celui qui a le pouvoir de décision non seulement est personnellement responsable des pertes de gestion, mais dont le patrimoine est lié à la vie de l'affaire qu'il dirige, cette entreprise, bénéficie sur le marché, d'un avantage concurrentiel. D'abord, parce qu'elle a toutes chances d'être gérée de façon plus rigoureuse; ensuite, parce qu'elle trouvera plus facilement du financement extérieur et des capitaux meilleur marché.

Cette analyse explique pourquoi il serait logique que, dans l'intérêt même de leur association, les partenaires de l'entreprise se « choisissent » (s'ils en avaient le pouvoir) un patron capitaliste. Mais elle ne nous explique pas pourquoi dans la réalité, seule la propriété du capital à risque – ou sa délégation – ouvre accès à cette capacité de désigner celui qui assume les fonctions centrales de l'entreprise. Comment se fait-il que, dans notre tradition légale, la légitimité du pouvoir des dirigeants d'entreprise procède *exclusivement* de la propriété financière et non pas de leur rôle de chefs d'équipe?

Pour répondre à cette nouvelle question, il faut faire intervenir un autre facteur : les avantages que la collectivité retire lorsque le droit de vote – et donc le fondement du pouvoir – est assis sur un titre de propriété particulièrement fongible : l'action.

L'action industrielle n'est qu'un bout de papier, une « créance », une reconnaissance de dettes acceptée par une personne morale – la société X – au bénéfice d'un particulier auquel cette créance, purement conventionnelle, reconnaît quatre droits spécifiques :

– le droit de récupérer, à la liquidation de la société, une quote-part des avoirs de celle-ci, proportionnelle à sa part de mise de fonds dans le financement du capital social;

– le droit de voter pour désigner ou révoquer celui (ou ceux) à qui sont déléguées les responsabilités de gestion et de décision (la fonction centrale de l'entreprise), selon des modalités qui accordent en général un nombre de votes proportionnel à la part de capital que l'on représente;

– le droit de recevoir une quote-part des bénéfices annuels de l'entreprise, elle aussi proportionnelle à la part de capital que l'on représente (avec la responsabilité financière automatique attachée à ce statut de « créancier résiduel »);

– enfin, le droit de céder à un tiers ou à des tiers, selon des conditions financières librement négociées, l'ensemble de ce « panier de droits ».

Dans la mesure où ce bout de papier rend son titulaire légalement propriétaire d'une partie des bénéfices qui seront réalisés pendant toute la durée de vie de la société, le « panier de droits » qu'il représente a lui-même une valeur marchande. Cette valeur est égale à la somme cumulée et actualisée des flux de dividendes que l'on s'attend à percevoir dans l'avenir en raison de la possession de ce titre de propriété. Celui-ci étant librement cessible et négociable, cette valeur peut être réalisée à tout moment (en déduisant les « coûts de transaction ») par un simple acte de revente individuel à une autre personne intéressée. Mais la valeur de revente de cet ensemble varie, bien évidemment, en fonction de l'opinion dominante que le marché se fait sur les conséquences financières prévisibles des décisions prises par ceux qui exercent les fonctions de gestion, directement ou par délégation.

Ce faisant, la caractéristique centrale d'une telle construction juridique est d'établir un lien direct entre les variations de la valeur patrimoniale des avoirs de ceux qui, en raison de leur apport initial, disposent du droit de vote – donc les véritables détenteurs des fondements du pouvoir interne – et les conséquences financières qui résultent pour l'entreprise et ses partenaires de l'ensemble des actes de gestion dont ils sont supposés assumer légalement la responsabilité et le contrôle. Toute décision prise, avec ou sans l'accord des actionnaires, aura des conséquences économiques qui se répercuteront intégralement, et presque instantanément (si l'on a un marché secondaire suffisamment fluide et bien organisé, comme c'est le cas lorsque les actions sont cotées en bourse) sur la valeur marchande de leur patrimoine investi dans l'entreprise.

Revenons alors, et pour la dernière fois, à notre

exemple d'association coopérative. L'intérêt des membres
de l'association est de déléguer les fonctions de décision à
une personne qui accepte de posséder un intérêt patrimonial direct dans l'entreprise. Chacun vote pour le candidat
de son choix, comme c'est en principe le cas dans
n'importe quelle assemblée générale d'actionnaires. Mais
les circonstances qui entourent ce vote sont très différentes. Le droit d'y prendre part n'est plus lié à un
quelconque droit de propriété librement cessible; il s'agit
d'une prérogative personnelle, ès qualité, dont on ne peut
jouir que pour autant que l'on continue de faire partie du
personnel, mais qui se perd dès qu'on quitte l'entreprise.
Ce vote est important : de lui dépend que l'entreprise sera
plus ou moins bien gérée, selon la personnalité et les
compétences professionnelles de celui qui sera élu. Ce
vote comporte une sanction personnelle : l'ensemble de ce
que chacun gagnera ou perdra demain si l'entreprise est
plus prospère ou si elle doit fermer ses portes. Ce « droit
de vote » a donc une valeur, comme le droit de vote que
comporte toute action capitaliste. Mais, à la différence de
l'actionnaire, l'employé de la coopérative ne peut jamais
réaliser cette valeur puisqu'il s'agit d'un droit de propriété qui, s'il est personnel, n'est pas librement monnayable. Si espérances de gains il y a, ces gains restent
purement théoriques : on ne peut en jouir que si l'on est
encore dans l'entreprise lorsque les dividendes collectifs
des décisions prises aujourd'hui commenceront à se manifester [9].

Posons-nous alors la question : quelles motivations personnelles chacun a-t-il à faire vraiment tous les efforts
nécessaires pour apprécier à leur juste valeur les qualités
et compétences des candidats à ses suffrages? Chacun a,
bien sûr, plutôt intérêt à veiller à ce que le patron qu'il se
« choisit » se révèle un bon gestionnaire. Mais cette
motivation n'a rien de comparable avec celle que peut
ressentir un actionnaire qui sait non seulement que, par sa
décision, il met en jeu la valeur même de son patrimoine,
mais également que s'il fait le bon choix, il pourra *dès
demain* en capitaliser les gains sans prendre le risque
d'attendre des échéances lointaines et peut-être improba-
bles. Autrement dit, le capital de compétences que
chaque actionnaire a intérêt à mobiliser, d'abord pour

s'assurer qu'il fait bien le bon choix pour l'avenir de l'entreprise, ensuite pour contrôler – et éventuellement sanctionner par leur révocation – le travail de ses mandataires, n'a rien de comparable avec ce que peut ressentir l'employé, le « coopérateur », dont le seul droit de propriété est un droit de vote non transférable et non capitalisable. On retrouve, avec un problème classique de motivation, le rôle tout à fait essentiel que joue la mobilité des droits de propriété dans nos institutions.

Cette analyse cependant est encore insuffisante; elle manque de généralité et d'universalité; elle suppose qu'on ait affaire à des entreprises cotées en bourse (or, celles-ci ne sont qu'une minorité). Par ailleurs, dans les entreprises à capital dispersé, elle n'explique pas pourquoi de tous les apporteurs de capitaux, seuls les actionnaires devraient ainsi détenir le droit de vote : pourquoi pas également les porteurs d'obligations? Les obligations ne sont-elles pas, elles aussi, des créances librement négociables sur un marché?

Pour obtenir une justification vraiment générale et présenter ainsi une explication véritablement universelle de la limitation du droit de vote au statut d'actionnaire, il faut évoquer un dernier argument : la position particulière que les actionnaires occupent dans l'entreprise en tant que « créanciers résiduels ».

L'entreprise, on l'a vu, n'est pas autre chose qu'un « nœud de contrats ». Ceux-ci définissent les conditions dans lesquelles certaines personnes acceptent de déléguer à d'autres l'usage des ressources dont elles ont le contrôle (financement, travail, compétences...); ils déterminent également les conditions de rémunération de ces facteurs de production. Ce sont des documents structurés dans lesquels, pour éviter les conflits possibles en cours d'exécution, on s'efforce de prévoir au maximum l'ensemble des contingences qui risquent de se manifester. Ces contrats ne peuvent pourtant pas tout prévoir, c'est humainement impossible. Ce faisant, ainsi que le remarquent Frank Easterbrook et Daniel Fisher dans leur récent article « *Voting in Corporate Law* », il faut bien qu'à un moment donné quelqu'un ait le droit de vote ultime pour prendre les décisions lorsque se présentent des circonstances qui ne correspondent à aucune des situations prévues dans la rédaction des contrats [10]. Mais, pourquoi de tous les apporteurs de capitaux, demandent-ils, les actionnaires sont-ils les seuls à avoir ce droit de vote? Pourquoi celui-ci ne serait-il pas partagé avec les porteurs d'obligations, les managers, ou encore les employés? La raison, expliquent les deux économistes américains, vient de la position particulière que les actionnaires occupent dans l'entreprise en tant que *créanciers résiduels*.

L'intérêt à long terme de l'entreprise est que soient effectués tous les investissements et projets de développement dont la rentabilité marginale est au moins égale au coût. Les porteurs d'obligations ont une créance fixe, déterminée à l'avance, et dont les risques ne sont donc que très marginalement affectés par la qualité de la gestion de l'entreprise, du moins tant qu'il n'y a pas de catastrophe majeure en vue. En conséquence, que les dirigeants de la firme ne saisissent pas immédiatement toutes les opportunités rentables de développement qui s'offrent, ne les affecte guère. Il en va de même pour les employés dont les rémunérations sont fixées par des contrats salariaux déterminés à l'avance. La particularité de l'actionnaire est d'être le plus vulnérable des partenaires de l'entreprise; celui qui est remboursé le dernier en cas de difficulté, après tous les autres créanciers de la firme – s'il reste encore des ressources. Cette situation d'extrême vulnérabilité fait que de tous ceux qui, d'une manière ou d'une autre, apportent des capitaux à l'entreprise, les actionnaires sont les seuls qui aient vraiment un intérêt personnel et immédiat à veiller à ce que toutes les opportunités de développement soient saisies. Leur position les oblige à remplir un rôle d'efficacité sociale pour le compte de tous les partenaires de l'entreprise en défendant leurs propres intérêts [11].

Cette solution s'est imposée socialement, non pas parce que la propriété financière ou le risque financier apporteraient à leur détenteur une sorte de droit naturel et souverain à commander les autres, mais parce qu'en raison de son efficacité économique supérieure, elle s'est révélée à l'expérience disposer de la plus grande capacité de survie.

La propriété, « procédure de découverte »

La meilleure façon d'évoquer le troisième avantage que présente la propriété privée dans l'entreprise est de prendre deux cas de figure extrêmes et de raisonner en les comparant : d'un côté, une firme bureaucratique en position de monopole, administrée par des fonctionnaires (un service public comme la poste, par exemple); de l'autre, une firme privée ayant un unique actionnaire et qui fonctionne en univers concurrentiel.

On suppose qu'il s'agit de deux firmes techniquement identiques, produisant les mêmes biens. La seule différence est institutionnelle. Le patron de la première est un homme qui se voit déléguer le droit d'organiser et de contrôler le travail des autres, mais qui n'a aucun droit sur le profit que sa gestion est susceptible de dégager; sa seule rémunération est le salaire qui lui est versé au même titre que les autres travailleurs, et dont le montant est déterminé en fonction d'une grille indiciaire extérieure. Le patron de la seconde est un homme qui, du fait de ses titres de propriété, rassemble dans sa main l'ensemble des droits afférant, d'une part à l'organisation et à la gestion interne de la firme, d'autre part à la propriété du résultat résiduel de ses activités. Autrement dit, du point de vue de la gestion des ressources de l'entreprise, on a d'un côté dissociation entre le droit au profit et le droit au pouvoir (le droit au profit revenant à la collectivité, propriétaire légale de l'entreprise), et de l'autre confusion entre les deux.

Les fonctionnaires d'un service public sont des producteurs comme les autres, utilisant des ressources (humaines, financières, technologiques) pour fabriquer des produits ou rendre des services dont la particularité est qu'ils ne sont pas écoulés sur un marché concurrentiel, mais vendus en bloc à la collectivité par l'intermédiaire du Budget, dans le cadre de ce que les économistes appellent une situation de « monopole bilatéral » (un seul vendeur, un seul acheteur). Dans un tel système, c'est la collectivité – par la voix du gouvernement, sous le contrôle des parlementaires – qui en quelque sorte passe commande d'un service donné dont les caractéristiques (quantité, qualité, spécificités) et l'enveloppe financière de production font l'objet d'une négociation bilatérale entre la direction de l'administration publique concernée (notre firme bureaucratique) et les services centraux du Budget.

Comme toute entreprise, chaque administration ou service public a une fonction de production implicite qui détermine le coût de production unitaire du service fourni, et donc le montant des crédits budgétaires globaux nécessaires pour exécuter le cahier des charges défini par le pouvoir politique. Mais comment est déterminé ce coût unitaire qui, à son tour, détermine le niveau des demandes budgétaires? Par un processus itératif analogue à celui que l'on vit dans toute entreprise, même concurrentielle. La direction centrale envoie des instructions à ses différents services pour que ceux-ci lui indiquent les besoins budgétaires nécessaires à l'exécution des tâches qui leur sont confiées. Ces directives sont à leur tour déconcentrées au niveau des bureaux, puis le tout remonte vers le haut.

Comme dans l'entreprise, chaque prévision budgétaire se déduit du coût comptable des services fournis dans le passé, modifié en fonction d'exigences ou de découvertes nouvelles. Comme dans l'entreprise, la tendance naturelle des bureaux est toujours de se plaindre de l'insuffisance des enveloppes qui leur sont allouées. Réflexe tout à fait humain, la notion de coût étant par définition, toujours parfaitement subjective : on n'a jamais assez d'effectifs pour faire le travail demandé; les salaires sont insuffisants pour engager un personnel de qualité; les conditions de travail ne sont pas à la hauteur de l'effort demandé aux exécutants, etc. Moyennant quoi la remontée des prévisions budgétaires s'accompagne à chaque échelon du processus de décision d'une série d'arbitrages visant à rendre compatibles des demandes qui, globalement, ne le sont pas. Tout cela jusqu'à l'arbitrage final du gouvernement entre les demandes budgétaires émanant de ses différentes administrations.

Le rôle de l'arbitrage, qu'il se situe au sommet de la hiérarchie ou au niveau des services, est de contester les évaluations implicites que les services font de leurs coûts de production. Amputer une prévision budgétaire qui remonte d'un service subalterne revient à dire à ses subordonnés : «Vous devez produire autant en nous coûtant moins cher.» Dans la négociation qui s'engage, la connaissance des coûts de production *possibles* est déterminante. Mais comment un chef de service ou le patron d'un ministère connaissent-ils les coûts de production «possibles» de leurs services? Leur seule source d'information provient des services mêmes dont ils sont censés contrôler les dépenses. De la même façon, comment le pouvoir politique ou parlementaire peut-il savoir si les estimations budgétaires qui lui parviennent reflètent bien l'effort maximal de ses administrations pour rechercher les coûts de production les plus bas possible? Lui aussi dépend des informations qui remontent des services dont il est censé contrôler l'activité.

Le système bureaucratique est ainsi un système de décision où le pouvoir des «producteurs» – dont l'intérêt personnel est de produire plus cher : bureaux plus spacieux, moquettes plus épaisses, charges de travail plus faibles, davantage de secrétaires, etc. – est en fait beaucoup plus grand que celui des «acheteurs» dont l'intérêt est, à l'inverse, que le produit final soit fabriqué aux coûts les plus faibles possible compatibles avec le cahier des charges.

Dans l'entreprise privée, les choses fonctionnent, en principe, de la même manière. Chaque usine, ou chaque atelier, tente d'obtenir le plus possible de sa direction générale qui est en position d'acheteur vis-à-vis de ses différents services, comme le ministre l'est à l'égard de ses différentes directions. Mais la position de l'acheteur «privé» n'est pas identique à celle de l'acheteur public. Si l'information pour connaître les meilleurs coûts de production possibles dépend toujours de données transmises par des échelons inférieurs, il existe un contrepoids inconnu dans l'administration : la concurrence. Celle-ci, par le système des prix, apporte un ensemble d'informations sur les coûts des concurrents qui produisent des biens similaires ou directement substituables. Si les prix du concurrent sont plus bas, c'est qu'il produit moins cher et donc que les données qui remontent de la base de l'entreprise ne reflètent pas ce qui pourrait être réalisé si vraiment chacun faisait l'effort maximum pour produire le moins cher possible. Autrement dit, dans l'entreprise privée, le pouvoir du « producteur » a pour contrepoids l'information autonome dont la direction bénéficie du fait de la présence d'entreprises concurrentes. Les décisions seront donc prises en fonction d'un bien plus grand nombre d'informations sur les coûts et les technologies possibles.

Cependant, il ne suffit pas que cette information « parallèle » existe pour que l'entreprise mobilise instantanément toutes ses ressources et toutes ses énergies humaines et techniques pour obtenir – ou plutôt « découvrir » – les coûts de production les plus bas possible. Encore faut-il que, du bas de l'échelle aux échelons les plus élevés, chacun se sente motivé par une telle tâche, ou fasse tout ce qui est en son pouvoir pour essayer de motiver les autres. C'est alors que réinterviennent les « droits de propriété ».

Le profit est un « résidu » qui se définit par la différence entre les recettes de l'entreprise et ce qu'a coûté la production. Si quelqu'un est personnellement « propriétaire » de ce résidu, toute situation où l'entreprise ne produit pas au moindre coût entraîne pour lui un « coût » dont le montant est égal au profit supplémentaire que cette entreprise aurait pu encaisser si elle avait utilisé une technique de production plus performante; il aura donc intérêt à l'éliminer en encourageant ses collaborateurs à faire un effort supplémentaire d'économie, de rationalisation de la production, d'innovation technique (ou commerciale). Cela dit, si cette personne est également actionnaire de la firme, à cette perte immédiate de revenu s'ajoute *un effet patrimonial* lié aux conséquences que la moindre rentabilité de l'affaire entraîne sur la valeur marchande de ses avoirs investis dans l'entreprise. Sa motivation à bien choisir ses collaborateurs et à exiger d'eux le maximum, par des mesures de contrôle interne, mais aussi par la mise en place de systèmes d'incitation appropriés, n'en est que plus grande. Elle est sans commune mesure avec celle que peut ressentir un directeur d'administation salarié.

Qu'il en fasse plus ou moins, ce dernier a toutes chances de conserver, à terme, à peu près la même rémunération. Pour qu'il ressente une différence, sinon à ce niveau, du moins à celui de ses perspectives futures de carrière – et donc de gains –, il faudrait que ses supérieurs hiérarchiques soient en mesure d'apprécier, de façon autonome, qu'il n'en fait pas assez; et donc qu'ils disposent eux-mêmes d'informations fiables. Or c'est de celui-là même qu'ils ont pour mission de surveiller et de contrôler qu'elles leur proviennent principalement...

Dans cette perspective, le profit n'est pas seulement la rémunération du capital ou du patron. C'est un mécanisme dont l'une des fonctions les plus importantes – sinon la plus importante – est de mobiliser les énergies de l'entreprise non seulement pour rechercher les coûts de production les plus bas possible, mais également pour découvrir de nouveaux produits, de nouveaux marchés, de nouveaux services, de nouvelles technologies, de nouveaux savoir-faire, etc.

Dans l'entreprise, les institutions de la propriété privée n'ont pas seulement pour fonction de veiller à ce que chacun d'entre nous soit le plus efficace possible dans les fonctions qui sont les siennes. Dans un univers dominé en permanence par une *incertitude radicale*, elles constituent aussi ce que Hayek appelle une « procédure de découverte » – c'est-à-dire un mécanisme dont l'existence même permet à chacun d'entre nous d'agir et de décider à partir d'une somme d'informations, de connaissances et de savoir-faire, souvent tacites et informulables, dont nous ne pourrions disposer sans la présence d'un réseau d'échanges libres et concurrentiels reposant sur le double principe de la liberté de la propriété et de la liberté des contrats.

Notes

1. Ronald COASE, « The Nature of the Firm », dans *Economica*, Londres, novembre 1937. L'essentiel de l'article était déjà rédigé dès 1932 alors que Ronald Coase, âgé de vingt-trois ans, était étudiant à la London School of Economics. Cet article est présenté partout comme le fondement de la théorie moderne des droits de propriété. Coase se pose la question : pourquoi la firme commerciale existe-t-elle? Pourquoi toute la production n'est-elle pas organisée sous la forme classique du marché,

avec une multitude de contrats individuels régulés par le seul mécanisme des prix ? Réponse : parce que le recours au mécanisme des prix entraîne la présence de *coûts de transaction* (coûts d'information, coûts de rédaction des contrats, coûts de résolution des conflits, etc.). L'existence de « coûts de transaction » explique pourquoi, dans certaines circonstances, substituer une relation de commandement hiérarchique à la relation contractuelle de la division du travail permet de réduire les coûts de coordination de la division du travail. Coase en déduit que la taille optimale de la firme est celle qui minimise non pas seulement la somme des coûts de production, mais l'ensemble « coûts de production + coûts de transaction ».

2. Le processus de sélection naturelle auquel nous nous référons ici ne concerne pas seulement les hommes et les firmes qu'ils dirigent : les bons ou les mauvais entrepreneurs, les entreprises bien ou mal gérées. L'hypothèse est qu'il s'applique aussi aux formes mêmes de l'organisation industrielle et commerciale, comme à ses modalités, selon un mécanisme décrit par le professeur Armen ALCHIAN dans son article « Uncertainty, Evolution and Economic Theory », publié en 1950, dans *The Journal of Political Economy*.

Il est important de préciser la nature fondamentale du raisonnement méthodologique suivi au cours des pages qui suivent. L'objectif n'est pas de décrire exactement comment les choses se sont passées historiquement. Par exemple, expliquer comment les hommes auraient commencé par choisir une forme d'entreprise de type « coopérative », puis auraient progressivement amendé leur contrat initial pour mettre sur pied une forme d'entreprise « capitaliste ». Il s'agit seulement d'un artifice méthodologique. On part de l'hypothèse initiale que si la formule « capitaliste » s'est imposée comme la structure économique dominante, c'est qu'elle recelait des vertus d'efficacité supérieures à celles des autres formes d'organisation possibles. Le problème est donc d'identifier les origines de cette plus grande efficacité. Qu'est-ce qui, dans le système institutionnel de droits de propriété caractérisant cette forme d'entreprise, permet de rendre compte de la présence de cette plus grande efficacité ? Pour chercher la réponse, on se place dans une hypothèse purement « contractuelle » en essayant d'imaginer ce qui aurait pu conduire des hommes parfaitement rationnels et informés à choisir une forme de contrat présentant toutes les caractéristiques institutionnelles de la firme privée, de préférence à toute autre. Mais cela n'implique pas que les hommes aient fait un choix conscient ; cela permet seulement d'induire en quoi cette construction paraît « rationnellement » adaptée à un univers commandé par une lutte permanente contre la rareté et les pressions de survie les plus élémentaires.

Cette démarche a notamment pour vertu que, tout en expliquant les raisons de l'émergence de la firme « capitaliste » à une certaine époque, elle n'implique pas que cette formule soit en toutes circonstances et à toutes les époques, la meilleure formule possible pour résoudre les problèmes de production. Comme l'illustrent les travaux d'Eugen FAMA et de Michael JENSEN (cf. leurs deux articles : « Separation of Ownership and Control », et « Agency Problems and Residual Claims », dans le numéro spécial du *Journal of Law and Economics*, juin 1983), en utilisant les mêmes raisonnements et les mêmes outils conceptuels, on peut expliquer la survie, dans certaines industries ou activités, d'autres formules institutionnelles de propriété, sans pour autant compromettre la thèse proposée.

On reproche souvent à cette approche de déboucher sur des raisonnements tautologiques. Le professeur Steve Cheung répond à cette objection en rappelant que l'utilisation du concept de « coûts de transaction », sur lequel est fondée toute la méthodologie comparative de la théorie des droits de propriété, permet de construire des hypothèses économiques empiriquement testables. Cf. Steve CHEUNG, « The Contractual Nature of the Firm », *The Journal of Law and Economics*, avril 1983 ; ainsi que son autre contribution : « The Structure of a Contract and the Theory of a Non-Exclusive Resource », *The Journal of Law and Economics*, reproduit dans l'ouvrage d'Eirik FURUBOTN et Svetozar PEJOVICH, *The Economics of Property Rights*, Ballinger, 1974.

3. L'existence d'un droit des sociétés et d'un droit des affaires donne l'illusion que les formes institutionnelles conçues pour organiser la production dépendent d'abord et avant tout de choix législatifs. Dans l'optique évolutionniste de la théorie des droits de propriété, les codes législatifs ne sont eux-mêmes que des produits dérivés de l'évolution qui reconnaissent, officialisent et sanctionnent davantage des pratiques de fait qui existaient déjà, qu'ils ne sont des constructions rationnelles *ex post*. Par exemple, il est clair que les sociétés anonymes n'ont pas attendu la publication des lois sur la société anonyme pour exister. La législation n'a fait qu'entériner des pratiques déjà plus ou moins implicitement codifiées par des coutumes commerciales. A l'origine, la loi a essentiellement joué un rôle de « contrat-type » définissant un cadre qui permet aux contractants de réduire les coûts de transaction impliqués par la rédaction de telles conventions contractuelles.

4. Le mot « firme », explique Steve CHEUNG (dans *The Contractual Nature of the Firm, art. cit.*), n'est qu'une manière commode et rapide de désigner une façon d'organiser des activités de production à partir d'un ensemble d'arrangements contractuels différents de ceux qui dirigent usuellement la production sur les marchés ordinaires. L'idée centrale développée par le professeur Cheung est que la firme apparaît lorsque l'impossibilité de mesurer et donc d'établir un prix pour *chaque effort individuel* conduit à dissocier le marché des facteurs de celui des produits.

5. ALCHIAN et DEMSETZ, « Production, Information Costs and Economic Organization », *American Economic Review*, décembre 1972, reproduit dans FURUBOTN et PEJOVICH, *op. cit.*

6. Fernand BRAUDEL, *Civilisation matérielle, économie et capitalisme*, t. II, *Les Jeux de l'échange*, Armand Colin, 1979. Douglass NORTH, *Structure and Change in Economic History*, Norton, 1981, chap. XII.

7. Que le droit d'embauche et le droit de licencier fassent partie du « panier de droits » attribué à l'agent central n'est pas difficile à comprendre. Si l'un des membres de l'équipe se révèle inapte à toute discipline collective, au point que sa seule présence est une charge pour tous, il est de l'intérêt de tous les membres de l'association de l'exclure de leurs rangs. Toute association, même à buts non lucratifs, a toujours dans ses statuts un article qui définit les conditions d'exclusion de ceux qui ne respectent pas les termes du contrat collectif. Mais qui doit

prendre la décision? Qui doit instruire le dossier? On peut imaginer que le coupable ne puisse être jugé que par ses pairs, et donc exclu seulement après consultation et autorisation donnée par tous les associés. Mais, depuis la renégociation de leur contrat initial, ces associés ont pour caractéristique qu'aucun d'entre eux – sauf un – n'est personnellement, ni monétairement affecté par les agissements de celui qui se comporte avec eux comme un « passager clandestin » (puisque chacun s'est vu garantir un salaire fixe et déterminé à l'avance en échange de l'abandon de son droit initial au partage du revenu résiduel de l'entreprise). Il paraît alors logique de confier cette responsabilité à celui qui, par construction, supporte désormais l'intégralité des coûts économiques qu'impose la présence de tels passagers clandestins.

Non seulement cette solution est la plus efficace – celui à qui incombe cette responsabilité étant beaucoup plus motivé à faire la chasse aux passagers clandestins que chaque sociétaire, pris individuellement –, mais c'est aussi la plus juste car celle qui, contrairement aux apparences, apporte à chacun des membres de l'association le plus de garantie contre toute décision arbitraire. Pourquoi? Pour la bonne raison que le « contrôleur », contrôlé par le profit, est celui qui, de toute l'équipe, allie la compétence la plus grande dans la mesure de ce que chacun apporte à l'entreprise (c'est pour cela que son poste a été créé), avec la motivation la plus forte à veiller à ce que ne soient exclus que ceux qui coûtent à l'entreprise réellement plus cher qu'ils ne lui apportent (sinon c'est lui qui paie la différence, par réduction de sa propre rémunération).

Attention : cela ne veut pas dire qu'il n'y aura jamais d'injustices commises; simplement que c'est encore ce genre d'organisation qui « minimise » les risques de telles injustices.

8. Michael C. JENSEN et William H. MECKLING, « Theory of the Firm : Managerial Behavior, Agency Costs and Ownership Structure », *Journal of Financial Economics*, 1976.

9. L'analyse économique montre par ailleurs comment une telle situation conduit à une gestion moins efficace en raison d'une préférence plus grande pour le présent au détriment du futur qui s'explique par l'horizon temporel plus court des individus. Sur ce sujet, voir le chapitre III de mon livre : *Autogestion et Capitalisme*, Masson – Institut de l'Entreprise, 1978.

10. Frank EASTERBROOK et Daniel FISHER, « Voting in Corporate Law », *The Journal of Law and Economics*, n° spécial juin 1983.

11. Jean-Jacques ROSA, *Politique économique*, septembre-octobre 1983.

V

L'entreprise et la propriété. II

L'ère des managers : un problème mal posé

La société par actions est une institution ancienne. Dès le XVᵉ siècle, note Fernand Braudel, les navires de la Méditerranée sont souvent des propriétés divisées en actions. Les premières *Joint Stock Companies* anglaises datent du XVIᵉ, époque où, venant d'Italie, se développe en France le système de la commandite. Mais à part le cas exceptionnel des grandes compagnies commerciales à privilèges royaux, ces sociétés restent chez nous de dimension minuscule [1]. L'ordonnance royale sur le commerce de 1673 – qui consacre la reconnaissance juridique de la personnalité de trois générations de sociétés : les sociétés générales (aujourd'hui sociétés « en nom collectif »), les sociétés en commandite simple et les sociétés en participation – ne contient encore aucune mention de la société par actions. Celle-ci apparaît officiellement pour la première fois dans le Code du commerce de 1807 avec, d'une part, la reconnaissance officielle de la commandite par actions et, d'autre part, la reconnaissance de la création de sociétés anonymes par actions, mais soumises à autorisation gouvernementale. C'est seulement avec la loi du 24 juillet 1867, véritable charte fondamentale des sociétés anonymes (qui restera en vigueur jusqu'à la réforme de 1966), que l'autorisation préalable sera supprimée.

Alors que le XIXᵉ siècle tire à sa fin, une nouvelle ère

---

* Les notes de ce chapitre commencent p. 202.

commence. Au capitalisme individuel et individualiste des origines succèdent les grandes entreprises à actionnariat dispersé. La propriété industrielle change de nature. Le capitalisme pur, le capitalisme « propriétariste » est aujourd'hui une forme d'organisation que l'on ne rencontre plus guère que dans le monde des petites et moyennes entreprises. A quelques nuances près, la forme d'entreprise dominante est désormais celle de la société anonyme faisant largement appel à l'épargne du public : une firme dont le capital est dispersé entre un grand nombre d'actionnaires dont chacun ne possède individuellement qu'une toute petite fraction des actions en circulation.

Cette mutation dans les structures de la propriété industrielle pose cependant un problème sérieux, et qui a déjà fait couler beaucoup d'encre depuis que deux professeurs américains, Adolf Berle et Gardiner Means, ont publié dans les années 1930 leur célèbre livre : *L'Entreprise moderne et la propriété* [2]. Ce problème est celui de la séparation croissante entre *propriété* et *gestion;* celui du passage de la firme de propriétaires à l'entreprise de managers.

Le raisonnement auquel nous sommes de plus en plus continuellement confrontés, même dans les ouvrages les plus sérieux, est le suivant. Il est vrai, nous dit-on, qu'il est difficile de contester la légitimité des origines « capitalistes » du pouvoir dans l'entreprise lorsqu'on a affaire à une personne, ou à un petit groupe de personnes qui possèdent l'intégralité du capital social, ou tout au moins la majorité des parts d'une société qu'ils ont eux-mêmes créée de toutes pièces. Dans ce cas, la sanction patrimoniale est en effet la plus contraignante des disciplines; l'existence d'un lien direct entre propriété, pouvoir de décision et de contrôle, et responsabilité personnelle est effectivement la meilleure garantie d'un engagement personnel efficace. Mais, ajoute-t-on, il n'en va plus de même dès lors qu'on passe à de grandes firmes dont le capital est dispersé entre des milliers, voire des centaines de milliers de petits actionnaires. Conséquence du mouvement de concentration capitaliste amorcé depuis le début du siècle, la dilution de la responsabilité patrimoniale fait que la plupart des actionnaires se désintéressent purement et simplement de la gestion des entreprises dont ils sont en principe les « propriétaires ». L'économie est dominée par quelques grandes firmes puissantes dont le contrôle effectif passe dans les mains d'une poignée de dirigeants professionnels – les managers – qui sont libres de poursuivre leurs objectifs personnels sans avoir réellement de comptes à rendre à quiconque. D'où une situation nouvelle où le mécanisme d'efficacité de la propriété privée, tel qu'il est habituellement décrit de façon idéale dans les manuels, s'effondre. Est-ce alors, nous dit-on, vraiment un crime contre la société et même contre la propriété que de nationaliser des entreprises où, depuis longtemps déjà, la logique de la propriété privée et de ses avantages a cessé de jouer? Est-ce vraiment un crime que de retirer – contre une juste indemnité – leur propriété à des gens qui, depuis longtemps déjà, ont en réalité abdiqué toutes leurs prérogatives de « propriétaires » au profit d'une clique de managers professionnels dont ils ne contrôlent même plus les décisions?

Les partisans de la libre entreprise sont généralement mal placés pour répondre à de tels arguments car eux-mêmes se situent le plus souvent dans une optique où l'émergence de la *firme managériale*, même s'ils en reconnaissent les avantages, continue d'être ressentie comme une sorte de dégradation d'une forme idéale d'entreprise incarnée par la « firme de propriétaires » (*la firme entrepreneuriale*).

L'un des apports de la nouvelle théorie économique des droits de propriété et des relations contractuelles est de replacer les questions suscitées par la montée du pouvoir managérial dans une perspective évolutionniste radicalement différente. Elle suggère en effet que la séparation entre « gestion » et « propriété » est en réalité l'exemple même du faux problème, mal posé et mal compris; que, loin de représenter une perversion par rapport à un modèle idéal de propriété, cette séparation constitue bien au contraire une adaptation efficace aux conditions économiques de l'environnement.

Si la grande entreprise s'est développée, c'est tout simplement parce que dans les secteurs qu'elle domine, elle apporte des avantages plus grands que les coûts économiques qu'elle entraîne.

La critique de Galbraith et de ses disciples

L'idée centrale sur laquelle nous vivons tous plus ou moins, depuis les années 1950 et la parution des premiers ouvrages de Galbraith, est que le développement des « technostructures managériales » modernes conduit à invalider l'hypothèse selon laquelle le libre jeu de la propriété et du marché suffiraient à assurer la régulation la plus efficace des activités économiques. En effet, nous dit-on, tout le schéma classique repose sur l'hypothèse que les gestionnaires de la firme recherchent la maximisation du profit. Or, cette hypothèse est de moins en moins plausible à partir du moment où la gestion effective des entreprises est de plus en plus assumée par des managers salariés, plutôt que par des patrons propriétaires [3].

Même lorsque l'entrepreneur est salarié de la société qu'il a fondée et qu'il dirige, son revenu reste entièrement lié aux performances de sa gestion. S'il perd de l'argent, il garde peut-être son salaire, mais bien souvent il est obligé d'hypothéquer ses propres biens (c'est-à-dire ses revenus antérieurs). Dans les coups durs, il n'hésite pas à puiser dans ses propres ressources pour financer le fonds de roulement de son entreprise. Le manager, lui, est dans une situation différente. Sa rémunération est générale-ment constituée à la fois d'un salaire et d'un intéresse-ment aux résultats de la firme (il est rare qu'un P.-D.G. ne soit pas actionnaire, même symbolique, de la firme qu'il dirige). Mais l'intéressement ne représente qu'une part marginale de son revenu personnel. Lorsque l'entre-prise a besoin de fonds frais, c'est aux actionnaires que l'on fait appel.

Résultat ? Alors que dans la firme entrepreneuriale, celui qui prend une décision « non efficiente » en supporte intégralement les conséquences financières et patrimonia-les, celles-ci, dans l'entreprise managériale, retombent conjointement sur un grand nombre d'individus. Si, par exemple, un mauvais calcul coûte à l'entreprise 100, et si l'auteur de cette décision n'est propriétaire que de 5 % des actions, la sanction individuelle de cette erreur n'est que de 5, alors que dans le cas d'une firme individuelle elle aurait été de 100. On est donc en droit de penser que si la firme avait été gérée par un entrepreneur à 100 %, cette erreur aurait eu beaucoup moins de chances d'être commise.

Cela ne veut pas dire que le propriétaire personnel d'une entreprise sera nécessairement un meilleur gestionnaire – bien d'autres facteurs (compétence, formation) entrent en jeu; cela signifie simplement qu'il en coûte beaucoup moins cher, personnellement, au manager salarié d'organiser sa gestion autour d'objectifs en conflit avec la recherche du profit maximal, qu'au patron propriétaire de son entreprise à 100 %.

Toutes choses égales par ailleurs, se payer un bureau plus somptueux, un siège social futuriste, fortifier son statut social par des investissements paraprofessionnels, ou capter l'attention des médias par des prouesses technologiques pas toujours justifiées économiquement (les « Concorde » privés) – autant de décisions qui coûtent moins cher au gestionnaire de l'entreprise managériale qu'à celui de la firme entrepreneuriale. La loi économique la plus élémentaire voulant que plus le prix est bas, plus la demande est forte, il est logique d'en conclure que la gestion de type managérial produira, en moyenne, plus de décisions s'écartant de l'optimum économique qu'une gestion de type entrepreneurial. La séparation de la propriété et de la gestion conduit donc bien à un affaiblissement du rôle régulateur des mécanismes de marché et du profit au regard des objectifs de gestion optimale des ressources de l'entreprise.

Il est vrai que le manager n'est pas totalement libre de ses mouvements et de ses décisions; il reste soumis au contrôle des actionnaires, auxquels il doit périodiquement rendre des comptes. Chaque actionnaire a intérêt à ce que ses mandataires – les managers – gèrent l'entreprise de la façon la plus efficiente possible, car toute décision qui a l'effet inverse se traduit par un dividende plus faible sans qu'il en partage les gains psychologiques. (Que les fauteuils du siège soient plus moelleux, les secrétaires plus jolies, etc., ne lui importe guère, et s'il peut être sensible aux prouesses techniques de l'entreprise dont il détient des actions, cette satisfaction est nulle comparée à la notoriété personnelle qu'en tirent directement les ingénieurs et les directeurs.) En bonne logique, les actionnaires devraient donc s'opposer à tout ce qui tend à écarter la gestion de la voie de l'efficience maximale.

Encore faut-il être informé et à temps. Or, pour l'actionnaire, contrôler l'action des managers n'est pas gratuit; il faut assister aux assemblées générales, examiner les comptes, questionner le personnel, au besoin mener sa propre enquête. Pour sanctionner une gestion qui déplaît, il faut convaincre les autres actionnaires, les rallier à son point de vue, obtenir leur vote, etc. Faire bien son métier d'actionnaire implique des « coûts de transaction » importants.

En contrepartie quel est le gain? Pour l'ensemble des actionnaires, il est égal au supplément global de profits que peut rapporter un resserrement des contrôles. Mais pour l'actionnaire individuel, il n'en représente qu'une fraction; d'autant plus faible que le nombre d'actionnaires est élevé, alors même qu'assurer un contrôle efficace de l'activité des gestionnaires est individuellement d'autant plus coûteux que les actionnaires sont plus nombreux. Conséquence : les actionnaires sont rationnellement conduits à n'exercer qu'un contrôle lointain qui laisse aux managers une grande liberté, notamment pour orienter leur gestion vers des objectifs différents de ceux qui refléteraient plus strictement les intérêts des propriétaires du profit. Certes, l'action confère à son propriétaire un droit de vote en assemblée générale, mais rares sont les actionnaires qui exercent réellement cette prérogative. Ces assemblées sont le plus souvent des parodies de démocratie dont, en réalité, les dirigeants de la société contrôlent entièrement le déroulement, notamment par la technique des pouvoirs en blanc. Il suffit qu'on garantisse aux actionnaires un minimum de dividendes réguliers pour qu'ils se tiennent tranquilles et que les managers aient le véritable contrôle des grandes sociétés anonymes.

La présence de principe d'un contrôle des actionnaires ne modifie donc pas la conclusion que le divorce entre propriété et gestion affaiblit les contraintes que la première exerce sur la seconde. Cet affaiblissement est d'autant plus important que l'actionnariat est plus dispersé. Il débouche sur une sorte de « détournement du profit » au détriment des actionnaires, et au bénéfice de ceux qui en consomment les dividendes matériels; détournement dont on peut démontrer qu'il a pour corollaire d'atténuer le système interne de motivations à la recherche des coûts de production les plus bas.

Faut-il pour autant en conclure que les développements industriels intervenus depuis le début du siècle détruisent l'idée selon laquelle le respect de la propriété privée serait nécessairement, en toutes circonstances, un gage de plus grande efficacité économique? Ou encore que la forme traditionnelle de la société anonyme, héritée du XIXe siècle, serait devenue une coquille juridique inadaptée aux conditions de l'environnement moderne?

La réponse est *non.* Aux deux questions.

Henry Manne et la discipline du « marché des votes »

Le premier à s'être historiquement attelé à la tâche de réfuter la thèse de Galbraith et de ses disciples est le professeur Henry Manne, aujourd'hui directeur du Center for Law and Economics de Emory University, à Atlanta.

Henry Manne est connu aux États-Unis comme le fondateur et l'animateur de séminaires destinés à la formation économique des professions judiciaires (en particulier les magistrats ayant à appliquer la législation anti-trust). Son opposition aux réglementations boursières introduites depuis quarante ans lui a aussi valu une certaine notoriété. Peu connu en France, même des spécialistes, il est l'auteur d'un article : « *Mergers and the Market for Corporate Control* », paru en 1965, où il présente une problématique d'analyse appliquée aux rouages internes de la décision dans l'entreprise qui, à bien des égards, anticipe sur les développements ultérieurs que connaîtra ce qu'on appelle la théorie économique du marché politique [4].

L'analyse du professeur Manne part d'une constatation inattendue. Lorsque les dirigeants d'une société cotée en bourse gèrent mal leur affaire, que celle-ci fait trop de pertes, ou pas assez de bénéfices, la valeur du titre baisse. Tous les économistes sont aujourd'hui d'accord pour reconnaître que la bourse est un *marché efficient*; c'est-à-dire un marché où sont capitalisées presque instantanément les moindres informations sur l'évolution future des bénéfices ou des pertes des entreprises. Cependant, fait remarquer Manne, lorsqu'on regarde les choses d'un peu plus près, on constate que la baisse du titre est généralement plus faible que ne le justifierait la chute des résultats financiers. Ce paradoxe, fait-il observer, s'explique aisément si l'on tient compte qu'une action est un titre de propriété qui comporte en fait deux volets : d'une part, un droit de partage sur les profits de l'entreprise (le « droit au dividende »); d'autre part, un « droit de vote », celui de voter pour la reconduction de l'équipe dirigeante en place, ou pour son remplacement.

Le volet « dividende » a une valeur en soi. C'est la valeur capitalisée des dividendes que l'actionnaire s'attend à percevoir dans le futur. Mais le droit de vote a lui aussi une valeur si elle est nulle pour la plupart des épargnants qui se préoccupent fort peu d'exercer les prérogatives qui en découlent, il y a des gens pour qui elle est loin d'être négligeable. Ce sont ceux qui se disent qu'en prenant la place des dirigeants actuels, ou en les remplaçant par d'autres, il sera possible de rétablir la situation et ainsi d'enregistrer demain de forts gains de plus-value.

Ces personnes, qui peuvent faire partie de l'entreprise elle-même (par exemple certains directeurs en désaccord avec la politique poursuivie par leur P.-D.G.), ou lui être extérieures (une entreprise concurrente, un conglomérat qui cherche à diversifier ses activités, des équipes spécialisées dans la reprise d'entreprises en difficulté et qui font métier de les remettre d'aplomb), ne peuvent arriver à leurs fins que si elles réussissent à réunir une nouvelle majorité à l'assemblée générale. Pour cela, elles sont prêtes à racheter vos actions à un prix plus élevé que la valeur que vous, actionnaire minoritaire et passif, accordez aux dividendes futurs que vous vous attendez à recevoir, généralement sur la base des dividendes distribués dans le passé. Et elles sont prêtes à vous accorder ce « sur-prix » parce que, disposant d'informations que vous n'avez pas, elles attendent de cette dépense qu'elle leur rapporte demain des bénéfices beaucoup plus substantiels. Autrement dit, en vous proposant de racheter vos actions à un cours plus élevé, ce qu'elles achètent n'est pas autre chose que votre droit de vote et, à travers lui, le supplément de profits et de dividendes, ou encore la plus-value en capital qu'elles attendent de la mise en place d'une nouvelle équipe dirigeante permise par le changement de majorité. C'est donc la différence entre ce que la nouvelle équipe attend comme résultats si elle réussit à prendre le pouvoir, et ce que vous, actionnaire sans pouvoir sur la gestion actuelle, considérez être la valeur de votre dividende, qui constitue la « valeur » de ce droit de vote.

Imaginons maintenant une entreprise dont les résultats ne sont pas bons. Il s'agit ou bien d'une firme dont les difficultés s'expliquent par les conditions particulières de son marché (industrie en déclin, récession sectorielle...), ou bien, tout simplement, d'une entreprise mal gérée. Dans le premier cas, on peut considérer qu'aucune autre équipe de direction ne pourrait faire mieux. Conséquence : la valeur attachée au droit de vote est nulle. Dans le second cas, les choses sont différentes. Le droit de vote attaché à la détention d'un titre de propriété acquiert une valeur positive pour ceux qui savent que les mauvais résultats sont d'abord et avant tout le produit d'un mauvais management. Les deux attributs de l'action évoluent alors en sens inverse : plus l'entreprise s'enfonce dans les difficultés, plus la valeur financière du titre décline, cependant que la valeur du droit de vote augmente en proportion des plus-values susceptibles d'être réalisées par un management plus efficace. Cet écart croissant entre les deux valeurs explique pourquoi, dans un tel cas de figure, le cours de bourse chute moins que ne le justifierait la baisse des résultats financiers. Il devient donc de plus en plus intéressant pour les détenteurs actuels de titres, ou du moins pour un nombre croissant d'entre eux, de céder leurs parts à ceux qui, contre toute logique apparente, s'en portent acheteurs en déclenchant par exemple des procédures d'O.P.A. (offre publique d'achat), d'O.P.E. (offre publique d'échange) ou de *Proxy Fight*. Un mécanisme automatique de correction se déclenche donc dès lors que la mauvaise gestion d'une entreprise dépasse un seuil critique [5].

Ce mécanisme, remarque le professeur Manne, implique qu'il n'est absolument pas indispensable que les détenteurs de titres se préoccupent activement de surveiller directement la gestion de leurs dirigeants. Le marché, avec tous ses intermédiaires et spécialistes, exerce cette fonction pour eux et d'une façon bien plus efficace qu'eux-mêmes ne pourraient le faire. Ou bien le management en place prend conscience de la menace qui pèse sur son avenir professionnel et il adopte les mesures de redressement nécessaires (s'il en a les capacités); ou bien il est un jour où l'autre contraint de passer la main (ce qui risque notamment d'avoir des répercussions fâcheuses sur sa carrière future). Dans les deux cas, c'est le mécanisme anonyme du marché financier et du « marché des votes » qui, par la voie des décisions d'un très grand nombre de gens agissant en fonction de ce qu'ils considèrent être leur intérêt personnel, garantit que les ressources de l'entreprise seront bel et bien gérées par ceux qui sont susceptibles d'en faire l'usage le plus efficient – et le plus rentable pour les actionnaires.

Conclusion : dans une économie où l'actionnariat est une institution très répandue (comme l'économie américaine), où le marché financier est organisé de façon à offrir aux propriétaires d'actions les moyens de gérer leur portefeuille avec le maximum d'efficacité (présence d'une multiplicité d'organismes de conseil spécialisé), et où, également, d'énormes paquets d'actions sont concentrés dans les mains de gigantesques institutions financières dont l'unique critère de comportement, pour des raisons impératives, est le rendement (organismes d'assurances, fonds de retraite, etc.), la liberté dont l'actionnaire dispose pour vendre ses titres impose en réalité de sérieuses limites au pouvoir de décision discrétionnaire dont sont soi-disant investis les managers des sociétés modernes.

« L'expérience, conclut Henry Manne, démontre que c'est encore le libre fonctionnement du marché financier et de la Bourse, ainsi que la concurrence que se livrent les managers pour le contrôle des entreprises (*The Market for Corporate Control*) qui est le meilleur gage d'un contrôle démocratique des grandes entreprises. Ce que ne voient pas les adversaires de notre société industrielle occidentale c'est que c'est précisément le marché qui fait tout ce que la démocratie est censée faire. »

Certains objecteront que le processus décrit par le professeur Manne prend nécessairement beaucoup de temps. Il faut du temps pour découvrir qu'une firme est moins bien gérée qu'elle pourrait l'être, pour monter une opération de rachat en bourse ou de prise de contrôle. Et pendant ce temps, des ressources sont gaspillées ; les actionnaires sont les premières victimes d'une situation dont on pourrait peut-être faire l'économie s'ils étaient plus étroitement associés aux décisions prises en leur nom par les dirigeants nominaux de la firme, ou du moins s'ils en étaient plus régulièrement informés. D'où l'idée qu'il ne serait peut-être pas inutile d'envisager des mesures législatives ou réglementaires contraignant les entreprises à associer plus étroitement les actionnaires, ou leurs représentants, à la gestion. On ne peut pas s'en remettre exclusivement au fonctionnement spontané et anonyme du marché boursier...

Il est vrai, répond Henry Manne, que de tels processus prennent du temps et entraînent des coûts de transaction. Mais, fait-il remarquer, le vrai problème est seulement de savoir si, par d'autre moyens comme la réglementation, il est réellement possible de faire mieux. Or, ajoute-t-il, l'expérience montre clairement que non.

S'agissant de l'idée que l'intérêt des actionnaires serait mieux pris en compte si on modifiait le régime traditionnel de la société anonyme de façon à réduire, par des artifices institutionnels, le pouvoir apparemment discrétionnaire des dirigeants, il n'est que de rappeler ce qui s'est passé il y a quelques années aux États-Unis. On a voulu y limiter le pouvoir de contrôle des managers exécutifs sur les activités du conseil d'administration en imposant la présence obligatoire d'un certain nombre d'administrateurs extérieurs (William's Act). Résultat : dès le lendemain on a enregistré une baisse générale des titres des sociétés concernées par la réforme. Cette baisse, demande Henry Manne, n'est-elle pas la preuve que les actionnaires n'attendaient pas d'effets heureux, de cette réforme conçue soi-disant dans leur intérêt ?

Dans les années 30, à la suite des mésaventures enregistrées en 1929, l'une des grandes préoccupations était déjà de « protéger » les petits investisseurs et de « moraliser » le marché. L'idée défendue par les réformateurs de l'époque était que, pour bien exercer leurs prérogatives, il fallait que les actionnaires aient plus aisément accès aux principales données économiques et financières de leur entreprise. D'où l'obligation légale, introduite à l'époque, pour les entreprises cotées en bourse, de publier un certain nombre d'informations et de documents comptables, sous le contrôle d'une nouvelle institution créée pour la circonstance : la Stock Exchange Commission. Cela ne paraît pas bien méchant et plutôt justifié. Mieux vaut, à priori, que les actionnaires soient plutôt plus informés que moins ; en réduisant leurs « coûts d'information », cette réforme devait améliorer le fonctionnement du marché, renforcer le contrôle des actionnaires sur les dirigeants et donc, en principe, conduire à une amélioration de leur sort.

Il y a quelques années, des professeurs américains, élèves d'Henry Manne, ont eu la curiosité d'aller voir en quoi, concrètement, l'introduction de cette réglementation avait changé le fonctionnement du marché et amélioré le sort des actionnaires. Ce qu'ils ont découvert est peu conforme aux idées communément admises.

Au vu des documents de l'époque, il apparaît par exemple que l'introduction de cette obligation légale n'a pas changé grand-chose au nombre de scandales financiers ou d'opérations frauduleuses recensés chaque année. Il n'y en a pas eu moins après le vote de la loi. Même aujourd'hui, la proportion d'opérations douteuses n'est pas moins élevée que dans les années 1920.

On a également découvert que, dès les années 1920, plus de la moitié des sociétés cotées à la bourse de New York rendaient déjà publics la plupart des documents et renseignements désormais exigés d'elles, sans que l'on puisse noter une différence significative entre le rendement boursier des titres des sociétés qui publiaient déjà ces informations et celui des sociétés qui jusque-là jugeaient inutile de le faire. Si publier ou ne pas publier de tels renseignements faisait vraiment une différence, normalement l'introduction de la nouvelle législation aurait dû se traduire par une amélioration plus forte du rendement des titres boursiers des sociétés qui ne respectaient pas encore ces obligations. Or ce n'est pas du tout ce qui s'est passé. Ce qui tend à confirmer l'hypothèse que – obligation de publier ou pas – le marché boursier américain était déjà fort efficient, dès avant 1933; et que l'obligation légale de publication ne concernait en réalité que des informations que le marché avait déjà intégrées dans ses anticipations et qui n'avaient donc déjà plus aucune valeur opérationnelle.

Il est vrai que ce n'est pas parce qu'une réglementation n'apporte pas tous les avantages qu'on en attendait qu'elle est nécessairement mauvaise. Encore une fois, dira-t-on, mieux vaut que les actionnaires soient plutôt plus et mieux informés que moins. Mais on doit aussi tenir compte du coût de production de cette information. Si la réforme n'a rien changé pour les grandes entreprises les mieux connues qui pratiquaient déjà la politique d'information la plus ouverte – et c'est précisément parce qu'elles étaient les mieux connues que le marché exerçait déjà la surveillance la plus attentive – il n'en a pas été de même pour les entreprises de moindre taille, plus jeunes et moins bien connues. Celles-ci ont dû supporter un accroissement de leurs charges, sans qu'en contrepartie l'information véhiculée par le marché s'améliore réellement.

La présence même d'une catégorie de sociétés fournissant moins d'informations que d'autres faisait qu'à côté des grandes firmes d'agents de change ayant pignon sur rue à Wall Street, fleurissait tout un marché secondaire de petites entreprises spécialisées dans le marketing de titres à risques élevés. L'obligation faite à toutes les sociétés de publier les mêmes informations et documents, puis toutes les réglementations ultérieures qui ont renforcé les contrôles et les garanties exigés lors d'émissions nouvelles de titres et d'augmentations de capital, toutes ces mesures ont non seulement entraîné un renchérissement considérable des coûts d'accès au marché des capitaux, mais également la fermeture de ces officines spécialisées. Quand donc on y regarde de plus près, on constate que les vrais gagnants n'ont pas été les actionnaires, ni les investisseurs, privés de l'accès à une plus grande diversité de risques, mais les grandes compagnies d'agents de change qui ont trouvé dans la nouvelle législation un moyen commode d'accroître leur position de monopole [6].

Ces réglementations ont pour point commun et *défaut majeur* d'ignorer que toutes ces sécurités qu'elles veulent ajouter au marché, tous ces « porte-parole » qu'elles voudraient donner aux actionnaires existent déjà : ce sont tout simplement ces milliers d'agents spécialisés qui « font » le marché et dont l'activité quotidienne permet de sanctionner le management dès que sa gestion se révèle paresseuse ou défaillante. Évidemment, ce contrôle par les forces du marché est anonyme, ce qui ne le rend pas pour autant moins démocratique ni moins efficace. Bien au contraire. Au lieu de se focaliser sur l'information interne et externe produite directement par l'entreprise à l'intention de ses actionnaires ou des investisseurs – une conséquence de l'attitude qui consiste à assimiler abusivement la société anonyme à une organisation « politique » –, on ferait mieux de s'intéresser à toutes les réglementations et contraintes institutionnelles qui ont pour effet d'altérer le flux d'informations produit par le marché.

Autre objection : monter des O.P.A. ou des O.P.E. et les réussir est souvent d'un coût si élevé qu'il ne peut s'agir que d'opérations exceptionnelles; ce qui enlève une bonne part de son efficacité au mécanisme décrit.

C'est vrai. On ne fait pas une O.P.A. tous les jours. Dans bien des pays – comme la France, par exemple – ce sont des « coups » rarissimes. Mais là encore : à qui la faute? La vérité est que c'est bien souvent l'État lui-même qui, par le jeu de ses réglementations financières, boursières, mais aussi fiscales, contribue à rendre ces opérations extrêmement coûteuses et dissuasives alors que, dans d'autres conditions, les candidats ne manqueraient pas pour reprendre le contrôle d'entreprises mal gérées [7]. Même aux États-Unis, un nombre important de sociétés perdurent pendant de très longues périodes en opérant à des taux de profit et de rentabilité bien au-dessous de la « normale »; mais cela n'implique pas pour autant que le processus décrit par le professeur Manne et ses disciples relève d'un raisonnement théorique et utopique, sans grande utilité dans la réalité économique quotidienne.

Ainsi que l'ont montré les professeurs Grossman et Hart, le fonctionnement des O.P.A. pose un problème classique de « passager clandestin » : le petit actionnaire informé d'une O.P.A. et qui estime qu'elle va réussir n'a aucun intérêt à répondre à l'appel qui lui est fait; il a au contraire tout intérêt à garder ses actions afin de tirer lui aussi profit des gains qui résulteront de l'amélioration de la gestion produite par l'arrivée d'une nouvelle équipe plus performante. Autrement dit, si chaque actionnaire raisonne de la sorte, toutes les O.P.A. devraient se traduire par des échecs.

Comment peut-on tourner la difficulté? C'est simple. Il suffit d'introduire dès le départ, dans le statut des sociétés, des clauses dites de « dilution » dont l'objet est de permettre d'exclure les actionnaires minoritaires qui n'ont pas répondu favorablement à une O.P.A. d'une partie des bénéfices qu'entraînera l'amélioration des performances de la firme une fois l'opération réussie; l'essentiel de ces bénéfices étant ainsi réservé à ceux qui ont monté l'opération, ou qui ont été les premiers à répondre favorablement à l'offre publique d'achat. C'est ce que font régulièrement les entreprises américaines (elles sont plus libres que les sociétés françaises dans la rédaction de leurs statuts) [8].

Malheureusement, au nom même de la protection des petits épargnants (et du principe d'égalité de traitement de tous les actionnaires), ces « clauses de dilution » sont généralement considérées avec beaucoup de méfiance par les pouvoirs publics qui sont tentés d'en réglementer l'usage voire – comme c'est le cas en France – de les interdire purement et simplement. Et le résultat est finalement exactement l'inverse de celui qu'on prétend rechercher : en rendant les procédures de prise de contrôle extrêmement coûteuses, on empêche le marché boursier de jouer le rôle de police qui devrait être le sien. Certains actionnaires se trouvent effectivement mieux protégés, mais tout le monde y perd puisque des équipes de gestion peu efficaces se trouvent ainsi artificiellement mises à l'abri de la concurrence. On tire alors prétexte de cette situation pour dénoncer l'inefficacité du capitalisme et réclamer une plus grande intervention économique de la puissance publique – lorsqu'on ne va pas jusqu'à demander la nationalisation pure et simple au nom de l'impéritie des équipes privées qu'on a ainsi aidées à se maintenir...

Lorsque John K. Galbraith dénonce « le nouvel État industriel », il confond la cause avec l'effet. Ce n'est pas au capitalisme industriel moderne des grandes entreprises qu'il faut s'en prendre, mais à tout ce qui, sur le plan législatif, réglementaire, ou fiscal, empêche le capitalisme de faire lui-même sa propre police.

Armen Alchian : pourquoi la séparation entre « gestion » et « management » est un faux problème

Professeur à Los Angeles, patrie par excellence de la théorie moderne de la firme et de ses applications aux relations industrielles et commerciales, Armen Alchian, aujourd'hui proche de la retraite, est présenté par ses collègues comme le véritable inspirateur de la plupart des développements intervenus depuis vingt ans dans le domaine de la théorie des droits de propriété. Auteur, avec le professeur George Allen, d'un manuel universitaire qui est certainement l'un des meilleurs publiés depuis longtemps [9], c'est lui le premier qui a su le mieux définir les grandes lignes du paradigme et de son programme de travail, en posant les « bonnes » questions. Timide, effacé, voyageant peu, ne s'intéressant guère à la macro-économie (ce qui le rend peu public), d'une rigueur de raisonnement et d'une clarté peu communes, ne publiant que rarement, il est certainement l'un des économistes américains les plus méconnus de sa génération.

Dans deux articles publiés successivement en 1965 et en 1969 (dans un ouvrage collectif édité par Henry Manne), il est le premier à avoir clairement expliqué pourquoi tous les discours sur la firme managériale ne font que traduire une incapacité fondamentale de la plupart des auteurs modernes à comprendre la nature profonde de la propriété industrielle. Le mieux est encore de le laisser parler directement [10].

Il est vrai, reconnaît Alchian, que la dispersion des titres de propriété implique des « coûts de transaction » plus élevés pour les actionnaires. Il n'est pas aisé pour un simple actionnaire de rassembler toutes les informations qui lui seraient nécessaires pour superviser efficacement le comportement des dirigeants. Qui plus est, à quoi bon ? N'étant qu'un actionnaire parmi des milliers, voire des dizaines de milliers, même si je fais l'effort de m'informer, même si je réussis à forcer les portes qui s'opposent à ma curiosité, même si je prends la peine de participer aux assemblées générales et d'y poser des questions indiscrètes, qu'est-ce que cela me rapportera ? L'enjeu est à la dimension de ma participation au capital de la société : infime. Et même si je réussis à faire économiser de l'argent à l'entreprise, je ne serai pas le seul à en tirer profit. Les gains seront automatiquement divisés entre les milliers d'autres actionnaires qui, eux, n'auront pas bougé le petit doigt. Néanmoins, remarque Alchian, ce n'est pas une raison pour en déduire qu'il en coûte quoi que ce soit aux actionnaires. Car si vraiment cela leur coûtait quelque chose, on ne voit pas pourquoi ces gens, qui ont librement choisi de s'associer à l'entreprise en achetant leurs actions, auraient ainsi « voté » en faveur d'un investissement qui leur rapporterait moins que ce qu'ils pourraient obtenir ailleurs.

L'attribut essentiel de la propriété est le pouvoir de décider à quel usage sera affectée une ressource particulière. Par exemple, si je possède un terrain, je peux choisir d'y construire une maison que j'habiterai moi-même. Quelqu'un d'autre, disposant du même bien, peut préférer y construire une maison qu'il louera. Quel que soit le choix final, le propriétaire conserve toujours le droit de revendre son bien et d'utiliser le capital ainsi dégagé à d'autres usages. Mais l'aspect essentiel de la propriété privée est que, quel que soit l'usage sélectionné, il existe une relation étroite entre celui-ci et l'effet qu'il entraîne sur la valeur de mon patrimoine personnel. Et l'une des composantes de cette relation est constituée par ma liberté de déléguer à qui je désire tout ou partie de mon pouvoir de décision sur cet usage selon tout type d'arrangement contractuel compatible avec le souci que j'ai de tirer de mon bien la satisfaction personnelle la plus grande possible.

Ce qui se passe dans le monde de la propriété industrielle, explique Armen Alchian, n'est pas de nature différente. La dispersion de la propriété reflète simplement le choix des propriétaires « légaux » de déléguer une plus ou moins grande part de l'autorité sur l'allocation des ressources qui leur revient du fait de leur titre de propriété. Il est vrai que cette forme de propriété, parce qu'elle est partagée entre un grand nombre de mains ayant des droits identiques, fait qu'une fois cette autorité déléguée, il vous est beaucoup plus difficile de la retirer. Mais cette forme de propriété « atténuée » n'est qu'une forme particulière d'arrangement contractuel parmi tout un éventail d'autres possibilités qu'offre le régime de la propriété privée.

Reste évidemment à se demander pourquoi, s'il est plus difficile de revenir sur cette délégation – et donc d'en contrôler l'usage –, tant d'actionnaires acceptent d'entrer dans ce type d'arrangement contractuel de préférence à d'autres où le retrait de la délégation est plus aisé. Rares seraient ceux qui accepteraient de se lier de cette façon s'il n'y avait pas de compensations. Lesquelles?

Essentiellement deux : d'une part, remarque Armen Alchian, cette forme d'arrangement institutionnel offre aux détenteurs de capitaux une possibilité d'accroître la dispersion de leurs risques en répartissant leurs œufs dans un grand nombre de paniers différents; d'où une plus grande sécurité et une meilleure possibilité d'optimiser le rendement des parts d'industrie qu'ils possèdent. D'autre part, cette atomisation de l'actionnariat permet à l'industrie et à ceux qui y jouent le rôle moteur – les « entrepreneurs » – de rassembler des masses de capitaux financiers dans des conditions de coûts, d'efficacité et de sécurité plus grandes que s'ils étaient contraints de s'associer à un petit nombre d'actionnaires disposant chacun d'une part importante du capital.

Depuis que le processus du développement industriel s'est engagé, ceux qui cherchent le soutien de capitaux extérieurs et ceux qui souhaitent placer leurs avoirs dans l'industrie ont toujours eu le choix entre des formes d'association impliquant des structures de capital plus ou moins dispersées, ou plus ou moins concentrées. Le mouvement de dispersion du capital n'a pas attendu la reconnaissance du statut de la société anonyme pour s'amorcer. Et ce mouvement n'a cessé de s'amplifier depuis. Ce qui, en soi, suffit à prouver que les bénéfices qu'en tirent les actionnaires doivent être supérieurs aux coûts qu'entraîne pour eux la plus grande liberté d'action dont jouissent les managers dans ce type de contrat.

L'action, dans une grande entreprise à actionnariat dispersé, n'est ainsi, aux yeux d'Alchian, qu'un produit financier particulier, dans un continuum de formules extrêmement variées d'associations à la vie industrielle. C'est donc une erreur de considérer que la dispersion de l'actionnariat, phénomène caractéristique des structures contemporaines de la grande industrie, poserait un problème particulier exigeant un traitement spécial.

Dans son article de 1969, Armen Alchian a développé son analyse pour dénoncer les erreurs qui, explique-t-il, se sont glissées dans l'analyse économique traditionnelle et sont responsables de notre myopie à l'égard des phénomènes industriels contemporains.

« En voulant faire apparaître une " déviation " dans le comportement des managers, on a commis un certain nombre d'erreurs conceptuelles et analytiques, écrit-il. On écrit souvent que le profit revient à ceux qui endossent les risques et prennent les décisions d'innovation. Nombreux sont les économistes qui définissent le profit d'abord et avant tout comme la sanction ou la récompense de l'activité innovatrice. Mais c'est une chose tout à fait différente d'affirmer que c'est aux managers, qui prennent les décisions, qu'il doit nécessairement revenir. Cela dépend des caractéristiques particulières du contrat d'association qui les lie à l'entreprise et y détermine la structure des droits de propriété.

« Dans son acception économique la plus rigoureuse, le concept de " profit ", poursuit Armen Alchian, se réfère à une variation non anticipée de la valeur marchande d'un bien. Quelle que soit la personne qui possède le titre légal de propriété de ce bien, c'est elle – le "propriétaire" – qui supporte les variations en plus ou en moins de la valeur de ce bien ; c'est-à-dire les profits ou les pertes. Sur le plan de l'analyse, cela n'apporte strictement rien de définir le profit comme la " récompense " qui sanctionne à la fois l'action innovatrice des propriétaires et celle des managers auxquels ils ont délégué leur autorité. Une telle approche, que l'on retrouve bien souvent dans la littérature traditionnelle, ne peut que conduire à des affirmations erronées. Croire que les managers salariés de l'entreprise, parce qu'ils bénéficient par délégation du droit de décider de l'usage de ressources appartenant à d'autres, devraient être les " propriétaires " des pertes ou des profits de leurs propres décisions, revient à perdre de vue les caractéristiques essentielles de la relation qui les lie à ceux pour le compte desquels ils travaillent.

« *Ni les profits, ni les pertes,* insiste A. Alchian, *n'appartiennent aux managers. Ils appartiennent aux propriétaires.* Du fait des responsabilités qu'ils exercent, les managers salariés n'acquièrent pas plus le droit à une part des profits de l'entreprise que l'architecte n'acquiert de droits sur la valeur de la résidence dont il a dessiné les plans. Lorsqu'une maison est refaite à neuf, le gain de valeur qui en résulte revient entièrement au propriétaire; il ne viendrait à personne l'idée de le contester. Il n'est partagé ni avec l'architecte, ni avec aucun des corps de métier qui ont participé à la rénovation. Néanmoins, cela ne signifie pas que les revenus de l'architecte n'en seront pas affectés d'une manière ou d'une autre, ni que le talent de l'architecte ne sera pas récompensé. Une belle réalisation accroîtra sa renommée professionnelle et lui attirera de nouveaux clients. Il pourra relever ses honoraires, etc.

« Il en va de même pour les managers. Les gains qui résultent de leur travail ne leur appartiennent pas. Pas plus que l'architecte, ils ne peuvent prétendre à un partage de ces gains – à moins qu'à l'origine, un contrat leur conférant une position de co-associés ne l'ait expressément prévu. Cela dit, le bon manager qui accroît la prospérité de l'entreprise, et dont les capacités commencent à être reconnues à l'extérieur, est un monsieur qui, sur le marché, va susciter des convoitises croissantes. Il sait qu'il peut aisément trouver ailleurs une autre place mieux rémunérée. Il est fondé à faire jouer la concurrence. Il menacera de démissionner si on ne lui accorde pas la possibilité de revaloriser sa rémunération. Mais qu'on la lui accorde ne signifie pas que les propriétaires lui ristournent ainsi une part quelconque de leur droit au profit. Cette augmentation ne fait que refléter la réévaluation de la valeur marchande de ses services, consécutive à ses succès de gestion et à la pression de la concurrence. Il n'y a pas redistribution de profits antérieurement accumulés. Il n'est donc nullement nécessaire que le contrat de recrutement prévoie une forme quelconque d'association aux profits pour que le manager soit à même de capitaliser la valeur de sa contribution aux résultats de l'entreprise, ni pour qu'il soit motivé pour remplir du mieux possible sa fonction. Le mécanisme du marché et de la libre concurrence y pourvoit automatiquement. »

Si ce mécanisme est mal perçu, poursuit Alchian, c'est parce que nous vivons avec l'idée que ce que reçoit quelqu'un doit correspondre à ce qu'il produit – ce qui est une proposition non seulement vide de sens, mais aussi manifestement erronée. Dans le cas du manager professionnel, celui-ci ne peut prétendre qu'à la rémunération prévue par son contrat de recrutement. C'est-à-dire, lorsque plusieurs entreprises entrent en concurrence pour s'attacher sa collaboration, au mieux une rémunération d'un montant en rapport avec ce que l'employeur le plus optimiste espère retirer de ses services. Si le manager salarié préfère une autre forme de rémunération, où ses revenus seraient liés à ses propres résultats, il a toujours la possibilité de négocier un autre type de relation contractuelle lui accordant une position de « co-propriétaire » des ressources dont la valeur sera affectée par ses propres décisions; un droit de propriété légitime lui sera ainsi reconnu sur une partie des gains de plus-value produits par sa gestion. Autrement dit, le fait que des managers professionnels bénéficiant d'une délégation d'autorité soient payés pour que la valeur marchande des ressources dont ils ont le contrôle augmente n'implique pas qu'ils ont un droit quelconque à recevoir une part de ces gains de valeur. Et cela même si les succès qu'ils rencontrent dans leur gestion et leur capacité à démontrer qu'ils sont capables de produire plus de profit, leur permettent de renégocier favorablement les termes de leur contrat de travail.

Cette croyance que les profits doivent être partagés entre les propriétaires légitimes de l'entreprise et ceux qui ont la responsabilité effective de sa gestion résulte de l'incapacité fort répandue à reconnaître la façon dont les forces du marché conduisent automatiquement à capitaliser tout changement affectant la valeur anticipée d'une ressource – qu'elle soit humaine ou autre. Si, effectivement, les managers étaient rétribués sur les profits antérieurement accumulés, alors nous aurions raison de nous inquiéter. Mais ce n'est pas ainsi que fonctionne le marché. Dans une économie de marché, tout changement de valeur prévisible se répercute instantanément sur la valeur marchande présente des biens et des ressources – et ce principe bien connu s'applique autant au « marché

des dirigeants » qu'à tout autre. Qu'un manager professionnel fasse preuve de capacités de gestion exceptionnelles, ce fait ne restera pas ignoré des autres agents
économiques qui en anticiperont les conséquences sur la
demande de ses services et leur rémunération. La grande
erreur des théories contemporaines est d'oublier ce fait
essentiel. En réalité, que nous vivions dans un monde
dominé par de grandes entreprises, avec un actionnariat
de plus en plus dispersé, n'altère en rien la façon dont
opère la logique de l'économie de marché et de libre
concurrence.

Partant de là, Armen Alchian tire trois séries de
conclusions :

– Il n'est pas vrai que leur position permet aux
dirigeants des grandes entreprises de bénéficier de « profits indus » prélevés sur ce qui devrait normalement
revenir aux actionnaires.

– Ce qui caractérise la grande entreprise à actionnariat
dispersé par rapport aux autres firmes, ce n'est pas le
niveau des rémunérations accordées aux managers, mais
leur structure interne : la grande entreprise à actionnariat
dispersé apporte simplement aux dirigeants une plus
grande liberté de choix dans la façon dont ils entendent se
faire rémunérer [11].

– Au total, cette forme d'entreprise n'implique pas que
les actionnaires sont moins riches, ni que les managers et
les employés sont mieux payés qu'ils ne le seraient, à
contribution productive égale, dans des entreprises à
actionnariat moins dispersé.

Il est vrai, reconnaît Alchian, que la plus grande liberté
de choix dont les managers disposent pour choisir les
formes de leur rémunération effective (avec plus ou moins
d'avantages non pécuniaires, par exemple) n'est pas
économiquement neutre. Certaines formes de rémunération sont en effet plus coûteuses que d'autres dans la
mesure où elles affectent les procédures d'optimisation de
l'usage des ressources. Il en résulte que, même à rémunérations individuelles globales égales, la grande entreprise doit faire face à des « coûts de gestion » plus élevés
qu'une firme à actionnariat plus concentré. L'exercice de
la fonction de « contrôle » lui coûte économiquement plus
cher. Cependant, le fait que ces entreprises obtiennent au

moins les mêmes résultats financiers que les autres, lorsqu'ils ne sont pas nettement supérieurs, signifie simplement que ce coût de gestion plus élevé est compensé – et même au-delà – par des gains de gestion propres à ce type d'organisation. Ce qui signifie également que, même si les coûts salariaux y sont généralement plus élevés (ce qui est statistiquement confirmé), cela n'implique pas pour autant que les actionnaires sont moins riches qu'ils ne le seraient dans une entreprise à actionnariat plus exclusif, ni que les consommateurs paient leurs produits plus cher que s'ils leur étaient fournis par une entreprise plus étroitement contrôlée par ses actionnaires.

Si c'est bel et bien dans les très grandes entreprises que les revenus des managers sont les plus élevés, c'est tout simplement, suggère Armen Alchian, parce que c'est à leurs services que le marché accorde la plus grande valeur – laquelle résulte de leurs capacités professionnelles, telles qu'elles sont évaluées sur le « marché des dirigeants », mais aussi des gains économiques qu'apporte ce type même d'organisation industrielle. Même si les dirigeants et les employés de ces firmes sont généralement mieux payés, il ne s'ensuit pas nécessairement que les actionnaires soient, eux, moins riches dans la mesure où l'expérience démontre qu'il n'existe pas d'autre forme connue d'organisation permettant aux actionnaires d'entreprises de cette dimension de l'être plus.

Ceux qui reprochent aux entreprises managériales de favoriser des phénomènes indus de « détournement du profit » s'attaquent en réalité à un faux problème. Dans une société caractérisée par la liberté des contrats et donc la libre concurrence, il s'agit d'un problème que les mécanismes du marché règlent d'eux-mêmes sous la seule pression des intérêts individuels.

Michael Jensen et William Meckling : l'entreprise et la théorie économique des « coûts de mandat » (Agency Costs)

Le premier essai d'élaboration d'une théorie scientifique de la firme, permettant notamment de dégager des hypothèses empiriquement testables, a été entrepris au

début des années 1970 par Armen Alchian, en collaboration avec son collègue de Los Angeles, le professeur
Harold Demsetz. Le résultat de leurs travaux a été publié
en 1972 dans l'*American Economic Review,* sous le titre
« *Production, Information Costs and Economic organization* », article dont nous avons vu, au chapitre précédent,
qu'il lie l'émergence de la firme aux problèmes d'évaluation, de contrôle et de surveillance qui se posent dès lors
qu'apparaissent des formes collectives d'organisation de
la division du travail (le « travail d'équipe »).

Cet article permet d'expliquer l'origine et la nature de
ce qu'on appelle la « firme classique » où propriété et
gestion sont confondues. Mais, ainsi que de nombreux
auteurs l'ont ensuite fait remarquer, il ne permet pas
d'expliquer les formes plus complexes d'entreprises qui
constituent pourtant l'essentiel de l'univers industriel
contemporain. Si les facteurs évoqués par Alchian et
Demsetz étaient vraiment les seuls qui importent pour
expliquer cet artifice légal qu'est la firme, nous ne serions
jamais sortis de l'univers décrit par Adam Smith aux
débuts de la révolution industrielle. Si notre monde
industriel est très différent, c'est que d'autres facteurs
interviennent dont il faut tenir compte dans toute tenta-
tive de théorisation de l'entreprise. Lesquels?

C'est de ce type d'interrogation qu'est sorti, en 1976,
l'article des professeurs Jensen et Meckling : « *Theory of
the Firm : Managerial Behavior, Agency Costs and
Ownership Structure* », premier effort de théorisation
d'un système aussi complexe que la firme moderne [12].

Ces deux auteurs – tous deux professeurs à l'université
de Rochester, dans l'État de New York – conçoivent
l'entreprise non pas comme un « être » social (comme
c'est actuellement la tendance dominante dans les théories juridiques et légales contemporaines [13]), mais comme
une coquille légale servant de réceptacle à un réseau
complexe de rapports contractuels entre un grand nombre
de personnes aux objectifs individuels les plus divers.

« Dans cette approche, expliquent-ils, ce qu'on appelle l'entreprise privée n'est qu'un cadre juridique particulier, une
fiction légale qui sert de lieu géométrique à un ensemble de liens
contractuels caractérisé notamment par la présence d'un droit

de créance résiduel sur le patrimoine et les flux futurs de revenus, qui peut être librement divisé et échangé sans qu'il soit besoin d'obtenir l'accord des autres partenaires de l'organisation. »

Une entreprise ne prend pas de décisions; elle n'ordonne pas, ne commande pas. Les décisions sont toujours prises par des personnes dont les comportements sont conditionnés par le système de motivations, de sanctions personnelles et de délégations, lui-même produit par l'ensemble des clauses contractuelles qui définissent de façon plus ou moins précise les devoirs et les responsabilités de chacun – c'est-à-dire la structure interne des « droits de propriété ». Le rôle des contrats est de définir dans quelles conditions on peut obtenir d'une personne qu'elle s'engage à réaliser certaines tâches ou certains services pour le compte d'une autre. Sachant qu'il n'y a pas de raison pour que les « agents » bénéficiant ainsi d'une délégation d'autorité se comportent nécessairement d'une façon compatible en toutes circonstances avec les objectifs ou les intérêts du « donneur d'ordre », toute organisation de ce type implique une perte d'efficacité qui donne naissance à ce que Jensen et Meckling appellent des « coûts de mandat » (ou « coûts d'agence », *Agency Costs*). Il est possible de réduire ces coûts en recourant à des procédures appropriées de contrôle, de motivation et de sanction. Mais il est impossible de les éliminer complètement dans la mesure où, par définition, même les méthodes de contrôle les plus sophistiquées ne peuvent jamais être efficaces à 100 %.

L'attitude traditionnelle des économistes et des autres spécialistes des sciences de l'organisation est de rechercher quels types d'organisation interne sont susceptibles de réduire au mieux cette sorte de coûts. L'approche de Jensen et de Meckling est différente. Se plaçant dans une optique analytique et non pas normative, ils essaient de montrer comment, appliqué à l'univers des relations entre dirigeants et actionnaires, le concept de « coûts de mandat » permet de mieux comprendre l'origine et la forme des liens contractuels qui, dans la réalité, conditionnent le fonctionnement des entreprises à forme sociétaire.

Le manager, les actionnaires et l'équilibre de la firme

Imaginons une entreprise dont le gérant est l'unique actionnaire. Son objectif principal est de maximiser ce que les économistes appellent son « utilité personnelle »; c'est-à-dire l'ensemble des satisfactions qu'il retire des avantages monétaires (dividendes) et non monétaires (les joies de la fonction, les aménités professionnelles dont on profite dans l'exercice de son métier, etc.) dont ses droits de propriété le rendent possesseur. Sa gestion dépendra du niveau relatif d'utilité qu'il retire à s'attribuer soit des dividendes, soit des avantages non pécuniaires plus ou moins importants. Elle ne sera pas la même s'il recherche avant tout un revenu monétaire le plus élevé possible, ou au contraire s'il accepte de disposer de moins de revenu mais avec, en contrepartie, des satisfactions « psychologiques » plus importantes. De son point de vue, la meilleure gestion est celle qui conduit à cet équilibre où l'utilité marginale obtenue à partir d'un franc de dépense supplémentaire consacré à la production d'aménités, est égale à l'utilité marginale qu'il tire de la disposition d'un franc de plus en pouvoir d'achat consommable.

Supposons maintenant qu'il ait besoin d'argent frais, et qu'à cette fin, il désire céder sous forme d'actions une certaine part du capital de son entreprise à des personnes extérieures, par exemple 5 %. Les nouveaux actionnaires étant très minoritaires, c'est lui qui conserve l'intégralité du pouvoir de décision. Mais sa situation, en fait, a changé. Puisqu'il n'a plus droit qu'à 95 % des dividendes qui seront distribués sur les résultats de l'entreprise, le nouveau point d'équilibre de sa gestion s'établit à partir de l'utilité marginale non plus de 1 franc, mais de 95 centimes de dividende supplémentaire. Le fait même de réduire sa part personnelle dans le capital a pour conséquence de diminuer le sacrifice monétaire que représente pour lui, en dividendes non perçus, toute dépense consacrée dans l'entreprise à des fins non productives. Ces dépenses lui « coûtant » moins cher, il en « consommera » plus; l'entreprise va perdre une partie de sa capacité à générer demain de nouveaux profits. Et cette perte sera d'autant plus grande que la part de capital cédée à des intérêts extérieurs est plus importante. Moyennant quoi, les nouveaux actionnaires se retrouveront avec des titres de propriété dont la valeur marchande a baissé. L'actionnaire d'origine, lui, n'est pas moins riche : ce qu'il a perdu en patrimoine, il le compense en aménités personnelles sur les lieux de son travail; il consomme plus, il investit moins. Mais ses co-associés, eux, qui ne vivent pas dans l'entreprise et dont le seul avantage qu'ils en tirent, est leur droit au dividende, sont effectivement moins riches.

Comment ces derniers peuvent-ils se protéger? La solution la plus simple consiste pour eux à anticiper les conséquences que la diffusion du capital aura sur la gestion, la rentabilité et donc la valeur future de l'entreprise; c'est-à-dire, par exemple, à n'offrir à celui qui désire céder ses actions que 95 %, ou 90 % du prix qu'il en demande.

Il est vrai qu'un simple actionnaire ou investisseur n'est jamais en mesure d'apprécier, par lui-même, le montant préalable de ces coûts. Mais le marché le fait pour lui, à partir de l'expérience accumulée par les multiples opérateurs spécialisés qui en sont les agents décentralisés. La dispersion du capital entraînera une décote boursière.

Cette décote peut être réduite par la mise en place de procédures de contrôle et de surveillance appropriées. Avant d'acheter, les nouveaux actionnaires peuvent exiger du vendeur qu'il s'engage à respecter certaines contraintes qu'ils lui demanderont d'inscrire dans les statuts : recours à des procédures régulières d'audit externe, nécessité de consulter les actionnaires minoritaires pour certaines décisions essentielles, etc. Mais, sachant que la mise en œuvre de ces procédures est elle-même coûteuse et soumise à la loi des rendements décroissants, l'intérêt des nouveaux co-actionnaires n'est pas de pousser trop loin leur effort de prévention et de contrôle. Moralité : il restera toujours une décote résiduelle mesurant la part de « coûts de mandat » que, par définition, on ne pourra jamais éliminer à partir du moment où plusieurs personnes se partagent des droits identiques sur les résultats d'une entreprise où le pouvoir de gestion reste concentré dans les mains d'un seul.

Plus croît la dispersion du capital, plus le gérant propriétaire de l'entreprise est en mesure de s'attribuer un volume élevé d'aménités personnelles à un coût unitaire décroissant. Ce processus ne peut cependant se poursuivre indéfiniment. En effet, plus il fait entrer de nouveaux partenaires dans le capital, plus la décote boursière s'accentue, ce qui entame la valeur de son propre capital d'actions. Cette sanction patrimoniale signifie qu'il existe un niveau « optimal » de dispersion de la propriété au-delà duquel la sagesse et son intérêt bien compris lui commanderont de ne pas aller. Mais elle entraîne aussi une autre conséquence, beaucoup plus inattendue : à savoir que le gérant-actionnaire est en fait le premier à avoir intérêt à proposer à ses nouveaux co-associés l'instauration contractuelle de procédures de contrôle et de surveillance limitant le pouvoir de gestion discrétionnaire dont il peut, en principe, bénéficier tant qu'il reste propriétaire de la moitié des actions plus une.

Imaginons en effet qu'il s'engage à respecter certaines procédures d'audit, ou encore qu'il accepte le principe que certaines décisions particulièrement importantes ne pourront être prises sans consultation ni accord préalable des actionnaires même minoritaires. Si le marché est bien organisé, le seul fait de savoir que les intérêts purement financiers seront davantage impliqués dans le processus de décision se trouvera immédiatement capitalisé dans un cours plus élevé des actions – à commencer par les siennes. Certes, cela lui coûte en satisfactions purement personnelles. Mais tant que ce « coût » n'est pas supérieur au gain financier qu'il peut en retirer, il est de son intérêt d'admettre, et même de proposer plus de « démocratie » dans les processus de décision, en dépit des pouvoirs en principe absolus que lui confèrent ses parts majoritaires.

Admettons que ces procédures de contrôle et de surveillance aient été mises en place; qu'elles soient intégrées dans les statuts de la société. Ayant perdu une certaine partie de son indépendance de décision, l'entrepreneur se voit contraint de mieux gérer son entreprise. Mais comme il est hors de question qu'il abandonne tous les avantages non monétaires auxquels sa position lui donne accès, cette gestion restera néanmoins moins efficace que si on pouvait le contraindre à y renoncer.

C'est, apparemment, l'intérêt des actionnaires minoritaires de chercher à lui imposer une telle contrainte, puisque la valeur de leur titre de propriété reste inférieure à ce qu'elle pourrait être. Il n'en ira pourtant pas ainsi. Pour deux raisons. D'abord, parce que, comme nous l'avons vu, ces procédures de contrôle impliquent des coûts de mise en œuvre qui font que les actionnaires eux-mêmes n'ont pas intérêt à rechercher une efficacité à 100 %. Ensuite, parce que, comme nous l'avons vu également, la meilleure protection contre ces « coûts de mandat » consiste encore à en capitaliser les moins-values dans le prix d'achat (prix d'émission inférieur au prix nominal). Les « coûts de mandat » étant ainsi, en réalité, reportés intégralement sur le manager-actionnaire principal, paradoxalement c'est encore lui qui est le mieux placé et le plus motivé pour proposer et instaurer des structures de contrôle destinées à les réduire.

Conséquence : comme sur un marché, par le seul jeu des intérêts à la fois conflictuels et coopératifs des uns et des autres, une solution émerge qui, certes, ne garantit pas qu'en toutes circonstances les ressources de la firme seront gérées de la manière la plus efficiente possible, sans aucun détournement au profit du seul manager, mais qui n'en est pas moins parfaitement « pareto-optimale * » du point de vue de tous les participants – y compris des actionnaires minoritaires dont la valeur des actions n'est peut-être pas aussi élevée qu'elle pourait l'être, mais à qui, en réalité, cela ne coûte rien.

Il est vrai, reconnaissent Jensen et Meckling, que l'équilibre de contrôle ainsi atteint est « sous-optimal » par rapport à un monde idéal de transparence où il n'en coûterait rien d'empêcher le manager de détourner à son profit la moindre parcelle des ressources de l'entreprise. Mais, ajoutent-ils, cette moindre efficacité n'est que la contrepartie inévitable de notre humaine condition : toute situation de délégation implique par définition l'existence de « coûts de mandat » positifs et irréductibles. On ne

---

* On dit qu'une situation est « pareto-optimale » lorsque plus aucune transaction entre les parties n'est susceptible d'augmenter le bien-être de l'un sans pour autant réduire le bien-être de l'autre.

peut pas parler de véritable détournement – puisqu'en réalité, personne n'est lésé – ni, non plus, de véritable gaspillage. Plutôt donc que de s'évertuer à dénoncer la perte d'efficacité économique qu'entraînerait la dispersion croissante de la propriété industrielle et de s'interroger sur les moyens idéaux de l'éliminer, mieux vaut rechercher pourquoi cette forme d'organisation s'est développée en dépit des coûts économiques qui l'accompagnent.

Pourquoi des actionnaires? Pourquoi un actionnariat dispersé?

Question : sachant que le partage de la propriété du capital entraîne *ipso facto* des coûts économiques liés à la nécessité d'introduire des procédures de délégation, comment se fait-il que cette forme de propriété industrielle soit aujourd'hui si répandue?

« Si l'on prend au pied de la lettre toute la littérature qui a été répandue sur le prétendu pouvoir " discrétionnaire " des managers des grandes entreprises, notent Jensen et Meckling, on a en effet du mal à s'expliquer que cette forme de contrôle des activités économiques ait conquis la place qui est devenue la sienne, tant aux États-Unis que dans le reste du monde. »

Pourquoi tant d'épargnants acceptent-ils de confier une fraction non négligeable de leurs avoirs personnels à des organisations dont les dirigeants, nous dit-on, se préoccupent bien peu des intérêts de leurs actionnaires? Qui plus est, pourquoi acceptent-ils de leur laisser le contrôle de l'utilisation de leur argent, sans autre garantie que l'espoir qu'ils dégageront suffisamment de profit pour payer leurs dividendes? Et cela, sachant qu'il existe bien d'autres modalités de placement possibles, bénéficiant d'ailleurs d'un traitement fiscal plus favorable. Si vraiment la position d'actionnaire passif présente autant d'inconvénients qu'on le dit, comment se fait-il que cette forme de placement financier n'ait pas disparu depuis longtemps?

L'explication le plus souvent avancée pour expliquer l'essor de l'actionnariat tient à la croissance des besoins industriels. La société anonyme, nous dit-on, est devenue le fondement de l'économie moderne tout simplement parce que l'aventure industrielle dépasse de plus en plus les seules capacités de fortunes individuelles. D'où la nécessité de recourir de plus en plus à des mises de fonds groupées. C'est vrai. Mais cela n'explique pas pourquoi le *pooling* des capitaux destinés à financer les activités industrielles s'est fait sous cette forme particulière où des millions de gens acceptent volontairement d'abandonner le contrôle de leur argent en échange d'un rôle passif de propriétaires prête-noms, plutôt que sous d'autres formes moins risquées d'associations capitalistes. Par exemple, pourquoi, pour satisfaire leurs besoins de financement, les entreprises ne se contentent-elles pas de faire appel à l'endettement bancaire ou obligataire? Solution qui paraîtrait d'autant plus logique qu'en agissant ainsi elles feraient l'économie des coûts de délégation qui apparaissent nécessairement dès lors que l'actionnariat est plus ou moins dispersé.

Un autre discours traditionnel consiste à insister sur les avantages de la « responsabilité limitée ». Il est vrai qu'en réduisant le risque personnel encouru par chacun des apporteurs de fonds (mais en déplaçant en réalité ce risque vers les créanciers ordinaires de l'entreprise que sont les fournisseurs, les banques, les prêteurs obligataires...), cette innovation institutionnelle a permis aux entreprises de mobiliser des masses de capitaux propres impossibles à réunir autrement. Mais là encore, font remarquer Jensen et Meckling, cet argument est insuffisant car, s'il explique pourquoi les particuliers sont prêts à orienter davantage de ressources vers le financement à risque de l'industrie, il n'explique pas pourquoi les entreprises, elles, seraient plus demandeuses de cette forme particulière de financement, ni surtout pourquoi, dans les grandes entreprises, ce recours au capital à risque se fait sous des formes d'appel à l'épargne publique de plus en plus atomisées. Sachant que le prêt obligataire n'est lui-même qu'une forme de créance à risque limité, on est en effet en droit de se demander pourquoi il n'y a pas plus de très grandes entreprises fonctionnant avec un capital social purement privé extrêmement réduit, en faisant massivement appel à des ressources financières empruntées. S'il n'en est pas ainsi, c'est que d'autres facteurs interviennent qu'il faut prendre en considération pour comprendre la genèse de la structure des droits de propriété financiers qui caractérise l'entreprise contemporaine.

Le premier facteur, observent Jensen et Meckling, est tout simplement que *s'endetter est un choix qui, lui aussi, implique des « coûts d'agence ».*

Imaginons une entreprise dont le capital social serait de 100 000 F, entièrement détenu par une seule personne, qui est en même temps gestionnaire de la firme. Supposons que cet entrepreneur ait dans ses cartons deux projets d'investissement d'une valeur de 10 millions de F, dont le rendement actuariel attendu est absolument identique, mais avec des probabilités dont le taux de variance est très différent. Le premier projet peut rapporter très gros, mais avec une probabilité très faible ; le second n'apporte l'espérance d'aucun « gros coup », mais ses résultats, même modestes, sont plus sûrs. Le choix de l'entrepreneur engage la vie même de l'entreprise et donc la sécurité des créances qui pèsent sur elles : sa créance résiduelle personnelle, bien sûr, mais aussi celles des prêteurs extérieurs qui risquent toujours de ne jamais se faire rembourser ou du moins à un coût élevé, si l'entreprise fait faillite. Si l'entrepreneur-propriétaire se décide en faveur du premier projet, il prend un risque personnel élevé, mais si le projet réussit, sa position d'actionnaire unique fera qu'il sera le seul à encaisser les gains très importants que son opération rapportera. Mettons-nous maintenant à la place des créanciers. Leur position est toute différente. Pour eux aussi le premier projet entraîne une prise de risque plus élevée que le second. Mais quant aux gains, qu'il s'agisse de l'un ou de l'autre, ils sont indifférents puisque si le projet réussit, cela ne changera rien à la rémunération qu'ils s'attendent à percevoir en contrepartie de leur acte de prêt. Résultat : si le choix est bon, c'est l'entrepreneur-propriétaire qui encaisse la totalité des profits ; mais s'il est mauvais ce sont les créanciers qui en supporteront les conséquences financières.

Si les prêts accordés à l'entrepreneur pour financer ses

projets le sont sur une base spécifique qui prévoit par contrat quel type d'investissement il s'engage à réaliser, il n'y a pas de problèmes. S'il choisit le projet le plus aventureux, ses créanciers adapteront leurs exigences en conséquence. En revanche, il n'en va pas de même si les emprunts ne sont pas spécifiquement affectés, comme c'est généralement la règle dans le cas d'emprunts obligataires. L'entrepreneur démarchera les prêteurs éventuels en parlant surtout de son second projet d'investissement et il évitera soigneusement de mentionner le premier. Mais, une fois la somme réunie, il n'aura rien de plus pressé que de changer son fusil d'épaule. Pourquoi? Parce que la théorie financière et l'expérience boursière montrent qu'à probabilités égales, l'adoption d'un projet d'investissement à forte variance commande un cours de bourse plus élevé. Ainsi que le soulignent Jensen et Meckling, une telle opération constitue un véritable détournement de richesses des créanciers au profit de l'actionnaire.

Comment les créanciers peuvent-ils se prémunir contre une telle manœuvre? Comme les actionnaires confrontés aux « coûts de mandat », en n'offrant d'acheter les obligations émises par l'entreprise qu'à un prix inférieur à leur valeur nominale; la différence représentant le coût du risque supplémentaire qu'ils s'attendent à subir du fait de la non-spécificité du contrat de prêt.

Mais cette réaction de défense a pour conséquence que l'entrepreneur, en émettant son emprunt, recevra en réalité moins d'argent. Ce qui signifie que son investissement lui coûtera en fait plus cher; sa plus-value boursière sera plus faible. D'où un « coût patrimonial » qu'il a évidemment intérêt à essayer de limiter le plus possible. Comment? En prenant lui-même l'initiative de proposer à ses créanciers d'inclure dans le contrat de prêt – ou dans les conditions d'émission de l'emprunt – des clauses particulières leur garantissant une plus grande sécurité; par exemple, comme cela se fait régulièrement, une clause de remboursement anticipé, des clauses qui limitent son pouvoir ultérieur de décision concernant les distributions de dividendes, ou encore l'émission de nouveaux emprunts. Il peut s'engager à respecter certains ratios, ou tout simplement fournir aux créanciers qu'il

sollicite des informations sur sa gestion et le fonctionnement de son entreprise. Plus ces informations seront
détaillées et complètes, plus ces clauses de sécurité
paraîtront efficaces, moins la décote d'émission sera
importante.

Cependant, là encore, ces dispositions ne vont pas sans
entraîner des coûts économiques pour l'entreprise : coûts
de rédaction des contrats qui deviennent alors des mon-
tages juridiques très complexes; coûts éventuels de leur
mise en œuvre si, ultérieurement, se présentent des
difficultés d'application; enfin, tout simplement, le coût
d'opportunité que doit supporter l'entrepreneur en raison
de sa moindre liberté de décision – ce qui peut se traduire
par exemple pour lui par l'impossibilité d'exploiter certaines opportunités d'action rentables.

Conséquence : comme dans le cas précédent (celui des
actionnaires), l'intérêt de l'entrepreneur-propriétaire n'est
pas de proposer à ses créanciers l'ensemble de sécurités
qui permettrait effectivement d'éliminer toute décote à
l'émission. Sans compter que, techniquement, il s'agit là
d'un objectif irréalisable dans la mesure où, aussi complexes et perfectionnés soient-ils, les contrats ne peuvent
pas tout prévoir. Son intérêt est de se limiter à ce point où
le « gain marginal » et le « coût marginal » s'égalisent. Ce
qui implique par définition que, comme pour les actionnaires, il restera une part irréductible de « coûts de
mandat ou d'agence ». Une fois cet équilibre atteint, on se
retrouve, comme dans l'exemple précédent, dans une
situation qui, du point de vue des créanciers, est parfaitement « pareto-optimale », même si, bien entendu, l'entreprise n'est pas aussi efficiente qu'elle pourrait l'être
dans un monde idéal...

Imaginons maintenant que, pour faire face aux besoins
financiers engendrés par la croissance économique, les
entreprises aient pour politique de ne recourir qu'à
l'endettement. Quel sera le résultat? Une hausse continue
des taux d'intérêt effectifs, jusqu'à ce que ceux-ci deviennent prohibitifs. Pourquoi? A cause du niveau croissant
de « coûts d'agence » qu'entraîne la réduction continue du
ratio fonds propres/endettement. Autrement dit, il est
clair qu'une économie fondée essentiellement sur l'endettement ne peut pas fonctionner. Pas de développement

industriel durable sans appels renouvelés des entreprises à une épargne privée désireuse de s'investir en capitaux à risques.

Cette analyse explique pourquoi, dans une économie dynamique, malgré la crainte justifiée que les actionnaires majoritaires de départ sont en droit de nourrir quant à l'avenir de leur pouvoir de contrôle, les entreprises sont toujours à la recherche d'actionnaires et de capitaux nouveaux. Elle permet également de mieux comprendre l'origine de nombreuses pratiques conventionnelles et bancaires d'usage courant dans le monde contemporain, et aussi de bien des réglementations financières [14]. Mais, ainsi que le soulignent Jensen et Meckling, elle ne suffit pas à expliquer le degré de dispersion et d'éparpillement de l'actionnariat qui caractérise le capitalisme du XXe siècle.

Un second facteur doit ici intervenir : *les économies de risque que permet de réaliser la diversification des portefeuilles.*

« Notre modèle, font remarquer les deux professeurs, permet d'expliquer pourquoi le contrôle d'une firme par un manager-propriétaire qui ne possède plus l'intégralité du capital n'est pas incompatible avec un fonctionnement efficace de l'entreprise. Nous avons raisonné comme si celui-ci avait toute sa fortune personnelle investie dans l'entreprise qu'il gère. En agissant ainsi, cela lui permet d'éviter des " coûts de mandat " supplémentaires qu'il aurait à supporter s'il devait substituer à ses propres capitaux d'autres capitaux obtenus par appel à de nouveaux actionnaires, ou par emprunts. Mais, dans la réalité, ajoutent-ils, les choses ne se passent pas ainsi. En fait, les actionnaires de contrôle sont de plus en plus souvent des actionnaires véritablement minoritaires, dont l'enjeu personnel investi dans l'entreprise qu'ils contrôlent représente non seulement une part de plus en plus réduite du capital social, mais également une fraction seulement de l'ensemble de leurs avoirs individuels investis dans l'industrie ou dans d'autres placements financiers. »

Souvent, on explique l'éparpillement extrême de l'actionnariat atteint dans de nombreuses entreprises par le souci qu'auraient les actionnaires de contrôle d'assurer le développement financier de leur affaire sans pour autant perdre leur pouvoir. Ils s'arrangent pour que les augmentations de capital soient souscrites autant que possible par de tout petits porteurs, et veillent à ce que de nouveaux venus n'accumulent pas un nombre d'actions qui risquerait de remettre en cause l'équilibre politique interne de l'entreprise.

Ce raisonnement est valable au niveau de l'analyse micro-économique de telle ou telle firme. Mais ce qu'il faut expliquer, c'est le mouvement d'ensemble : pourquoi toutes les firmes qui ont adopté une telle stratégie ont continué à prospérer et n'ont pas été éliminées par la concurrence des entreprises conservant un actionnariat plus concentré? S'il en est ainsi, c'est non seulement que les actionnaires de contrôle y trouvaient leur compte, mais également qu'une telle évolution n'était pas incompatible avec la sauvegarde de l'efficacité. Pourquoi?

Si l'on part du point de vue des actionnaires de contrôle, le raisonnement est simple. Plus l'entreprise se développe, plus leur fortune personnelle croît, plus le risque économique qu'ils encourent est élevé. Or, on sait de façon certaine aujourd'hui – tous les économistes sont d'accord là-dessus – que le risque constitue toujours une « désutilité » – une « utilité » négative. Il n'y a pas simplement des hommes qui aiment le risque et d'autres, qui ne l'aiment pas; il n'y a que des gens dont le niveau de « désutilité » est plus ou moins élevé face à un certain degré d'incertitude; les industriels et les entrepreneurs n'échappent pas à cette loi.

Comment le manager-propriétaire peut-il réduire son risque? La première technique a consisté à inventer la formule de l'entreprise « en société », où le risque de l'aventure entrepreneuriale se trouve réparti entre plusieurs personnes. Les études historiques montrent que les premières véritables sociétés commerciales – au-delà de la simple association familiale – sont apparues lorsque les marchands du Moyen Age se sont lancés dans des voyages de plus en plus lointains à risques de plus en plus élevés [15]. La seconde invention fut celle de l'action, librement divisible et monnayable, qui permit d'élargir presque à l'infini la possibilité d'associer un nombre toujours plus grand d'apporteurs de capitaux. C'est le passage à la société anonyme. Mais il existe encore une troisième technique pour réduire encore davantage le risque : celle qui consiste à placer ses œufs dans le plus grand nombre

possible de paniers différents. C'est la *diversification*.
Plus le risque industriel croît avec la taille des firmes et le
nombre de leurs activités, plus ceux qui contrôlent les
grandes fortunes industrielles ont intérêt à diversifier
leurs placements.

Certes, si l'on poursuit le raisonnement de Jensen et
Meckling, accroître la dispersion de leurs avoirs leur vaut
des « coûts de mandat » supplémentaires – même s'ils
réussissent à garder le contrôle effectif de leurs affaires.
Mais en contrepartie, ils y gagnent de gérer désormais un
portefeuille de risques plus diversifié.

Maintenant, regardons les choses du point de vue de la
collectivité. Tout moyen qui permet de réduire le degré
d'incertitude auquel des individus sont confrontés apporte
à la collectivité un « gain social », car des projets seront
ainsi entrepris qui ne l'auraient pas été si ces individus
avaient dû supporter l'intégralité du risque. Le fait que
les managers-actionnaires, ou les actionnaires de contrôle,
courent moins de risques qu'avec des structures de
propriété plus concentrées, n'a donc que des effets
bénéfiques pour tout le monde. *La diminution des risques
permet d'exploiter davantage d'opportunités rentables* [16].
Du jeu complexe des intérêts à la fois coopératifs et
conflictuels des différents partenaires de l'entreprise
émerge un nouvel équilibre qui ne sera pas nécessairement le même que celui que nous avons décrit précédemment, mais qui n'en sera pas moins « pareto optimal », ni
moins avantageux socialement. Que des actionnaires de
contrôle – les premiers actionnaires de la firme par
exemple, ceux qui ont contribué à sa fondation – s'efforcent de définir une stratégie interne qui leur permette de
garder le pouvoir de décision, tout en ne conservant que la
propriété d'une part de plus en plus réduite du capital
social, n'est pas incompatible avec l'efficience économique – si du moins, on se place dans un univers théorique
et idéal où les relations humaines se dérouleraient sans
frictions – c'est-à-dire sans « coûts de transaction », ni
« coûts d'agence ».

On comprend donc aisément que le développement des
grandes entreprises se traduise par une atomisation croissante de leurs structures financières; reste à expliquer
pourquoi leurs managers trouvent effectivement tant de

gens pour répondre à leur appel et accepter ainsi des titres qui, tout en ne leur offrant aucun des attributs réels d'une « vraie » propriété, impliquent de leur part une plus grande responsabilité financière que les autres placements proposés sur le marché.

La réponse est en fait incluse dans tout de qui précède. Comme ce sont les managers-actionnaires qui, en définitive, supportent toute la charge des « coûts de mandat » qu'entraîne la dipersion de l'actionnariat, ceux qui achètent les actions, en réalité, en ont strictement pour leur argent; ils n'achètent qu'un placement financier parmi d'autres, présentant une combinaison de rendement et de risque différente des autres instruments disponibles sur le marché. Leur liberté de choix est plus grande, ce qui permet à la collectivité, grâce à la différenciation des placements financiers offerts, de bénéficier d'une meilleure mobilisation de ses ressources.

Mais bien évidemment, tout ceci suppose un marché boursier développé et bien organisé.

Eugene Fama : la très grande entreprise et les avantages de la spécialisation des fonctions

Embrayant sur les premiers travaux pionniers d'Armen Alchian et d'Harold Demsetz, la grande innovation de Jensen et Meckling est de traiter la firme comme un « marché interne » de relations contractuelles dont la forme finale est le résultat d'un processus complexe d'équilibre. Cependant, en dépit de sa puissance de prédiction, ce modèle recèle une limite sérieuse : dans la mesure où tout le raisonnement est lié à la présence d'un actionnaire central dont on étudie la formation et l'évolution du portefeuille, il ne peut que difficilement rendre compte du développement actuel de très grandes entreprises contrôlées par des managers professionnels qui ne sont même plus issus de la population des actionnaires principaux. Par ailleurs, il y a une certaine contradiction à faire de ce personnage l'élément clé à partir duquel se définit et se met en place tout le système de contrôle interne de l'entreprise, alors même qu'on explique que son intérêt est de diversifier au maximum ses avoirs et de réduire ainsi sa part dans les différentes entreprises dont il est actionnaire.

De ces remarques découlent les travaux d'un autre économiste américain, professeur à l'université de Chicago : Eugene Fama. Sa thèse : c'est seulement à partir d'une théorie de la firme traitant la « prise de risque » et les responsabilités de « management » comme deux facteurs de production distincts, que l'on peut comprendre pourquoi la fameuse séparation entre propriété et gestion est une forme parfaitement efficiente d'organisation économique.

« Mon hypothèse, écrit-il dans le premier de ses articles publié en 1960 sous le titre : *Agency Problems and the Theory of the Firm,* est qu'en se plaçant dans l'optique de la firme conçue comme un conglomérat de contrats, il est possible de démontrer que la séparation entre la propriété du capital et le contrôle effectif de la gestion constitue une forme efficace d'organisation économique [17]. Cette approche suppose cependant qu'on abandonne l'idée qu'une entreprise doive nécessairement avoir des " propriétaires ". Elle suppose aussi qu'on laisse tomber, du moins dans le cas de la très grande firme, l'idée qu'il ne saurait y avoir d'entreprise sans la présence d'un " entrepreneur ", au sens classique du terme. Le point de départ est que les deux fonctions habituellement attribuées à l'entrepreneur – la fonction " prise de risque ", et la fonction " management " – constituent deux ressources différentes faisant l'objet de transactions contractuelles distinctes. On reprend l'hypothèse classique d'une situation de concurrence qui contraint à développer des mécanismes de contrôle interne les plus efficaces possible, mais on y ajoute l'idée que les managers se font aussi concurrence entre eux sur un marché autant interne à l'entreprise qu'externe. »

Écarter l'idée que la firme a des « propriétaires »

A quoi correspondent les deux fonctions habituellement reconnues ou attribuées à l'entrepreneur ? Le « management », explique Eugene Fama, n'est qu'une forme particulière de travail, avec une fonction spéciale : coordonner l'activité de tous ceux qui mettent leurs ressources à la disposition de l'entreprise, et assurer la gestion ainsi que l'exécution des contrats qui définissent les conditions de leur utilisation.

Imaginons un instant que l'entreprise fonctionne exclusivement avec des *inputs* * dont elle loue les services moyennant une rémunération convenue à l'avance, et qui n'est versée qu'en fin de période. Il faut bien que quelqu'un (ou plusieurs personnes) accepte de prendre à sa charge la possibilité qu'apparaisse alors une différence négative entre les recettes et les coûts. C'est la fonction « risque » et, comme toute autre ressource, elle fait l'objet d'un contrat particulier avec ceux qui acceptent d'en supporter les avantages et les inconvénients.

Si tous les facteurs de production n'étaient rémunérés qu'en fin de période, ceux qui acceptent de prendre ce « risque » à leur charge n'auraient pas besoin d'investir à l'avance quoi que ce soit dans l'entreprise. Mais pour que chaque fournisseur d'*input* accepte de réaliser sa part de contrat, encore faut-il que ceux qui assurent la prise en charge du risque final apportent eux-mêmes la garantie qu'ils exécuteront bien leur propre engagement. D'où la pratique courante pour eux de faire, *ex ante,* un apport d'argent personnel généralement utilisé pour acheter les machines, le matériel et la technologie dont l'entreprise a besoin pour fonctionner. De ce fait, on observe que le risque est une fonction qui se trouve usuellement combinée avec la propriété de ce qu'on appelle le capital.

Néanmoins, fait remarquer Eugene Fama, il ne faut pas pour autant confondre ce qui n'est que la propriété d'une ressource parmi d'autres – celle du « capital » – avec la propriété de la firme. L'entreprise n'est que le lieu de mise en œuvre d'une multiplicité d'*inputs* appartenant à des personnes différentes, dans le cadre d'un réseau complexe d'engagements contractuels qui déterminent la combinaison des ressources et les modalités de partage des résultats financiers. Que, dans cette optique, parler de la « propriété de la firme » n'ait, en vérité, aucun sens, une simple observation nous le confirme : bien souvent, la double fonction « risque » et « financement » se trouve elle-même réagencée selon des combinaisons et dans des proportions variées, revendues à des catégories d'in-

---

* *Inputs* : toutes les ressources et matières entrant à un titre ou à un autre dans le processus de production. (On dit aussi « intrants ».)

vestisseurs auxquels tant le langage commun que le langage juridique ne reconnaissent pas la qualité de « propriétaires » (par exemple, les porteurs d'obligations).

« Se débarrasser de la notion usuelle selon laquelle la firme serait la " propriété " de ceux qui lui font l'apport de son capital financier, remarque Eugene Fama, représente un pas important vers la compréhension que le contrôle des décisions et des actes de l'entreprise ne constitue pas nécessairement le domaine réservé des propriétaires d'actions [18]. »

Abandonner l'idée qu'il ne saurait y avoir d'entreprise sans entrepreneur

La caractéristique des modèles de la firme développés par Alchian et Demsetz, ainsi que par Jensen et Meckling, est d'accorder encore une place centrale au concept classique d'entrepreneur – défini comme l'agent économique qui, dans l'entreprise, assume personnellement et simultanément les deux fonctions de risque financier et de décision. Une telle approche, souligne Fama, empêche de voir qu'en réalité nous avons affaire à deux *inputs* – le risque et le management – qui font eux-mêmes l'objet de deux marchés et deux systèmes de motivation séparés.

La firme n'est pas autre chose qu'une association de facteurs de production collaborant à une finalité commune *(a Team of Cooperating Factors of Production)*. Chaque association, chaque équipe, agit sur un marché où elle est en concurrence avec d'autres équipes offrant aux consommateurs des services identiques ou substituables. En participant à cette activité collective, chaque apporteur d'*input* prend un risque. Cependant ce risque est limité par la présence d'un marché où un grand nombre d'équipes concurrentes se disputent les services de chaque ressource, qu'il s'agisse du travail des ouvriers ou du capital humain mis en jeu par les managers. Il en va de même pour cette ressource particulière qu'est l'argent. Il existe un « marché des capitaux » comme il existe un « marché du travail », ou un « marché des dirigeants ». Son existence permet non seulement aux propriétaires de capitaux de se désengager relativement aisément des aventures qui leur paraissent trop risquées ou trop mal engagées, mais également de réduire leurs risques en répartissant leurs avoirs entre un plus ou moins grand nombre d'équipes dont les activités se situent sur des marchés différents à risques diversifiés.

Que les apporteurs de capitaux aient intérêt à ce que l'entreprise se révèle la plus viable possible, est évident. Mais il en va de même pour tous les autres fournisseurs d'*inputs*. Prenons par exemple les dirigeants : s'il est vrai que leur rémunération immédiate ne sera pas, en principe, affectée par de mauvaises performances de la firme qu'ils gèrent, il n'en reste pas moins que leur carrière personnelle, ainsi que leurs rémunérations futures risquent d'en souffrir. A la différence des apporteurs de capitaux, qui peuvent diversifier le plus possible leurs placements, c'est dans la gestion d'une seule firme qu'eux doivent s'investir totalement; plus encore que les apporteurs de capitaux ils veilleront donc à ce qu'elle fonctionne efficacement.

Les managers font apport à l'entreprise d'une ressource spéciale et rare : leur capacité à gérer simultanément l'exécution d'un grand nombre de contrats particuliers impliquant un grand nombre de facteurs de production. La rémunération qu'ils attendent en retour dépend de la façon dont le marché évalue leurs compétences en fonction des résultats des « équipes » qu'ils dirigent et ont dirigées. Les managers sont donc en réalité les premiers à avoir vraiment le plus grand intérêt à veiller à ce que la coopération des différents facteurs de production se déroule de la façon la plus viable possible.

Cela dit, le « marché des managers » ne fonctionne pas en vase clos. La qualité des évaluations personnelles dépend pour une large part de la présence simultanée d'un marché boursier efficient qui met les propriétaires de capitaux en mesure d'apprécier à chaque instant le niveau de risque qu'ils prennent en faisant confiance à telle équipe, plutôt qu'à telle autre. De ce fait, conclut Fama, les apporteurs de capitaux n'ont pas besoin de surveiller personnellement de très près ce qui se passe à l'intérieur de chaque entreprise, pour être à peu près sûrs que leurs intérêts seront défendus au mieux. Que dans un tel contexte, les responsabilités de contrôle et de management, et la propriété financière soient séparées, cela n'implique pas que l'efficacité doive nécessairement être moindre. La présence d'un « entrepreneur » classique, alliant dans sa personne les deux fonctions, n'est pas indispensable.

Reste cependant à identifier plus en détail les mécanismes qui, par l'intermédiaire et l'interaction de ces deux marchés, servent à sanctionner et à discipliner l'action des managers des très grandes entreprises.

Le problème de la composition du conseil d'administration

Ainsi que nous l'avons vu, Henry Manne est le premier à avoir mis en évidence le rôle que le marché boursier joue en tant qu'instrument de contrôle et de discipline des managers privés. Mais, comme nous l'avons également noté, le processus qu'il décrit prend beaucoup de temps pour aboutir à la sanction ultime : le changement d'équipe dirigeante, même si la menace d'une telle sanction peut souvent suffire à infléchir les décisions du management.

Aux yeux d'Eugene Fama, l'approche de Henry Manne, avec tous ses mérites, souffre d'une faiblesse : elle néglige un peu trop le mécanisme d'autocontrôle et de surveillance réciproque qui opère à l'intérieur même de la firme et met en concurrence non seulement les échelons les plus élevés de la hiérarchie directoriale entre eux, mais également ceux-ci et leurs propres subordonnés.

« Il est vrai, écrit-il, que la concurrence que se font les managers sur le marché de l'emploi est un mécanisme efficace qui sert à faire le tri ultime entre les " bons " et les " mauvais " ou les " moins bons ". Les grandes entreprises constituent un marché sur lequel il y a en permanence un mouvement d'entrées et de sorties, avec des candidats qui ne sont pas eux-mêmes indifférents à la façon dont l'entreprise qui se propose de les embaucher contribuera à valoriser leur propre carrière. Cependant, ajoute-t-il, si le marché de l'emploi représente un instrument important de sanction a posteriori de l'activité et de la valeur des managers, il ne faut pas oublier le mouvement permanent de contrôle réciproque qui se déroule au sein même de la firme, et qui s'exerce non seulement de haut en bas, mais aussi, ce que l'on oublie généralement, de bas en haut.

« L'une des principales fonctions du dirigeant d'entreprise, fait remarquer Eugene Fama, est de veiller à ce que les cadres placés sous ses ordres se comportent de manière à ce que l'ensemble de l'entreprise exploite au mieux ses capacités productives. Sa propre carrière dépend de son efficacité en la matière. Mais le phénomène fonctionne dans les deux sens. La carrière future du jeune cadre supérieur dépend non seulement de ses capacités professionnelles intrinsèques, mais aussi de l'image de marque que lui vaudront les succès ou les échecs de l'équipe managériale dont il fait partie. Il a lui même intérêt à veiller à ce que l'action de ses supérieurs soit la plus efficace possible et, lorsque le cas se présente, à montrer son désaccord avec telle ou telle décision qu'il ne juge pas conforme à l'intérêt de l'entreprise. Autrement dit, chaque cadre supérieur d'entreprise a en fait intérêt à contrôler le plus efficacement possible non seulement l'activité de ses subordonnés, mais également, autant qu'il peut, l'action de ceux qui lui donnent des ordres, afin que les informations que le marché de l'emploi véhiculera à son sujet restent aussi favorables que possible. »

Qui contrôle, en dernier ressort, le travail de ceux qui sont au sommet de la hiérarchie? En principe, c'est le rôle du conseil d'administration. Aussi faut-il se demander qui sont les plus qualifiés pour faire en sorte que le conseil d'administration accomplisse lui-même sa mission de la façon la plus efficace possible.

« Un conseil d'administration où il n'y aurait que des actionnaires ou des représentants des actionnaires, remarque Fama, ne paraît pas optimal dans la mesure où, comme nous l'avons évoqué, l'intérêt même des apporteurs de fonds est de diversifier leurs placements de manière à limiter le risque global. La motivation personnelle qu'ils ont à véritablement surveiller le fonctionnement interne de chacune des entreprises dans lesquelles ils ont placé leurs fonds, ne peut être que très réduite puisque l'objectif poursuivi est précisément de limiter l'enjeu personnel qu'ils détiennent dans chaque firme. »

Si l'on prend le cas des cadres dirigeants, le *top management*, les choses sont différentes. Bien que salariés, en raison même des responsabilités qu'ils assument, ce sont eux dont les rémunérations et les perspectives de carrière seront le plus directement affectées par l'ensemble des signaux positifs ou négatifs que le marché véhicule sur la qualité de leur gestion. Ils sont en même temps dans la ligne de mire des jeunes cadres ambitieux qui ont intérêt à ce que l'entreprise où ils travaillent ne se forge pas sur le marché une image négative. Enfin, si l'équipe de direction est elle-même sujette à de fortes rivalités internes pour l'accès aux responsabilités suprêmes, il y a toutes chances pour que ce soit en son sein que s'expriment les points de vue les mieux informés et les plus critiques sur l'état exact de la gestion de la firme. « Il en résulte, conclut Fama, qu'il est parfaitement conforme à la logique que les *top managers* soient le plus souvent investis du contrôle effectif du fonctionnement du conseil d'administration. »

Évidemment, une fois qu'ils ont conquis ce pouvoir, on court le risque de voir les managers ranger leurs couteaux et s'entendre entre eux, afin d'en abuser au détriment des actionnaires. Toutefois, fait observer Eugene Fama, l'appel à des administrateurs extérieurs peut réduire les risques de telles manœuvres de collusion. Le rôle de ces derniers est d'arbitrer, mais aussi de stimuler les rivalités qui opposent les différents membres du conseil. A leur tour, leur prestation est tout simplement disciplinée par la réputation qu'ils se font dans l'exercice de telles fonctions, puisque c'est d'elle que dépendent leur carrière et leurs émoluments futurs (notamment lorsqu'ils s'agit d'administrateurs représentant des institutions financières, ou qui en sont issus).

« De cette analyse, conclut Eugene Fama, il ne faut pas déduire qu'un conseil d'administration ne doive comporter que des managers exécutifs et des administrateurs extérieurs. Une telle vision des choses ne serait pas seulement abusive, mais également totalement fausse. Dans l'optique de l'entreprise considérée comme un " conglomérat de contrats ", le conseil d'administration n'est pas autre chose qu'une institution forgée par le marché, à partir du jeu dynamique des intérêts à la fois conflictuels et coopératifs des différents partenaires. Le conseil d'administration constitue l'enceinte suprême au sein de laquelle s'organise la régulation ultime du nœud de contrats qui détermine la viabilité de l'ensemble. Il est possible que les représentants d'autres facteurs de production se trouvent associés à ses travaux, délibérations et décisions. Mais seule la sanction du marché – ou, plus exactement, la survie aux sanctions du marché – peut déterminer dans chaque cas précis quelle est la formule la plus adéquate, celle qui permet d'assurer la régulation des équipes dirigeantes dans les conditions de résultat et d'efficacité les plus grandes possible [19]. »

Au total, la viabilité économique des très grandes entreprises à actionnariat diffus s'explique beaucoup mieux si l'on part d'un modèle de la firme où le risque et le management sont considérés comme deux *inputs* différents dont l'usage est régulé par un jeu complexe de mécanismes faisant intervenir toute une panoplie d'instruments de contrôle et de surveillance, tant internes qu'externes, directement produits par l'interaction des intérêts individuels.

Comment la complexité conduit à la séparation des fonctions de décision et de contrôle

Gérer une entreprise, ou gérer un portefeuille de participations financières sont deux activités économiques qui demandent des compétences particulières. Un bon gestionnaire ne fera pas nécessairement un bon capitaliste, et vice versa. D'où l'idée évoquée par Jensen et Meckling que si la très grande entreprise à capitaux dispersés a survécu aux disciplines de la sélection par la libre concurrence, c'est parce que son organisation particulière fondée sur la division des rôles entre apporteurs de capitaux et gestionnaires permet de dégager des économies de risque, d'échelle et de spécialisation qui font plus que compenser le supplément de « coûts de mandats » et d' « agence », qu'une telle organisation implique nécessairement du fait de la complexité plus grande des canaux de délégation.

Une telle explication n'est cependant pas suffisante. Quand on y regarde de plus près, on constate en effet que cette spécialisation ne caractérise pas seulement la très grande entreprise « managériale »; des firmes plus classiques ont également pour point commun de séparer généralement les fonctions internes de décision et de contrôle. Pour être complète, une théorie de la firme doit être en mesure de rendre également compte de la simultanéité des deux phénomènes.

Eugene Fama s'est efforcé de combler cette lacune dans un autre article publié en collaboration avec Michael Jensen en 1983 et intitulé *Separation of Ownership and Control* [20].

Toute organisation n'est qu'un conglomérat de contrats, écrits ou non écrits certains sont cependant plus importants que d'autres. Notamment ceux qui ont pour objet de définir la nature et les caractéristiques des « droits résiduels » et la façon dont se distribuent, au sein de la firme, les responsabilités de décision et de contrôle. C'est essentiellement par le contenu de ces contrats spécifiques que les différents types d'organisation se différencient.

Prenons le droit de créance résiduel. Que l'essentiel du risque financier lié aux incertitudes de la vie des affaires soit pris en charge par un groupe particulier de gens bénéficiant d'un statut de créanciers résiduels, cela est un facteur de discipline qui renforce les capacités concurrentielles – et donc de survie – de toute organisation. Cependant, l'étendue des attributs liés à ce droit de propriété varie selon le type d'organisation adoptée. D'une manière générale, on distingue deux grandes formes sociétaires : les sociétés « ouvertes », et les sociétés « fermées ». La société anonyme cotée en bourse est l'exemple type du premier genre. Les actionnaires y disposent d'un titre de propriété librement négociable, qu'ils peuvent céder sans avoir à quémander l'autorisation de personne ; ils acquièrent ce droit sans qu'on exige d'eux en contrepartie le moindre engagement personnel dans la gestion de l'entreprise. Ce type de société a pour caractéristique de permettre une division extrêmement large des risques. Dans les sociétés « fermées », de taille généralement beaucoup plus modeste, la détention de tels droits est, au contraire, par définition limitée à ceux qui exercent des responsabilités effectives de gestion et de contrôle, et qui ne peuvent bien souvent céder leurs titres sans l'accord des autres associés.

Prenons l'organisation interne des systèmes de décision. « Parce qu'ils prennent généralement pour point de départ de leurs analyses ce cas particulier qu'est la firme entrepreneuriale, observent Fama et Jensen, la plupart des économistes oublient que la façon dont s'organisent les mécanismes de la décision constitue aussi un facteur essentiel de la capacité concurrentielle de l'entreprise. » Dans toute organisation, la décision implique un processus en quatre étapes :

– *l'initiative,* c'est-à-dire la mise au point d'une série de propositions concernant l'utilisation des ressources, avec définition de l'ensemble des contrats particuliers que cette allocation des ressources suppose (avec les salariés, les clients, les fournisseurs, les sous-traitants, les créanciers...);

– *la ratification,* c'est-à-dire le choix, parmi toutes les options présentées, de celle qui sera mise en œuvre;

– *l'application,* l'exécution des décisions qui ont été ratifiées;

– *la surveillance,* mesure de la performance des individus chargés de l'application des décisions prises, et distribution des primes ou des sanctions méritées par les uns ou par les autres.

Traditionnellement, dans la firme capitaliste classique, les quatre étapes du processus sont accomplies par une seule et même personne qui est à la fois le propriétaire de la firme et son dirigeant effectif. Mais c'est de moins en moins fréquemment le cas. Dans les très grandes entreprises modernes où il y a dissociation entre le risque financier et les responsabilités de gestion, on constate une tendance à regrouper la première et la troisième étapes (initiative et décision), en une fonction particulière de « gestion des décisions » confiée à certains agents, cependant qu'une seconde fonction que l'on pourrait qualifier de « contrôle des décisions » regroupe la deuxième et la quatrième phases (ratification, surveillance), et est confiée à une autre catégorie de responsables. Par ailleurs, on observe que ce mode d'organisation interne n'est pas propre à l'univers des grandes entreprises industrielles, mais se retrouve également dans d'autres secteurs aussi divers que les grandes mutuelles financières, les organismes à but non lucratif, ou encore les grands cabinets de professions libérales (avocats, comptables, conseils, juristes, médecins).

Partant de là, remarquent les deux professeurs américains, le problème n'est pas de déterminer quelle forme

d'organisation des responsabilités – centralisée ou décen-
tralisée – est la plus efficace, mais *dans quelles circonstances* l'association ou la séparation des trois fonctions
(risque, gestion des décisions et contrôle) apparaît comme
le mode d'organisation interne le plus approprié pour
offrir aux consommateurs les services qu'ils demandent
aux prix les plus bas, tout en garantissant une rentabilité
suffisante qui assure l'avenir à long terme de l'entreprise.

« Notre thèse, expliquent-ils, est que lorsqu'il y a séparation
entre le rôle de " créancier résiduel " et les responsabilités de
gestion, cela conduit *ipso facto* à un mode d'organisation interne
où il y a séparation entre les fonctions de " gestion des
décisions " *(decision management)* et les fonctions de " contrôle " *(decision control)* ; cependant qu'à l'inverse, lorsqu'il y a
confusion des rôles de gestion et de contrôle des décisions au
profit d'un tout petit nombre de décideurs privilégiés, cela
conduit à l'adoption de formules juridiques qui limitent l'accès
aux droits de propriété résiduels à ces quelques décideurs. »

Prenons l'exemple d'une entreprise dont les activités
sont relativement peu complexes – c'est-à-dire où l'essentiel des informations nécessaires à son fonctionnement se
trouvent détenues par un tout petit nombre de personnes
occupant des positions clés. (La plupart des petites
entreprises constituent en règle générale un univers de
faible complexité. Les très grandes au contraire sont
plutôt des entreprises très complexes bien qu'il n'y ait pas
nécessairement un lien étroit entre les deux phénomènes.)
Si l'on se situe dans le cadre d'une entreprise à faible
complexité, que les principaux managers puissent sans
difficulté, ni coûts particuliers, accéder à l'ensemble des
informations essentielles dont dépend l'activité fait qu'il
est logique de concentrer dans leurs mains les pouvoirs de
décision comme les pouvoirs de contrôle. Cela permet
incontestablement de réaliser des économies d'échelle et
de délégation. Mais les actionnaires eux sont désarmés
face aux managers qui monopolisent l'information et le
pouvoir. Comment résoudre ce problème? En limitant la
possession des droits de créance résiduels aux quelques
personnes qui, de par leur compétence, détiennent l'essen-

tiel des informations, des connaissances et des savoir-faire qui constituent le fonds de commerce spécifique de la firme, répondent Fama et Jensen. Autrement dit, en optant pour une formule de société à capital « fermé ».

Une telle solution comporte des avantages et des inconvénients. Avantages : assurer la confusion des rôles, lier la prise de risque et les fonctions de gestion et de contrôle, est un gage de plus grande motivation et de plus grande efficacité de la part de ceux dont dépend l'essentiel du fonds de commerce de l'entreprise. Inconvénients : cela prive l'entreprise des gains d'échelle que permettrait de réaliser une dispersion plus grande des risques financiers individuels. L'entreprise pourra difficilement lever des capitaux importants. Par ailleurs, l'efficacité en souffrira car les managers devront davantage leur position à leur surface patrimoniale personnelle, ou à leur capacité à prendre des risques financiers, qu'à leurs qualités individuelles de gestionnaires. Mais, ajoutent Fama et Jensen, il est clair que ces inconvénients sont relativement limités tant qu'on reste au niveau de petites entreprises qui n'ont que des besoins financiers limités, ou dans un univers d'activité où la concentration de l'information permet de réaliser des gains élevés d'efficacité. Rien d'étonnant donc si c'est dans le secteur des petites et moyennes entreprises, ou encore dans certains secteurs d'activité très spécifiques (comme les services) que survit le plus grand nombre de firmes caractérisées par des structures sociétaires de type « fermé » et par une grande concentration des rôles.

« Une telle concentration, remarquent Fama et Jensen, s'explique par le fait que, dans ces secteurs, les gains que l'on pourrait retirer d'une plus grande répartition des risques, et d'une plus grande spécialisation dans les fonctions de management, sont plus faibles que l'ensemble des coûts que l'on aurait à supporter pour contrôler les problèmes de délégation posés par la répartition des fonctions. »

Si l'on passe maintenant aux grandes entreprises, aux activités variées et fort complexes, c'est exactement l'inverse. Dans l'industrie moderne, les connaissances et le savoir-faire se trouvent très largement répartis au sein du personnel, cependant que la communication et la circulation de ces informations, en raison de leur nature spécifique, impliquent des coûts très élevés. Conséquence : la façon d'en tirer le meilleur parti consiste à faire en sorte que les responsabilités d'initiative et de mise en œuvre des décisions (première et troisième étapes) soient aussi décentralisées que possible. Se pose alors un problème de contrôle : comment éviter que les responsables utilisent ces informations pour leur propre compte, plutôt qu'au service de l'organisation (comportements d'opportunisme)? La solution consiste à confier à d'autres qu'eux le soin d'assurer les fonctions de choix des décisions ainsi que le contrôle du résultat (seconde et quatrième étapes); autrement dit, à séparer ce que Fama et Jensen appellent le *Decision Management* et le *Decision Control*.

Cette séparation des fonctions réduit les coûts de fonctionnement de l'organisation en permettant une utilisation plus efficace des informations et des ressources humaines de l'entreprise. Mais on retrouve le problème : qui va contrôler les contrôleurs? Et comment faire en sorte que les coûts de ce contrôle soient eux-mêmes les plus faibles possible?

Lorsque les principaux directeurs investis des fonctions de contrôle sont aussi ceux qui détiennent la plus grande part des actions, le problème est directement résolu; on retombe sur le cas particulier de la firme à dominante entrepreneuriale, même si la structure interne est un peu plus complexe. Il en va de même lorsque les droits de créance résiduels sont concentrés dans les mains d'un petit groupe d'actionnaires extérieurs; la solution consiste à leur confier le choix et la surveillance des décisions les plus importantes. Mais il n'en va pas de même lorsqu'on a affaire à des entreprises dont le capital est extrêmement dispersé. Réapparaissent en effet des coûts de mandat dont nous avons vu qu'ils sont quasiment irréductibles.

« Si malgré ces coûts d'agence, font alors remarquer les deux professeurs américains, la grande entreprise managériale s'est affirmée, *dans certains secteurs,* comme l'une des organisations dominantes de notre société industrielle, il faut en déduire que c'est tout simplement parce que, *dans ces activités,* les gains d'échelle et de risque que permet le régime de la société anonyme " ouverte " – en associant à peu de frais un très grand nombre d'apporteurs de fonds qui prennent chacun un risque limité – sont beaucoup plus importants (par exemple lorsqu'il s'agit de secteurs qui, pour des raisons technologiques ou autres, requièrent des investissements très lourds) que ce que la grande dispersion de son capital coûte à l'entreprise en termes d'efficacité. »

Mais, ajoutent les deux auteurs, ces grandes organisations privées n'ont pu se développer et conquérir sans cesse de nouveaux territoires que parce que, simultanément, la mise en place de hiérarchies internes fondées sur le principe de la séparation et de la décentralisation des fonctions de décision et de contrôle leur ont permis d'absorber des degrés croissants de complexité, sans pour autant avoir à subir des « coûts de transaction » devenus prohibitifs en regard des gains d'échelle que leur forme et leur taille permettent de réaliser.

« La séparation entre fonctions de " gestion " et fonctions de " contrôle ", ainsi que leur décentralisation interne – c'est-à-dire, en définitive, *la disparition de toute position centrale occupée par un entrepreneur au sens classique du terme* –, concluent Fama et Jensen, constituent l'un des facteurs explicatifs du succès et de la survie des grandes organisations industrielles privées. Ces systèmes de décision, avec leurs mécanismes complexes de pouvoir et de contre-pouvoir, comportent des coûts, mais apportent aussi d'inestimables avantages. La diffusion et la séparation des rôles de gestion et de contrôle ont pour avantage de favoriser une meilleure utilisation des connaissances humaines présentes dans l'organisation, tout en contribuant à résoudre les problèmes de délégation qu'entraîne la présence d'un actionnariat dispersé. Si ces organisations complexes ont survécu à la sélection concurrentielle du marché, au point de devenir la structure caractéristique de notre civilisation industrielle contemporaine, c'est tout simplement parce que les avantages qui découlent de l'appel à une épargne dispersée, ainsi que de la décentralisation des fonctions internes de décision, sont plus grands que les " coûts d'agence " qu'entraîne toute structure de ce type, y compris les coûts des mécanismes complexes mis en place pour la gérer. »

Conclusions

Les articles qui viennent d'être évoqués ont, pour la plupart, été écrits afin de montrer à quel point la théorie économique offre un outil efficace pour expliquer un grand nombre de phénomènes institutionnels internes à l'entreprise. S'il n'est pas question de réduire toute la réalité, notamment la réalité juridique, aux seuls éléments que privilégie l'analyse économique, on ne peut cependant manquer d'être impressionné par la très forte capacité de prédiction des modèles ainsi élaborés, même si ceux-ci ne débouchent pas encore sur une théorie de la firme parfaitement intégrée. Avec quelques outils conceptuels relativement simples, on réussit à expliquer une gamme extrêmement large de comportements, de pratiques, d'institutions sur l'origine et la nature desquels nous oublions souvent de nous interroger.

Ces analyses conduisent à quatre séries de conclusions fort importantes :

– Première conclusion : *il faut absolument cesser de raisonner par rapport à une forme « idéale » d'entreprise.*

Il n'existe tout simplement pas d'entreprise idéale mais une multiplicité de formes d'organisation différentes et variées reflétant la complexité et la variété des situations qui caractérisent notre univers économique. La firme de propriétaires et l'entreprise managériale ne sont que des cas particuliers mieux adaptés à telle ou telle circonstance, ou encore à tel ou tel secteur d'activité, à telle ou telle spécialité. Il est absolument impossible de déterminer à priori quelles seront, dans ces circonstances précises, la forme d'organisation la mieux adaptée, ainsi que la dimension « optimale » de la firme. Seul le libre fonctionnement du marché – c'est-à-dire la sanction de la libre concurrence – peut indiquer à postériori, par le seul fait que telle entreprise a survécu, quelle était historiquement la formule d'organisation la plus efficace. Il est donc proprement absurde de traiter la firme managériale comme s'il s'agissait de la dégénérescence d'une forme « parfaite », c'est seulement une forme *autre,* dont le développement s'explique par un contexte économique et social différent.

Rien ne nous garantit que, demain, des formes d'entreprise dont nous n'avons encore aucune idée, ou des formules pour l'instant très minoritaires, ne prendront pas

la place des grandes organisations qui dominent notre
univers industriel. Le capitalisme n'est pas une utopie
fondée sur la définition à priori d'un ensemble de structures idéales, mais une réalité évolutive et ouverte où
l'essentiel réside dans la liberté de la propriété et la
liberté des contrats – c'est-à-dire la liberté laissée aux
hommes d'imaginer, par eux-mêmes, les solutions les plus
appropriées aux problèmes d'organisation que leur pose le
caractère sans cesse changeant du milieu où ils vivent.

– La seconde conclusion concerne *le rôle essentiel que
joue cette institution centrale qu'on appelle la Bourse.*

Car il est clair que tout ce qui précède dépend de
l'existence d'un marché boursier bien développé, organisé, actif et vivant.

La Bourse n'est pas seulement un instrument de
collecte de l'épargne privée pour le financement des
entreprises (et à ce titre le gage de la survie d'un secteur
industriel privé qui ne soit pas aux ordres d'une bureaucratie gouvernementale ou bancaire); elle n'est pas seulement (chose pourtant essentielle) l'instrument indispensable qui permet à l'industrie de s'adapter aux évolutions
structurelles du marché (en jouant un rôle de baromètre
qui sert à orienter l'épargne des secteurs en perte de
vitesse vers les secteurs d'avenir). La Bourse est aussi,
grâce aux propriétés de son marché secondaire, le mécanisme qui permet aux sociétés capitalistes de résoudre les
problèmes de contrôle que pose la dilution croissante de la
propriété industrielle, sans avoir à remettre en cause le
principe fondamental de la liberté de la propriété et de la
libre entreprise.

Il est vrai qu'en France la Bourse joue malheureusement un rôle très réduit par rapport à la place qu'elle
occupe dans la société américaine – et donc que les
analyses que je viens de présenter sont mieux adaptées
aux structures industrielles et financières américaines
qu'à la réalité économique française. Il est vrai qu'en
France, très peu d'entreprises sont cotées en Bourse, et
donc que les disciplines décrites dans ce chapitre ne
s'appliquent qu'à une minorité (bien qu'on note
aujourd'hui certains changements heureux, notamment
depuis la création d'un second marché). Mais qu'est-ce

que cela prouve? A qui la faute? Si la discipline des mécanismes capitalistes est chez nous très atténuée, si nos institutions capitalistes ne sont pas aussi efficaces qu'on pourrait le souhaiter, ce n'est pas parce que les Français seraient, par nature, moins dynamiques et moins entreprenant que d'autres; c'est d'abord et avant tout à cause de la philosophie colbertiste de l'État. Dans un pays où la Bourse joue un rôle marginal, où l'actionnariat demeure pour l'essentiel un placement de père de famille ou une tradition réservée à quelques catégories sociales privilégiées, où le marché financier est étouffé par l'importance des prélèvements directs ou indirects que le Trésor opère sur les ressources d'épargne du pays, les dirigeants n'ont guère à craindre la vindicte de leurs actionnaires, ils peuvent continuer à dormir sur leurs deux oreilles, tout en poursuivant des politiques en contradiction avec ce qui devrait rester le but ultime de l'entreprise, la rentabilité.

On nous dit que cette situation justifiait les nationalisations. C'est tout le contraire. Si l'on veut remédier à cet état de choses, si l'on veut que l'industrie française fasse de nouveau preuve de dynamisme, il n'y a qu'une solution : non pas faire passer dans le giron de l'État les grandes entreprises, ou multiplier les faveurs financières distribuées en fonction de critères discriminatoires (souvent plus électoraux qu'économiques), mais libérer tous les circuits financiers; enlever à l'État ce droit de propriété qu'il s'est attribué sur l'affectation des ressources financières du pays, et dont Jean-Jacques Rosa et Michel Dietsch ont remarquablement décrit les rouages dans leur livre : *La Répression financière* [22]. Une telle libération rendrait vie à un marché des capitaux qui ferait plus pour discipliner les actions des managers privés que tout autre système fondé sur une vision angélique du rôle et de l'action de l'État. En sortant la Bourse française de sa léthargie provinciale, elle ferait davantage pour rendre les actionnaires plus solidaires des entreprises que n'importe quelle réforme visant à introduire prétendument plus de démocratie dans leur fonctionnement.

— Troisième conclusion : ces analyses nous montrent une fois de plus à quel point *le principe de la libre*

*tranférabilité – et par là même le principe de la liberté
des contrats – est vraiment l'attribut essentiel du droit de
propriété.*

Tous les rouages complexes évoqués au cours des pages
qui précèdent *n'ont été conçus ni inventés par personne.*
Pas même la Bourse. Ils sont le fruit spontané d'une
succession d'initiatives et d'expériences privées, lesquelles, progressivement, par un processus naturel d'essais et
d'erreurs, ont donné naissance à des comportements, des
savoirs, des pratiques et finalement des institutions qui
ont survécu et se sont développées parce qu'elles contri-
buaient à résoudre des problèmes collectifs dont leurs
initiateurs n'avaient pas nécessairement conscience.

Aucun esprit humain, à la recherche de solutions
« démocratiques » aux problèmes de contrôle posés par la
taille croissante des entreprises, n'aurait pu imaginer de
telles solutions dont l'efficacité repose en dernier ressort
sur la liberté des individus. Encore une fois l'une des
principales vertus des institutions de la propriété privée
est de faire en sorte que, spontanément, par le seul jeu des
intérêts individuels, le contrôle des ressources est réorienté vers ceux qui sont susceptibles d'en faire le
meilleur usage.

En conséquence, nous devons prendre bien garde à ne
pas briser, par des interventions intempestives, ce qui est
le moteur même des vertus adaptatives du système
juridique de la propriété privée. Par exemple, pour
justifier l'intervention de l'État dans certains secteurs
industriels, on prétend souvent que la technologie
moderne dépasserait les moyens financiers de la seule
propriété privée. Cet argument est sans valeur. Le problème n'est pas nouveau; il n'est pas propre à notre
époque. On aurait tout aussi bien pu l'invoquer – et il l'a
été – à l'époque de l'invention de la machine à vapeur, des
premiers ateliers textiles, des chemins de fer, de la
seconde révolution industrielle de la fin du XIXe siècle,
etc., – c'est-à-dire chaque fois qu'une série d'innovations
technologiques majeures faisaient franchir de nouveaux
seuils de dimension dépassant la capacité de gestion des
structures existantes.

Chaque fois, les hommes ont répondu à l'obstacle en
inventant de nouvelles structures d'organisation toujours

plus complexes, sophistiquées et performantes. C'est ainsi que sont nées les premières sociétés commerciales, les commandites, les sociétés en participation, puis la société anonyme. Toutes ces révolutions ont nécessité des ajustements juridiques pour réussir et se diffuser. Cependant, il serait faux de croire que ces formules institutionnelles sont d'abord et avant tout le produit d'une législation publique. La législation, le droit, ne précèdent jamais; ils ne font que suivre les pratiques que les hommes inventent pour résoudre leurs problèmes. Ce n'est pas le législateur qui a été à l'origine de ces évolutions, mais l'esprit inventif d'individus qui, confrontés à des problèmes à priori insolubles avec les techniques habituelles de leur époque, ont mis à profit les possibilités infinies d'innovation qu'ouvre le principe de la liberté contractuelle, pour mettre au point des mécanismes d'association et de coordination toujours plus performants et toujours mieux adaptés à une infinie variété de situations individuelles, dans des conditions de sécurité ou de division des risques auparavant inaccessibles. C'est toujours le même mécanisme de l'échange productif analysé au chapitre III qui est à l'œuvre : « Tu as des capitaux. J'ai une idée dont je suis persuadé qu'elle permettrait de donner à tes capitaux un rendement plus élevé que tout ce que tu es capable d'obtenir par tes propres moyens, ou dans le cadre de possibilités de placement plus conventionnelles. A moi de trouver une formule qui t'incite à me déléguer, plutôt qu'à d'autres, le contrôle des ressources financières qui sont ta propriété, et cela dans des conditions qui servent mieux tes intérêts que toutes les autres formules susceptibles de t'intéresser. »

Ce défi, nos ancêtres l'ont relevé un nombre incalculable de fois. Pourquoi ne ferions-nous pas preuve d'au moins autant de génie inventif? La seule et unique difficulté vient d'une législation de plus en plus directive et contraignante dont la conséquence est de réduire la diversité des expériences possibles. Sans l'alourdissement vertigineux de l'expropriation fiscale, sans l'empiétement toujours plus envahissant de l'État et de ses administrations sur nos droits de propriété individuels et sur notre liberté de contracter, nous nous montrerions sûrement aussi ingénieux et entreprenants que nos ancêtres dans l'agencement des liens contractuels qui déterminent le contrôle et le transfert des ressources financières. Encore une fois, les vrais problèmes ne se situent pas là où on les place habituellement.

– Quatrième conclusion : *ouvrir le droit des sociétés à la concurrence internationale.*

Il est vrai qu'il est difficile d'éviter toute intervention législative dans l'élaboration du droit des sociétés. En posant des règles du jeu, en codifiant et en normalisant des pratiques spontanées, le législateur peut faciliter le jeu des relations contractuelles privées dont il réduit les « coûts de transaction » – en leur offrant par exemple le support de « contrats types ». Plus nos structures d'organisation sont complexes, plus nos formules de placement sont diverses et variées, plus se posent des problèmes d'information qui expliquent le développement de l'activité législative. Cependant, il apparaît clairement que nous avons passé depuis longtemps le point limite à partir duquel la contribution du législateur entrave plus qu'elle n'aide et protège le libre choix des individus. Bien des problèmes que nous essayons de résoudre en voulant faire de nouvelles et meilleures lois proviennent en fait de l'excès législatif et réglementaire, car celui-ci empêche les gens de prendre eux-mêmes les initiatives qui leur permettraient d'imaginer et d'inventer de nouvelles formules de collaboration mieux adaptées aux exigences du jour.

Où faudrait-il alors fixer les limites de l'intervention législative et réglementaire?

Tout serait merveilleux si nous avions les moyens de connaître ce seuil. Mais, par définition, nous ne pourrons jamais le connaître. Par exemple, nous ne pourrons jamais déterminer quel peut être pour une entreprise donnée, ou pour un secteur d'activité déterminé, le statut juridique « optimal », car cela supposerait que nous ayions accès à des informations et à des connaissances que nous ne pourrons jamais avoir.

La solution consiste à « dénationaliser » le droit, en particulier le droit des sociétés – c'est-à-dire, par exemple, à offrir aux entreprises françaises la liberté de pouvoir choisir le statut qu'elles désirent adopter non seulement parmi l'ensemble des possibilités que leur offre le droit français, mais également l'ensemble des autres droits européens. Si le droit moderne est devenu ce qu'il est, un frein plus qu'une aide, c'est en raison du monopole dont l'État jouit traditionnellement en la matière. On n'a jamais vu un monopoleur ne pas abuser de son monopole à son profit. C'est ce qui se passe dans les affaires privées, c'est ce qui s'est passé dans les affaires publiques. La seule façon de détruire les excès de la législation consiste à détruire ce monopole.

On parle beaucoup de l'Europe. L'Europe passerait par la création d'une « société européenne », sorte de produit bâtard, obtenu par compromis et amalgame entre l'ensemble des droits européens. Mais quelle garantie avons-nous que ce droit européen répondra vraiment au besoin des entreprises? Cette vision unifiante n'est-elle pas tout le contraire de la flexibilité institutionnelle qui leur est indispensable dans un univers économique plus complexe et plus divers que jamais? Ne correspond-elle pas davantage à la logique homogénéisante et monolithique des fonctionnaires qui pensent plus à se faire plaisir, ou encore à défendre leur monopole, qu'à satisfaire réellement les entreprises aujourd'hui confrontées à de difficiles problèmes économiques ou sociaux?

La seule façon de découvrir quelles législations sont les mieux adaptées aux besoins des entreprises est de recourir, là aussi, à la logique du marché. Prospéreront les formules juridiques qui apportent réellement quelque chose aux agents économiques; péricliteront celles qui servent davantage à les pénaliser qu'à les aider à se montrer plus efficaces.

Notes

1. Voir le second tome de l'œuvre de Fernand BRAUDEL, *Civilisation matérielle, économie et capitalisme, XVe-XVIIIe siècle : Les Jeux de l'échange,* chap. IV, pp. 383-398.

La « société en commandite » est un système dans lequel on distingue la responsabilité de ceux qui gèrent la compagnie et la responsabilité de ceux qui se contentent d'apporter leur concours financier et qui entendent n'être responsables que de cet apport d'argent, sans plus. La caractéristique des sociétés en commandite est d'être à la fois des sociétés de personnes et des sociétés de capitaux, alors que la société par actions est seulement une société de capitaux. Dans cette dernière, le capital social forme une seule masse, comme soudée à la société elle-même. « Pour les historiens du droit, écrit le professeur Braudel, il n'y a de sociétés par actions véritables que lorsque lesdites actions sont non seulement cessibles, mais négociables sur le marché. A condition de ne pas être rigoureusement attentif à cette dernière clause, on peut dire que l'Europe a connu très tôt des sociétés par actions, bien avant la constitution de la Moscovy Compagnie en 1553-1555, la première des sociétés par actions anglaises connues, que d'autres ont probablement précédées de quelques années. »

2. Adolf A. BERLE et Gardiner C. MEANS, *The Modern Corporation and Private Property,* 1932. Partant des données dont ils disposaient sur les mouvements de concentration industrielle dans les années 1920, les deux professeurs américains prophétisaient qu'en 1969 200 entreprises contrôleraient l'intégralité de l'industrie américaine... Tous les ouvrages de J.K. Galbraith ne sont en fait qu'une extension des idées et thèses présentées par Berle et Means dans cet ouvrage. Pour une analyse du contenu et de l'influence exercée par ce livre, voir les articles des professeurs G. STIGLER, Claire FRIEDLAND, Douglass NORTH, Robert HESSEN et Nathan ROSENBERG dans *The Journal of Law and Economics,* juin 1983, qui publie les papiers présentés à une conférence de la Hoover Institution en novembre 1982, à l'occasion du quarantième anniversaire de la publication du livre.

3. Tout le procès fait à l'entreprise managériale repose d'abord sur l'idée implicite que le libre fonctionnement du marché conduit à un mouvement de concentration croissante de l'industrie. Cette idée est fausse. Nous disposons maintenant de statistiques suffisamment bien établies qui montrent, par exemple, que le degré de concentration de l'industrie américaine n'est pas significativement plus élevé qu'il n'était il y a cinquante ans, ou même qu'au début du siècle. C'est une illusion d'optique de croire que le développement des grandes entreprises contemporaines se traduit par une concentration croissante du pouvoir économique. Ne pouvant tout traiter, j'ai pris le parti de ne pas aborder cette question dans ce chapitre. Je renverrai le lecteur à l'article que j'ai publié dans les *Chroniques de la S.E.D.E.I.S.,* juillet 1984, où je résume le contenu d'un livre récemment paru aux États-Unis : Yale BROZEN, *Concentration, Mergers and Public Policy,* Ballinger, 1982.

4. Henry MANNE, « Mergers and the Market for Corporate Control », *Journal of Political Economy,* 1965, 73. Ce qui suit a été directement inspiré par un exposé du professeur Manne fait à l'université d'été de la nouvelle économie, Aix-en-Provence, septembre 1982.

5. Les techniques de prise de contrôle sont variées. On les classe généralement en deux groupes selon qu'elles passent ou non par le canal du marché boursier. Les procédés de prise de contrôle qui se situent en dehors du marché boursier recouvrent la fusion, la scission et l'apport partiel d'actifs. Ces trois modes de prise de contrôle requièrent l'accord préalable de toutes les parties concernées, c'est-à-dire des actionnaires majoritaires et minoritaires. La prise de contrôle par l'acquisition de titres sur le marché boursier peut s'effectuer par le canal de trois techniques différentes : le ramassage, les offres publiques d'achat ou d'échange de titres, et les cessions de blocs de contrôle. Ce que l'on

appelle *Proxy Fight* n'est pas autre chose qu'une bataille par laquelle certains groupes d'intérêts essaient d'obtenir le contrôle d'un maximum de délégations de vote données par des actionnaires absents aux assemblées générales.

6. Cf. Henry MANNE, « Economic Aspects of Required Disclosure under Federal Securities Laws », dans *Wall Street in Transition,* The Charles C. Moskowitz Lectures, New York University, 1974. Voir également *The Attack on Corporate America,* édité par Bruce Johnson, McGraw Hill, 1978.

7. En France, la législation contraint la société initiatrice d'une O.P.A. à offrir les mêmes conditions à tous les actionnaires de la société visée pendant une période légale de quinze séances en Bourse. Cette procédure dite de « maintien des cours » a été mise au point pour permettre aux petits actionnaires de se dégager, en cas de transfert du contrôle, au prix auquel l'actionnaire contrôlant l'a fait. Cette législation a pour conséquence de rendre la procédure de prise de contrôle très coûteuse par l'obligation qui est faite à la société initiatrice d'acquérir éventuellement beaucoup plus de titres que ne le justifierait une prise de contrôle. Dans son article, « Les Prises de contrôle ou le phagocytage financier » (*Banque,* avril 1978), M. FLEURIET conclut que la législation française ne favorise pas la police des firmes extérieures puisqu'il semble bien difficile d'enlever le contrôle d'une société sans l'accord explicite de ceux qui en ont le contrôle.

Pour une revue de la littérature économique récente concernant le rôle des O.P.A. dans la police du marché, cf. l'étude de Bertrand JACQUILLAT et Michel LEVASSEUR, *Signaux, mandats et gestion financière : une synthèse de la littérature,* Centre d'Enseignement supérieur des Affaires, 78350 Jouy-en-Josas, CR 224/1984. Une autre version a été publiée dans *Finance* (revue de l'Association française de finance), avril 1985, vol. 5, n° 1 (P.U.F.).

8. S. GROSSMAN et O. HART : « Corporate Financial Structure and Managerial Incentives », *Economic Theory Discussion Papers,* University of Cambridge, février 1980 ; « Disclosure Laws and Takeover Bids », *Journal of Finance,* 1980 ; « Takeover Bids, The Free Rider Problem and the Theory of Corporations », *Bell Journal of Economics,* 1980. Pour un exposé du modèle de Grossman et Hart, voir JACQUILLAT et LEVASSEUR, *op. cit.* Ceux-ci concluent que « le souci d'équité et de protection des actionnaires minoritaires (qui caractérise la législation française) n'est pas de l'intérêt de la société dans son ensemble. La législation devrait faire en sorte que les actionnaires puissent décider eux-mêmes de la grandeur du coefficient de dilution ; par ailleurs elle devrait faire en sorte de minimiser le coût (des opérations de prise de contrôle) ». A leurs yeux, la notion d'actionnaire minoritaire qui caractérise la législation sur les prises de contrôle relève davantage du subjectivisme que de la réalité objective. A titre d'exemple, expliquent-ils, la clause de dilution peut consister en compensations salariales anormalement élevées attribuées à l'intérieur de l'O.P.A., une fois celle-ci réussie, la possibilité qu'il a de revendre tout ou partie des actifs de la société achetée par O.P.A. pour un prix inférieur à leur prix de marché à une tierce société qu'il détient ; la possibilité pour l'initiateur de vendre la production de la société acquise à une société qu'il détient pour un prix de cession interne inférieur au prix de marché.

9. A. ALCHIAN et G. ALLEN, *University Economics*, Prentice Hall, 3e ed. 1974.

Né en 1914, Armen Alchian est professeur d'économie à l'université de Californie (Los Angeles) depuis 1946. Longtemps associé aux travaux de la Rand Corporation où il travailla aux côtés de Reuben Kessel, de Jack Hirschleifer (théorie de l'information et du risque), et de William Meckling (théorie du contrôle des organisations), il est généralement considéré, avec Ronald Coase et Aaron Director, comme l'un de ceux qui, à la fin des années 1950 et au début des années 1960, ont conçu les fondements de la nouvelle théorie économique des droits de propriété.

10. Les citations et analyses qui suivent sont tirées d'une série d'articles reproduits dans A.A. ALCHIAN, *Economic Forces at Work*, Liberty Press, Indianapolis, 1977.

11. Pour un développement de cette idée, voir Harold DEMSETZ, « The Structure of Ownership and the Theory of the Firm », *The Journal of Law and Economics*, juin 1983.

12. M. JENSEN et W. MECKLING, « Theory of the Firm : Managerial Behavior, Agency Costs and Ownership Structure », *Journal of Financial Economics*, 1976, 4.

13. Pour une présentation de ces théories « sociologiques » de l'entreprise, voir l'article de Claude CHAMPAUD : « Prospective de l'entreprise », dans la revue *Connaissance politique*, février 1983, n° 1, éditée par le professeur Francis Paul Bénoit.

14. Sur les différentes clauses restrictives généralement utilisées, voir JACQUILLAT et LEVASSEUR, *op. cit.*, p. 59 sqq. Ces auteurs font remarquer que les clauses figurant dans les contrats obligataires américains et, plus généralement, dans les contrats de prêts sont beaucoup plus nombreuses qu'en France. Ceci, expliquent-ils, tient au fait que le droit français des sociétés est davantage législatif et réglementaire tandis que le droit américain est davantage contractuel et jurisprudentiel. Ils montrent également comment cette analyse permet d'expliquer l'existence d'actifs financiers particuliers tels que *les obligations convertibles* et *les obligations à bons de souscription* que la théorie financière traditionnelle a du mal à justifier. « De tels actifs, remarquent-ils, se justifient dans le cadre de la théorie de l'agence dans la mesure où ils permettent d'atténuer les conflits potentiels entre actionnaires et obligataires et de réduire les coûts de mandat. » C'est ainsi qu'on démontre également l'utilité des *clauses de remboursement anticipé*. En France, le cadre législatif des contrats de prêts résulte de la loi du 22 juillet 1966 sur les sociétés commerciales. Jacquillat et Levasseur identifient trois grandes catégories de clauses restrictives figurant dans les contrats obligataires (ou imposées par la législation) : les premières concernent les politiques de production et d'investissement des firmes (restrictions quant aux possibilités de prises de participation dans d'autres firmes, limitation de la discrétion avec laquelle les dirigeants peuvent disposer des actifs, restrictions aux possibilités de substitution d'actifs ayant une variance plus élevée, clauses de nantissement, limitation des possibilités de fusion, obligation de respecter certaines normes comme par exemple le maintien du fonds de roulement au-dessus d'un certain niveau...); les secondes concernent la politique de dividendes (restrictions quant au versement de dividendes prenant la

forme d'une relation de flux de fonds qui limite le dividende maximum payable à un stock de liquidités défini d'une manière précise); quant aux troisièmes, elles sont constituées par des clauses restrictives quant à l'émission subséquente de nouvelle dette (interdiction de tout endettement supplémentaire si certains ratios sont dépassés).

En ce qui concerne les clauses de convertibilité des actions, ils remarquent qu'une telle disposition réduit l'incitation des actionnaires à faire des substitutions d'actifs qui accroissent la variabilité des résultats de la firme.

De la même façon, l'inclusion d'une clause de remboursement anticipé permet de résoudre les problèmes d'asymétrie de l'information, celui de la substitution d'actifs en faveurs d'actifs plus risqués et celui de l'investissement sous-optimal.

Enfin, ils montrent comment le développement d'une formule comme le *crédit-bail* peut également s'expliciter dans le cadre de cette théorie des coûts d'agence.

15. Cf. Ross L. WATTS et Jerold L. ZIMMERMAN, « Agency Problems, Auditing, and the Theory of the Firm : Some Evidence », *The Journal of Law and Economics,* octobre 1983. Cet article essaie de tester les hypothèses de Jensen et Meckling en racontant le développement des méthodes et techniques de contrôle comptable depuis l'apparition des premières formes sociétaires. Il apparaît clairement que les premières formes d'audit naissent avec les premières sociétés.

16. Cf. Ejan MACKAAY, *Economics of Information and Law,* Kluwer Nijhof, 1982, chap. VIII, pour une bonne présentation de la théorie économique du risque appliquée aux institutions.

17. *Journal of Political Economy,* 1980, 82, 2.

18. On pourrait reformuler le problème en disant : « L'entreprise dispose de certains " avoirs " (l'actif du bilan). Mais ces avoirs ont pour contrepartie des dettes (le passif), *dont le capital,* qui ne se différencie des autres dettes que par ses conditions de remboursement (en dernier, à la dissolution de l'entreprise). Autrement dit, la propriété du capital confère aux actionnaires un titre de créance sur l'entreprise, et non pas un titre de propriété sur chaque élément de son actif. » Remarque due à Pierre Vilarem de l'Institut de l'entreprise.

19. Fama définit ainsi les trois conditions qui sont nécessaires et suffisantes pour que le marché du travail puisse jouer un tel rôle. Il faut d'abord que les capacités des dirigeants et leur tendance à utiliser leur position pour améliorer leur consommation personnelle ne soient pas connues avec certitude et soient susceptibles d'évoluer avec le temps. Ensuite que pour accomplir ce travail d'évaluation, le marché du travail soit efficient du point de vue de l'information comme le sont les marchés des capitaux, c'est-à-dire que toute l'information passée et présente soit efficacement utilisée pour évaluer le prix du capital. Enfin que la révision des salaires se fasse suivant le processus suivant : les compensations financières de dirigeants sont fixées périodiquement en fonction de leur contribution anticipée, mais leur contribution anticipée est fonction de l'ensemble de leurs contributions passées. Cf. JACQUILLAT et LEVASSEUR, *op. cit.,* p. 84. « L'apport de Fama, concluent-ils, a le mérite d'introduire le jugement du marché du travail et un traitement multipériodique généralement absent des analyses présentées et qui n'en est encore qu'à ses balbutiements. Ainsi le fonctionnement du marché

des dirigeants constitue l'un des ingrédients permettant d'expliquer la survivance de la grande entreprise comme forme moderne d'organisation, caractérisée par un actionnariat diffus et la séparation de la propriété et du contrôle. »

20. Cf. Eugene F. FAMA et Michael C. JENSEN, « Separation of Ownership and Control » dans *The Journal of Law and Economics,* juin 1983. Voir également dans le même numéro leur autre article co-signé : « Agency Problem and Residual Claim ».

21. Une petite entreprise spécialisée dans la mise au point et le développement de produits à haute technologie peut être considérée comme une entreprise à caractère complexe, en ce sens que les connaissances et les savoir-faire qui constituent son capital humain représentent une somme d'informations qui sont non seulement largement décentralisées (au niveau des ingénieurs et des techniciens), mais qui sont également extrêmement compliquées à communiquer et à diffuser auprès de ceux qui occupent les échelons de décision les plus élevés. A l'inverse, une entreprise spécialisée dans la gestion de fonds communs de placement, par exemple, même si elle est très grande en termes de capitaux, est une firme à faible complexité dans la mesure où l'essentiel des informations spécifiques sur lesquelles repose son fonctionnement peuvent être sans difficulté détenues et partagées par les quelques décideurs clés qui la gèrent.

22. Michel DIETSCH et Jean-Jacques ROSA, *La Répression financière,* Bonnel, 1982.

VI

La propriété et le pouvoir. I

Le piège de la « démocratie économique »

Le dépôt de bilan du groupe Creusot-Loire, en juin 1984, a été une aubaine pour le pouvoir socialiste. Des erreurs de gestion à répétition, des dirigeants quasiment inamovibles, la chute de Creusot-Loire, dit-on, prouve que les mécanismes invisibles du marché ne fonctionnent pas de façon aussi automatique que se l'imaginent les théoriciens en chambre du capitalisme libéral. Il faut donc bien que l'État s'en mêle pour éviter que les dirigeants des entreprises ne fassent payer à la nation et aux travailleurs le prix de leurs erreurs. Un peu plus de deux ans après le vote de la loi sur les nationalisations, les socialistes ne pouvaient rêver meilleure justification.

Le seul dans la presse à avoir bien perçu la nature du problème posé par l'affaire Creusot-Loire a été Albin Chalandon, l'ancien président du groupe Elf-Erap :

« L'entreprise, écrit-il dans *Le Figaro* du 3 juillet 1984, a d'abord été victime de la procédure d'autocontrôle, détestable pratique d'un certain capitalisme français qui empêche le renouvellement des propriétaires et des dirigeants lorsque l'entreprise est mal gérée. Le capitalisme digne de ce nom établit une concurrence réelle non seulement des produits, mais aussi entre les détenteurs du capital et du pouvoir dans les entreprises. Lorsque, aux États-Unis, une entreprise périclite, ou simplement décline du fait d'une mauvaise gestion, elle est rachetée par ceux – particuliers ou entreprises – qui estiment possible de la

---

* Les notes de ce chapitre commencent p. 244.

redresser en mettant à sa tête une équipe plus compétente. Le marché de la propriété et du management des entreprises est aussi ouvert, fluide et dynamique que celui des biens qu'elles fabriquent. Ce renouvellement permanent, ou simplement sa menace, garantissent le dynamisme du capitalisme américain : personne n'a le temps de s'endormir ni, à plus forte raison, d'accumuler les erreurs; la sanction vient avant qu'il ne soit trop tard. »

Marché de la propriété, marché du management..., on retrouve les grands thèmes de l'analyse développée au chapitre précédent.

Libérer l'épargne, rendre aux marchés financiers leur véritable vocation concurrentielle, remettre les mécanismes de la Bourse à la place centrale qui devrait être la leur dans un pays ayant de grandes ambitions industrielles, telle est la seule politique qui permettrait de redonner au pouvoir économique la fluidité nécessaire à un renouvellement approprié de ses gestionnaires. Mais ce n'est pas ainsi que l'entendent la majorité de nos concitoyens. Pour un grand nombre d'entre eux, la solution passerait par l'élargissement de ce qu'ils appellent la « démocratie économique » – terme générique derrière lequel se cache l'idée qu'il ne saurait désormais y avoir de véritable démocratie sans un accroissement de la participation directe des travailleurs au contrôle et à la gestion de leurs entreprises, voire à la désignation de leurs dirigeants.

Actionnariat, intéressement, codétermination, cogestion, autogestion et même nationalisation..., les idées ne manquent pas. Que faut-il penser des différentes formules de « démocratisation » proposées par les uns et les autres, des plus anodines (en apparence) aux plus radicales? Que faut-il attendre de tous les projets qui, d'une manière ou d'une autre, visent à réformer, voire à remettre en cause, le droit traditionnel de la propriété dans l'entreprise?

Bien qu'elle ne puisse à elle seule épuiser le sujet et régler toutes les questions, l'analyse économique des droits de propriété a au moins l'avantage d'introduire dans le débat une rigueur qui fait trop souvent défaut. Elle suggère que le véritable problème n'est pas de réduire encore davantage les droits de la propriété par l'instauration de nouvelles contraintes, mais au contraire de « libéraliser le droit » de manière à rendre les gens plus libres d'explorer de nouvelles voies d'association.

Un pari perdu d'avance : la nationalisation

Deux économistes suisses et un professeur canadien (Werner Pommerehne, Friedrich Schneider et Thomas Borcherding) ont récemment dressé un bilan de l'ensemble des études qui, dans divers pays, comparent l'efficacité relative des entreprises publiques et privées. Leurs résultats sont sans ambiguïté. Toutes ces études confirment clairement que les firmes publiques se caractérisent par des coûts de gestion plus élevés que leurs concurrents ou homologues privés. Sur une cinquantaine de cas étudiés, les recherches n'en font apparaître que trois où une entreprise publique fonctionne avec des coûts plus faibles que les entreprises privées concurrentes du même secteur et cinq où il semble n'y avoir aucune différence [1].

Les adversaires des nationalisations en France invoquent généralement la formidable détérioration financière intervenue depuis 1981 dans les comptes des entreprises nationalisées, comme preuve de leur échec. A l'inverse, les socialistes se retranchent derrière les quelques exemples d'entreprises publiques qui semblent être des réussites industrielles (Renault – avant 1984 –, la S.N.I.A.S....) pour expliquer que, même si à l'étranger les expériences de nationalisation se sont presque toujours soldées par des échecs, « en France, c'est différent » [2]... En réalité, ni les uns, ni les autres ne sont convaincants et ne démontrent ce qu'ils veulent démontrer. Ce n'est pas à la seule lecture de deux ou trois bilans annuels que l'on peut juger de l'échec des nationalisations, même si à terme il paraît assuré. Seule une comparaison exhaustive, portant sur un très grand nombre de cas pris dans plusieurs pays et de secteurs d'activité différents, peut établir une conviction scientifique. Depuis quelques années, un réseau international de chercheurs travaille sur un tel programme. Les difficultés méthodologiques sont immenses, les controverses nombreuses. Il n'en reste pas moins qu'on dispose maintenant d'un ensemble de données suffisant pour considérer que la thèse des économistes sur la moindre efficacité économique de la propriété publique se trouve expérimentalement vérifiée.

La raison pour laquelle l'entreprise publique est une forme de propriété moins efficace que la propriété privée est simple. Elle tient au contexte institutionnel propre à ce genre de firme – c'est-à-dire aux particularités du système de motivations et de sanctions au sein duquel évoluent ceux qui, dans l'entreprise, ont la responsabilité d'organiser et de gérer le travail des autres. Il s'agit, ainsi que le résume le professeur britannique Jack Wiseman, « d'un fait qui ne doit rien aux hommes ni à leurs qualités professionnelles, mais qui est inhérent à l'entreprise publique en tant que forme particulière d'organisation économique [3] ».

Nationaliser, c'est transférer la propriété des entreprises à l'État, c'est-à-dire, en théorie, aux électeurs. Et ce sont ces électeurs qui se retrouvent « actionnaires » de ces entreprises. En principe, rien de plus « démocratique »... Mais ces « actionnaires » ne sont pas des actionnaires comme les autres. La propriété dont ils se trouvent ainsi investis est une propriété collective – c'est-à-dire *indivise* et *non négociable*. Une propriété que l'on ne peut pas librement revendre à d'autres, même si on en a le désir.

Regardons les conséquences de ce mode particulier de propriété. Être efficace, c'est produire aux coûts les plus bas possible, afin de laisser davantage de ressources à la satisfaction d'autres besoins. Et c'est le rôle des managers et de l'encadrement de l'entreprise d'y veiller. Mais atteindre un tel résultat n'est ni facile, ni nécessairement agréable pour ceux qui en ont la responsabilité. Contrôler les coûts implique de savoir dire non aux demandes de multiples collaborateurs qui ont généralement de bonnes raisons de les avancer. C'est donc une tâche ingrate qui exige de sérieuses motivations.

Dans l'entreprise privée, cette motivation vient de la présence d'actionnaires dont le revenu est constitué par le profit – c'est-à-dire ce qui reste une fois que tous les autres partenaires de l'entreprise ont reçu leur dû. Si l'ensemble de ces charges n'est pas couvert par les recettes, le profit disparaît et, du même coup, la rémunération de l'actionnaire. Parce qu'ils sont les derniers à pouvoir se servir sur les ressources de l'entreprise, les actionnaires ont la motivation la plus forte à s'assurer que les responsables de la gestion remplissent leur tâche de la façon la plus efficace possible. C'est pourquoi, ainsi que nous l'avons vu, le droit reconnaît aux actionnaires le privilège de désigner les dirigeants de la firme et de les remplacer si besoin est.

Certes, ce mécanisme n'est pas parfait. Lorsque les actionnaires sont très nombreux, aucun n'a vraiment intérêt à surveiller de près ce qui se passe dans l'entreprise. Mais la caractéristique du régime juridique de la liberté des contrats est, nous l'avons vu, d'avoir permis l'émergence spontanée de mécanismes grâce auxquels, ce que l'actionnaire ne trouve pas intérêt à faire lui-même, d'autres le font pour lui. Ce sont tous les professionnels et spécialistes ou intermédiaires des marchés boursiers et financiers dont l'activité consiste à conseiller les actionnaires et à leur fournir les informations dont ils ont besoin pour gérer au mieux leurs intérêts. S'appuyant sur des techniques d'analyse sophistiquées, dans lesquelles aucun actionnaire individuel n'aurait personnellement eu intérêt à investir, ces agents guettent chaque jour le moindre renseignement sur la vie des entreprises, leur gestion, leurs investissements, leurs projets, leurs résultats... Qui plus est, ils ont un intérêt très direct à veiller à ce que la moindre information leur parvienne et soit transmise aux actionnaires, car c'est de l'efficacité de leur travail de surveillance et de renseignement que dépend leur propre prospérité. Conséquence : même si les entreprises ne sont pas gérées d'une manière absolument parfaite, même s'il y a des scandales et des erreurs, ce système de propriété donne les résultats les meilleurs possible, compte tenu des difficultés qui apparaissent inévitablement dès lors que l'on fait appel à des modes de division du travail impliquant le recours à des processus de délégation de pouvoir.

La particularité du passage à la propriété publique est de faire disparaître ces mécanismes. Prenons ces « actionnaires » tout théoriques que sont les électeurs. En principe, leur position n'est pas fondamentalement différente de celle des milliers, voire des centaines de milliers d'ac-

tionnaires privés que comptent les grandes sociétés anonymes. Qu'ils soient plusieurs millions ne change pas
grand-chose à leur position relative. Le gain que chacun
peut réaliser en veillant à ce que la firme soit gérée de la
meilleure façon possible est négligeable. Dans un cas
comme dans l'autre, on est dans une situation classique de
« bien collectif » : personne n'étant « propriétaire » des
gains qui peuvent résulter de ses activités de surveillance
et devant partager ceux-ci avec tous les autres actionnaires, personne n'a intérêt à se préoccuper personnellement
de ce qui se passe dans l'entreprise.

Il y a pourtant une différence essentielle : dans l'entreprise publique l'action dont on est théoriquement propriétaire n'est ni librement ni volontairement négociable.
Conséquence : il n'y a plus de marché. Plus personne ne
pouvant, par la vente ou l'achat d'actions, tirer un profit
immédiat des renseignements que véhicule le marché,
l'information se raréfie. Elle se réduit à ce que chacun
peut absorber sans effort en lisant chaque matin ou
chaque soir, son quotidien préféré. Rien à voir avec ce
flux permament, toujours renouvelé, raffiné et enrichi,
alimenté par un marché où s'opèrent chaque jour des
millions de transactions, décanté et analysé par les
milliers de spécialistes dont c'est le métier de passer au
crible les décisions des dirigeants d'entreprise. Tel est le
drame de la propriété publique : en rendant impossible
la présence d'un marché décentralisé de la propriété et
en empêchant l'émergence d'un système de prix libres
synthétisant à tout instant l'ensemble des informations
acquises de façon dispersée, on se prive du seul mécanisme qui permettrait *à tous* d'accéder aux avantages
d'une intelligence « collective » transmettant une somme
d'informations sans commune mesure avec ce que peuvent rassembler quelques individus même supérieurement
organisés.

Il est vrai que les firmes publiques restent soumises à
toute une gamme de contrôles : contrôle des membres du
conseil d'administration, désignés par les pouvoirs
publics, élus par les travailleurs, ou représentants de
collectivités particulières; contrôle politique des ministè-
res, du Parlement, du président de la République, des
conseillers du président; contrôle administratif d'organis-

mes comme la Cour des comptes, etc. Mais cela ne change rien au problème.

Prenons les membres du conseil d'administration. Écartons la question des compétences professionnelles. Dans l'entreprise privée, les administrateurs ne sont pas seulement les représentants des actionnaires. Ce sont des gens qui ont eux-mêmes un intérêt personnel très directement lié à la prospérité de la firme, qu'il s'agisse de leur propre patrimoine s'ils sont actionnaires, ou de leur carrière s'ils siègent en tant que représentants d'autres intérêts industriels ou financiers (fonds de placement institutionnels, créanciers importants, banquiers...). Dans l'entreprise nationalisée, les choses sont très différentes. L'entreprise étant la « propriété de la nation », il est exclu qu'aucun des administrateurs puisse y avoir un intérêt financier quelconque. Pour les représentants des pouvoirs publics, les critères de désignation sont naturellement politiques : la fidélité et la conformité aux choix politiques du pouvoir comptent plus pour leur carrière future que leur efficacité de gestionnaires. Lorsqu'il s'agit de personnalités dites « indépendantes », leur nomination est moins souvent un tremplin que le couronnement d'une activité précédente, la récompense de services passés. Quant aux représentants des salariés, ils sont, comme dans l'entreprise privée, partagés entre deux préoccupations contradictoires : profiter de leur situation pour obtenir le maximum d'avantages immédiats (afin de mieux préserver leur mandat contre la concurrence d'autres syndicats ou d'autres candidats), mais aussi ne pas trop mettre en danger la survie de l'entreprise, et donc leur emploi et leur salaire de demain. Mais il y a une différence importante (même si elle tend à s'estomper) : le fait même que l'entreprise soit nationalisée apporte aux travailleurs la quasi-certitude qu'en cas de difficultés les pouvoirs publics n'hésiteront pas à puiser dans les deniers du contribuable pour combler, au moins pendant un certain temps, les trous. On ne saurait donc attendre du conseil d'administration d'une entreprise nationalisée qu'il accorde autant de poids aux considérations économiques qu'une firme privée – même dans le cas exceptionnel où le pouvoir politique lui fixerait très expressément cet objectif.

Quant aux contrôles extérieurs, eux non plus ne sauraient être aussi efficaces, pour la bonne raison qu'on ne peut exiger d'un fonctionnaire – même parfaitement indépendant – qu'il se montre capable d'assurer par lui-même toutes les fonctions informatives complexes que rassemble et remplit la main invisible du marché. Un juge de la Cour des comptes, ou un membre d'une mission parlementaire, peuvent à la rigueur vérifier que les dirigeants d'une entreprise ne gaspillent pas de façon éhontée les ressources dont ils ont la responsabilité; qu'il n'y a pas de fraude ni d'abus caractérisé. Mais, pour la collectivité, l'important n'est pas là. Ainsi que nous l'avons souligné à plusieurs reprises, il est de vérifier que les dirigeants font bien tout ce qui est en leur pouvoir pour obtenir de leurs collaborateurs la recherche des coûts de production les plus bas possible. Or, on ne peut pas le déterminer par le seul examen des comptes internes de l'entreprise, ni par une enquête d'audit approfondie. Même en supposant que les enquêteurs aient accès à toutes les pièces et informations disponibles (ce qui est loin dêtre évident), qu'ils aient eux-mêmes une bonne connaissance de ce qui se fait dans l'industrie et chez les entreprises concurrentes (ce qui n'est pas non plus évident), il leur manquera toujours un élément essentiel : l'expertise « collective » du marché dont la caractéristique est de synthétiser en un prix abstrait, mais accessible à tous à peu de frais, infiniment plus d'informations et de renseignements sur les conditions relatives de production et de gestion qu'un homme seul ou même une équipe ne pourraient en collecter.

Imaginons même que des êtres humains puissent en savoir autant que ce que reflète l'intelligence collective du marché, reste le problème de l'utilisation de ces informations. Lorsqu'il y a propriété privée, information et sanction vont de pair. La liberté dont l'actionnaire privé dispose pour vendre ses titres de propriété sur un marché où le cours des actions reflète la valeur que des spécialistes accordent à la qualité de gestion des équipes managériales en poste, impose de sérieuses contraintes aux dirigeants; ceux-ci ne peuvent longtemps négliger l'intérêt financier de leurs actionnaires sans courir le risque de se faire éliminer et par là, de nuire à leur carrière future. Il n'en va pas de même dans la firme publique où, au contraire,

contrôle, information et décision – c'est-à-dire sanction –
sont totalement dissociés :

> « (Non seulement) l'information est généralement beaucoup
> plus difficile à acquérir, remarque Jean-Jacques Rosa, même
> pour les bureaucrates chargés de surveiller la gestion des
> entreprises publiques, du fait de l'absence de marchés boursiers
> capitalisant instantanément les conséquences de toute informa-
> tion affectant l'avenir de la firme ; (mais) même s'ils disposaient
> de ces informations, les propriétaires théoriques de l'entreprise
> publique que sont les électeurs ne pourraient en faire aucun
> usage utile puisqu'ils sont privés du droit de revendre le titre de
> propriété dont ils sont en principe les détenteurs [4]. »

Conséquence : les dirigeants des entreprises publiques
disposeront toujours d'une plus grande liberté pour interpréter à leur avantage les impératifs de gestion, que leurs
homologues privés.

C'est pour toutes ces raisons – information inadéquate,
contrôles atténués, sanctions floues et lointaines – que les
entreprises publiques sont économiquement moins efficaces, et qu'elles fonctionnent en payant pour leurs salaires,
leurs fournitures, leurs équipements, beaucoup plus qu'elles ne l'accepteraient si elles étaient soumises aux règles
de la gestion privée. Et c'est la collectivité qui paie la note
par moins de productivité, un niveau de vie plus faible et
un sous-emploi plus important.

Conclusion : justifier les nationalisations par l'idée
qu'elles apporteraient au pays un supplément d'efficacité
– et donc de croissance économique – est une contre-
vérité qui relève de l'intoxication idéologique. Il s'agit
d'une impossibilité liée aux conditions mêmes d'organisation des droits de propriété au sein de la firme publique [5].

La propriété publique n'est qu'une forme archaïque de
propriété qui implique des coûts de contrôle et des « coûts
d'agence » extrêmement élevés, alors même que toute
l'histoire de la propriété privée s'identifie à un mouvement permanent de progrès et d'innovation pour les
réduire. Par ailleurs, elle s'analyse comme un recul de la
véritable « démocratie économique », dans la mesure où
son extension aboutit à priver les citoyens d'une richesse
considérable d'informations et de renseignements sur la

façon dont sont gérées leurs entreprises. Si la transparence est la condition première de la démocratie, c'est exactement à l'opposé que conduit la propriété publique.

La codétermination ou le chemin de l'irréversible...

L'Allemagne connaît la « cogestion » depuis maintenant plus de quarante ans. La première loi introduisant la cogestion dans les entreprises minières et sidérurgiques de plus de 1 000 personnes date de 1951 : elle impose un conseil de surveillance de 11 membres, dont 5 sont nommés par le collège des actionnaires, 5 par les salariés, cependant que le onzième est conjointement élu par les représentants des deux collèges; qui plus est, elle prévoit que les syndicats auront un droit de veto sur la désignation du membre du directoire chargé des relations sociales. En 1952, une seconde loi (amendée en 1972) impose le régime de la « codétermination » à toutes les entreprises allemandes de plus de 500 salariés, à l'exception des firmes familiales : leur conseil de surveillance doit obligatoirement comprendre un tiers de personnalités élues par les employés. En 1976, le principe de la « cogestion » est étendu à toutes les entreprises de plus de 2 000 personnes, quoique sous une forme quelque peu amendée par rapport à la loi de 1951 (toujours en vigueur dans les charbonnages et la sidérurgie) : sur un effectif total de 12 membres, le conseil de surveillance doit compter 4 membres élus directement par le personnel, plus 2 autres personnes désignées par les syndicats [6].

Au Danemark, une loi de 1973 prévoit que toute entreprise de plus de 50 personnes doit nécessairement avoir dans son conseil d'administration deux personnes élues par les salariés. Même chose en Suède, à la seule différence que ce sont les syndicats qui désignent ces deux administrateurs. En Norvège, la législation impose la présence d'un tiers de représentants élus par les salariés dans les entreprises de plus de 200 personnes. Dans les entreprises de 50 à 200 salariés, ceux-ci se voient reconnaître le droit d'obtenir la participation par référendum.

En Irlande, depuis 1977, les salariés doivent détenir un tiers des sièges des conseils d'administration (toutefois il est prévu que les administrateurs ainsi désignés ne peuvent pas prendre part aux votes concernant des questions d'emploi, la politique des salaires, les conventions collectives). Même le petit Luxembourg prévoit la présence d'un tiers de représentants des salariés dans les entreprises de plus de 1 000 personnes.

La participation statutaire de représentants des salariés dans les instances de décision des entreprises est ainsi une formule qui tend à se répandre, même si c'est sous des formes institutionnelles variées. On sait que la Commission de Bruxelles y est favorable et que, dans ses efforts pour définir un statut européen des sociétés, elle aimerait que celui-ci s'inspire de la « codétermination » allemande. Même aux États-Unis, patrie du capitalisme, se développe un courant politique qui réclame du Congrès le vote d'une législation imposant la participation obligatoire.

Que faut-il en penser? Faut-il vraiment y voir, comme l'exprimait l'ancien chancelier Willy Brandt un « progrès décisif dans le processus de démocratisation de notre société »? S'agit-il seulement d'un perfectionnement limité qui ne remet pas en cause les fondements d'une société de libre entreprise, ou, au contraire, d'une réforme qui risque de déclencher un engrenage menant, à notre insu (mais pas à celui de ses adeptes et de ses avocats, souvent marxistes), à un bouleversement de nos structures de propriété beaucoup plus profond que ce qu'anticipent généralement ses promoteurs les plus raisonnables?

Paradoxalement, on ne dispose que de rares études essayant d'apprécier quels peuvent être les effets de tels systèmes participatifs sur la marche de l'économie et le fonctionnement de la société. Même la cogestion allemande, malgré son ancienneté relative, n'a pas encore inspiré de véritables recherches scientifiques. Tout ce que les partisans de la codétermination ont à nous proposer ne dépasse pas le stade de l'argument *ad hoc* appuyé sur de vagues considérations d'ordre psychologique ou métaphysique. Le plus souvent, le débat ne dépasse pas le niveau de la justification idéologique fondée sur des enquêtes d'opinion qui, d'un point de vue méthodologique, ne démontrent rien.

La seule exception vient des économistes anglo-saxons qui, il y a une quinzaine d'années, ont joué un rôle pionnier dans l'analyse de l'autogestion yougoslave. Nous disposons maintenant de quelques études appliquant à la codétermination la rigueur et la logique du raisonnement économique. En France, sous les auspices de l'Institut économique de Paris, le professeur Pascal Salin a publié récemment une brochure résumant l'essentiel de leurs arguments [7].

Verdict : loin d'être une réforme anodine, la codétermination, sous quelque forme légale qu'elle se présente, est un système institutionnel « instable » conduisant presque inévitablement à la remise en cause de l'ensemble des règles du jeu qui caractérisent encore les sociétés occidentales dites capitalistes.

> « Parce qu'elle touche au double principe fondamental de la liberté de la propriété et de la liberté des contrats, et qu'elle contraindrait les entreprises à adopter des modes de gestion autres que ceux qu'elles auraient adoptées si on leur en laissait le libre choix, la codétermination a toutes chances de conduire à des résultats dont les victimes seront précisément tous ceux au nom desquels certains veulent imposer à tous *leur* conception de la démocratie industrielle. [8] »

La raison de ce verdict n'est pas difficile à identifier. Toute décision prise aujourd'hui concernant l'usage d'une ressource affecte la valeur future de cette ressource, en plus ou en moins. La particularité du régime de la propriété privée est que le détenteur d'une ressource est celui qui supporte l'intégralité des conséquences que les décisions prises quant à son usage ont sur sa valeur future. La caractéristique d'un tel système est qu'il conduit, par le libre jeu des intérêts individuels, à affecter les ressources disponibles aux usages les plus bénéfiques pour la société.

La difficulté de la codétermination vient de ce qu'elle introduit un divorce entre la prise de décision et ses conséquences – du moins pour ceux des administrateurs qui doivent leur contrat non pas à une délégation de pouvoir volontaire et librement révocable à tout instant, donnée par les actionnaires de l'entreprise, mais aux contraintes de la législation qui impose à ces actionnaires, que cela leur plaise ou non, de déléguer l'exercice d'une part de leurs pouvoirs à des représentants désignés par le personnel ou les syndicats. Alors que la valeur du patrimoine personnel placé dans l'entreprise par les actionnaires est automatiquement affectée par toute décision dont l'effet est de réduire l'espérance de rentabilité future, il en va différemment des salariés et de leurs représentants statutaires. La valeur de leur force de travail ne dépend pas nécessairement de la rentabilité future de l'entreprise dans laquelle ils se trouvent à un moment donné. Même si leurs décisions en compromettant l'avenir économique, ils conservent la possibilité de valoriser leur propre capital humain tout simplement en changeant d'emploi, et en passant dans une autre firme. Ce qui n'est pas le cas du capital financier qui se trouve en quelque sorte « piégé » dans l'entreprise où il est investi. Ce divorce entre la prise de décision et ses sanctions personnelles, même s'il ne concerne qu'une partie des administrateurs, conduit à favoriser le court terme au détriment du long terme, la jouissance immédiate au détriment de l'accumulation.

L'explication en a été développée dans un chapitre de mon précédent livre *Autogestion et Capitalisme*. Imaginons une firme cogérée à 50/50. Cette entreprise a un cash flow de 40 millions de francs disponibles pour investir. Que va-t-elle en faire? Le taux d'intérêt qui prévaut sur le marché est de 11 %. Ce chiffre signifie que, pour les administrateurs-actionnaires, tout investissement dont le taux de rendement anticipé est supérieur à 11 % vaut financièrement la peine d'être entrepris. Il n'en va pas de même pour les administrateurs qui représentent le personnel. Admettons en effet que le taux de rotation des effectifs soit tel que chaque travailleur ne reste en moyenne pas plus de cinq ans dans l'entreprise (alors que la durée moyenne de vie et d'amortissement des équipements est de dix ans). Dans de telles circonstances, la décision la plus rationnelle pour les représentants des salariés, celle qui est financièrement la plus avantageuse pour leurs électeurs, consiste à n'accepter de voter que pour les projets d'investissement ayant au moins une rentabilité de 16 %. Certes, ce ne sont pas les salariés qui décident seuls des programmes. Mais la négociation qui se déroulera entre les deux parties du conseil d'administration a toutes chances de conduire à ce que moins de projets d'investissements socialement rentables seront entrepris que si on se plaçait dans l'hypothèse d'une firme capitaliste à 100 %. Ainsi que le souligne Pascal Salin, parce qu'ils ne sont pas certains de rester dans l'entreprise, parce que leur horizon économique est plus court que celui des financiers et actionnaires, les salariés ont intérêt à ce qu'une part maximum des ressources de l'entreprise leur soit distribuée immédiatement, plutôt qu'immobilisée même dans des investissements productifs rentables.

Il est vrai que les salariés peuvent eux-mêmes avoir une forte préférence pour l'épargne. Mais même cette hypothèse ne change rien à ce qui précède. S'ils sont rationnels, les salariés s'apercevront qu'ils ont en réalité tout intérêt à soutirer aujourd'hui le maximum de l'entreprise et à placer les revenus qu'ils désirent ainsi épargner à l'extérieur – en devenant par exemple propriétaires de leur maison ou d'autres actifs personnels, moins « risqués » qu'un placement dans l'activité industrielle qui les fait vivre. Lorsqu'on renonce à une consommation présente pour obtenir un gain futur, mieux vaut diversifier ses avoirs. Cette loi s'applique aussi bien aux salariés qu'aux investisseurs professionnels.

N'oublions pas non plus que les salariés ne constituent pas une population homogène. Différents groupes ou syndicats s'affrontent pour obtenir leurs suffrages. Le groupe politiquement majoritaire utilisera les pouvoirs de négociation et de pression que lui donne la législation pour privilégier l'avancement de ses propres intérêts. Mais il ne pourra le faire qu'en restant majoritaire. Or l'entreprise est une communauté où la rotation des électeurs est plus rapide que dans une communauté politique dont la population n'évolue que très lentement. Toute majorité élue essaiera donc de tirer profit de sa situation le plus rapidement possible, avant que d'autres ne prennent sa place. Moyennant quoi, remarque le professeur Eirik Furubotn, « la conséquence de cette concurrence politique est que l'horizon temporel des élus du personnel, déjà naturellement plus court que celui des administrateurs représentant les actionnaires, se réduira encore [9] ».

Il n'est pas difficile d'imaginer la suite des événements. La codétermination conduit à une gestion moins efficace des ressources des entreprises. La rentabilité des capitaux placés dans les secteurs et activités soumis à ces contraintes légales y est moins élevée qu'ailleurs. La baisse relative du taux de profit incite les propriétaires des capitaux, soit à moins épargner et moins investir, soit à orienter leur épargne de préférence vers d'autres placements : placements non industriels, spéculatifs, à l'étranger, placements dans des secteurs échappant encore à la législation comme le tertiaire et les P.M.I., placements en valeurs d'État, etc. Les ressources fuient les activités les plus efficientes, pour s'orienter vers les activités techniquement les moins avancées et les moins progressives.

Si les secteurs soumis à la législation représentent une part non négligeable de l'activité économique globale, c'est toute l'économie qui devient moins efficiente, l'allocation des ressources se faisant vers des emplois de moindre valeur pour la collectivité. Il en résulte une détérioration de la qualité des investissements, une diminution de la croissance, une élévation du taux naturel de chômage et un niveau de prix plus élevé qui affecte la compétitivité externe de l'industrie. Une économie « duale » se développe : les salariés protégés par la législation bénéficient de salaires et de conditions d'emploi meilleurs, mais au prix d'une aggravation du chômage de ceux qui travaillent dans les autres activités et d'une dégradation du niveau de vie général.

On obtient un résultat identique à celui de la nationalisation. Une crise se développe. Au lieu d'en rendre responsable la législation, on accuse ce qui reste d'économie marchande et capitaliste. Des mesures sont prises pour enrayer la fuite des capitaux vers l'étranger ou d'un secteur à l'autre (par la nationalisation directe ou indirecte des mécanismes de collecte de l'épargne). On réduit la liberté de manœuvre dont disposent encore ceux qui détiennent le contrôle des ressources financières du pays. Le contrôle des prix se généralise, lorsque ce n'est pas le contrôle direct des salaires. On entre dans un engrenage interventionniste où les derniers droits de la propriété privée se réduisent comme peau de chagrin. Et progressivement, par la socialisation de l'investissement, on passe à un nouveau système social qui signe l'arrêt de mort de ce qui restait d'économie libre.

« Ceux qui croyaient que la codétermination devait insuffler un sang nouveau dans le système économique des sociétés occidentales découvrent, mais il est trop tard, que celle-ci a en réalité entraîné la chute définitive de ce qu'ils croyaient naïvement consolider [10]. »

Parce qu'elle encourage chez les salariés et leurs représentants le développement d'un comportement que Pascal Salin n'hésite pas à comparer à une activité de pillage organisé des ressources des entreprises, la codétermination est une réforme dont le danger est de nous entraîner dans une instabilité économique et politique cumulative à laquelle l'entreprise classique a toutes chances de ne pouvoir survivre [11].

Le grand argument des partisans non marxistes de la codétermination est qu'une telle réforme devrait s'opérer sans nuire aux intérêts de l'entreprise et de l'économie. Les salariés étant mieux informés et se trouvant mieux intégrés à l'entreprise, le niveau de motivation, nous dit-on, sera plus élevé. Les actionnaires retrouveront en efficacité productive accrue – et donc en profits – ce qu'ils auront apparemment perdu en pouvoir absolu. L'accroisement de la participation institutionnelle des travailleurs est donc compatible avec le bon fonctionnement d'un système capitaliste, dont la structure interne serait, certes, quelque peu amendée, mais sans que l'efficacité économique soit affectée, au contraire.

Il est facile de montrer l'inanité d'une telle proposition. Si cela était vrai, si vraiment ils avaient tout à y gagner, comment se fait-il que les propriétaires (ou les dirigeants) des entreprises n'aient pas déjà pris l'initiative de procéder eux-mêmes à de tels aménagements, sans attendre que ceux-ci leur soient imposés par la loi? Pourquoi les actionnaires s'obstineraient-ils à refuser un accord amiable qui devrait les enrichir? Qu'il s'agisse de la société en nom personnel ou en nom collectif, de la société anonyme, de l'association coopérative ou de la firme à but non lucratif, toutes ces formes particulières d'organisation de la division du travail n'ont pas attendu la reconnaissance de l'État et son intervention législative pour émerger spontanément à travers un processus laissant aux hommes la liberté d'imaginer et de négocier sans entraves les formes d'association qui leur paraissaient correspondre le mieux à leurs intérêts. Si cette forme d'organisation interne de l'entreprise, baptisée « codétermination » ou « cogestion », n'a pas réussi à émerger spontanément de la libre initiative contractuelle, on est en droit de se dire que c'est parce que cette forme d'arrangement ou de réarrangement des droits de propriété ne contient pas tous les avantages que veulent lui conférer ses partisans.

Ainsi que le souligne le professeur Pejovich, s'il était vrai que la codétermination permettait de dégager des gains de productivité supérieurs, la contrainte législative pour amener les partenaires à s'entendre sur une nouvelle définition des processus de décision serait superflue. Dans un marché de libre concurrence, la rivalité des intérêts individuels des producteurs suffirait à entraîner une telle évolution. Le premier à saisir les opportunités de gains de productivité qu'une telle formule est supposée offrir, prendrait sur les autres un avantage concurrentiel qui, un jour ou l'autre, finirait par contraindre les autres à l'imiter. Que, dans nos sociétés libérales, la participation directe des travailleurs aux décisions industrielles n'ait jamais dépassé le stade d'expériences locales et limitées prouve à contrario que les trésors de productivité qu'une telle innovation permettrait de dégager ont une existence plus que douteuse.

Autre objection : le précédent allemand. Les succès économiques et industriels de la R.F.A. constitueraient la meilleure preuve de l'efficacité des formules de participation. En réalité, rien n'est moins évident.

Tout récemment, trois économistes – G. Benelli, C. Loderer et T. Lys – ont publié une étude qui, s'appuyant sur des données puisées dans l'industrie allemande, confirme que la codétermination, même dans ses formes les plus atténuées, conduit les entreprises à préférer la sécurité au risque, la prospérité factice d'aujourd'hui à la croissance de demain [12]. Cette étude confirme que les dirigeants des entreprises allemandes soumises à la cogestion, dans leurs propositions au conseil de surveillance, ont tendance à favoriser les projets d'investissements les moins risqués, ou encore ceux qui sont les plus *capital intensive.* Lorsqu'on compare les taux de rendement financier des secteurs soumis à la loi de 1951, non seulement avec les autres secteurs de l'industrie allemande, mais également avec les entreprises équivalentes d'autres pays, on constate que, sur la longue période, les firmes d'outre-Rhin obtiennent les moins bons résultats. Qui plus est, observe le professeur Watrin, il s'agit des secteurs industriels où les pressions pour obtenir la protection de l'État – par la voie de subventions financières, d'interventions tarifaires ou de restrictions à la libre concurrence – sont traditionnellement les plus fortes [13].

Les partisans de la codétermination rétorquent que la loi de 1976, malgré sa formule paritaire, laisse en réalité le pouvoir de décision aux actionnaires dans la mesure où, en cas de conflit et d'impasse au niveau du conseil de surveillance, la voix du président – nécessairement élu parmi les représentants des actionnaires – compte double. De ce fait, concluent-ils, on ne peut pas dire que la présence des délégués des travailleurs et des syndicats entraîne un véritable démantèlement du droit de propriété traditionnel.

Il est facile de répondre à cette objection. Il suffit de regarder comment se passent réellement les choses au sein de l'entreprise. Admettons, remarque Christian Watrin, que les membres du conseil de surveillance élus par les actionnaires s'en remettent entièrement au privilège du double vote de leur président pour ne pas tenir compte des demandes et préférences spécifiques des représentants du personnel. Une telle attitude passerait pour de la provocation et les syndicats auraient tôt fait de dénoncer l'attitude réactionnaire de leur direction. Grèves et désordres suivraient rapidement. Généralisée, une telle attitude aurait vite fait de provoquer l'introduction d'une nouvelle législation éliminant le privilège du double vote et instaurant une « parité » totale. La meilleure stratégie, pour les représentants de l'actionnariat, consiste donc, non pas à rechercher l'épreuve de force et à passer par-dessus la tête des représentants du personnel, même s'ils en ont la possibilité technique, mais à adopter une politique de compromis fondée sur une tactique de donnant-donnant. D'où ce résultat apparemment paradoxal, que, dans les entreprises allemandes soumises à ce régime, la plupart des décisions sont prises à l'unanimité ; ce qui laisse penser que tout se décide en dehors des salles de conseil, dans le cadre d'une série de compromis négociés entre la direction et les représentants syndicaux membres des comités d'entreprise. La cogestion allemande est bien plus une véritable « cogestion » qu'on ne le croit souvent.

« Cette analyse, remarque le professeur Christian Watrin, est renforcée par la façon dont s'opère la désignation des membres de la direction – sans aucun doute la décision la plus importante qu'un conseil de surveillance soit amené à prendre. » Normalement les contrats sont de cinq ans, et une règle non écrite veut qu'ils ne puissent être renouvelés plus de deux ou trois fois. La désignation des membres du conseil de direction se fait selon une procédure d'élection extrêmement complexe. Au premier tour, on ne peut être élu que si on rassemble les deux tiers des voix des membres du conseil de surveillance – ce qui implique que les candidats aux postes de direction générale aient au moins le soutien d'un minimum de représentants des employés ou des ouvriers. Si le premier tour ne produit aucun résultat, on nomme un comité qui établit une nouvelle liste de candidats. Le second tour doit se dérouler dans un délai de moins d'un mois. La majorité simple suffit alors, mais c'est seulement si l'on est à nouveau dans une impasse que le président du conseil de surveillance peut recourir à son double vote.

« Une telle procédure, fait observer le professeur Watrin, n'est pas faite pour favoriser le secret des délibérations, bien au contraire. La nomination des dirigeants des entreprises devient une affaire publique – c'est-à-dire " politique " – qui dépasse le simple cercle de l'entreprise. Ce faisant, l'intérêt des actionnaires est de trouver des candidats qui aient le maximum de chances de se faire élire dès le premier tour, qui donc se situent à égale distance des intérêts contradictoires des représentants des actionnaires et de ceux des élus du personnel. »

Il est donc clair que, dans de telles circonstances, ce genre de procédure introduit effectivement une atténua-

tion réelle des droits de propriété détenus par les actionnaires de l'entreprise. Le privilège du président ne peut
empêcher que ceux-ci se voient, dans les faits, retirer le
contrôle de la nomination des dirigeants. On ne peut plus
diriger une affaire allemande sans, au moins, un certain
soutien des syndicats.

A l'appui de leurs arguments, les partisans de la
cogestion ajoutent qu'un consensus s'est établi sur elle en
Allemagne. Depuis le vote de la loi de 1976, elle paraît
définitivement entrée dans les mœurs. Plus personne ne
remet ouvertement en cause le principe, même dans les
partis politiques ou les milieux professionnels qui s'étaient
farouchement opposés au vote de la loi.

Un tel silence ne signifie pas forcément qu'à l'expérience, la cogestion se révèle une forme d'organisation plus
positive que ne le pensaient ses adversaires. Une explication plus simple de cet apparent consensus politique est
qu'une fois le système mis en place, plus personne n'ose
publiquement s'y opposer de peur de créer un climat
d'affrontement qui risquerait de conduire au vote d'une
législation plus sévère, élevant encore davantage les coûts
que les entreprises ont à subir. Plutôt que de courir le
risque de voir le « pacte social » actuel remis en cause,
chacun s'efforce de faire contre bon cœur la moins
mauvaise fortune possible.

Que ces coûts soient réels, il n'est que de regarder
comment les entreprises allemandes ont réagi aux différentes étapes de la législation pour s'en convaincre.
Commentant l'expérience allemande de cogestion, les
professeurs Jensen et Meckling écrivent :

« Le fait que les actionnaires aient besoin d'être contraints par
la loi pour accepter la codétermination est en soi la meilleure
preuve qu'il s'agit d'une formule contraire à leurs intérêts et à
ceux de l'entreprise. Ce fait, à lui seul, nous en dit beaucoup
plus long que tous les sondages d'opinion réunis dont nous
disposons. Mais ce n'est pas la seule preuve qui nous soit
donnée. Il n'est que de regarder comment les entreprises
allemandes soumises à la loi de 1951 ont réagi. Si on parle
beaucoup à l'étranger de la cogestion allemande, on évoque
beaucoup plus rarement les trésors d'imagination que les firmes
allemandes ont ensuite déployés pour se mettre en dehors du

champ d'application de la loi, en modifiant par exemple leur organisation, en révisant leurs statuts, ou encore tout simplement en réorientant leurs activités vers des secteurs industriels échappant à la législation. Résultat : le gouvernement allemand s'est ensuite trouvé contraint de prendre de nouvelles dispositions législatives pour limiter les possibilités de fraude et les échappatoires (lois de 1956 et de 1967). Dans les entreprises soumises à la formule plus légère de la codétermination (loi de 1952), on a vu se développer une pratique qui consiste pour les entreprises à prendre leurs véritables décisions dans des comités exécutifs informels, réunis en dehors de toute instance statutaire, et d'où sont bien évidemment exclus les représentants des salariés, placés ensuite devant le fait accompli. Tout ceci, concluent Jensen et Meckling, montre à l'évidence que ceux qui croient que la codétermination profite aussi aux actionnaires, ou qu'elle est à tout le moins neutre quant aux intérêts du capital, ont encore beaucoup à faire pour nous convaincre de ce qu'ils avancent (...). En l'absence de preuves plus solidement établies et face à toutes les preuves contraires dont nous disposons, c'est un pari bien risqué et donc une responsabilité bien grave que prennent tous ceux qui voudraient imposer et généraliser ce genre de formule [14]. »

Ce qui s'est passé après le vote de la loi de 1976 confirme l'analyse des deux professeurs américains. Il n'est pas possible de dire si la nouvelle législation a entraîné un fort mouvement de capitaux vers d'autres secteurs, ou vers l'étranger; il est clair en revanche que, là encore, les entreprises allemandes ont déployé d'immenses efforts pour y échapper. Alors qu'au moment de l'entrée en vigueur de la nouvelle loi, on comptait 650 entreprises directement concernées par son application, cinq ans plus tard le champ de la loi n'en couvrait plus que 480. Plus d'une centaine d'entreprises, par divers artifices, avaient réduit leurs effectifs pour descendre au-dessous du seuil fatidique des 2 000 employés. Beaucoup d'autres ont changé leurs statuts sociaux pour échapper à la législation.

Conclusion : compte tenu des coûts financiers et économiques que représentent ces efforts, il paraît plus exact de dire que les résultats économiques obtenus par l'Allemagne l'ont été *malgré* le fardeau que représentait la cogestion. Même « la qualité de son dialogue social », comme le remarque Mancur Olson dans son livre *Gran-*

deur et décadence des nations, peut s'expliquer par de
tout autres facteurs que l'incidence du régime de la
codétermination [15]. (Remarquons au passage que même
les syndicats allemands, qui possèdent pourtant de nombreux intérêts industriels, n'ont pas manifesté une très
grande diligence pour introduire la codétermination dans
leurs propres entreprises, alors même qu'ils militaient
politiquement pour son extension. L'argument qu'ils ont
avancé, à savoir que cela aurait désavantagé leurs entreprises sur le plan de la concurrence, est intéressant, car il
confirme le jugement négatif des économistes. Paradoxalement, les partis d'opposition n'ont jamais fait allusion à
cette contradiction dans la longue campagne qui a précédé le vote de la loi de 1976.)

Les auteurs dont nous venons de présenter les analyses
ne rejettent pas pour autant toute forme de participation
de représentants ouvriers aux instances de décision des
entreprises. Que les actionnaires et dirigeants de la
General Motors aient décidé d'ouvrir la porte de leur
conseil d'administration au président du plus grand des
syndicats américains et que d'autres entreprises suivent
cet exemple, fort bien. S'ils ont fait ce choix (à leurs
risques et périls), c'est qu'ils en attendent un gain
économique et donc un gain concurrentiel – sinon ils ne
l'auraient pas fait; et cela en prenant la responsabilité de
s'être éventuellement trompés. De même, on peut imaginer que se développe un mouvement qui vante les mérites
de telles initiatives, et se donne pour but d'inciter
beaucoup d'autres entreprises à coopter volontairement
des administrateurs issus du personnel ou du monde
syndical. Mais de telles initiatives n'ont de sens et ne
peuvent s'affirmer comme une forme supérieure d'organisation que si elles restent le fruit d'actions purement
volontaires. Ce qui n'est pas acceptable, c'est que la loi
impose à tous le même régime. De ce que General Motors
élargit son conseil d'administration à des représentants du
monde du travail, on n'a pas le droit de déduire que cette
formule doit être imposée aux autres. Contrairement au
fameux dicton, en la matière, ce qui est bon pour General
Motors ne l'est pas nécessairement pour tous.

On est évidemment en droit de se demander pourquoi
une mesure jugée bonne quand elle est volontaire devien-

drait systématiquement mauvaise dès lors que la loi l'impose. La réponse tient aux avantages que la société tire d'un système laissant à chacun la liberté d'expérimenter les formules d'association les plus variées. Comme dans le cas des nationalisations, ces avantages disparaissent à partir du moment où l'on passe à une législation contraignante *nécessairement uniformisante* qui prive la collectivité d'une diversité inestimable d'expériences et de connaissances. On retrouve là l'un des traits fondamentaux du mécanisme du marché et de la propriété privée, qui le distingue des modes de décision politiques.

La codétermination ne présente donc pas seulement des désavantages économiques. Telle qu'elle est généralement envisagée – c'est-à-dire dans le cadre d'une contrainte législative s'imposant à toutes les entreprises, ou tout au moins à toutes les entreprises d'un certain type, ou de certains secteurs – elle conduit à nier la liberté des contrats, en refusant aux personnes d'expérimenter librement les modes d'organisation de leurs rapports qui servent le mieux leurs intérêts communs.

C'est sans doute là son défaut le plus grave. Car, à partir du moment où les individus se voient refuser la liberté de rechercher les termes de l'échange qui leur paraissent les plus favorables, la société perd l'instrument qui lui permet d'adapter progressivement ses formes institutionnelles à la meilleure allocation possible de ses ressources; c'est au bout du compte le fondement même de notre civilisation qui se trouve menacé.

Il convient cependant de noter que l'idée même de cogestion est le produit d'une vision juridique des phénomènes de pouvoir qui surestime le rôle réel qu'exercent des instances comme le conseil d'administration ou le conseil de surveillance dans les grandes entreprises privées modernes.

Je reprendrai ici l'argument que Henry Manne a développé lors de son passage à Paris il y a trois ans, dans le cadre d'un séminaire de travail organisé par Jacques Garello, avec le concours de l'association Economia Antipolis. Interrogé par les chefs d'entreprise présents dans la salle, Henry Manne leur répondit qu'à ses yeux, la composition des conseils d'administration avait peu d'importance, pour autant que le comportement des managers soit effectivement discipliné par les mécanismes complexes du « marché des votes » qu'il venait de leur décrire. Ce qui fait l'efficacité du système d'organisation capitaliste de l'entreprise, ce n'est pas seulement que les actionnaires titulaires du droit au profit détiennent le droit de désigner les membres du conseil d'administration qui, eux-mêmes, nomment et révoquent les directeurs. C'est surtout l'ensemble des interactions complexes qui, via le référendum quotidien du marché (notamment le marché boursier), imposent des limites étroites aux pouvoirs de décision discrétionnaires des managers et les contraignent à adopter une ligne de conduite compatible avec l'optimisation des intérêts des actionnaires s'ils veulent eux-mêmes optimiser leur profil de carrière. Le conseil d'administration est certes un rouage important, tout comme l'assemblée générale, mais ces deux institutions ne sont qu'une partie de l'ensemble des rouages complexes qui entrent en jeu. Ce qui importe surtout, c'est cet interface permanent entre les dirigeants de l'entreprise et les sanctions immédiates dont le marché boursier *(the Market for Corporate Control)* est le vecteur privilégié. On en revient toujours à la nécessité d'un marché financier développé et actif.

Faire participer (sur une base volontaire) des personnalités extérieures non liées au capital de l'entreprise a ses avantages et ses inconvénients. Cela permet d'introduire, dans la préparation et la prise des décisions, des connaissances ou des compétences complémentaires. Mais les inconvénients seront moins grands si un marché extérieur particulièrement réactif contraint ces personnalités à intérioriser des disciplines qu'elles n'adopteraient pas spontanément. Autrement dit, le rôle éducatif et responsabilisant de la cogestion ou de l'autogestion, qu'invoquent souvent les partisans du « pouvoir ouvrier », correspond à une réalité qu'il faut prendre en considération; mais cette responsabilisation ne peut s'exercer dans un sens compatible avec la promotion des intérêts de tous que si les réactions quotidiennes du marché des actions jouent en permanence leur rôle de chien de garde.

Tout se tient : si l'on veut bénéficier des avantages du

capitalisme, il ne peut y avoir de capitalisme « à demi ». L'élargissement de la composition des conseils d'administration n'est pas incompatible avec le bon fonctionnement du système de l'entreprise capitaliste – mais pour autant seulement que cet élargissement reste fondé sur une base purement *volontaire,* et qu'on n'affaiblisse pas l'effet du système de régulation externe.

L'autogestion : une conception « collectiviste » du contrat et de la démocratie

Stade suprême de l'idéal participatif, mais aussi des projets de démantèlement des conceptions occidentales de la propriété : l'autogestion.

Bien qu'elle n'ait été mise en œuvre que dans un seul pays (communiste), la Yougoslavie, et qu'aucun de ses partisans ne puisse nous dire très concrètement ce que serait cette société autogestionnaire qu'ils appellent de leurs vœux, d'un point de vue analytique, on peut réduire la firme autogérée au modèle suivant :

– l'entreprise n'est pas propriétaire de ses biens de production (ceux-ci appartenant juridiquement à la société qui lui en accorde l'usufruit moyennant le paiement à l'État d'un impôt censé représenter la rémunération du coût du capital);

– les risques de l'entrepreneur, et ses profits, sont partagés non pas entre un petit nombre d'actionnaires privés, mais par l'ensemble des travailleurs (bien que les décisions restent concentrées dans les mains d'une équipe managériale sous le contrôle des délégués élus des salariés);

– la notion de salaire disparaît, les revenus des travailleurs n'étant plus fixés par contrat préalable, mais dépendant des profits que réalise l'entreprise, qui sont partagés entre tout le personnel une fois les charges et les impôts payés.

Quelles sont les conséquences prévisibles de ce type d'organisation?

La question a été largement explorée par la théorie économique au cours des vingt dernières années. Je me contenterai d'en rappeler les principales conclusions [16].

Une organisation « malthusienne »

Dans la firme capitaliste, le comportement économique des décideurs est dicté par la recherche du profit maximum. C'est le volume *total* des bénéfices que le manager s'efforce de maximiser. Cette attitude ne résulte pas d'un choix philosophique, ni de l'égoïsme personnel des actionnaires; elle est imposée par les contraintes concurrentielles du système.

Dans le cadre institutionnel de la firme autogérée, le comportement des entreprises sera nécessairement différent.

Si l'on admet que les « entrepreneurs » de la firme autogérée – les travailleurs – sont des êtres rationnels, il est logique d'en conclure que cette entreprise sera gérée de manière à maximiser non pas son profit global, mais le surplus *moyen* par travailleur. Cette hypothèse découle tout simplement du principe que c'est une entreprise où les décisions sont prises « démocratiquement » par tous les membres du personnel, chacun disposant d'un vote égal à celui du voisin.

Pour le non-spécialiste, la différence peut paraître négligeable. Il est légitime d'imaginer que ces deux objectifs (profit global, profit moyen) sont équivalents, l'accroissement du profit moyen dépendant de l'accroissement du profit global. En réalité les choses sont plus complexes. En utilisant les courbes classiques de la théorie micro-économique de la firme, il est en effet aisé de montrer qu'une entreprise peut se trouver dans une situation où le fait d'embaucher un travailleur de plus, tout en contribuant à accroître le profit global, ne l'augmentera pas suffisamment pour garantir que l'addition d'un nouveau salarié ne diminuera pas le profit moyen distribué à chacun. Partant de là, l'analyse économique démontre que le comportement rationnel de la firme autogérée est de limiter son activité à des niveaux de production et d'emploi inférieurs à ceux d'une entreprise capitaliste similaire, placée dans des conditions de technologie et de marché identiques. L'entreprise autogérée aura un comportement productif plus *malthusien* qu'une firme identique mue par des critères de gestion capitalistes.

A court terme, par exemple, la firme autogérée cessera d'embaucher du personnel supplémentaire à un niveau de production où l'entreprise capitaliste similaire jugerait, elle, rentable de continuer à augmenter le nombre de ses salariés. Sur le long terme, il est probable que la firme autogérée adoptera des techniques de production plus « capitalistiques » mais également que, face à un accroissement de la demande, l'incitation à développer ses capacités de production sera plus faible.

Lorsque la demande croît et qu'augmentent donc les possibilités de gains futurs, il est naturel que les membres de l'entreprise autogérée acceptent volontairement de consacrer une partie de leurs revenus à développer les investissements. Toutefois, il n'est pas déraisonnable de penser que ce genre de calcul sera moins répandu et moins spontané que dans le cas d'un entrepreneur capitaliste. A la différence de l'actionnaire capitaliste, le travailleur n'est en effet pas propriétaire des revenus futurs que son acte d'investissement produira. Il ne touchera les fruits de son abstinence d'aujourd'hui que s'il reste dans l'entreprise. Qu'il la quitte pour partir à la retraite, pour cause de licenciement, ou parce qu'il désire tout simplement changer d'emploi, il n'emportera aucun droit au partage des revenus supplémentaires que son effort passé permettra de dégager. Son intérêt pour l'investissement doit logiquement en être sérieusement réduit. Ainsi donc, l'entreprise autogérée créera probablement moins d'emplois et sera moins préoccupée de rechercher l'utilisation la plus efficace de ses ressources que l'entreprise capitaliste. Conclusion qui s'impose logiquement, sans qu'il soit nécessaire de porter le moindre jugement de valeur sur l'aptitude des comités ouvriers à gérer leur entreprise.

Une économie socialiste d'autogestion, même si elle continue de fonctionner sur des modes d'extrême décentralisation, est donc nécessairement moins efficace qu'une société capitaliste opérant dans des conditions identiques. Conséquences : moins d'emplois, des salaires moins élevés, un niveau de vie plus bas, un moindre potentiel d'innovation technologique, une compétitivité sans cesse

remise en question... Comme le confirme l'exemple yougoslave, le système autogestionnaire est un système « instable » qui, en raison de sa moindre efficacité économique, dans un monde de frontières ouvertes, ne peut que
conduire au retour de l'autoritarisme.

Ce diagnostic est évidemment lié à une hypothèse
centrale : l'entreprise autogérée cherche à accroître le
profit *moyen,* et non le profit total.

Cette hypothèse, certains spécialistes de l'économie
autogestionnaire la contestent, notamment les économistes yougoslaves. L'un d'entre eux, Branko Horvat, sou-
tient que les hypothèses de départ de l'analyse néo-
classique de la firme autogérée sont totalement infirmées
par les observations empiriques faites à partir de l'expérience yougoslave. Ces observations, remarque-t-il, montrent que la gestion de la firme autogérée yougoslave ne
diffère guère de celle de n'importe quelle firme capitaliste
classique, la seule différence étant que « le travail n'est
plus traité comme une marchandise vendue à un
employeur [17] ».

Il est possible en effet que les entreprises yougoslaves
se comportent dans leur ensemble selon un modèle de
décision plus proche de celui que décrit Horvat que du
modèle adopté par les économistes occidentaux. Mais
pour que les conclusions de l'économiste yougoslave
soient scientifiquement établies, encore faudrait-il qu'il
nous explique selon quelles procédures, ou sous quelles
conditions, une gestion collective s'exerçant selon des
critères de décision parfaitement « démocratiques » aboutirait à sélectionner un principe de gestion qui maximise
le revenu global du groupe au détriment de l'augmentation immédiate des revenus de chacun.

Un groupe n'existe jamais que par ses membres et son
comportement n'est jamais que la résultante de l'interaction des finalités individuelles de ceux-ci, médiatisées par
des règles de décision collective dont le rôle est précisément d'arbitrer entre elles. S'il est donc possible que le
processus de décision de l'entreprise la conduise à adopter
des objectifs définis en termes plutôt de valeurs absolues
que de valeurs moyennes, encore faut-il préciser quels
types de règles et de procédures collectives permettent
d'aboutir à de tels résultats, au terme d'un processus de

délibération démocratique et égalitaire où chacun dispose en principe d'un pouvoir équivalent à celui de son voisin. Or, de tout cela, Branko Horvat ne nous dit rien. Parce que cela correspond à ses observations empiriques, il prend le fait pour acquis sans se demander si, précisément, il n'existe pas dans l'entreprise yougoslave des facteurs institutionnels spécifiques qui expliqueraient que, contrairement au résultat prévisible du processus de délibération démocratique, la firme autogérée se fixe des objectifs autres que la maximisation de l'utilité individuelle de ses membres.

En fait, Branko Horvat se comporte en parfait marxiste : ses observations ne sont que la vérification empirique de l'hypothèse selon laquelle l'utilité collective du groupe existe indépendamment de la structure des utilités individuelles de ses membres. Sans contester le bien-fondé de ses observations, on peut aussi se demander s'il n'est pas possible d'expliquer le résultat de ses travaux – c'est-à-dire la divergence entre ses observations et l'hypothèse empirique – tout simplement par l'influence dominante que les structures managériales exercent au sein de la firme yougoslave, par rapport au pouvoir politique réel des collectifs ouvriers; autrement dit, tout simplement par le fait que, même si les travailleurs sont plus étroitement associés à la gestion de leur entreprise, cette association est loin d'être aussi démocratique qu'on le dit, dans la mesure où elle laisserait une voix prépondérante à certaines catégories de personnes dont les intérêts, eux, coïncideraient davantage avec une logique de maximisation globale des résultats de l'entreprise.

Les observations des économistes yougoslaves ne suffisent donc pas à invalider l'analyse présentée à partir des règles de l'individualisme méthodologique. Elles contraignent simplement à la pousser plus loin.

Une approche non libérale du « contrat »

En 1976, la Yougoslavie a complètement refondu les bases juridiques de son système autogestionnaire en transformant les entreprises en associations fédérales d'unités élémentaires disposant en principe de leur autonomie et reliées entre elles par un réseau complexe de contrats volontaires. Le pays se présente désormais, en théorie, comme une vaste pyramide d'associations volontaires où le principe est qu'aucune décision ne doit être prise sans que les représentants des citoyens concernés aient été consultés et mis en position d'exercer une influence sur le choix considéré.

La nouvelle Constitution pose comme fondement que la cellule de base d'exercice du pouvoir autogestionnaire n'est plus l'entreprise, mais l' « unité de travail associé », un groupe de travail correspondant à peu près à l'atelier, pas trop petit pour posséder une personnalité autonome et être un centre où sont prises un certain nombre de décisions, mais pas trop grand non plus pour que chaque membre de la cellule soit réellement informé de tout ce qui concerne la vie du groupe. Ces unités ont la personnalité juridique. Elles sont reliées au reste de l'entreprise par un contrat d'association, une « charte », en principe librement dénonçable. Elles disposent de la liberté non seulement d'organiser elles-mêmes leur travail et leurs conditions de travail (à la manière des « groupes autonomes » des entreprises occidentales), mais aussi de décider elles-mêmes de l'affectation et de la répartition de leur revenu – en concertation avec les autres ateliers de la chaîne technologique dont elles font partie. Enfin, elles désignent elles-mêmes leurs propres responsables et leurs représentants aux instances supérieures de l'organisation économique. L'entreprise n'est plus, du point de vue juridique, qu'une association fédérative d'unités de base ayant leur autonomie comptable, responsables de la gestion de leurs propres moyens de production, et de leurs relations avec leurs clients et fournisseurs (qui peuvent être d'autres ateliers de la même entreprise), de l'autofinancement de leurs investissements, etc.

Le principe est que l'autogestion ne doit pas s'arrêter aux frontières de l'entreprise et qu'elle s'applique à tous les corps constitués ou organisés du pays. Comment? Par un système généralisé de représentation s'appuyant sur un réseau serré d'associations en tous genres permettant aux consommateurs, aux usagers des services publics, aux clients des banques, aux épargnants, aux habitants de quartiers, aux jeunes, aux vieillards, etc., d'être représentés auprès des instances dirigeantes de chaque organisme habilité à prendre les décisions qui les concernent. Par exemple, chaque service public doit être financé et géré par ses bénéficiaires groupés en associations *ad hoc* d'unités de base représentant les usagers et les instances politiques locales (cas des routes, de l'enseignement, etc.). Dans les banques, le conseil d'administration est supposé être une émanation des entreprises, communes, syndicats et organismes divers qui ont pris l'initiative de sa création; les clients particuliers y sont également associés par l'entremise de « conseils d'épargnants », etc.

Cette nouvelle Constitution yougoslave a suscité de la part des partisans occidentaux de l'autogestion des commentaires souvent dithyrambiques. Dans un texte très significatif, l'un d'entre eux n'hésitait pas à écrire :

« (La nouvelle Constitution yougoslave) est l'un des grands chefs-d'œuvre de la philosophie politique et la grande charte du socialisme autogestionnaire. Le principe d'ensemble est la démocratie générale la plus pure possible, dans tous les domaines, avec le moins possible de délégation de pouvoir. Toute institution est une association volontaire et égalitaire de ses membres, et n'est que cela (...). Tout le pays est organisé en associations et associations d'associations, volontaires et pouvant être dissoutes par leurs membres, pour chaque groupe de problème de la société. Cette structure est pyramidale, mais non pas pour diffuser des ordres de haut en bas; à chaque niveau se prend à la fois, collectivement, la décision et l'engagement par chaque membre de l'appliquer en ce qui le concerne. Elle débouche sur une nouvelle conception des rapports entre Plan et marché (...). Les nouvelles structures de l'autogestion yougoslave doivent progressivement donner naissance à un système de régulation économique profondément original où marché et planification n'auront plus le sens usuel qu'on leur associe, l'ensemble des transactions industrielles et commerciales s'intégrant dans un système généralisé de " contrats à terme " négociés aux divers niveaux des structures d'autogestion et fondés sur des systèmes de prix qui ne seront plus des prix de marché, ni des prix administratifs (comme dans les économies de l'Est), mais des prix de transfert de nature " contractuelle " engageant de façon ferme les parties prenantes pour une durée déterminée [18]... »

Quand on lit de telles descriptions, on est en droit de se demander pourquoi tous les libéraux, si farouchement attachés au principe de la nature contractuelle des relations civiles et économiques, ne s'affirment pas instantanément d'ardents partisans de l'autogestion. L'autogestion ne serait-elle pas l'incarnation à l'état le plus pur de tous les idéaux de liberté, d'égalité et de démocratie contractuelle qui forment la base même de leur doctrine?

Pour répondre, il suffit de se poser une autre question. Imaginons qu'au sein de ces unités de base autogérées et autonomes quelques personnes, plus astucieuses que les autres, découvrent qu'en s'arrangeant entre elles et en confiant à celui qu'elles jugent le plus capable, la gestion de leur travail, la propriété totale de leur profit ainsi qu'une délégation complète de pouvoir, moyennant l'engagement de sa part de leur verser un salaire régulier à l'abri des aléas du court terme, elles travaillent plus efficacement et sont mieux rémunérées. Que va-t-il se passer? D'autres équipes, jalouses de ces résultats, adopteront le même système. Le secret se répandra. Plus performantes, ces équipes élimineront celles qui n'auront pas suivi leur exemple. On aura réinventé le capitalisme et la fonction de l'entrepreneur capitaliste. Crime de lèse-majesté, car c'est la fin non seulement de l'autogestion, mais aussi de tout socialisme!

Conclusion : même si elle se fonde sur un idéal prétendument « contractuel », *l'autogestion ne peut exister que si elle limite sévèrement la liberté contractuelle; elle ne peut pas être libérale.* Pour survivre à elle-même, elle se doit d'imposer des limites très strictes à la liberté d'initiative de ses membres. Elle ne peut, par définition, qu'être socialement contraignante et, comme tout système réglementaire, se priver de cette somme colossale de connaissances et d'expériences à laquelle seul un régime de pleine liberté contractuelle peut donner naissance. Dans ces conditions, invoquer l'image d'un paradis associatif, émergeant d'un réseau complexe de contrats volontaires, n'est qu'un abus de langage. Une décentralisation généralisée ne suffit pas à créer une société de liberté. La philosophie autogestionnaire reste fondée sur une conception « collectiviste » du contrat radicalement opposée à la conception libérale d'un ordre contractuel.

Dans le système d'autogestion généralisée, les contrats engagent des groupes entre eux et non des individus (même si les individus sont liés en raison de leur appartenance au groupe). Tout contrat s'analysant en fin de compte comme un transfert de droits de propriété, cela signifie que *tout droit de propriété procède du groupe* et non des individus. Ceux-ci ne sont jamais que des droits « concédés » et peuvent donc être repris à tout moment dès lors qu'une majorité le juge bon.

Le problème n'est pas seulement d'ordre philosophique. Un contrat ne vaut rien s'il n'est pas appliqué. Or, le système autogestionnaire ne prévoit rien à cet efffet; il repose sur une conception naïve du groupe et de la discipline de groupe. Un contrat signé au nom d'un groupe engage tous ses membres. Sa réalisation dépend de la manière dont chacun intègre dans ses propres tâches personnelles les obligations de production, de coûts, de qualité, etc., qui découlent de ses clauses. Les partisans de l'autogestion supposent que la taille limitée des unités contractuelles, en permettant une meilleure information et un meilleur contrôle réciproque, conduit à une plus forte identification des intérêts individuels de chacun avec l'intérêt du groupe. Mais cela n'exclut pas la présence possible de tire-au-flanc et de passagers clandestins. Dès lors qu'on passe au travail en équipe, ainsi que nous l'avons vu, se posent automatiquement des problèmes de « coûts de contrôle » et de surveillance *(monitoring)* qui ne sont jamais nuls, et dont l'histoire de nos institutions occidentales montre qu'ils ont été résolus par l'émergence même de la forme d'organisation capitaliste. Or, de cela, les autogestionnaires ne parlent jamais. Parce qu'elle se fonde implicitement sur le retour à des formes extrêmement primaires d'autocontrôle et de discipline sociale, l'autogestion s'analyse en définitive comme une régression. Elle nous ferait perdre tout ce que l'imagination et l'expérience contractuelle des générations passées ont permis de résoudre en élaborant des procédures de contrôle de plus en plus complexes et sophistiquées, ayant pour caractéristique de favoriser non seulement l'efficacité, mais aussi la liberté des individus à l'égard du groupe dont ils sont membres.

Dans une économie de marché, les relations commerciales sont également fondées sur des réseaux de « contrats collectifs » engageant la communauté humaine qu'est l'entreprise. Mais la nature de ces contrats est différente. Lorsque l'entreprise s'engage, c'est le chef d'entreprise lui-même qui le fait, non pas pour les autres, mais à titre personnel. Il n'engage les autres que pour autant qu'il se fait fort, à ses risques et périls, d'obtenir la collaboration d'un grand nombre d'individus avec lesquels il est lui-même lié par une multiplicité de contrats personnels dont la caractéristique est de prévoir une liaison directe entre la rémunération individuelle et la conformité du travail aux obligations qu'il a souscrites sous sa seule et unique responsabilité.

Autrement dit, un contrat signé entre deux entreprises n'engage pas deux « communautés », c'est un contrat conclu entre deux personnes qui ne sont elles-mêmes que le « lieu géométrique » d'une multiplicité d'autres contrats conclus explicitement ou implicitement avec un très grand nombre d'hommes apportant le concours de leur force de travail, de leurs compétences, ou de leurs ressources financières. La propriété d'un tel système est d'organiser un réseau complexe de relations réciproques tel que chacun ne peut espérer tirer le meilleur profit personnel de sa participation aux activités du groupe que s'il fait de son mieux pour concourir à la réalisation des objectifs définis par le contrat auquel a souscrit le chef d'entreprise.

Nous tenons là l'une des sources de l'efficacité capitaliste. Sur le marché, toute transaction commerciale implique l'existence explicite ou implicite d'un contrat entre deux parties. A ce titre, il est faux d'opposer la forme prétendument contractuelle de l'économie autogestionnaire à « l'anarchie individualiste du marché ». Non seulement les disciplines de la propriété privée, du profit et de la concurrence contraignent les entrepreneurs à ne souscrire entre eux que *les* contrats qui contribuent le mieux à répondre aux attentes des consommateurs; mais ces mêmes disciplines ont pour particularité d'introduire un mécanisme interne qui garantit que chacun fera de son mieux pour concourir au respect des termes souscrits. Cette pyramide de contrats individuels ne représente-t-elle pas, mieux encore que l'utopie autogestionnaire, l'essence même de la démocratie la plus totale?

Une philosophie erronée de la démocratie

En raison de sa moindre efficacité économique, l'autogestion entraîne le retour de l'autoritarisme économique et donc politique. Mais il y a plus grave. Tout le discours autogestionnaire n'est que le reflet d'une vision angélique de la démocratie.

Dans l'optique du socialisme autogestionnaire, la démocratie idéale s'identifie à une pyramide de microdémocraties directes. Chaque groupe de base exprime « sa » volonté à travers une consultation de ses membres; cette « volonté » est ensuite répercutée à l'échelon supérieur par un ou plusieurs délégués supposés être la « voix » du groupe dont ils sont les mandataires; et ainsi de suite jusqu'à ce que les délibérations de l'instance finale expriment la « volonté générale » de l'ensemble de la communauté concernée.

Une telle alchimie (le mot n'est pas trop fort) repose sur deux fictions : la fiction d'une « volonté générale »; la fiction d'une « délégation » supposée parfaitement transparente.

La « volonté générale » devant laquelle tout le monde devrait s'incliner bien bas n'est qu'une fiction, tout simplement parce que la notion même d'intérêt général ne peut avoir d'existence objective, indépendante de l'idée qu'on s'en fait. Par définition, j'ai *ma* propre conception de l'intérêt général. Mais vous avez aussi la *vôtre*. Aucun critère objectif ne permet de déterminer laquelle, de toutes ces conceptions individuelles, incarne le mieux ce qu'est ou devrait être véritablement cet intérêt général.

La règle du vote politique n'est elle-même qu'un pis-aller qui ne permet pas davantage que toute autre procédure d'objectiviser cette notion idéale. Par définition, l'élu, lorsqu'il dit parler au nom de l'intérêt général, n'exprime le plus sincèrement du monde (lorsqu'il est réellement sincère) que *sa* conception, même si celle-ci s'est forgée au terme de débats et de discussions prolongés, et si les disciplines de l'élection le contraignent à tenir compte des opinions des autres. Il n'exprime *au mieux* que ce qu'il croit être la conception de la majorité de ses concitoyens. Le sacre du suffrage universel ne

suffit pas à conférer à la conception de l'intérêt général
qu'il exprime une existence objective.

Par ailleurs, poser comme postulat qu'il existe une
chose comme l'intérêt général, que l'observation de certaines procédures de consultation permettrait de révéler
objectivement, n'a de sens que si l'on se situe dans le
cadre très particulier d'une vision philosophique de type
holiste où les communautés humaines sont considérées
comme ayant une existence en soi, transcendant les
personnes qui les composent. Une vision où, par exemple,
la nation – ou tout autre être « collectif » – est perçue
comme un *tout* social ayant une existence objective et
donc susceptible de se voir prêter un comportement
autonome en fonction de projets et de finalités irréductibles aux projets et finalités particulières des citoyens qui
en sont membres. Or, comme l'ont démontré des personnalités aussi éminentes que Friedrich Hayek et Karl
Popper, il s'agit d'un non-sens méthodologique, d'une
approche métaphysique relevant d'une forme de pensée
essentiellement préscientifique. Penser la démocratie
comme une procédure de révélation de la « volonté
générale » d'un groupe n'aurait de sens que si l'existence
de ces êtres collectifs était prouvée scientifiquement. Ce
que nous ne pourrons jamais démontrer, dans la mesure
où, comme l'a écrit Hayek : « il s'agit d'éléments, de
croyances, de superstitions que nous ne pouvons pas
observer indépendamment de l'idée que s'en font des
esprits humains, ni de l'idée que nous-mêmes nous avons
de cette idée ».

De la même façon, que le principe de délégation soit
une fiction découle du caractère nécessairement limité,
imparfait et subjectif de tout langage et de toute communication humaine. Parce qu'elle se présente comme un
système de délégation généralisée et ascendante, l'autogestion suppose implicitement deux choses. D'une part,
l'élu du groupe devrait interpréter « correctement » et
« fidèlement » la volonté de ses pairs (pour autant, encore
une fois, qu'une telle « volonté » existe). D'autre part, une
fois celle-ci connue, l'élu devrait la transmettre fidèlement aux échelons supérieurs de consultation et de
délibération. Ce sont là deux suppositions bien audacieu-
ses et irréalistes pour la seule raison que le langage n'est

jamais stable ni dépourvu d'équivoque et d'ambiguïté, et que les hommes ne sont pas plus égaux devant la parole que devant la force physique, la maladie, ou la mort... Le principe de la délégation suppose une neutralité du « médium » humain impossible, par définition.

L'idéologie autogestionnaire part de l'idée que l'essence même du principe démocratique réside dans l'assemblée générale où chacun discute et vote sur les problèmes d'intérêt commun. La démocratie serait d'autant plus grande que tout est organisé de façon à ce que ces assemblées générales se tiennent dans le cadre de groupes ou d'unités de décision de dimension « humaine »; c'est-à-dire suffisamment réduite pour que chacun connaisse tous les membres du groupe auquel il appartient.

Penser ainsi, c'est oublier qu'il ne suffit pas de donner à chacun un droit de vote équivalent pour assurer l'égalité de tous devant la décision. L'assemblée générale n'est pas une procédure nécessairement égalitaire. Les participants ne sont pas égaux devant la parole, la facilité d'expression, l'art d'animer et de contrôler une réunion, ni devant la possibilité d'accéder aux informations clés. Les différences d'éducation, de formation, ou de tempérament font que tout le monde n'a pas les mêmes facilités de communication. Certains individus y pèsent donc nécessairement plus que d'autres. Notamment lorsque la loi ou la pratique politique confèrent à certains un statut de « plus égal que d'autres » – comme c'est le cas, extrême, par exemple, dans les pays communistes, avec le monopole du parti ou du syndicat unique.

Conséquence : cette conception de la démocratie n'est qu'un alibi qui permet aux plus doués dans le maniement des mots, des concepts, et dans la maîtrise des foules, d'imposer aux autres *leur* conception de l'intérêt général, et cela dans le cadre d'un système de pensée qui présente pour eux l'avantage inappréciable de justifier au nom même de la démocratie l'élimination systématique des contraintes et garanties institutionnelles que la pensée libérale a élaborées afin de protéger les hommes de toute tyrannie, fût-ce celle d'une majorité légitimement élue. Si l'autogestion repose sur une conception « angélique » de la démocratie, elle n'en est pas pour autant et nécessairement « naïve ». « Qui veut faire l'ange, fait la bête. » Nous avons plus de raisons encore, et accablantes, de le croire que Pascal.

Notes

1. Thomas BORCHERDING, Werner W. POMMEREHNE et Friedrich SCHNEIDER, « Comparing the Efficiency of Private and Public Production : the Evidence from Five Countries », Institute for Empirical Research in Economics, Université de Zurich, 1982, n° 46 (paru dans *Zeitschrift für Nationalökonomie*, 89, suppl. 1982).

2. On cite souvent Renault comme la preuve qu'une entreprise publique peut être aussi performante et efficace qu'une firme privée. Mais on oublie que pendant dix ans Renault n'a presque jamais fait de bénéfices, et que cette entreprise n'a pu maintenir sa capacité concurrentielle que grâce aux dotations en capital faites par l'État et dont le montant est à peu près égal à ce que Peugeot, firme privée, a payé à l'État comme impôts sur les bénéfices pendant cette même période, tout en restant en mesure d'autofinancer son propre développement. De 1966 à 1975, par exemple, Renault a reçu 2 milliards de francs de l'État en dotations gratuites en capital. Au cours de la même période, Peugeot a versé 2,4 milliards de francs d'impôts. Il est vrai que, par la suite, le groupe de Sochaux a connu de graves difficultés financières, mais il ne faut pas oublier que *de 1975 à 1979 Peugeot a versé quatre fois plus d'impôts à l'État que Renault*. Ces chiffres montrent que la fameuse efficacité de Renault est un mythe. Même lorsqu'ils sont vendus au même prix, les véhicules qui sortent de Billancourt ou de Flins coûtent à la collectivité nationale plus cher à fabriquer que les modèles identiques produits par Peugeot.

Rappelons que la Régie Renault a annoncé un déficit record de neuf milliards de francs en 1984, alors que Peugeot semble au contraire sur la voie du redressement. L'intéressant est de connaître la ventilation de ces neufs milliards : cinq milliards proviennent des activités purement automobiles de la Régie, et sur ces cinq milliards, trois s'expliquent par la baisse du marché proprement dite, cependant que de l'aveu même du ministère de l'industrie deux milliards sont dus « aux insuffisances de la gestion »...

Voir le livre très complet de Charles Millon, député de l'Ain : *L'Extravagante Histoire des nationalisations*, Plon, 1984.

Il est vrai que le secteur public français peut se vanter de beaux succès industriels et technologiques, qui constituent un appui appréciable à l'équilibre de la balance extérieure : matériels militaires et aéronautiques, hélicoptères, T.G.V. et fournitures ferroviaires, centrales électriques nucléaires, Airbus, etc. Faut-il pour autant considérer que ces exemples sont des preuves de l'efficacité de gestion des entreprises publiques concernées? On a généralement un peu trop tendance à confondre la prouesse technique avec la performance économique. Il s'agit en réalité de deux choses parfaitement distinctes. Ce qui compte c'est le « coût », pas la réalisation technologique en soi, ou la performance à l'exportation. La performance technique se juge à la qualité du produit ou du service sans considération du prix de revient. C'est ainsi qu'on peut se ruiner en réalisant une remarquable performance technique.

3. Jack WISEMAN, *The Political Economy of Nationalized Industries,* University of York. Document Mimeo.

4. Jean-Jacques ROSA, *Politique économique,* septembre-octobre 1983 (30, rue Le Peletier, 75009 Paris).

5. On pourrait imaginer que ces coûts économiques soient compensés par des avantages « sociaux » non comptabilisés. C'est l'un des grands arguments des socialistes. Les nationalisations permettraient de faire « plus de social ». Le secteur nationalisé serait une vitrine d'expérimentation sociale, destinée à donner l'exemple aux autres entreprises qui se trouveraient ensuite contraintes de suivre.

Là encore, c'est un mythe pur et simple, mais qui a la vie dure. Paradoxalement, l'expérience montre que ce sont les entreprises privées – surtout celles qui font le plus de bénéfices – qui, dans le passé, se sont montrées les plus généreuses à l'égard de leurs travailleurs. Plusieurs enquêtes menées au cours des dernières années montrent que l'image solidement ancrée dans l'opinion publique selon laquelle les entreprises publiques constitueraient un paradis social est une image fausse.

Par exemple, *L'Expansion* a mené en 1975 une enquête auprès des cinquante plus grandes entreprises françaises pour comparer comment elles favorisaient l'épanouissement de leurs salariés sur les lieux de travail. Cette enquête a été réalisée à partir d'interviews effectués tant auprès des directions générales que des comités d'entreprise. Elle comportait quarante questions, classées en douze rubriques (information, formation, comité d'entreprise, logement, emploi, rémunération, accidents). Chaque fois qu'une firme apparaissait dans une rubrique parmi les dix meilleures, elle recevait une étoile. Les résultats sont surprenants : chaque fois qu'un secteur comportait à la fois des entreprises publiques et des entreprises privées, ce sont ces dernières qui arrivaient en tête avec le nombre d'étoiles le plus important. Par exemple, le groupe du C.I.C. (qui n'était pas encore nationalisé à l'époque) reçoit huit étoiles – sur un maximum de douze – alors que la B.N.P., établissement nationalisé, n'en obtient que six. La compagnie d'assurances privées La Paternelle en reçoit quatre, tandis que les A.G.F. nationalisées n'en ont que deux. Enfin, même Renault est largement dépassé par Peugeot, n'étant cité qu'une seule fois parmi les dix meilleures entreprises (pour les conditions de travail) alors que Peugeot apparaît trois fois au palmarès (également pour les conditions de travail, mais aussi pour l'information auprès des salariés, et sa politique du logement).

Il est vrai que les entreprises publiques apportent d'autres avantages. Les comités d'entreprise y sont généralement bien dotés (2 milliards de francs pour le seul comité d'entreprise d'E.D.F., soit le quart du déficit de l'entreprise) ; la représentation syndicale plus fortement assurée : 2 permanents syndicaux pour 10 000 employés à la B.N.P., 3 à la S.N.C.F., 7 aux A.G.F., 10 à la R.A.T.P., 12 aux P.T.T., 15 à E.D.F. et... 24 à la Banque de France. Mais tout cela montre simplement que ce n'est pas parce que le pouvoir des syndicats y est plus puissant que le progrès des conditions de travail y est mieux assuré.

Il y a un paradoxe évident dans tout cela. Mais celui-ci s'explique assez bien si on considère la raison profonde des nationalisations : ce n'est pas la recherche de l'intérêt général, mais la création de rentes de situation au profit de catégories bien particulières de citoyens. La nationalisation est d'abord et avant tout une machine à transferts − transferts de pouvoir au profit de cliques bureaucratiques, ou transferts de revenus au profit de tous ceux qui bénéficient ainsi de salaires plus élevés et d'une plus grande sécurité de l'emploi. Et, ainsi que le suggèrent Borcherding, Pommerehne et Schneider (dans leur papier déjà cité), ce serait une machine à transferts particulièrement efficace puisqu'il s'agit d'une forme institutionnelle qui a plutôt tendance à se répandre. Le succès même de cette formule suggérerait que c'est une forme de redistribution plus efficace que bien d'autres pour atteindre les objectifs implicitement fixés.

Par ailleurs, il faut remarquer que les résultats obtenus par l'enquête de *L'Expansion* s'intègrent assez bien dans la thèse défendue il y a quelques années par l'économiste américain Cotton LINDSAY, dans son article : *A Theory of Government Enterprise* (J.P.E., 1976, p. 1061-1077).

Lindsay explique que la politique de production des managers des entreprises publiques privilégiera, dans « l'output-mix », les caractéristiques qui sont les plus visibles du point de vue de ceux qui sont chargés d'assurer le contrôle de leur activité, et qu'au contraire ils négligeront les caractéristiques à faible niveau de visibilité. L'efficience économique est un concept compliqué, et non directement observable. En revanche, la prouesse technologique, le grand projet, sont des choses hautement « visibles » et donc particulièrement rémunératrices pour les managers soucieux de leur carrière future. De la même façon, on comprend mieux que la priorité aille aux soucis salariaux, et qu'en revanche, quoi qu'on essaie de nous faire croire, les vrais problèmes de conditions de travail dans les ateliers soient plutôt négligés, et plus négligés que dans les entreprises privées où l'on est plus sensible aux coûts économiques déclenchés par l'insatisfaction des salariés.

Cela dit, il faut noter que, dans une économie où l'intervention économique de l'état est de plus en plus omniprésente, cette même logique aura de plus en plus tendance à s'appliquer également dans les entreprises privées (ne serait-ce que pour se voir assurer un accès aux subsides de l'état, ou, dans une économie où les banques sont nationalisées, tout simplement au crédit).

Voir les contributions de B. JACQUILLAT aux deux ouvrages collectifs parus dans « Pluriel » en 1983 et 1984 : *La France socialiste* et *La liberté à refaire.*

6. Pour une description détaillée du système allemand et de son histoire, voir la contribution de Hans G. MONISSEN : « The Current Status of Labor Participation in the Management of Business Firms in Germany », dans Svetozar PEJOVICH, *The Codetermination Movement in the West,* Lexington Books, 1978.

7. Pascal SALIN, *Le Piège de la participation obligatoire dans les entreprises,* éditions de l'Institut économique de Paris, 35, avenue Mac-Mahon, 75017 Paris.

8. Svetozar PEJOVICH, *Industrial Democracy : Conflict or Coopera-*

tion?, Backgrounder n° 342, The Heritage Foundation, 28 mars 1984, Washington.

9. Eirik FURUBOTN, « The Economic Consequences of Codetermination on the Rate and Sources of Private Investment », in S. PEJOVICH, *The Codetermination Movement...*

10. S. PEJOVICH, « Codetermination : a New Perspective », in *The Codetermination Movement...*

11. « En poussant le raisonnement, on s'aperçoit que le salarié peut avoir intérêt à s'approprier non seulement une partie aussi grande que possible des ressources produites par l'entreprise dans le présent, mais aussi à consommer une partie du capital accumulé dans le passé par d'autres que lui-même. Il suffit pour cela d'empêcher le renouvellement intégral du capital. Ce choix sera évidemment encouragé si les salariés peuvent bénéficier de transferts publics sous forme de subventions destinées à " sauver " l'entreprise mise en difficulté et à maintenir l'emploi, ou s'ils peuvent bénéficier d'allocations chômage en attendant de trouver un autre travail. Ce comportement est comparable à une activité de pillage organisé, mais il est tout à fait compréhensible et impuni aussi longtemps qu'il est légal. On pourrait le considérer comme un cas limite, mais il ne l'est pas, dans la mesure où la participation risque d'être prise en charge par des syndicats politisés qui visent précisément à détruire le système de la libre entreprise. » Pascal SALIN, *Le Piège de la participation obligatoire...*

Ce mécanisme d' « autodestruction » reçoit aujourd'hui une remarquable illustration avec ce qui est en train d'arriver au journal *Le Monde*. Il y a vingt ans, *Le Monde* était certainement l'un des quotidiens où les journalistes étaient les plus mal payés. Depuis lors, *Le Monde* s'est transformé en entreprise « cogérée » avec les employés et les journalistes, sous la forme d'une société de rédaction. Aujourd'hui, *Le Monde* est probablement l'un des journaux parisiens où les journalistes et les employés reçoivent les salaires les plus élevés. C'est très bien et fort heureux pour eux. Mais le résultat apparaît clairement : le journal est en train de couler, et sa disparition n'est plus qu'une question de mois. L'histoire du *Monde* illustre on ne peut mieux la réalité des analyses décrites dans ce chapitre. Il est pour le moins amusant de voir que le journal qui serait le premier à dénoncer les analyses que nous venons de présenter est aussi le premier à administrer la preuve flagrante de leur pertinence.

12. G. BENELLI, C. LODERER and T. LYS, « Labor Participation and Private Business Policymaking Decisions : the German Experience with Codetermination », papier présenté à la dixième conférence d'Interlaken, juin 1983.

13. Christian WATRIN, communication à la réunion de la Société du Mont Pèlerin, Mimeo, Cambridge, septembre 1984.

14. M. JENSEN et W. MECKLING, « On the Labour Managed Firm and the Codetermination Movement », papier présenté à la conférence d'Interlaken, de juin 1977. Voir aussi : « Rights and Production Functions : an Application to Labour Managed Firms and Codetermination », dans le *Journal of Business,* 52, 1979.

15. Mancur OLSON, *Grandeur et Décadence des nations,* Bonnel, Paris, 1983. Traduction de Jean Gières et Dimitri Litvine.

16. Pour un traitement plus élaboré, voir Henri LEPAGE, *Autogestion*

et Capitalisme, Masson-Institut de l'Entreprise, Paris, 1978. Voir aussi :
l'Autogestion, un système économique, ouvrage collectif publié sous la
direction d'A. Dumas, Bordas-Dunod, 1981.

17. B. HORVAT, « L'économie politique du socialisme autogestionnaire », dans A. Dumas, *L'Autogestion...*

18. Serge-Christophe KOLM, *La Transition socialiste,* Éditions du
Cerf, 1977.

VII

La propriété et le pouvoir. II

Les fausses vertus de la participation

Depuis plusieurs années, s'il est un mot particulièrement à la mode, c'est celui de « participation ». C'est à qui proposera une participation plus large ou plus intéressée des citoyens, ou des travailleurs à la vie de la nation, de la commune, du quartier, de l'entreprise, etc. Au sein de nos institutions, qu'elles soient à vocation économique ou politique, la participation serait la clé d'une organisation plus « démocratique » du pouvoir.

Dans son livre *Le Pouvoir dans l'entreprise,* le professeur Louis Salleron résume ainsi les différents degrés de l'idéal participatif :

« D'abord comprendre, ce qui suppose des informations, puis être consulté, puis exercer son initiative personnelle et accéder aux responsabilités, enfin participer au sens plein du mot, c'est-à-dire être traité comme co-auteur de l'œuvre commune [1]. »

Reprenant les termes mêmes de l'encyclique *Mater et Magistra* du pape Jean XXIII (1961), il rappelle avec raison que la participation est d'abord et avant tout une affaire spirituelle. La question est de savoir si la réalisation de ces aspirations est compatible avec le respect d'un régime de non-intervention dans les prérogatives traditionnelles de la propriété privée.

---

* Les notes de ce chapitre commencent p. 283.

En étudiant le régime allemand de la cogestion, nous avons montré ce qu'il fallait penser des projets qui visent à accroître, de façon *autoritaire,* la participation des salariés ou de leurs représentants à la gestion directe des entreprises, voire à la désignation de leurs dirigeants. Reste à évoquer les autres formes de participation dont la législation contemporaine s'efforce de provoquer le développement au nom de ce que l'on appelle « la réforme de l'entreprise » : participation financière et intéressement, accès des travailleurs à l'information, démocratisation de l'organisation interne du pouvoir hiérarchique, etc.

L'actionnariat : une belle idée sans clients...

Si vraiment faire participer les travailleurs – ou tout au moins leurs représentants – à l'élaboration et à la prise des grandes décisions de gestion comportait tous les avantages économiques et sociaux que certains croient y discerner, on ne voit pas pourquoi les travailleurs ne seraient pas les premiers à exploiter à leur profit les opportunités qui s'offrent ainsi à eux.

Personne n'empêche par exemple la constitution de « fonds de placement salariaux », auxquels les salariés verseraient volontairement un certain pourcentage de leurs revenus et qui leur permettraient ensuite de prendre des participations dans le capital des entreprises qui les emploient – avec tous les attributs de la propriété, notamment le droit de participer à la désignation des responsables et au contrôle de leurs activités – ou même de créer des entreprises entièrement nouvelles, dont ils seraient pleinement propriétaires, et dont les dirigeants seraient leurs simples mandataires. Sachant que les salaires représentent environ les trois quarts de la valeur ajoutée, et en imaginant que les salariés placent régulièrement 10 %, ou même seulement 5 % de leurs rémunérations dans de tels fonds, il ne leur faudrait pas longtemps pour acquérir une minorité de contrôle significative dans la plupart des entreprises existantes. « Pourquoi, écrit le professeur Hutt, l'un des plus anciens fidèles de Hayek, les travailleurs ne se verraient-ils pas reconnaître le droit de participer à l'élaboration, à la formulation et à la mise en application des règles auxquelles ils sont assujettis dans leur travail ? » La réponse, réplique-t-il, est tout bonnement que *ce droit, ils l'ont déjà !*

« Les travailleurs n'ont pas besoin de combattre le patronat pour se le faire accorder. S'ils le désirent, rien ne les empêche de profiter des droits qui sont reconnus par la loi à toute personne désireuse de construire sa propre entreprise (...). Il n'est même pas nécessaire qu'ils aient la pleine et entière propriété de tout le capital industriel et commercial pour se voir reconnaître le droit de déléguer à des managers choisis par eux l'autorité d'organiser directement l'agencement de leur travail. Il leur suffirait de " louer " à d'autres les droits d'usage de ce capital (...). Les grandes organisations ouvrières comme l'A.F.L.-C.I.O. américaine, la D.G.B. allemande ou encore l'Histadrout israélienne, possèdent d'immenses fonds qui sont investis dans de nombreuses activités économiques. Si ces organisations voulaient vraiment promouvoir la " propriété ouvrière " (si elles faisaient vraiment confiance à la capacité des salariés d'élire les directeurs les plus compétents et les plus efficients), il leur suffirait d'utiliser cet argent pour des prêts aux salariés désireux de racheter les actions de leurs sociétés. Si ces expériences de " capitalisme populaire ", poursuit le professeur Hutt, se révélaient positives, rien n'empêcherait alors les banques et organismes financiers de prendre la relève ; ce qu'ils feraient sans doute sans se faire prier [2]... »

La question qui se pose est de savoir pourquoi, en dehors de quelques cas exceptionnels de « coopératives ouvrières », on ne trouve pas plus d'expériences de ce genre.

L'idée d'associer davantage les travailleurs à la vie et aux problèmes de leur entreprise en les intéressant au capital n'est pas nouvelle. L'ancien directeur des études économiques de la Fédération des industries britanniques, Arthur Shenfield, raconte que c'est dès 1884 que fut créée en Grande-Bretagne la première association publique se donnant pour objectif de promouvoir l'actionnariat ouvrier : *The Industrial Participation Association,* qui existe encore de nos jours. Parmi ses fondateurs, on trouve de très grands noms de l'industrie britannique de la fin du XIXᵉ siècle, comme par exemple William Lever, le créateur de Lever Brothers, devenu depuis Unilever. L'idée était déjà de favoriser la productivité en obtenant une plus grande loyauté et un plus grand attachement personnel du travailleur à la firme qui l'emploie, et cela par une variété de mécanismes allant de la simple participation annuelle aux bénéfices à la distribution gratuite d'actions. Comme aujourd'hui, la grande ambition des libéraux anglais était de réconcilier les intérêts du travail et du capital en favorisant, par l'actionnariat, l'organisation d'une représentation ouvrière au sein des sociétés [3].

Cent ans plus tard, le bilan n'est guère brillant. Certes, la première des entreprises britanniques, Imperial Chemical Industries, se distingue par un plan de participation presque centenaire qui fait que ses salariés détiennent une part non négligeable de son capital... Mais, dans toute la Grande-Bretagne, on ne compte pas plus de 1 à 2 % de l'ensemble de la main-d'œuvre salariée qui soient couverts par de telles initiatives (en majorité d'ailleurs de simples plans d'intéressement aux bénéfices). Qui plus est, une étude réalisée à la fin des années 1950 a montré que la plupart des plans d'intéressement et schémas visant à diffuser l'actionnariat n'ont jamais duré bien longtemps.

Il en va de même avec les formules françaises d'intéressement ou de participation aux fruits de l'expansion, qu'il s'agisse de l'ordonnance du 7 janvier 1959 ou de celle du 17 août 1967. Dix ans après la publication de cette dernière, l'attribution d'actions des sociétés ne représentait encore que... 0,67 % du montant global de la réserve constituée par les entreprises françaises au titre de la participation obligatoire. Quant à l'intéressement type 1959, il ne couvre guère plus d'une centaine d'entreprises [4].

Avec la crise, on assiste à un regain d'intérêt pour les formules de capitalisme populaire. La reprise par le personnel des entreprises en difficulté est souvent vue comme une solution qui permet de sauver les emplois, et elle reçoit l'appui des autorités publiques, notamment des collectivités locales. Mais, à moins que l'avenir nous démontre le contraire, il ne s'agit que d'un pis-aller, d'un phénomène de nature essentiellement conjoncturelle. Là encore donc, la question se pose : pourquoi ce peu d'engouement pour des formules censées apporter le secret de la prospérité et de l'harmonie sociale ?

La réponse, traditionnelle, est d'invoquer le refus des

syndicats, opposés par définition à tout ce qui pourrait affaiblir leur monopole de représentation des intérêts ouvriers. C'est très clair en France où les syndicats marxistes restent fondamentalement attachés au dogme de la lutte des classes. Mais ce ne l'est pas moins dans un pays comme la Grande-Bretagne où, malgré une tradition plus réformiste, les *Trade Unions* n'ont jamais cessé de dénoncer les mécanismes d'intéressement comme un « truc » du patronat pour faire croire aux salariés qu'il leur ristourne, sous forme d'une part des bénéfices, plus que ce à quoi ils auraient normalement droit (ils n'ont d'ailleurs pas tort). Mais si cette raison était la seule à jouer, l'opposition aux formules d'actionnariat et de participation devrait être plus vive dans les industries où les syndicats sont forts et plus faible là où ils le sont moins. Or ce n'est pas ce qu'on observe. La réserve des salariés est à peu près la même, quelle que soit l'industrie à laquelle ils appartiennent. On ne peut donc « faire porter le chapeau » exclusivement aux intérêts corporatistes des organisations ouvrières. Il faut sérier de plus près les questions.

La première est de se demander pourquoi, en l'absence de dispositions obligatoires, les salariés achètent si rarement des actions de leurs entreprises ; ou encore, lorsqu'on leur impose la détention de telles actions, pourquoi ils n'ont rien de plus pressé que de les revendre dès qu'ils en ont la possibilité. La réponse n'est pas compliquée : un tel comportement est parfaitement rationnel ; ce n'est tout simplement pas leur intérêt d'avoir « tous leurs œufs dans le même panier », c'est-à-dire *et* leurs économies *et* leur emploi dans la même entreprise. En agissant ainsi, ils font preuve d'un comportement ni plus ni moins responsable que celui des investisseurs qui diversifient leurs placements pour réduire leurs risques. Ces derniers seraient mal venus de reprocher aux salariés de faire ce qu'eux-mêmes font tous les jours.

Seconde question : comment expliquer que les salariés français manifestent si peu d'intérêt pour les formules d'intéressement et de participation qui leur sont proposées dans le cadre de la législation actuelle.

Dans les entreprises américaines qui pratiquent l'intéressement (elles sont de plus en plus nombreuses dans ce cas, au point qu'un porte-parole de General Motors déclarait récemment que la participation aux bénéfices est l'une des grandes idées d'avenir de l'économie américaine), tout repose sur le principe de la liberté d'adhésion individuelle. Le salarié qui reçoit sa quote-part de droit sur les bénéfices est libre d'accepter ou non de reverser la somme qui lui revient dans l'un des différents fonds de placement que son entreprise lui propose. En France, il n'en va pas de même. L'intéressement est le produit d'une convention collective négociée entre le comité d'entreprise et l'employeur. Cette convention s'applique à tous les salariés dès lors qu'ils sont liés à l'entreprise par un contrat de travail. Ce que nous appelons intéressement ou participation, qu'il s'agisse de comptes d'épargne bloquée dans l'entreprise, ou de comptes d'actions, n'est donc qu'une forme d'*épargne forcée et différée* sur l'affectation de laquelle le travailleur individuel n'a aucun contrôle. Il s'agit d'une *épargne obligatoire* gérée en son nom, mais sans délégation de pouvoir directe, par le comité d'entreprise.

Le salariat présente bien des inconvénients. On doit obéir à des ordres qui vous sont dictés par d'autres que l'on n'a pas soi-même choisis; on court toujours le risque de perdre son emploi et donc son revenu. Mais, d'une part, on bénéficie d'un certain nombre de garanties qu'en cas de licenciement on continuera à percevoir un revenu pendant un certain temps; d'autre part, si l'entreprise fait faillite, on dispose au moins d'un statut de créancier privilégié qui fait que les sommes dues ont toutes chances d'être effectivement versées, à la différence de ce qui arrive aux autres créanciers. Maintenant, que se passe-t-il quand on entre dans le cadre d'un plan d'intéressement ou de participation? Les sommes immobilisées peuvent s'apprécier, mais aussi se déprécier. Qui plus est, la quote-part ainsi investie perd son statut de créance privilégiée. L'inconvénient est relativement mineur pour les premiers à bénéficier du système lors de sa mise en place : pour eux, l'intéressement constitue bel et bien une forme de « sur-salaire » temporaire. Mais une fois que le système a fonctionné un certain temps, il n'en va plus de même.

Sous la pression de la concurrence, le marché du travail va peu à peu « internaliser » dans les rémunérations offertes la quote-part d'avantages participatifs qui y est liée. Les rémunérations effectives vont s'ajuster en tenant compte de la valeur anticipée de ces avantages. On se retrouve donc, *in fine*, avec une rémunération réelle dont le montant global n'est pas différent de ce qu'aurait été le salaire sans intéressement, mais dont une part, qu'on n'a pas choisie soi-même, ne bénéficie plus des mêmes garanties de risque et de liquidité généralement afférentes à une situation normale de salarié. Et comme cet accroissement du risque personnel n'est compensé par aucun avantage réel au niveau des attributs individuels de la propriété, dans la mesure où ce ne sont pas quelques actions parmi des milliers qui rendent davantage « propriétaire » de l'entreprise, où est le gain? On a purement et simplement une illusion, pour ne pas dire une supercherie.

La troisième question est plus générale. Il s'agit d'expliquer pourquoi, en dehors de cas exceptionnels, ou de la conjoncture actuelle, les salariés occidentaux montrent si peu d'empressement pour les formules de « capitalisme populaire ».

Réponse : c'est peut-être parce que le système classique de l'entreprise, tel que nous le connaissons en Occident – et malgré toutes ses imperfections –, est encore celui qui correspond le mieux à l'état de leurs préférences personnelles – notamment en matière de risque.

« Le fait que les salariés ne se précipitent pas pour assurer la part de risque entrepreneurial que suppose l'actionnariat, remarque le professeur Hutt, suggère que le type de contrat par lequel ils acceptent d'obéir aux ordres et règles édictées par d'autres, en échange de la promesse de l'employeur de prendre tous les risques d'exploitation à sa charge, est encore celui qui leur apporte le plus de satisfaction. »

Autrement dit : c'est encore le système de *répartition des risques* qui leur convient le mieux.

Dans un univers par définition incertain, toute activité

économique implique des paris sur le futur, et donc que des gens acceptent d'assumer la part de rique correspondante. On peut déplacer le risque, on ne peut pas le supprimer. Comme toute organisation humaine, l'entreprise, quelle qu'elle soit, ne peut fonctionner sans une certaine répartition, *décidée à l'avance,* de la part de risque supportée par chacun.

Dans sa brochure *Les Pièges de la participation obligatoire,* Pascal Salin nous rappelle fort opportunément les raisons d'une telle contrainte :

« On considérerait comme anormale, inefficace et même immorale une situation où la loi autoriserait les apporteurs de capital non risqué à modifier à leur convenance le montant de leur rémunération, ou même à participer à un organisme de décision de l'entreprise habilité à accroître leur rémunération de manière discrétionnaire, et c'est pourquoi leur rémunération – sans risque – est déterminée à l'avance par contrat (...). Aucun propriétaire n'emprunterait si l'on pouvait attribuer à volonté au capital non risqué un rendement plus important que le rendement prévu par le contrat. »

Il en va de même avec cette ressource particulière que sont le travail et les compétences ou le capital humain des salariés. Faire apparaître, de manière directe (par la codétermination), ou de manière indirecte (par l'actionnariat), un pouvoir supplémentaire sans responsabilités financières correspondantes, mais habilité à modifier de manière imprévue et imprévisible les conditions contractuelles des rapports entre les employeurs et leurs employés, ne peut qu'accroître le risque supporté par les apporteurs de capitaux et donc les décourager – et ainsi compromettre la croissance et l'avenir même de la firme. C'est pourquoi, ainsi que nous l'avons vu au chapitre IV, le fondement de l'entreprise réside non pas dans le principe que c'est l'argent qui fait le pouvoir, comme on le croit trop généralement ; mais dans le principe que le droit de poser les règles internes de fonctionnement de l'entreprise et de veiller à leur application appartient à celui ou à ceux qui acceptent que leur rémunération dépende non pas de contrats fixés au préalable, mais des résultats résiduels de l'activité. (Ce qui, notons-le au passage, signifie que le droit de fixer les règles et de les administrer peut tout aussi bien appartenir à des représentants désignés par les salariés qu'à des mandataires nommés par les apporteurs de capitaux, mais pour autant seulement que ceux qui prennent la responsabilité d'élire ces personnes acceptent d'assumer dans leur rémunération, d'une manière ou d'une autre, l'ensemble du risque résiduel découlant des choix que celles-ci feront.)

Dans toute organisation économique, quelqu'un, nécessairement, supporte *in fine* les risques de la gestion. Ce quelqu'un peut être l'actionnaire ou le contribuable (lorsque l'entreprise est nationalisée ou lorsqu'elle est subventionnée). Et l'expérience montre que c'est lorsque ce risque est pleinement assumé par ceux qui sont aussi les propriétaires du capital, que les chances d'efficacité sont les plus grandes. Moyennant quoi, on est en droit de se demander si le bilan décevant des expériences de participation n'est pas en soi l'indice que les salariés, intuitivement, comprendraient mieux la portée de ce problème que la plupart des experts qui prétendent pourtant parler en leur nom.

Ce qui est en cause n'est pas autre chose que la spécialisation des rôles, caractéristiques des sociétés humaines évoluées. Personne n'aurait l'idée de monter dans un avion et d'exiger ensuite que les passagers élisent celui qui pilotera. Il en va de même pour l'entreprise. Le capitalisme n'est qu'une sorte de contrat implicite qui définit à l'avance l'attribution des rôles en fonction des risques que chacun est prêt à assumer.

La participation ne serait un mode d'organisation attrayant que s'il était vrai que faire accéder les travailleurs à la propriété du capital permettait de révéler des trésors de productivité encore inemployés. Ou encore, si la majorité des salariés étaient prêts à troquer une part significative de leurs accroissements de niveau de vie et de consommation pour jouir des avantages psychologiques que la participation à la propriété est censée leur apporter. Mais, précisément, l'échec des expériences volontaires de participation montre que la première proposition est fausse, et que la seconde est encore loin d'être réalisée.

Dans ces circonstances, vouloir imposer une forme ou

une autre de participation pour promouvoir une plus grande représentation des salariés dans les organismes de décision ne peut qu'entraîner des résultats différents de ceux qui ont, en réalité, la plus grande préférence des salariés. Ce qui est le contraire même d'une aspiration démocratique [5]...

Les lois Auroux

« Je ne vois pas pourquoi un chef d'entreprise serait inamovible, alors que le maire d'une commune est soumis à la réélection tous les six ans, et pourquoi un chef d'entreprise serait à l'abri des sanctions en cas d'échec social. Ne peut-on imaginer une société dans laquelle existerait un jour une démocratie économique comparable à la démocratie politique? (...). En fin de compte, je souhaite que les dirigeants soient élus dans le secteur privé par une combinaison judicieuse de l'ensemble des travailleurs et des représentants du capital, et dans le secteur national, par des représentants de la collectivité publique nationale et ceux des travailleurs, ces derniers devant rester majoritaires. »

Cette déclaration peu connue date du 26 avril 1964, elle est de François Mitterrand, devant un parterre de chefs d'entreprise. Arrivé au pouvoir dix-sept ans plus tard, François Mitterrand n'a pas cédé aux sirènes de sa tentation autogestionnaire. Il n'a pas non plus emboîté le pas de la cogestion social-démocrate à l'allemande, système refusé par les syndicats français d'obédience marxiste, opposés à tout ce qui pourrait officialiser un semblant de « collaboration de classe ». La voie française vers la « démocratie économique » passe par l'élargissement des « droits des travailleurs » dans l'entreprise. Ce sont les lois Auroux de 1982.

La première, la loi du 28 octobre 1982, pose pour principe que les droits syndicaux (constitution et reconnaissance des sections syndicales, affichage, réunion, distribution de tracts...) peuvent désormais être exercés dans toutes les entreprises, même celles qui n'emploient pas 50 personnes. Les pouvoirs des comités d'entreprise sont élargis; ceux-ci doivent obligatoirement être informés de la situation et de tout projet concernant le capital de la société (répartition du capital, projets de fusion ou de prise de participation, etc.); ils doivent être obligatoirement consultés dès lors que l'employeur envisage de procéder à des licenciements, d'introduire de nouvelles technologies, etc. La loi leur reconnaît le droit de faire appel à des experts extérieurs à l'entreprise.

La seconde, celle du 13 novembre 1982, concerne la négociation collective. Une négociation devra obligatoirement s'ouvrir chaque année entre l'employeur et les syndicats représentatifs de l'entreprise. Cette négociation doit automatiquement porter sur les salaires, la durée et l'organisation du temps de travail. L'employeur doit remettre aux délégations syndicales toutes les informations nécessaires concernant ces questions afin, spécifie la loi, « de permettre une analyse comparée de la situation des hommes et des femmes en ce qui concerne les emplois et les qualifications, les salaires payés, les horaires effectués et l'organisation du temps du travail, et de faire apparaître les raisons de ces situations ». L'employeur qui n'engagera pas cette négociation s'exposera à des sanctions *pénales.*

Enfin, la loi sur le statut des entreprises publiques prévoit qu'un tiers des postes au conseil d'administration doit être occupé par des personnes directement élues par les salariés sur des listes proposées par les organisations syndicales représentatives.

Beaucoup de gens ont craint que les lois Auroux entraînent un accroissement de la bureaucratie dans les entreprises, tant du côté des syndicats que du côté des employeurs; ou encore qu'elles paralysent le fonctionnement de nombreuses entreprises en raison de la lourdeur des procédures, des délais et des prérogatives nouvelles reconnues aux représentants élus du personnel et des syndicats. Mais là n'est pas le plus important. Le plus important est le formidable accroissement de pouvoir que la nouvelle législation confère aux syndicats au sein de l'entreprise, puisque les droits nouveaux qui leur sont désormais reconnus ne s'accompagnent d'aucune contrepartie en termes de responsabilité – bien au contraire.

En principe le dispositif ne confère aux organisations ouvrières qu'un *droit d'information étendu,* ni un droit formel de contrôle, ni un pouvoir de décision réel. Les syndicats ont toujours clairement fait savoir qu'ils ne voulaient pas d'un tel pouvoir de « codirection »; ils n'ont jamais caché qu'ils ne souhaitaient nullement accéder à un quelconque partage des reponsabilités de gestion dans l'entreprise, leurs revendications se limitant au droit d'être informés et consultés lorsque le sort des travailleurs et de leur emploi est concerné. Mais il est des circonstances où la contrainte d'informer et de consulter, lorsqu'elle se double d'un véritable pouvoir de pression de fait, aboutit à attribuer un véritable pouvoir de quasi-décision au profit de ceux qui sont informés et consultés. Or c'est précisément ce à quoi aboutissent, dans le contexte politique hérité des élections de 1981, les lois sur les « droits nouveaux des travailleurs ».

Comment? En faisant des cadres syndicaux, interlocuteurs obligatoires des directions – qu'il s'agisse des membres des comités d'entreprise, des délégués du personnel, ou même simplement des délégués syndicaux – des personnes pratiquement intouchables, même en cas de fautes graves relevant du droit commun le plus simple. Une telle immunité crée dans l'entreprise une nouvelle situation de rapport de forces qui confère *de facto* aux organisations ouvrières un véritable pouvoir de veto et de chantage.

Prenons par exemple le nouveau statut des entreprises publiques. L'une des règles les plus fondamentales concernant le droit de l'entreprise est celle de la responsabilité solidaire du conseil d'administration. Même si les membres du conseil ne sont pas d'accord sur une décision à prendre, une fois que celle-ci est prise, la règle de droit veut que l'ensemble du conseil d'administration soit solidairement responsable de ses conséquences. Or, fait extraordinaire, les représentants du personnel qui siègent dans les conseils d'administration des entreprises publiques nouvelle manière sont exemptés de cette responsabilité collective. La loi est ainsi conçue que les administrateurs salariés, s'ils ont les mêmes pouvoirs que les autres et disposent même de privilèges exceptionnels (comme par exemple un droit d'accès illimité aux ateliers), n'ont pas les mêmes responsabilités ni sanctions.

Prenons la question de l'information sur la situation

économique et financière de l'entreprise. Même lorsqu'il s'agit de pouvoirs purement consultatifs, l'une des règles de la responsabilité veut que ceux qui y ont accès ne l'utilisent que pour le bien de l'entreprise. La contrainte d'offrir aux délégués des salariés une information très large sur l'entreprise a pour corollaire une obligation de réserve. Or cette réserve, les organisations ouvrières la refusent systématiquement.

Prenons la question de la grève. Jean Auroux, alors qu'il était encore ministre du Travail, avait fait voter une disposition exonérant les organisations syndicales de toute responsabilité civile et pénale pour fait de grève. Cette disposition a fort heureusement été cassée par le Conseil constitutionnel. Mais que constate-t-on? Plusieurs organisations syndicales ont été condamnées par des tribunaux pour abus du droit de grève depuis le 10 mai 1981. Mais elles continuent de refuser d'obtempérer, bénéficiant de la complicité passive de directions qui n'osent même plus exiger de la puissance publique l'exécution des jugements.

Sachant que dans les circonstances politiques héritées des élections de 1981, le licenciement de toute personne exerçant des responsabilités ouvrières ou syndicales est désormais, légalement ou *de facto,* impossible, même pour des motifs justifiés, le résultat est que les militants syndicaux jouissent de privilèges légalement inaccessibles aux citoyens ordinaires : une immunité totale, même concernant des actes de droit commun n'ayant aucun rapport avec l'exercice de leurs fonctions; et cela, aussi bien pour les délégués syndicaux dont les activités ne reposent pas sur la moindre légitimité démocratique (puisqu'ils ne sont pas élus). Dans les grandes entreprises, on a calculé que la population ainsi protégée pourrait représenter jusqu'à 15 % des effectifs... La Révolution française avait solennellement abrogé tous les privilèges. Le régime socialiste actuel est en train de les ressusciter non moins solennellement...

Et tout ceci n'est qu'une partie de l'iceberg. Le même phénomène se retrouve avec la loi Quillot et les nouveaux pouvoirs donnés aux associations de locataires, ainsi qu'avec les projets de législation sur les droits des associations de consommateurs. Comme pour les syndi-

cats, l'accroissement de leurs « droits » et « pouvoirs »
s'accompagne d'une *exemption de toute responsabilité.*

Cette situation est d'autant plus scandaleuse que,
simultanément, la doctrine des pouvoirs publics est d'insister sur le fait qu'en matière de gestion économique,
toute responsabilité doit automatiquement s'accompagner
non seulement d'une responsabilité civile, mais également
d'une sanction pénale personnelle. C'est ainsi qu'au
lendemain du 10 mai 1981, alors qu'on assistait à une
libéralisation considérable de la justice à l'égard des délits
de droit commun, s'est dessiné simultanément un mouvement de renforcement très prononcé des sanctions pénales
personnelles concernant les infractions économiques et la
non-application du Code du travail, revu et corrigé par les
lois Auroux.

Tout se passe comme s'il y avait désormais en matière
de droit, deux poids et deux mesures. Toute la rigueur de
la loi doit s'appliquer aux entreprises et à leurs dirigeants.
Quant aux syndicats et aux associations protégés par le
pouvoir, le principe est qu'ils sont par définition hors du
droit, même lorsque leurs dirigeants et responsables se
mettent hors la loi.

Une telle évolution est extrêmement grave. Elle porte
en effet dangereusement atteinte au principe fondamental
de l'égalité juridique des droits et des devoirs. Elle
signifie que nous sommes déjà, *de facto*, entrés dans une
société dominée par une conception marxiste du droit; où
le droit est considéré par ceux qui ont la responsabilité
d'assurer l'ordre social, non pas comme une valeur
normative s'imposant également à tous, mais comme la
sanction provisoire d'un rapport de force social susceptible à tout moment d'être remise en cause dès lors que cela
va dans l'intérêt des organisations ou des partis politiques
qui contrôlent le fonctionnement de la machine législative. Assistons-nous à la fin de l'État de droit, fondement
des conceptions occidentales de la démocratie?

Le contenu des lois Auroux n'est pas entièrement
négatif – moins radical en tout cas et moins révolutionnaire que les pages que le projet socialiste d'avant les
élections de 1981 consacrait aux « droits nouveaux des
travailleurs ». Un certain nombre de propositions parmi
les plus contestables ont disparu; par exemple le conseil

d'unité ou le conseil d'atelier, ou encore le droit de veto que les socialistes voulaient donner au comité d'entreprise en matière d'embauche, de licenciement, d'organisation du travail, sur les plans de formation, ou encore sur les projets d'investissement impliquant l'introduction de nouveaux procédés technologiques. On peut également remarquer la volonté affirmée tout au long des cent quatre pages du rapport Auroux de ne pas briser les performances et la santé économique de l'entreprise; ce qui représente, en quelque sorte, une reconnaissance implicite de la réalité des problèmes économiques spécifiques à l'entreprise. De même, le texte souligne-t-il maintes fois qu'il s'agit, par toute une série de mesures et de procédures, de « libérer les énergies afin de rendre l'entreprise plus prospère ».

Une telle « libération » paraît cependant extrêmement improbable. Quand on lit attentivement l'exposé des motifs, on constate que le salarié n'y est jamais considéré comme un individu évoluant dans une collectivité de travail; il n'est question que de « corps constitués ». Seuls les représentants légaux du personnel sont pris en considération, comme si donner plus de droits à ceux-ci ne pouvait, par le fait même, que donner plus de droits aux salariés eux-mêmes; comme si, par définition, les élus des syndicats étaient nécessairement les mieux à même d'appréhender, de représenter, de traduire, à l'exclusion de toute autre personne et de tout autre mécanisme, tous les désirs, tous les souhaits, et toutes les aspirations des salariés [6].

Résultat : même si elles ne concernent, en principe, que le seul domaine du droit du travail, les lois Auroux se situent dans le droit-fil des réflexions menées depuis la guerre sur le thème de « la réforme de l'entreprise » et illustrées par le fameux ouvrage de François Bloch-Lainé, paru en 1963. Avec une industrie à demi-nationalisée et un crédit totalement étatisé, l'entreprise privée française, bien que conservant en principe son autonomie, se trouve pour ses principales décisions (investissement, désinvestissement, restructuration, licenciements...), et dès lors qu'elle atteint une certaine taille, soumise à une double tutelle non seulement administrative et gouvernementale, mais également syndicale et politique dont la caractéris-

tique est, sans que nous nous en rendions compte, de faire
basculer notre régime de la propriété dans une forme
implicite de « codétermination » qui ne dit pas son nom,
mais qui n'en est pas moins réelle.

Sur le plan économique, les conséquences qu'il faut en
attendre seront identiques et pour les mêmes raisons, à
celles que nous avons mises en lumière à propos de la
« cogestion » allemande – avec cependant cette circonstance aggravante qu'il s'agit, cette fois, d'une forme de
« codétermination » d'autant plus dangereuse pour l'avenir même de nos institutions qu'elle ne repose sur aucun
pacte social explicitement vécu, mais bien au contraire
sur l'institutionnalisation, dans le fonctionnement même
des entreprises, du principe marxiste de la lutte des
classes.

La réforme des rapports hiérarchiques...

Parce que la propriété privée s'identifie à l'absolutisme
patronal, nous vivons tous plus ou moins avec le sentiment
confus qu'il existerait une sorte de relation univoque entre
capitalisme et structures hiérarchiques de pouvoir. L'économie de libre entreprise et de libre marché serait
incapable de prendre en compte les aspirations des gens à
des formes de travail et d'organisation tournant enfin le
dos aux principes tayloriens qui, depuis un siècle ont fait
la fortune de la grande industrie. D'où l'idée, que l'on
retrouve presque partout dans la littérature socio-économique, de droite comme de gauche, que seule une
intervention du législateur serait susceptible de modifier
cet état de choses; que seul le législateur peut contraindre
l'entreprise à « se réformer », et à abandonner ses vieux
modèles de gouvernement bureaucratiques et hiérarchiques, pour faire davantage place à la « participation ».

Cette idée est fausse. Elle traduit une double incompréhension, d'une part, des rapports qui existent entre
normes juridiques de propriété et modes internes d'organisation; d'autre part, de la façon dont fonctionne le
marché et dont il contraint en permanence les entreprises
à s'auto-réformer pour mieux tenir compte des besoins et
aspirations de leurs salariés. Si, jusqu'à présent, le monde

occidental n'a guère connu que des formes hiérarchiques et tayloriennes d'organisation, ce n'est pas *à cause* de la propriété privée, mais parce que cette technique d'organisation représentait encore il y a peu, compte tenu des besoins et des aspirations de la population, la solution la plus efficiente pour la collectivité.

Depuis la fin des années 1960, nous assistons à un triple phénomène de remise en cause. D'abord un mouvement de contestation sociale et politique qui montre que, si la structure classique de commandement pyramidale était adaptée à une société axée sur la solution de ses problèmes de survie les plus élémentaires, ce n'est plus vrai lorsque l'importance relative des besoins purement matériels décline par rapport à d'autres aspirations plus qualitatives. Ensuite, il est apparu que, dans un univers de plus en plus complexe, les structures hiérarchiques traditionnelles sont de moins en moins efficientes comparées à des formes d'organisation plus décentralisées, faisant une plus large place à l'initiative créatrice des individus. Enfin, avec la micro-informatique, une véritable révolution technologique permet d'envisager une baisse considérable des coûts de la communication, cette matière première de toute technique d'organisation.

Ces trois éléments se combinent pour rendre les solutions classiques d'organisation de plus en plus coûteuses, et donc les solutions nouvelles, décentralisées, plus attrayantes. Au fur et à mesure que les résistances aux structures tayloriennes se précisent et se durcissent, l'incitation à consacrer davantage de ressources à la recherche et à la mise en place de nouveaux schémas d'organisation croît, de même que l'impulsion à accélérer le développement de nouvelles techniques d'information. A son tour, ce développement technologique rend économiquement accessible des modes d'organisation décentralisés, jusque-là trop coûteux. On a ce que les économistes, dans leur jargon, appellent une modification progressive des « coûts d'opportunité » des différents modes d'organisation des rapports de commandement, de décision et de pouvoir.

La question à laquelle nous confrontent les idéologies (encore) à la mode est de savoir quels sont, parmi les éléments qui déterminent la forme des systèmes sociaux (marché, non-marché), ceux qui ont le plus de chances de favoriser cette évolution, ou au contraire de la freiner. La réponse des économistes est que ce sont les ressorts du marché et de la libre concurrence (donc de la propriété privée) qui favorisent le mieux ces mutations et que les éléments de non-marché ne peuvent que les contrarier [7].

Avec la croissance du niveau de vie, une nouvelle génération apparaît qui identifie désormais son bien-être et son épanouissement davantage à la « consommation » de valeurs personnelles qu'à l'accumulation sans fin de richesses matérielles. L'échelle des préférences se transforme. Tout le monde n'évolue pas à la même vitesse, mais le nombre de ceux qui supportent de plus en plus mal de vivre dans une société où le même être humain est traité différemment selon qu'il consomme ou qu'il produit croît rapidement.

Le résultat de cette évolution est que le salaire est de moins en moins la finalité exclusive de l'activité productive. Pour l'entreprise, le salarié est ainsi de moins en moins un « producteur » anonyme et interchangeable ; il apparaît de plus en plus, dans son travail, comme un « consommateur » doté de besoins spécifiques pour lesquels il est prêt à acquitter un certain prix (en termes de substitution entre salaire et conditions de travail). Cette évolution confère aux salariés un début de *bargaining power,* de pouvoir de négociation, analogue à celui dont les consommateurs jouissent dans la société moderne, et indépendant de leur force organisée (les syndicats).

Si l'entreprise prend tant de soins à choyer sa clientèle c'est, ne l'oublions pas, pour deux raisons : d'abord, parce que la concurrence entre les producteurs fait que le consommateur peut toujours trouver un autre fournisseur à qui s'adresser ; ensuite, parce que la caractéristique de la société moderne est de rendre le consommateur de moins en moins captif et d'accroître le degré de fluidité de la clientèle des producteurs en compétition les uns avec les autres. Sur la marché du travail, on n'en est pas encore à la même fluidité, et donc les entreprises ne connaissent pas encore les mêmes contraintes mais on peut déjà déceler une évolution de nature très similaire. D'un côté, la modification des attitudes sociologiques à l'égard du travail conduit à ce que les salariés dotés de compétences particulièrement recherchées et rares orientent leurs recherches non plus seulement en fonction des salaires qu'on leur propose, mais aussi des caractéristiques de qualité et d'environnement associées aux postes qu'on leur offre ; ce qui impose à l'entreprise qui ne veut pas se faire voler ses spécialistes, ou qui ne veut pas être contrainte de payer des sur-salaires, de tenir compte de ces nouvelles exigences qualitatives. De l'autre, le caractère moins restrictif des contraintes monétaires (renforcé par tous les apports de la législation sociale contemporaine) fait que l'on voit apparaître sur le marché du travail un phénomène assez analogue à celui de l'abstention volontaire du consommateur insatisfait : c'est le phénomène classique de la montée de l'absentéisme, l'instabilité croissante de la main-d'œuvre, la dégradation de la qualité du travail fourni, les attitudes de quasi-boycott qui caractérisent de nouvelles générations que leurs activités professionnelles laissent insatisfaites. Les mêmes causes produisant les mêmes effets, la logique d'une telle évolution est de forcer peu à peu les entreprises à accepter une évolution analogue à celle qui a donné naissance à la société de consommation moderne – c'est-à-dire à accepter de faire un effort croissant d'individualisation et de différenciation de l'offre de postes de travail.

Conséquences : qui dit absentéisme plus élevé ou rotation anormale de la main-d'œuvre dit aussi coûts de production plus élevés qu'ils ne le seraient si les postes de travail étaient mieux adaptés aux nouvelles demandes des salariés. Or, dans un marché concurrentiel, l'entreprise ne peut survivre que pour autant qu'elle cherche à obtenir les coûts les plus bas possible en faisant la chasse aux économies. Parmi les économies possibles, il y a bien sûr tout ce qui concerne l'innovation technique et commerciale ; mais aussi tout ce que pourrait produire une politique sociale destinée à éliminer – ou tout au moins à réduire au maximum – les causes de surcoûts associées à l'absentéisme et aux phénomènes du même type. En donnant à leurs salariés des conditions de travail et d'insertion professionnelle mieux adaptées à leurs aspirations – en faisant ce qu'Octave Gélinier appelle du « marketing social » – les entreprises peuvent agir sur cette source de coûts indus. D'où l'intérêt grandissant que les entreprises les plus dynamiques et les mieux gérées portent aux nouvelles politiques de la maîtrise et de l'encadrement inspirées par les techniques japonaises et américaines de « cercles de qualité », de « groupes de progrès » et de « centres de profits »; concepts qui, rappelle Octave Gélinier « vont à la fois, à la limite de l'anti-taylorisme (en confiant à des petits groupes d'ouvriers des responsabilités d'amélioration de la qualité, de la productivité, des méthodes...); à la limite de la décentralisation (puisque l'équipe fonctionne en bouclage extra-court au niveau des ouvriers et chefs d'équipe); et à la limite de la confiance dans l'homme (en misant sur la créativité technique de simples exécutants rapidement formés à quelques outils de dénombrement et d'analyse) ».

Sous la pression de la concurrence, les entreprises sont donc amenées à consacrer une part croissante de leurs ressources à l'étude et à la mise en place de nouvelles structures d'organisation des rapports de pouvoir, qui permettent à leur tour, grâce à l'amélioration des techniques de communication et d'information, de rendre compatibles les exigences croissantes d'individualisation des responsabilités et la nécessité de maintenir des prix concurrentiels. La concurrence se déplace des domaines traditionnels de l'innovation technologique ou commerciale de type industriel, vers une nouvelle forme de concurrence par l'innovation organisationnelle. Dans la stratégie des firmes, celle-ci est progressivement appelée à jouer un rôle de plus en plus grand, par rapport aux formes classiques de la concurrence industrielle.

Conclusion : on veut nous faire croire qu'il existerait une liaison univoque et irréversible entre les formes capitalistes de la propriété et une conception essentiellement taylorienne (et donc « aliénante ») du pouvoir. Cette proposition est fausse. Elle traduit une méconnaissance fondamentale des rouages profonds d'une économie de libre concurrence. Plus nous vivrons dans un milieu concurrentiel, moins l'État, par ses interventions intempestives, interférera avec les motivations et les comportements individuels créateurs de concurrence, plus les travailleurs auront de chances de trouver dans l'entreprise ce qu'ils attendent. A l'inverse, plus l'État interviendra, plus il légiférera, plus il donnera aux syndicats de responsabilités statutaires créatrices de bureaucratie et d'irresponsabilité, moins les entreprises consacreront d'efforts à la satisfaction de ces nouvelles aspirations.

Il est vrai que le marché du travail est un marché imparfait, probablement le plus imparfait de tous; celui où les « coûts de transaction » sont les plus élevés, parce que c'est le marché où les gens se trouvent eux-mêmes le plus directement impliqués. Mais cela ne suffit pas pour en conclure que le remplacement des mécanismes de la propriété et de la libre concurrence par des modes de décision plus « politisés » permettrait d'obtenir de meilleurs résultats. La théorie moderne des marchés politiques permet d'affirmer exactement l'inverse. Par exemple, on peut sans difficulté démontrer comment le recours à la médiation obligatoire des syndicats pour tout ce qui touche aux conditions de travail et à leur amélioration ne peut, pour des raisons de pure logique « électorale », que fausser la révélation des préférences réelles de la population salariée et favoriser les revendications salariales (donc, comme le résume Pascal Salin, le « pillage » des ressources de l'entreprise) au détriment des nouveaux besoins qualitatifs; ou encore, comment l'intervention réglementaire ne peut que conduire à négliger l'extraordinaire degré de diversité que la logique du marché et de la concurrence permet précisément de satisfaire.

De même, il est vrai qu'au sein de nos entreprises, certains dirigeants recherchent plus le pouvoir que leur confèrent leurs responsabilités, que le profit, générateur d'efficacité. Et ce peut être en effet un obstacle à la promotion de nouveaux rapports humains dans l'entreprise – mais pour autant que la société, en dénonçant la propriété et en s'orientant chaque jour davantage vers des structures économiques et sociales fondées sur une logique de non-marché, réduise les contraintes à l'efficacité et laisse, paradoxalement, plus de liberté aux dirigeants pour chercher à accroître leur pouvoir à l'abri de toute concurrence.

Dans une société de liberté économique, celui qui essaierait d'user de son pouvoir pour empêcher la réorganisation des structures de commandement et de coopération qu'appelle de ses vœux la majorité des gens creuserait lui-même sa propre tombe. Telle est, pour le malheur de quelques-uns mais pour le plus grand bonheur de tous, la loi de la concurrence marchande – et donc la loi de la propriété. La « participation », si on ne lui donne pas une finalité idéologique, ou « politique », n'implique pas qu'il soit nécessaire de détruire, ni même de rogner les prérogatives traditionnelles de la propriété privée.

« On ne démocratise pas un contrat... »

Si toutes les propositions qu'avancent ceux qui n'ont que le mot « démocratie » à la bouche entraînent des conséquences contraires à l'esprit dont ils prétendent s'inspirer, c'est parce que vouloir « démocratiser » l'entreprise est une expression qui n'a aucun sens. Une telle proposition ne fait que refléter un triple malentendu : sur le concept de démocratie; sur la nature même de l'entreprise; enfin sur la signification fondamentale de la relation salariale. Tous les discours sur la participation reflètent une conception sous-jacente de la démocratie dont l'inspiration est analogue à celle de l'utopie autogestionnaire. Reposant sur une vision « angélique » d'une représentativité « pure et parfaite », elle est aujourd'hui si commune, qu'on la retrouve malheureusement bien souvent chez ceux-là mêmes qui se réclament du libéralisme.

L'idée démocratique, faut-il rappeler, n'est pas née de la recherche d'une règle « juste » de décision collective. Son émergence moderne est liée à l'histoire du concept d'*individu*, défini comme un centre de décision et de comportement autonome; et, de là, à la préoccupation de protéger cet individu contre les empiétements de toute forme de pouvoir tyrannique, fût-ce celui d'une quelconque majorité. C'est cette préoccupation qui présida au développement du parlementarisme britannique (selon le principe « pas d'impôt sans représentation »). C'est elle qui guida le travail des pères fondateurs de la Constitution américaine de 1776. C'est encore elle que l'on retrouve seize ans plus tard à la base de la Déclaration des droits de l'homme et du citoyen.

Dans cette perspective, celle des libéraux, la démocratie se définit comme un appareil institutionnel dont la fin est de protéger les hommes de l'arbitraire de toute tyrannie *politique*. Comment? En posant pour principe qu'il existe des règles, des « droits supérieurs » qui s'imposent à tous, même à l'État. C'est le principe de l'*État de droit*. Une conception qui limite l'action de l'État à la définition de règles générales de juste conduite définies, comme l'explique Hayek, indépendamment des conditions particulières de leur application. Ces règles générales et supérieures, ce sont par exemple celles de la liberté individuelle de pensée et d'expression, de la liberté de vote, de la liberté de circulation, ... mais aussi les règles de la propriété privée et toutes les libertés économiques qui en découlent (à commencer par la liberté des contrats). En concédant des « espaces de liberté » *inaliénables,* ces libertés constituent l'élément fondamental de ce polycentrisme sans lequel il ne saurait y avoir de véritable liberté politique, et donc de démocratie.

Mais une telle définition de la démocratie n'a de sens que dans le cadre d'une « politie », d'une société politique – c'est-à-dire d'une *communauté naturelle* où les hommes sont condamnés à s'entendre entre eux et à s'organiser politiquement s'ils veulent vivre et prospérer en paix. Le problème de la démocratie comme mode de gouvernement se pose dans ces communautés naturelles que sont les nations et les États parce que, de par le hasard même de notre naissance, nous n'avons pas d'autre choix que d'en faire partie – à moins de choisir cette solution extrême, au coût personnel exorbitant, qu'est l'émigration, l'exil. On ne peut parler de démocratiser l'État que parce que celui-ci est un cadre juridique permanent et invariable auquel nul ne peut se soustraire de par la nature même de la contrainte sociale qui s'impose à tout individu dès lors qu'il choisit de ne pas vivre dans une île déserte.

Il en va différemment avec les entreprises. A moins de plonger dans un univers collectiviste, on ne naît pas « citoyen » d'une entreprise, on y entre, par contrat, par adhésion, et on est toujours libre d'en sortir quand on veut, à un coût personnel qui n'est certes pas négligeable, mais sans commune mesure avec celui de l'exil. L'entreprise n'est donc pas une « politie », ni un corps social

« naturel », même si la plupart d'entre nous, dans le monde moderne, ne pourraient assurer leur subsistance sans appartenir à une entreprise. L'entreprise est une création temporaire, une émanation contractuelle de la société civile et non un rouage de la société politique ; une association de droit privé, à objectif limité, qui ne peut survivre que si elle apporte aux citoyens et consommateurs, en concurrence avec un grand nombre d'autres entreprises, les produits et les services que ceux-ci désirent.

L'avantage d'un tel système est non seulement qu'il permet de produire moins cher – et donc plus – mais aussi, comme le fait remarquer Jean Baechler, qu'il représente un mécanisme de sélection des compétences économiques on ne peut plus *démocratique :* des personnes s'associent parce qu'elles considèrent pouvoir résoudre mieux que d'autres des problèmes de production et se soumettent à la sanction quotidienne et sans cesse recommencée du référendum permanent des acheteurs [8]. Vouloir « démocratiser » l'entreprise n'a donc strictement aucun sens car, comme le souligne Pascal Salin : « Cela n'a pas de sens de gérer " démocratiquement " un contrat. » Un contrat n'est jamais qu'un document structuré qui, d'une part, définit l'ensemble des prestations réciproques que chacune des parties s'engage à respecter pendant sa durée, d'autre part, s'efforce de prévoir toutes les circonstances susceptibles de provoquer des litiges, avec leurs modes de résolution (arbitrage, recours aux tribunaux, etc.). Le rôle du contrat est de permettre à chacun de mieux collaborer avec les autres en réduisant les incertitudes qui affectent nécessairement tout mode de coopération impliquant plusieurs êtres humains dans une œuvre commune. C'est grâce à cela que l'entreprise peut exister ; grâce à cette sorte de stabilisation des comportements qu'implique la contrainte de respecter les contrats passés. Dire que ceux-ci pourraient faire, à tout moment, l'objet d'ajustements ou de révisions décidés « démocratiquement » revient à détruire la fonction même que les contrats jouent dans l'organisation économique d'une société fondée sur l'utilisation la plus astucieuse possible des compétences et des spécialités individuelles, en réintroduisant cette incertitude fondamentale qu'ils ont précisément pour but de stabiliser. L'idée même d'entreprise, conçue comme une association volontaire d'hommes libres, devient littéralement impossible en raison de la réapparition d'un *risque coopératif* que personne ne peut plus objectivement apprécier ni anticiper.

On accepte ou on refuse un contrat; on en négocie un autre lorsque le contrat en vigueur vient à expiration; on peut préférer ce type de contrat à un autre etc... Mais on ne peut pas « démocratiser » un contrat qui, dans un univers où chacun est libre de nous proposer une infinité de formules contractuelles, en compétition les unes avec les autres, ne peut être, par définition, que l'expression d'un choix librement consenti – même si ce choix implique bien souvent des contraintes pénibles. On retrouve le rôle essentiel que joue cette institution appelée la concurrence et qui, comme nous l'avons vu, ne peut exister que dans une société fondée sur la liberté de la propriété. Parler de « démocratiser » l'entreprise ne peut avoir de sens que dans un univers où on ne nous laisserait pas d'autre choix que d'adhérer à un seul et unique mode de coopération, fondé sur un contrat identique pour tous – ce qui est l'essence du socialisme.

Cette approche « contractuelle » de l'entreprise se heurte à une objection courante : on ne peut, nous dit-on, assimiler la relation salariale à un simple rapport contractuel parce qu'il s'agit d'un « contrat inégal » entre partenaires inégaux.

C'est ainsi que, par exemple, le rapport de la commission parlementaire allemande sur la codétermination (façon 1976) définit le contrat de salaire comme un contrat par lequel le salarié « *se soumet entièrement* à l'autorité et aux prérogatives de son employeur ». La commission poursuit en expliquant qu'une telle situation n'est admissible et compatible avec le principe de la dignité humaine que si « le subordonné ou ses représentants peuvent directement influencer le processus de formation et de prise des décisions à l'intérieur de l'entreprise ». L'inégalité économique entre, d'une part, les travailleurs qui ne possèdent que leur simple force de travail, et de l'autre, les employeurs qui disposent de la puissance financière, viderait le rapport contractuel de tout sens réel et rendrait indispensable l'introduction dans l'entreprise de mécanismes institutionnels de participation, imposés par le législateur.

A cela, deux réponses. La première est de montrer que cette approche traduit une vision contestable de la relation employeur-employés. C'est celle que développent les professeurs Alchian et Demsetz dans leur fameux article de 1972 sur la théorie de la firme.

« La conception traditionnelle de l'entreprise revient à définir la firme par le pouvoir qui y régnerait de décider de tout, à partir d'un processus de décision et d'action de type autoritaire, faisant appel à un principe de contrainte supérieur à celui qu'on trouverait dans la simple relation contractuelle de l'échange marchand entre individus libres. Or c'est là une illusion, même si cette illusion est partagée par la plupart des hommes (...). L'employeur n'a pas, à l'égard de ceux auxquels le lie un contrat de travail, de pouvoir de contrainte et de discipline de nature différente de celui dont le client dispose à l'encontre de ses fournisseurs. Si je suis votre client et que je ne suis pas content de la prestation que vous m'avez fournie, je peux vous " punir " en mettant fin à notre relation de commerce, en refusant de m'approvisionner à nouveau chez vous, ou encore en demandant aux tribunaux de vous contraindre à m'indemniser pour la partie du contrat que vous n'avez pas honorée.

« La position de l'employeur par rapport à l'employé n'est pas différente. Si l'employé ne remplit pas ses obligations contractuelles, tout ce que peut faire l'employeur est de le renvoyer ou de le poursuivre devant les tribunaux, de la même manière qu'un client peut " renvoyer " son fournisseur en cessant de faire affaire avec lui ou en l'assignant devant un tribunal pour livraisons défectueuses ouvrant droit à compensations (...). Quelle est alors, continuent les deux professeurs, la véritable nature de ce fameux pouvoir dont disposerait l'employeur, notamment lorsqu'il exerce son droit de dire à l'ouvrier ce qu'il doit faire et comment? (...). Ce pouvoir, répondent-ils, n'est pas différent de celui dont dispose le client lorsqu'en entrant dans le magasin où il a ses habitudes, il attend du commerçant qu'il s'acquitte naturellement de telle ou telle prestation caractéristique de son métier. Toute vente implique la présence d'un contrat implicite qui assigne au client le droit, en échange de son argent, d'exiger du vendeur qu'il lui fournisse les services normaux qu'il attend en contrepartie du prix demandé par celui-ci. Ce contrat se trouve indéfiniment renouvelé pour autant que le client, s'il est satisfait, continue de revenir dans le même magasin (...). Les droits dont dispose l'employeur sur ses employés ne sont pas de nature différente. L'employeur ne bénéficie pas à l'encontre de ses ouvriers, d'un quelconque " super-droit " dont ne disposerait pas le client. Dire que dans un cas on a une relation d'*échange,* alors que dans l'autre ou aurait une relation d'*autorité* introduit une distinction artificielle entre deux situations qui sont en réalité parfaitement identiques. Dire à ma secrétaire de taper telle lettre et de la ranger ensuite dans tel dossier n'est pas un acte différent de l' " ordre " que je donne à mon garagiste de me procurer telle marque de voiture plutôt que telle autre (...). Rien ne me contraint à acheter toutes mes voitures chez le même garagiste. De même rien ne contraint celui-ci à me fournir nécessairement ce que je lui demande – sauf la sanction de ne plus jamais me voir revenir chez lui.

« Il en va de même pour l'employeur, comme pour l'employé. A la différence de l'armée, rien ne permet à l'employeur de venir chercher chez lui *manu militari* le travailleur qui se refuse à reprendre le " boulot " ou à exécuter les tâches qu'on lui demande. L'entreprise ne peut compter sur la continuité de l'apport de ses ouvriers que parce qu'elle offre pour leurs services un prix que ceux-ci jugent acceptable, et non pas parce qu'elle disposerait d'un quelconque pouvoir de contrainte particulier dont seraient démunis les autres agents économiques (...). De même qu'aucun contrat ne me contraint à m'approvisionner en essence chaque jour chez le même commerçant, de même, concluent les deux professeurs américains, rien ne contraint ni l'employeur, ni l'employé à reconduire indéfiniment leur collaboration si les termes ne leur conviennent plus. Tout l'art du manager est précisément de renégocier continuellement les termes des contrats qui lient l'entreprise à ses employés d'une façon telle que ces derniers acceptent volontairement de contituer d'apporter leur collaboration dans des conditions compatibles avec l'équilibre économique et financier de la firme. Une telle activité, font alors remarquer Alchian et Demsetz, n'est en rien différente de ce qui se passe tous les jours sur n'importe quel marché concurrentiel entre acheteurs et fournisseurs [9]... »

Conséquence : ce qui définit la firme n'est pas l'existence d'une sorte de contrat particulier donnant naissance à un principe d'autorité inconnu sur le marché; mais la présence d'une fonction centrale (l'entrepreneur), « lieu géométrique » de tous les contrats définissant l'aire économique qui donne naissance à l'entreprise. De deux choses l'une alors : ou bien l'on considère que l'échange

contractuel est l'expression la plus accomplie d'une relation démocratique et il n'y a pas davantage de raison à
vouloir « démocratiser » les relations à l'intérieur de
l'entreprise qu'il n'y en a à vouloir « démocratiser » les
échanges du marché; ou l'on admet la nécessité de
« démocratiser » l'entreprise et alors il n'y a pas de raison
de s'en tenir là : pourquoi ne pas appliquer ce principe
« démocratique » à toutes les autres relations d'échange
marchand? (Ce qui reviendrait à faire disparaître toutes
les procédures de « vote monétaire » – c'est-à-dire le
marché).

La seconde réponse est de dénoncer la validité même
des concepts d'échange inégal et de « pouvoir économique », en utilisant le syllogisme proposé par l'un des
fondateurs du mouvement libertarien américain Murray
Rothbard [10].

S'il faut « démocratiser » l'entreprise, c'est qu'on
estime qu'elle est le lieu d'une tyrannie, d'une violence privée; que l'État se doit de réprimer en utilisant sa propre violence, c'est-à-dire son monopole de la
contrainte.

Mais quelle est cette violence? C'est par exemple, nous
dit-on, la décision de telle ou telle entreprise de licencier,
sans leur demander leur avis, des travailleurs qui vont se
trouver sans emploi et donc démunis. N'est-ce pas aussi
arbitraire et aussi préjudiciable que de les agresser
physiquement pour leur voler leurs économies? N'a-t-on
pas là une forme subtile de « vol » qui prive les travailleurs licenciés de cet argent auquel ils auraient eu droit si
l'employeur n'avait abusé des prérogatives légales que lui
donne sa position économique dominante? Le plus souvent sans le savoir, tel est le raisonnement implicite
auquel nous souscrivons dès lors que nous acceptons qu'il
soit du ressort de l'État d'intervenir dans les entreprises
pour corriger certains aspects abusifs de ce que l'on
appelle le « pouvoir économique ».

Regardons maintenant les choses de plus près, nous dit
Murray Rothbard. Que fait l'employeur qui décide de
licencier? Il ne se livre à aucun acte de contrainte; il
refuse simplement de renouveler les contrats qui le lient
avec les travailleurs qu'il a l'intention de licencier, de

poursuivre avec eux un certain « échange ». Ces travailleurs ont-ils le droit légitime – c'est-à-dire moral – de contraindre l'employeur à prolonger un échange dont il désire se dégager? Si l'on répond « oui », n'est-ce pas alors renier l'idée même d'échange?

Dans une société de liberté, le principe de base est que tout individu se voit reconnaître le droit d'entrer ou de ne pas entrer dans un échange que quelqu'un d'autre lui propose. Ce que l'on appelle le « pouvoir économique » découle de l'exercice par certains de cette liberté fondamentale de choix. Ce « pouvoir » n'a rien à voir avec le pouvoir d'État qui, lui, utilise la menace de la violence physique (l'amende, la prison, la mort...) pour contraindre de paisibles citoyens à accepter d'entrer avec lui dans des échanges qu'ils ne souhaitent pas : l'impôt, le service militaire, etc.

Partant de là, il est clair que l'homme-de-juste-milieu qui ne veut pas d'une dictature étatique, mais qui en même temps reconnaît qu'il est parfois nécessaire de recourir au pouvoir de contrainte de l'État pour corriger les excès du « pouvoir économique privé », se heurte à une insoluble contradiction. Imaginons que A refuse de faire un certain échange avec B, et que B réagisse en lui « ordonnant » de faire cet échange sous la menace d'un revolver. Que doit-on faire? Que doit faire l'État? Il n'y a que deux attitudes possibles seulement : ou bien on considère que B se livre ainsi à un acte de violence inadmissible qu'il convient de punir immédiatement en le jetant en prison; ou bien on répond qu'après tout B était justifié de se livrer à un tel acte en raison de l' « agression » que représentait pour lui la décision de A de ne plus renouveler l'échange qui les liait. Ce faisant, ou bien l'État vient au secours de A et lui accorde aide et protection; ou bien il s'y refuse – se substituant même à B pour empêcher A, par la contrainte (la violence légale), de se dégager de l'échange qu'il ne désire plus renouveler. C'est l'un ou l'autre, il n'y a pas d'autre solution possible. Mais alors, si l'État adopte la seconde attitude, que faut-il penser du petit voleur qui, lui, sans s'attaquer aux gros monopoles, menace les passagers du métro de son couteau pour s'approprier le contenu de leurs portefeuilles? Eux aussi refusent d'entrer dans un « échange » que le voleur souhaite mais qu'eux ne désirent pas. Quelle différence y-a-t-il entre les deux actes qui justifie un traitement différent? Faut-il en déduire que le caractère « juste » ou « injuste » d'un acte ne se déduit pas de ses caractéristiques intrinsèques mais tout simplement de la personnalité des victimes?

B commet incontestablement un acte de violence. Ou cette violence est considérée comme un acte de défense, et donc un acte « juste »; ou, au contraire, c'est une agression, et donc un acte « injuste » et répréhensible. Si l'on admet l'argument de l' « agression » du pouvoir économique, c'est la première attitude qui s'impose. Mais alors, si l'on est cohérent avec soi-même, cela signifie que l'usage de la violence est justifié pour combattre les décisions de tous ceux qui, d'une manière ou d'une autre, à un titre ou à un autre, invoquent leur droit au libre arbitre pour refuser de se soumettre à des « échanges » que d'autres désirent faire avec eux. La liberté d'échange disparaît alors avec la liberté de le refuser. Si, à l'inverse, on admet que tout acte ainsi commis par B est par définition « illégal », alors il faut en accepter l'entière conséquence, c'est-à-dire que la société utilise toutes les ressources de sa violence légitime pour protéger les gens contre les agissements de ceux qui veulent les impliquer dans des « échanges » dont ils ne veulent pas. Il n'y a pas de milieu. On ne peut pas s'en sortir en considérant qu'il y aurait, selon les circonstances (ou les victimes en cause), des formes de violence qui seraient admissibles et d'autres qui ne le seraient pas; car si l'on veut que le mot « justice » ait encore un sens, il ne peut y avoir qu'un seul code moral, qu'une seule forme de violence injuste et illégale.

Ce raisonnement apparaîtra à certains comme trop simplifié, trop abstrait, manquant de nuances. Mais il a le mérite de montrer clairement où mène l'argument du contrat inégal. Si l'on admet ce genre de rhétorique, toute frontière claire et précise entre ce qui est « bien » et ce qui est « mal » disparaît. On entre dans un monde de relativité généralisée où la morale ne dépend plus de principes universels reconnus comme « vrais », mais de rapports de forces momentanés entre groupes d'intérêts rivaux; un monde plus proche de la jungle, de la lutte de tous contre

tous, donc de l'oppression, que de la démocratie civilisée.

Ces réflexions nous projettent au cœur du problème
fondamental que posent à nos sociétés contemporaines
l'extension continue des interventions de l'État et la
logique juridique qui l'accompagne.

Dans une société de liberté, tout le monde a le droit de
rêver; les salariés ont le droit de rêver à la propriété qu'ils
n'ont pas et à ce qu'ils pourraient faire pour y accéder; les
entrepreneurs de s'imaginer qu'en développant l'actionnariat de leurs personnels, ou en leur offrant des formules
originales de participation, ils créeront un nouvel état
d'esprit dont tout le monde tirera profit. Dans une société
de liberté, toutes les expériences sont permises, toutes les
innovations sont possibles; et cela d'autant plus – nous
l'avons vu au chapitre précédent – qu'il n'est tout
simplement pas vrai que l'on puisse définir à priori une
forme d'entreprise qui serait supérieure aux autres, et
dont on pourrait démontrer qu'il est de l'intérêt de la
collectivité d'en imposer la généralisation définitive au
mépris des volontés et initiatives individuelles. Mais, dans
une telle société, de telles expériences n'ont de sens que si
elles ne remettent pas en cause la règle d'or sur laquelle
reposent cette liberté et ses bienfaits.

Cette règle d'or est celle de la *responsabilité* – qui se
confond purement et simplement avec celle de la *propriété* : on ne peut jouir de la pleine disposition d'un bien ou
d'une ressource que pour autant qu'on accepte par avance
de supporter personnellement l'intégralité des variations
de valeur, en plus ou en moins, qui peuvent résulter des
décisions prises, par soi-même ou par d'autres (par
délégation), quant à l'usage de ce bien ou de cette
ressource. Fondamentalement, c'est cela « être propriétaire », et pas autre chose. Ce qui, au niveau de l'entreprise, se traduit par le principe que le pouvoir ultime
appartient, non pas nécessairement à celui ou à ceux qui
apportent les capitaux, mais à celui ou à ceux qui
acceptent de ne faire rémunérer leurs services qu'en
dernier, une fois rétribués tous les autres facteurs de
production. C'est en fonction de cette règle de principe

que l'on peut légalement dire que les actionnaires sont les
« propriétaires » de l'entreprise, même s'ils n'en exercent
pas la direction effective.

À l'intérieur de ce cadre, toutes les initiatives devraient
être permises, l'État veillant seulement à ce que les règles
de gestion et de gouvernement définies par ces initiatives
privées restent compatibles avec le principe de responsabilité. Malheureusement, dans nos sociétés contemporaines, le législateur ne se contente plus de poser les règles
de droit, nécessaires pour assurer à chacun l'exercice de
sa pleine liberté contractuelle, à l'intérieur de cette seule
contrainte de responsabilité. Partant de l'idée (erronée et
dangereuse, comme nous venons de le voir) que l'égalité
juridique des droits ne saurait garantir aux plus défavorisés une réelle égalité contractuelle, le législateur
moderne s'arroge en plus le droit d'intervenir directement
pour imposer non seulement le respect de règles formelles
(nécessaires pour assurer la légitimité des actes conclus),
mais également le respect de certaines règles de contenu.

Or, dans ce domaine, *imposer c'est également exclure.*
Dire par exemple que pour exercer une activité entrepreneuriale, il faut nécessairement adopter telle ou telle
formule statutaire préétablie, à l'exclusion de toute autre
ne figurant pas au « menu » légal, c'est peut-être protéger
la société contre certains abus ou certaines fraudes
possibles. Mais c'est aussi exclure la possibilité pour des
gens de se lier entre eux selon des procédures qui, pour
une raison ou pour une autre, tout en étant compatibles
avec les principes généraux d'une société de liberté et de
responsabilité, sont restées ignorées ou n'ont pas été prises
en considération par un législateur, lequel pas plus que
quiconque ne peut prétendre à l'omniscience. Résultat : à
partir du moment où ces interventions prolifèrent et
deviennent étouffantes – ce qui est le cas aujourd'hui –, la
collectivité se prive par avance de toute cette somme
d'expériences, d'innovations et de connaissances à
laquelle elle aurait pu accéder si l'État ne s'était pas
arrogé le monopole de la définition de règles qui auraient
dû rester du ressort de la liberté contractuelle des
personnes. Ce n'est pas encore vraiment le socialisme,
avec son système à option unique, mais on s'en rapproche ;
on passe d'une « société ouverte » sur le mouvement,

l'évolution et donc le progrès, à des formes primitives et statiques de « société fermée », négation de la civilisation.

La solution libérale aux problèmes de l'entreprise ne consiste donc pas à préconiser la généralisation de tel ou tel type d'entreprise que certains considèrent comme mieux adapté aux données du monde contemporain, mais qui peut très bien ne l'être que dans certaines conditions et pas dans d'autres. La véritable solution libérale est de réclamer la « libération du droit », la libération de toutes les entraves qui, depuis un siècle, se sont accumulées pour restreindre sans cesse davantage le champ de la liberté contractuelle des personnes, au sein de l'entreprise et au-dehors. La solution libérale consiste à revendiquer le retour à une véritable *liberté d'expérimenter* – ni plus, ni moins.

Il va de soi que ce qui précède ne doit pas être interprété comme une critique, une attaque contre la démocratie. Seul est ici mis en cause l'usage abusif d'un concept détourné de son sens et de son objectif. Loin de concourir à renforcer la paix civile, à rendre la parole au citoyen, ou encore à assurer l'égalité de tous devant le droit, la plupart des projets ou des institutions évoqués au titre de la « démocratisation » de l'entreprise conduisent en réalité à des résultats exactement opposés à ceux que l'on serait en droit d'attendre d'une vraie démocratie. Dans la plupart des cas étudiés, le recours au vocabulaire « démocratique » n'est qu'un alibi sémantique utilisé par certains pour détourner l'entreprise de ce qui est sa véritable mission (le service du client), et couvrir ainsi d'un voile de légitimité (politique) l'accaparement, par des minorités organisées, de privilèges nouveaux au détriment des intérêts du plus grand nombre. Parce qu'ils s'appuient sur un usage dévoyé du concept de démocratie, la logique de ces projets est de parachever ce qui apparaîtra sans doute demain comme le grand œuvre de la société occidentale du XXe siècle : la reconstitution d'un ordre social de type corporatif et « fermé », analogue à celui de l'Ancien Régime que la Révolution avait précisément pour ambition de détruire définitivement. En ce sens, les analyses proposées dans les pages qui précèdent,

loin d'être « réactionnaires », comme certains ne manqueront pas de les qualifier, s'inscrivent bien au contraire
dans la tradition de la libération de la personne opérée par
l'apport législatif de la Révolution. Pour un libéral, il n'est
pas de privilèges plus légitimes que d'autres; tous sont
également condamnables.

On reprochera sans doute à ce chapitre de manquer de
souffle positif, de ne pas proposer, clés en main, un
véritable « projet libéral » pour l'entreprise.

Je me refuse à entrer dans ce jeu. Pour la raison précise
et simple que dans ce domaine comme dans les autres, le
libéralisme est une doctrine de *libre choix*. S'appuyant
sur les outils de l'analyse économique, la théorie libérale
nous indique quelles sont les règles que le droit des
entreprises et des organisations contractuelles doit respecter pour que nous puissions bénéficier des bienfaits
économiques et politiques d'un ordre libéral. Elle nous
montre quelles peuvent être les conséquences de différents modes d'organisation contractuelle. En ce sens, elle
n'est absolument pas fermée à l'idée que des entrepreneurs et des salariés s'entendent pour mettre au point des
formules originales de coopération économique qui n'ont
peut-être encore jamais été expérimentées. Mais la théorie libérale ne nous dit pas et ne peut pas nous dire *ce que
doit être* concrètement l'organisation interne de la firme.
Il n'existe pas de « solution libérale » à priori, ni même de
solution « plus » ou « moins » libérale qu'une autre. C'est à
chacun d'entre nous (donc au marché), de faire son choix,
en fonction de ses préférences personnelles et des circonstances.

Laissons aux chefs d'entreprise et à leurs cadres, aux
spécialistes de la gestion ou de l'organisation du travail,
aux responsables des organisations ouvrières ou aux
représentants du personnel..., le soin de discuter des
mérites respectifs de telle ou telle formule d'organisation.
Mais gardons-nous d'en faire un sujet politique. Car ce
n'est pas une question que l'on peut trancher par une
décision *politique*.

Ce n'est pas au législateur de dire ce que devra être
l'entreprise, libérale ou pas, de demain; c'est à elle
d'émerger de la concurrence de milliers d'expériences
décentralisées et contractuelles. Le législateur ne peut

avoir qu'un seul rôle : recréer les conditions d'une véritable liberté d'innovation. Ce qui implique, non seulement qu'on suive, par exemple, les recommandations du rapport Sudreau concernant l'indroduction de nouvelles possibilités de choix statutaires, mais aussi qu'on aille beaucoup plus loin dans la libération du droit, en étudiant systématiquement ce qui, dans la législation présente, limite la liberté des individus de définir entre eux de nouvelles formes de rapports d'association et de collaboration [11].

Notes

1. Louis SALLERON, *Le Pouvoir dans l'entreprise*, C.L.C. 49, rue des Renaudes, Paris 75017, 1981.

2. William HUTT, « Every Man a Capitalist » dans *Policy Review*, publication de l'Heritage Foundation, Washington, n° 22, automne 1982.

3. Arthur SHENFIELD, « Labor Participation in Great Britain », in S. PEJOVICH, *The Codetermination Movement*...

4. Nicole CATALA, « L'entreprise : lutte pour le pouvoir ou participation ? », *Connaissance politique*, cahier n° 1, février 1983, Dalloz.

5. Soyons bien clair. Ce qui est ici condamné, c'est la participation *obligatoire*. Ce procès ne concerne pas ceux qui consacrent leurs efforts à convaincre leurs collègues chefs d'entreprise que la participation – volontaire – est une bonne formule de gestion qui présente de nombreux avantages. Ils sont libres de le dire, s'ils y croient, libres d'expérimenter ce à quoi il croient, et libres d'inviter les autres à suivre leur exemple. Tant qu'ils agissent auprès des pouvoirs publics pour obtenir que la législation leur permette de réaliser leurs souhaits, fort bien. Ce à quoi nous nous opposons, c'est non seulement l'extension obligatoire à tous (même soumise à un processus de négociation contractuelle), mais aussi bien l'idée que les entreprises pratiquant une forme ou une autre de participation devraient bénéficier d'un traitement fiscal privilégié. De tels avantages fiscaux faussent la libre concurrence entre les différentes formes institutionnelles d'organisation de l'entreprise. Par ailleurs, ils préjugent de ce que seul le résultat de la libre concurrence par le marché peut nous faire découvrir : quelle est la meilleure formule d'organisation.

6. Cf. l'excellent livre de Serge BAKOU, *Lénine à l'usine*, publié par l'U.N.I., 8 rue de Musset 75016 Paris, 1983.

Sur les lois Auroux voir également le récent livre d'Hubert LANDIER, *L'Entreprise face au changement*, Entreprise Moderne d'Édition, 1983.

7. Ce sujet a été développé dans mon premier livre *Autogestion et Capitalisme*, Masson-Institut de l'Entreprise, 1978.

8. Cf. Jean BAECHLER, *La notion de démocratie et de citoyenneté,* Institut du Citoyen, 106, rue de l'Université, 75007 Paris, octobre 1983.

9. Armen ALCHIAN et Harold DEMSETZ, « Production, Information Costs and Economic Organization », *American Economic Review* Décembre 1972, reproduit dans FURUBOTN et PEJOVICH, *Economics of Property Rights,* Ballinger, 1974.

10. Cf. Murray ROTHBARD, « Anti-Market Ethics : a Praxeological Approach », dans *Power and Market,* Institute For Humane Studies, Sheed Andrews and McNeel, 1970.

11. Par exemple, au moment même où l'on parle tant de « participation », et où certains voudraient imposer la généralisation de la structure « conseil de surveillance – conseil de direction », n'est-il pas paradoxal, comme le soulignait le rapport Sudreau de 1975, que le statut des sociétés à conseil de surveillance interdise à toute personne liée à l'entreprise par un contrat de travail d'y siéger ?

Une telle limitation bloque, par définition, toute formule de développement volontaire d'un véritable capitalisme participatif, sauf celles qui sont susceptibles de se mouler dans les cadres juridiques existants, et, bien sûr, celles que l'État peut être tenté d' « imposer », en invoquant d'ailleurs l'inaction de l'initiative privée que lui-même contribue à bloquer...

VIII

La propriété, procédure de connaissance :

l'illusion planiste

« Les institutions de la propriété privée n'ont pas seulement pour fonction de veiller à ce que chacun d'entre nous soit le plus efficace possible dans ses attributions... Elles constituent aussi ce que Hayek appelle une « procédure de découverte » – c'est-à-dire un mécanisme dont l'existence permet à chacun d'agir et de décider en fonction d'une masse d'informations et de connaissances, souvent tacites et même informulables, dont nous ne pourrions disposer sans la présence d'un réseau d'échanges libres et concurrentiels, reposant sur le double principe de la liberté de la propriété et de la liberté des contrats. »

C'est sur ces mots que s'achevait le chapitre IV. Le moment est venu d'y revenir et d'évoquer de manière plus précise les *vertus cognitives* des institutions liées à la propriété privée.

Regardons une termitière. Des milliers d'insectes s'affairent en tous sens à des tâches diverses. Incontestablement, la division des tâches y atteint un degré élevé. Résultat : une construction collective, relativement complexe, qui semble parfaitement programmée. Comment cela est-il possible ? Les termites ne parlent pas, et n'ont pas d'intelligence (au sens humain du terme), et pourtant les résultats sont là, qu'on peut difficilement expliquer par la présence d'un « ingénieur en chef » qui indiquerait à chacun ce qu'il doit faire, où et comment, à quel moment. La termitière atteste l'existence de ce que l'on

---

* Les notes de ce chapitre commencent p. 321.

appelle un *ordre spontané,* un ordre collectif qui n'a été voulu ni conçu par personne, et qui naît spontanément, par une sorte d'alchimie mystérieuse, de l'interaction des comportements de milliers d'insectes qui agissent comme s'ils étaient guidés par une sorte de main invisible.

Les spécialistes de l'éthologie ont percé le secret de la termitière et de sa mystérieuse alchimie en montrant que ce résultat est le produit d'une sorte de langage à base de réactions chimiques, qui permet d'assurer la coordination du comportement de ces milliers d'insectes. La termitière, comme la ruche, est une « société » où l'existence d'un moyen de communication, même extrêmement rudimentaire, permet aux insectes de transmettre aux autres le fruit de leurs expériences personnelles. Et le résultat est un phénomène de masse qui donne naissance, sans que cela ait jamais été planifié par personne, à une construction collective, un « ordre social » dont la particularité est d'incorporer dans sa réalisation infiniment plus d'intelligence que chaque insecte n'en est individuellement capable.

Même si l'homme est un animal très particulier, doté de ce que les autres espèces n'ont pas – c'est-à-dire une capacité réflexive et conceptuelle qui lui permet de prévoir, d'anticiper et donc d'agir –, le principe des sociétés humaines est le même que celui des sociétés plus élémentaires. Une société ne peut exister que parce que l'évolution l'a dotée de mécanismes plus ou moins sophistiqués de communication et de coordination.

La coordination des multiples activités individuelles est le problème central de toute société, le « problème social » par excellence. Suivant les techniques de communication qui servent de support à ces phénomènes de coordination, le système social sera plus ou moins « intelligent ». L'homme n'est pas seulement plus intelligent, en tant qu'individu biologique; il l'est également collectivement en ce sens que ce qui caractérise les sociétés humaines est la présence de systèmes d'information, de communication et de coordination infiniment plus performants que tous ceux qui opèrent dans une colonie d'abeilles ou de termites.

Ces systèmes ne sont pas le fruit du pur hasard, ni le produit d'une intention consciente. Ils sont le résultat d'un processus d'évolution naturelle, de nature d'abord biologique, puis culturelle, lui-même conséquence des contraintes que font peser sur l'humanité la rareté et la compétition que les espèces se livrent entre elles pour survivre.

Il existe trois modes, et trois modes seulement, de coordination des sociétés humaines : la tradition, le marché et la planification. Chacun repose sur une technique particulière de sélection des modes de production. Le premier, la tradition, recourt à des règles sociales tacites ou formelles visant à assurer la préservation des techniques de production qui ont lentement émergé à travers l'évolution biologique et culturelle. Le second, le marché, implique l'usage de procédures de sélection fondées sur le recours à la compétition économique. La planification, enfin, ambitionne de remplacer les modes de sélection précédents fondés sur des mécanismes anonymes et incontrôlés par des procédures conscientes. Chacun de ces modes de coordination est susceptible de faire émerger un certain niveau d' « intelligence collective ». Mais cela ne signifie pas que les niveaux atteints soient équivalents. Bien au contraire.

Si la propriété privée est désirable, ce n'est pas seulement parce qu'elle constitue le système de motivation individuelle le plus performant que les hommes aient jamais « inventé » — comme le confirme la tendance croissante des économies socialistes à « réinventer » le profit; mais aussi et surtout parce que le régime de la propriété privée est le support d'un ensemble d'institutions (le marché, la concurrence...), dont la caractéristique est, ainsi que l'explique Hayek, de permettre en définitive à tous d'agir et de décider en fonction d'une sorte de *savoir systémique,* qui est beaucoup plus que la somme des savoirs personnels que chacun de nous est capable de formuler et de transmettre, et qu'il n'est donné à personne de pouvoir consciemment reproduire indépendamment des procédures concurrentielles qui lui ont servi de véhicule.

L'objectif des pages qui suivent est de préciser le sens et le contenu de cette proposition, fondement de l'analyse économique autrichienne.

Par école autrichienne, il faut entendre l'ensemble des économistes qui se présentent comme des disciples de

Ludwig von Mises et de Hayek. A la différence des autres
économistes néo-classiques et libéraux, leur caractéristique est de lier très étroitement *théorie du marché* et
théorie de la connaissance. A l'heure actuelle, les deux
principaux centres d'économie dite autrichienne se trouvent aux États-Unis. Il s'agit, d'une part, du département
d'économie de New York University, où enseigne le
professeur Izrael Kirzner; d'autre part, de George Mason
University, où le Center for the Study of Market Processes rassemble une dizaine d'économistes « autrichiens »[1].
Implantée à Fairfax, à une cinquantaine de kilomètres de
Washington, George Mason est une université qui a tout
juste dix ans d'âge, mais qui est en pleine ascension. C'est
notamment là que viennent de déménager les fondateurs
de l'école américaine du « Public Choice », les professeurs
Buchanan et Tullock.

Dans ce qui suit, je m'inspirerai essentiellement d'un
ouvrage écrit par l'un de ces économistes, le jeune Donald
Lavoie. Il n'existe encore qu'à l'état de manuscrit, mais
devrait être publié aux États-Unis dans le courant de
1985. Son sujet : la planification – plus exactement, une
reformulation de la critique hayékienne du socialisme,
écrite à la lumière des acquis les plus récents des sciences
de la connaissance[2]. L'auteur y démontre pourquoi l'idéal
planiste d'une direction rationnelle et consciente de l'économie, grâce aux possibilités qu'offrirait le développement du savoir scientifique, est un idéal impossible; en
quoi le principe de la rivalité concurrentielle est un
élément essentiel de tout processus d'accumulation de la
connaissance (autrement dit : sans concurrence, pas de
connaissance).

L'idée de planification naît d'une insatisfaction qui se
fonde sur le rejet à la fois de la tradition et du marché
comme mécanismes de coordination sociale.

Pour Marx, l'objectif est de mettre en place un nouveau
mode de coordination des activités humaines qui permettrait d'éliminer les défauts des systèmes précédents tout
en conservant les formidables capacités d'avance et de
progrès technologique apparues grâce au développement
des institutions du marché.

Grâce aux changements intervenus dans la nature

même des procédures de l'évolution, l'homme a substantiellement accéléré le rythme de son propre développement, et en particulier sa capacité à améliorer sans cesse ses techniques de production. Les résultats matériels sont immenses. La révolution technologique que le passage du règne de la tradition au système de marché a rendue possible nous a permis de détourner nos capacités créatives des simples impératifs de survie physique, pour les orienter vers une maîtrise de plus en plus grande de l'univers naturel et la découverte de ses lois scientifiques. L'homme est ainsi, pour la première fois, mis en position d'appliquer les réalisations de la science moderne pour planifier et organiser rationnellement ses propres activités.

Cependant cette évolution semble inachevée : l'homme reste le sujet d'un mécanisme d'organisation et de coordination sociale qui lui échappe complètement. L'étape suivante devrait donc être la prise en main rationnelle, grâce à la science, de son propre destin. Puisque la science l'a affranchi des contraintes des lois naturelles, et a permis de les mettre au service de ses propres finalités, pourquoi n'en irait-il pas de même de l'évolution de sa propre société ? Pourquoi l'homme ne pourrait-il pas la contrôler et s'affranchir de ce qui subsiste de sujétion aux lois spontanées de l'évolution ? Tel est le grand défi posé par Marx. Si le progrès s'identifie avec la maîtrise croissante des forces naturelles, il paraît logique d'en déduire que le prochain changement majeur devrait être la maîtrise par l'homme des mécanismes d'évolution de sa propre société. C'est l'idée centrale du marxisme.

La question est de savoir si ce dessein est réalisable. Et la réponse est non. Les marxistes ne voient pas qu'il s'agit là d'une proposition qui, pour des raisons épistémologiques extrêmement précises mais le plus souvent négligées, relève de l'impossible. Cette troisième étape de l'histoire de l'humanité n'aura pas lieu, car nous ne pourrons jamais accéder au type de connaissance qui seul pourrait la rendre possible.

Le débat épistémologique sur le socialisme

Qu'est-ce qui fait que le marché est susceptible de conduire à un niveau d'intelligence sociale très élevé, et que, simultanément, on ne peut pas reproduire ce résultat à partir d'une démarche rationaliste où l'homme utiliserait son savoir scientifique pour concevoir lui-même ses institutions sans se laisser aller au hasard de l'évolution spontanée, qu'elle soit d'origine biologique ou d'ordre économique?

La réponse, observe Don Lavoie en reprenant l'argument qui constitue le cœur de l'intuition philosophique et scientifique de Hayek, tient dans le fait que les institutions de la propriété et du marché permettent de réaliser une *synthèse* de l'ensemble des savoirs et informations dispersés dans les esprits de millions d'individus, *qu'il n'est pas possible de reconstituer indépendamment des mécanismes concurrentiels qui lui ont donné naissance.* L'essor des procédures de marché nous a fait entrer dans un univers dont le degré de complexité est tel qu'aucune intelligence individuelle n'est en mesure d'en maîtriser tous les détails, de sorte que nous sommes désormais contraints, que nous le souhaitions ou non, de nous reposer plus que jamais sur les apports de cette intelligence collective qui naît de nos interactions médiatisées par les procédures du marché. Mais pour que ces procédures de marché soient susceptibles de produire le niveau d'intelligence sociale nécessaire à la survie du degré de complexité déjà atteint, il faut qu'il y ait propriété privée des ressources et des biens de production, qu'il y ait libre concurrence entre les propriétaires de ces ressources, et que rien ne vienne altérer les mouvements de richesse qui sont le résultat des mécanismes concurrentiels. « En l'absence de telles caractéristiques, conclut le jeune professeur américain, on ne pourra jamais reproduire ni maintenir ce niveau d'intelligence sociale qui seul permet l'avancement et le rendement technique caractéristiques de la civilisation contemporaine. »

L'idée clé est que, par définition, un organisme central de planification, même peuplé de gens parfaitement intelligents et bien intentionnés, totalement dévoués au bien commun, ne pourra jamais accéder au niveau de connaissances qui, seul, permettrait d'organiser l'utilisation des ressources d'une manière suffisamment efficace pour au moins maintenir les niveaux de productivité actuellement atteints grâce aux institutions du marché. Les organismes de planification n'ont pas et n'auront jamais la capacité de déterminer de façon suffisamment éclairée quelles techniques utiliser, dans la mesure où elles se privent dès le départ des informations et des savoirs que seul le libre fonctionnement de la concurrence marchande peut leur fournir.

On retrouve le fameux problème posé dès les années 1920 par l'économiste autrichien Ludwig von Mises dans son livre *Le Socialisme* : il ne saurait y avoir de calcul économique possible, et donc de choix rationnel des techniques, dans une société qui aurait aboli la propriété privée, et qui se priverait ainsi de tout recours aux mécanismes de prix et du marché. Sans propriété privée, pas moyen de trouver la meilleure manière possible de combiner les ressources pour satisfaire ses besoins ou ses fins de la façon la plus économique.

Le problème est relativement simple, et peut être illustré par un exemple chiffré élémentaire.

On s'imagine souvent que le choix d'un mode de production est un problème technique que seuls des techniciens ou des ingénieurs peuvent résoudre, et qui n'aurait rien à voir avec des problèmes politiques ou juridiques, comme l'organisation des droits de propriété. Cela est faux. L'ingénieur, même le plus doué, ne peut rien décider par lui-même s'il ne bénéficie pas de l'aide implicite d'un système de prix libres lui indiquant les degrés de rareté relative des ressources qu'il met en œuvre. Sans ces points de repère que sont les prix, le plus brillant, le plus savant des techniciens ou des économistes est littéralement aveugle : il ne peut pas déterminer parmi l'ensemble des solutions techniques qui s'offrent à lui, quelle est la plus économique, c'est-à-dire celle dont il peut se dire qu'en fabriquant tel ou tel bien, il n'enlèvera pas à un autre producteur des ressources qui auraient permis de produire d'autres biens ayant plus de valeur pour les consommateurs.

Imaginons une entreprise qui aurait le choix entre deux techniques de production : un procédé A qui nécessite l'utilisation de 50 tonnes de caoutchouc et de 40 tonnes de bois ; un procédé B qui utilise 40 tonnes de caoutchouc et 50 tonnes de bois. Quelle technique choisir ?

Si on avait le choix entre A, B, et une troisième technique C nécessitant 35 tonnes de caoutchouc et 35 tonnes de bois, C serait incontestablement la meilleure solution, la plus économe. Mais entre A et B, les données que nous avons ne suffisent pas pour trancher. A est plus économe de bois, mais B est plus économe de caoutchouc. Quelle est l'économie la plus importante à faire, celle de bois ou celle de caoutchouc ? Pour trouver la solution économiquement la plus intéressante, il manque une donnée : la valeur relative des deux matières premières ; il manque un « prix » qui reflète le degré de rareté des deux ressources en cause.

Supposons que le prix du caoutchouc, tel qu'on peut se le procurer sur le marché, soit de 5 000 F la tonne, alors que le prix de la tonne de bois est de 10 000 F. Tout s'éclaire. Ces deux prix indiquent, d'abord que le bois est une denrée plus rare que le caoutchouc, qu'il est donc plus important d'économiser ; ensuite que la technique A est la plus économique.

Mais comment connaître ces valeurs ? Depuis la révolution marginaliste de la fin du XIXe siècle, on sait qu'on ne peut pas les connaître sans l'existence d'un marché libre où consommateurs et producteurs entrent en concurrence pour se procurer les biens ou les ressources dont ils ont besoin. Mais qui dit marché, dit nécessairement liberté d'échanger. Et il ne peut y avoir d'échange que si les gens se voient reconnus des droits de propriété fermes et incontestables sur les biens ou les ressources qu'ils contrôlent. Sans propriété privée, on ne peut donc pas connaître la valeur relative des choses ; pas de calcul économique possible...

Il est vrai, remarque von Mises, que dans deux situations, on pourrait à la rigueur se passer de propriété. Par exemple, lorsqu'on a affaire à un facteur de production tellement spécifique qu'on ne peut l'employer que dans un seul mode de production, et d'une seule façon ; ou alors si les facteurs de production sont parfaitement substituables. Dans ces deux cas, effectivement, il suffirait d'avoir un marché libre au niveau des biens finaux achetés par les consommateurs, et on pourrait se passer d'une appropriation personnelle des biens de production. Le choix des méthodes de production serait automatiquement dicté par le choix final des consommateurs. Mais, ajoute évidemment von Mises, il s'agit de deux situations hypothétiques qui ne se retrouvent jamais dans le monde réel.

« Le savoir technique, écrit-il, nous dit comment on peut atteindre une certaine fin à partir de diverses combinaisons technologiques, ou encore comment diverses ressources peuvent être utilisées pour atteindre une certaine fin. Mais, à elle seule, la technologie ne peut pas dire aux hommes quelles procédures techniques ils doivent choisir parmi l'ensemble des combinaisons de production imaginables, et qui sont techniquement possibles. »

A l'époque, von Mises concluait sa démonstration en expliquant que le socialisme était « impossible » [3].

Une telle affirmation a entraîné une vive polémique qui a duré presque jusqu'à la guerre. Les économistes socialistes de l'entre-deux-guerres, tels le Polonais Oskar Lange et le Britannique Maurice Dobb, ont reconnu à Ludwig von Mises le mérite d'avoir clairement démontré que même le socialisme ne pouvait se passer d'une certaine dose de marché et de prix; et donc que le socialisme intégral envisagé par les premiers communistes – c'est-à-dire une société véritablement sans propriété, sans monnaie, sans échanges libres, sans aucune concurrence marchande – était une impossibilité. Mais, ajoutèrent-ils, sa démonstration, aussi convaincante soit-elle, ne suffit pas à prouver que toute forme de socialisme est impossible – notamment un socialisme qui, sans abolir la liberté de choix des consommateurs, se limiterait à supprimer la propriété privée des moyens de production, laissant le soin à un organisme central d'orienter les politiques de production des entreprises à partir de procédures de calcul qui simuleraient en quelque sorte le fonctionnement du marché tout en éliminant son cadre juridique et les inégalités sociales qui l'accompagnent.

Il suffit d'imaginer, expliquaient-ils, d'une part, que l'on conserve un marché où les consommateurs restent libres d'acheter les biens qu'ils désirent; d'autre part, que

l'on dispose d'un organisme dont la fonction est, d'un
côté, de surveiller l'évolution des stocks de produits finis
afin de déceler la présence de tout déséquilibre dans
l'ajustement de l'offre et de la demande ; de l'autre, d'être
en liaison permanente avec les entreprises pour connaître
les combinaisons technologiques disponibles et les ratios
techniques qui les accompagnent. Partant de là, préten-
daient-ils, l'organisme central pourra déterminer l'ensemble des prix d'équilibre qui, pour chaque bien et chaque
ressource, permettent d'ajuster l'offre et la demande, sans
avoir à passer par le tâtonnement du marché et de la
concurrence. Celui-ci sera reproduit de façon purement
comptable par des organismes centraux se livrant à des
exercices permanents de simulation. Une fois les prix
d'équilibre déterminés, il suffira de donner aux chefs
d'entreprise des instructions relativement simples – par
exemple, de facturer leurs livraisons au coût marginal de
production – pour que l'on arrive au même résultat que
devrait théoriquement produire le marché, mais sans
subir les inconvénients et conséquences sociales divisives
de la propriété et de la concurrence capitaliste. Autrement dit, il est parfaitement possible d'imaginer un
« socialisme de marché » qui n'aurait ni les inconvénients
du communisme total, ni ceux du capitalisme privé. « Les
dirigeants d'une société socialiste, concluaient-ils, peuvent
reproduire les résultats de l'économie de marché sans
avoir besoin d'en épouser tous les défauts. » Dans leur
esprit, l'argument de von Mises sur les limites du socialisme était définitivement réfuté.

Tous les manuels d'économie publiés depuis la guerre,
même ceux d'auteurs qui n'ont pas la réputation d'être
d'ardents champions du socialisme, s'accordent pour
reconnaître que ce sont finalement les économistes socialistes qui ont eu le dernier mot. C'est ainsi que Schum-
peter, dans sa volumineuse histoire de la pensée économique, reconnaît qu'Oskar Lange et son école ont bel et bien
réfuté les arguments développés par Mises, puis par
Hayek dans l'entre-deux-guerres, et ainsi établi, dit-il, *la
preuve théorique* qu'il serait possible d'imaginer une
forme de socialisme parfaitement efficient – même si cela
n'implique pas un ralliement aux formes concrètes de
socialisme mises en œuvre dans les pays de l'Est. Moyen-

nant quoi, dans la littérature économique traditionnelle, la littérature universitaire par exemple, la réalisation du socialisme se trouve ramenée depuis la guerre à un simple *problème pratique,* matériel : a-t-on ou non les moyens de construire les systèmes d'information et de collecte de données qu'un tel régime nécessiterait [4] ?

Il est très tentant de se dire que tout se réduirait, en définitive, à un simple problème technique de collecte et d'analyse d'informations, et que, peut être, ce qui n'est pas encore possible le deviendra un jour grâce à de super-ordinateurs. Le formidable développement de l'informatique ferait du socialisme une utopie enfin réalisable, même si ce n'est pas pour demain. Mais raisonner ainsi, c'est ne rien comprendre au sens réel de la critique de Mises, puis de Hayek. On passe totalement à côté de ce qui constitua leur argument essentiel; un argument que la plupart des économistes de formation néo-classique ont beaucoup de mal à percevoir en raison des œillères que leur impose la mécanique mentale de l' « équilibre général ».

Cette critique n'avait rien à voir avec l'idée qu'il serait *matériellement* impossible à un organisme central de planification de collecter toutes les informations nécessaires, et de réagir assez rapidement pour que ses instructions soient efficaces. Elle était beaucoup plus fondamentale : à savoir que même si l'organisme central de planification ne se limite pas à faire de la planification et de la répartition purement quantitatives comme se le figuraient les premiers communistes (du style Lénine avant la N.E.P.), et qu'il se serve de « prix » centralement calculés, reste que cet organisme ne pourra jamais mettre dans ces prix la somme d'informations, de connaissances et de savoir-faire que véhiculent les prix produits spontanément par les procédures concurrentielles du marché. Pourquoi? Parce que, explique Hayek, la vertu du système marchand est que, sans que nous en ayons conscience, il permet d'introduire, d'accumuler dans ces signaux que sont les prix marchands tout un ensemble d'informations que nous, les acteurs économiques, serions bien en peine de pouvoir formuler clairement, en mots ou en chiffres; alors que, par définition, l'ordinateur ne peut, lui, fonctionner qu'à partir de données que des êtres humains y ont introduites, c'est-à-dire de données parfaitement explicites, formalisables et donc réductibles. Ce qui signifie que même le planificateur le plus doué ne pourra jamais reproduire le fonctionnement d'un système marchand puisqu'il ne pourra jamais introduire dans ses ordinateurs qu'une infime partie de l'ensemble des signaux et informations que transmettent, dans la réalité, les procédures du marché, et qui servent de base aux décisions des agents économiques [5].

Le mécanisme du marché et de la concurrence permet, en définitive, à tous, de bénéficier d'une sorte de connaissance « systémique », beaucoup plus riche que la somme des savoirs personnels que chacun d'entre nous est capable de formuler et de transmettre grâce à ces instruments spécifiquement humains que sont le langage et tous les procédés de formalisation conceptuelle qui en découlent. L'ordre du marché fait apparaître une sorte de savoir « holiste » que, par définition, il ne peut être donné à personne de reproduire consciemment, puisqu'il s'agit de ce que le philosophe Michael Polanyi appelle un « savoir tacite », de nature informulable et informalisable.

La question n'est donc pas seulement de trouver les moyens de collecter une information qui existerait déjà et n'attendrait que d'être trouvée, à condition qu'on y mette le prix (comme dans la plupart des modèles économiques modernes qui traitent de l'information). Car, fondamentalement l'information qui, dans une société de marché, guide les décisions des agents économiques décentralisés, et sert de support à ses mécanismes autorégulateurs, pour sa plus grande part, se présente sous des formes informulables et intransmissibles. On ne pourra donc jamais la faire entrer dans un ordinateur puisque, pour qu'il en fût ainsi, il faudrait nécessairement passer par la médiation d'un langage formalisable. Conclusion : se donner pour but de copier le marché en substituant des fonctions de calcul aux relations spontanées de l'ordre marchand est une *impossibilité épistémologique*. On ne peut que le singer ; on ne peut pas le reproduire.

« Ce que Hayek et Mises ont démontré, explique John Gray, un jeune professeur de philosophie enseignant à Oxford (et l'auteur de la meilleure synthèse actuelle sur le système de

pensée hayékien), c'est l'incapacité des planificateurs à pouvoir
accéder à ce type même de connaissance implicite qui se trouve
en quelque sorte " empaquetée " dans les prix de marché et à le
reproduire, tous leurs calculs ne pouvant qu'être vains, et mener
au chaos même qu'ils prétendent faire disparaître. Toutefois la
particularité de Hayek est d'avoir ajouté à la contribution de
Mises certains apports spécifiques qui restent généralement
incompris, bien qu'ils soient d'une importance capitale sur le
plan de la philosophie sociale. Hayek insiste sur la primauté
dans la vie sociale de ce qu'il appelle le " savoir pratique ou
tacite ". Comme son ami Michael Polanyi, Hayek considère que
le socialisme est une impossibilité épistémologique. Le savoir
que les prix de marché transmettent et diffusent est un savoir
essentiellement pratique – il est en quelque sorte comme
" empaqueté " dans les habitudes, les tours de main, le flair, les
prédispositions des entrepreneurs. Non seulement il s'agit d'un
savoir qui ne doit rien à un quelconque pouvoir de réflexion et
de conceptualisation consciente, mais c'est, par essence même,
un savoir inexprimable ou qui ne peut s'exprimer que par la
médiation des actes et des décisions des gens qu'il influence. (...)
Ainsi, conclut le jeune professeur anglais, l'impossibilité de
pouvoir un jour réunir à un échelon central l'ensemble de tous
les savoirs qui circulent dans la société de marché résulte, non
pas de la simple complexité matérielle du problème à résoudre,
ni non plus du fait que la plupart des informations qui
conditionnent le comportement des acteurs individuels sont
particulièrement éphémères et mouvantes. Plus précisément, le
problème est qu'aucune autorité centrale ne sera jamais en
mesure de rassembler tout ce que savent des millions d'êtres
humains, parce que, ne sachant pas qu'ils le savent, ils ne
peuvent ni le formuler ni le transmettre... L'impossibilité
épistémologique du socialisme, telle qu'elle apparaît dans la
reformulation que Hayek donne de l'argument exprimé pour la
première fois par von Mises au début des années 1920, résulte
directement de notre incapacité de principe à pouvoir un jour
articuler de façon consciente tout le savoir d'ordre " tacite "
grâce auquel nous sommes en mesure d'entrer en contact et de
collaborer avec les autres... [6]. »

La connaissance scientifique et le rôle du « savoir tacite »

Le marché permet de faire émerger et de diffuser un
ensemble d'informations et de connaissances qu'il n'est

pas donné au planificateur, pas plus qu'à aucun esprit humain, de reconstituer indépendamment des procédures concurrentielles qui ont permis son apparition.

Reste à expliquer de façon plus précise pourquoi.

Il n'est pas inutile de faire un détour préalable par un sujet apparemment tout à fait différent : la nature et l'origine du *savoir scientifique,* ce savoir qui, à nos yeux, incarne par excellence ce que l'on considère être la connaissance.

La vision la plus courante, celle que nous a léguée la philosophie scientiste du XIXᵉ siècle, est celle d'une connaissance « objective » où ce que nous pensons savoir se présente comme un ensemble de faits, dépourvus de toute ambiguïté, existant par eux-mêmes, et s'imposant à nous indépendamment de toute croyance et de tout argument d'autorité. Pour nous, connaître, c'est découvrir « ce qui existe », en dehors de nous, et qui n'attend que notre effort pour se livrer. Dans cette optique, le savoir scientifique se présente comme un fait objectif, parfaitement quantifiable, et cumulatif; le résultat d'une activité qui s'apparente à une sorte de chasse au trésor : peu à peu, des morceaux de plus en plus grands de connaissance sont arrachés à ce trésor enfoui qu'est la nature, et viennent s'ajouter à la pile des choses « connues », réduisant par là même d'autant le stock d'inconnu. Un jour viendra où nous connaîtrons *tout* ce qu'il est possible de connaître; ce qui rendra concevable, au moins théoriquement, la réalisation d'une maquette complète et totalement déterministe de l'univers.

Cette image de la science, très flatteuse pour la communauté scientifique, est aujourd'hui complètement remise en cause par la révolution que les travaux de Thomas Kuhn ont introduite dans la philosophie et l'histoire de la science; travaux qui rejoignent les intuitions que Hayek a développées dès les débuts de sa carrière de façon totalement autonome.

On découvre aujourd'hui qu'il est vain de concevoir la découverte scientifique comme une sorte d'exploration livrant peu à peu les clés d'un univers extérieur qui se dévoilerait progressivement à notre entendement. Pourquoi? Parce que tout ce que nous pouvons et pourrons jamais connaître de la réalité, nous ne le connaissons et le connaîtrons jamais qu'à partir de la médiation d'un substrat de théories et de modes de perception abstraits, profondément enfouis dans le fonctionnement même de notre cerveau, et que nous ne pourrons jamais complètement reconstituer, et donc comprendre. C'est la thèse que Hayek a défendue dans le plus méconnu de ses ouvrages : *The Sensory Order.*

Prenons par exemple ce qui paraît être la base même de toute connaissance : les sens. L'idée que nous en avons est que eux, au moins, nous font accéder directement à une réalité élémentaire et tangible, dont tout le reste peut se déduire, la réalité sensorielle. En réalité, dit Hayek, les choses ne se passent du tout ainsi. Même nos perceptions sensorielles sont déjà le produit, non pas d'un contact personnel, concret et immédiat avec le réel, mais d'une activité médiatique abstraite, conceptuelle et théorique, élémentaire; notre cerveau utilise les sensations qui lui parviennent pour les traduire en schèmes ordonnés et classés, susceptibles de produire des réponses adaptées.

Les connaissances sensorielles que nous croyons le produit d'une expérience personnelle irréfutable ne sont elles-mêmes qu'une « interprétation » que donne notre cerveau d'un certain nombre de faits qui lui parviennent de l'univers environnant, à partir d'une longue expérience individuelle mais aussi collective, liée à l'histoire même de l'espèce humaine. Notre cerveau n'est pas sorti, telle Minerve, tout équipé de la cuisse de Jupiter. Il est le produit d'une évolution s'étendant sur des millions d'années qui, à partir d'un processus complexe d'expérimentation et de sélection naturelle, a doté les hommes d'un système interne de classement et de traitement des informations supérieur à celui de toutes les autres espèces animales vivantes. Nos sensations ne constituent donc pas, comme le voudraient les théories « objectivistes » de la connaissance, un savoir à l'état brut, une communication directe avec le réel, dont toutes les autres connaissances se déduiraient ensuite; elles ne sont elles-mêmes que le produit médiatisé d'une expérience humaine accumulée et organisée par l'évolution, inscrite non plus dans des gènes, mais dans des procédures et schèmes intellectuels internes qui sont déjà une forme implicite de théorisation de l'univers.

Qu'est-ce que tout cela signifie? Non pas, comme certains seraient tentés de le penser, que toute connaissance est impossible, et qu'en conséquence toutes les théories se valent. Mais, simplement, que *l'accumulation du savoir humain ne se présente pas comme un meccano* qui, à partir des sensations concrètes individuelles, permettrait progressivement de reconstruire l'ensemble de l'univers. La connaissance ne pourra jamais explorer l'ensemble de tous les champs possibles de la réalité; surtout, elle n'est possible que parce que les hommes ont déjà accumulé en eux ce que Hayek appelle un « savoir tacite » ou « savoir pratique », dont aucun d'entre nous n'est conscient tant il fait partie de notre nature même, que nous sommes incapables de formuler, que nous ne pourrons jamais expliciter totalement, mais sans lequel aucune accumulation cognitive n'aurait jamais pu s'opérer.

A la base de tout savoir, de toute connaissance humaine, il y a toujours une part irréductible de savoir non axiomatisable et inexprimable, fait de *règles* et de *procédures* qui n'ont jamais été « inventées » par personne, mais qui sont le produit spontané de l'évolution biologique et culturelle, et que l'expérience nous a appris à respecter. Ce à quoi, dans notre conception traditionnelle de la science, nous réservons le terme de savoir ne constitue donc en réalité qu'une toute petite partie, la partie émergée, comme le dit John Gray, d'un iceberg beaucoup plus grand où « le savoir scientifique constitué » ne peut être dissocié de tout ce savoir « pratique » ou « tacite » sans l'accumulation préalable duquel il n'aurait jamais pu même se former.

Prenons maintenant l'activité scientifique elle-même. Nous vivons là encore avec l'image d'un édifice parfaitement logique, où tout s'emboîte comme une construction rationnelle, ne laissant place à aucune subjectivité, ni à la moindre émotion personnelle. Or les logiciens et les mathématiciens, qui, pourtant, appartiennent à ce que l'on considère comme la reine des sciences, nous apprennent qu'il n'en est rien; que tout cela n'est qu'illusion. Pour une raison simple : il n'existe pas, d'après eux, de système axiomatique, aussi élaboré soit-il, qui puisse se suffire à soi seul. C'est ce que les spécialistes appellent

« le théorème de Gödel », du nom d'un mathématicien qui, dans les années 1930, démontra de façon formelle l'impossibilité de constituer un ensemble de propositions mathématiques irréfutables.

La question étant fort complexe, je me contenterai de la résumer. L'idéal scientifique traditionnel est d'arriver à cet état de connaissance où tout le savoir que nous possédons pourrait se déduire entièrement de propositions formelles et logiques, sans aucune ambiguïté. Le modèle est précisément celui des mathématiques où, apparemment, la rigueur logique atteint son état le plus achevé. Or on découvre que cette ambition, longtemps considérée comme réalisable, est en réalité impossible, même dans le cas des mathématiques. Pourquoi ? Parce que nous sommes nécessairement prisonniers du langage humain et que nous ne pouvons définir un terme ou un concept qu'en faisant appel à d'autres mots, qui doivent à leur tour être définis avec d'autres mots, etc. Si l'on a un ensemble de n mots ou concepts, vouloir définir précisément par un ensemble de propositions irréfutables chacun de ces termes est une tâche impossible : l'ensemble n ne peut pas se suffire à lui seul pour définir sans ambiguïté chacun des n termes. A un moment ou à un autre, il est inévitable que l'on recoure à un terme ou à un concept qui, lui, ne sera qu'une simple opinion non axiomatiquement démontrée [7].

L'idée même d'un savoir scientifique totalement articulé, reposant sur des prémisses axiomatiques dont le caractère logique et cohérent pourrait être établi de façon irréfutable, est donc impossible. Aucune connaissance scientifique ne peut se boucler elle-même. A un moment ou à un autre, se glisse nécessairement un concept, une affirmation, une opinion dont on ne peut démontrer la « vérité ». Autrement dit, à un moment ou à un autre, le scientifique est obligé de réintroduire dans ses opérations des éléments non-rationnels, reposant non pas sur la puissance de son système de raisonnement, mais sur la force d'un jugement personnel, ou tout simplement de convictions non démontrées que le chercheur partage avec ses collègues sans les questionner, parce qu'elles font plus ou moins partie de leur « tradition » scientifique.

Comme toute connaissance humaine, la connaissance

scientifique comporte nécessairement une part irréductible de savoir tacite. Les savants sont des hommes comme
les autres ; dans leur travail, ils s'en remettent, eux aussi,
à des clés, des tours de main, des traditions qui, produits
d'une longue expérience collective, véhiculent un savoir
implicite que personne n'est en mesure d'identifier de
façon conceptuelle, mais qui n'en constitue pas moins une
part importante de tout le savoir accumulé.

On pourrait penser que cette digression nous a éloigné
de notre sujet économique. Il n'en est rien. Cette nouvelle
vision de la connaissance scientifique ruine complètement
la prétention originelle du socialisme à utiliser ce qu'on
appelle communément *la science* pour permettre une
reconstruction « rationnelle » de la société. A partir du
moment où l'on découvre que, même dans les sciences
physiques, « la science » n'est pas exactement ce que l'on
croyait, et ne fonctionne pas exactement comme on se
l'imaginait, il devient difficile de continuer à raisonner
comme si rien n'avait changé. L'idéal d'une science de
type mécaniciste et déterministe, résultat d'une construction parfaitement maîtrisée et maîtrisable, s'estompant, il
n'est plus possible de concevoir le fonctionnement des
sociétés humaines sur le modèle newtonien traditionnel.
L'idée planiste, telle qu'elle est née au XIXᵉ siècle sous
l'influence de personnalités comme Saint-Simon ou
Auguste Comte (et pas seulement Marx), perd la principale de ses sources et de ses justifications. L'idée qu'on
pourrait reproduire les résultats du marché sans recourir
à lui est impossible, irréalisable.

Pour que cette ambition fût réalisable, il faudrait en
effet que l'organisme central de planification soit en
mesure non seulement de collecter l'ensemble des informations qui guident les décisions effectives des agents
économiques, mais également *de reproduire les procédures intellectuelles qui conduisent à ces décisions.* Or cela
est impensable.

Supposons qu'on dispose d'ordinateurs et des procédures d'investigation adaptées à une telle ambition. Il n'en
reste pas moins qu'on se heurte à un deuxième problème,
insoluble celui-là par définition : on ne peut reproduire
que ce que les gens sont capables de formuler de manière

explicite. Or nous venons de voir qu'une large part de la connaissance humaine, qui permet aux hommes d'agir, – et cela même dans les disciplines les plus savantes –, prend la forme d'un savoir informulé et informulable reposant sur le respect de règles d'action et de procédures dont les hommes eux-mêmes ne sont pas conscients. Et ils ignorent tout des raisons pour lesquelles ils y adhèrent. Même avec les ordinateurs les plus puissants qu'on puisse jamais inventer, il restera impossible de reproduire une très large part des schèmes et procédures intellectuels ou cognitifs qui, dans le monde réel, conduisent à la décision. Or, pour reproduire le fonctionnement du marché, c'est précisément cela que les ordinateurs devraient d'abord simuler.

Mais ce que nous venons de dire de la connaissance scientifique montre que le problème est plus radical encore. On pourrait imaginer que les progrès de la recherche permettent un jour de connaître avec précision le mode de fonctionnement interne de notre cerveau, et donc de reproduire artificiellement les procédures cognitives fondamentales auxquelles nous n'avons pour l'instant aucun moyen d'accéder. Alors, le vieil utopisme scientiste du XIXᵉ siècle deviendrait effectivement une possibilité concrète. Mais, précisément, l'une des conséquences du fameux théorème de Gödel est de démontrer qu'un tel événement est radicalement impossible : nous progresserons encore dans la connaissance de la structure physiologique de notre cerveau, mais nous ne pourrons jamais percer le secret de ses procédures cognitives. Cette connaissance nous est interdite à jamais car, pour qu'elle fût accessible, il faudrait que notre cerveau soit d'un degré de complexité plus élevé que le cerveau dont nous essayons de reproduire le modèle. Ce qui est par définition impossible. Un système cognitif aussi complexe et performant soit-il, ne peut pas s'expliquer lui-même. Jamais on ne pourra mettre en équation les comportements humains. Ce « savoir total » que suppose l'idéologie scientiste, l'homme ne pourra jamais y accéder. Le planisme est bel et bien une utopie, au sens le plus strict du terme.

Mais, si le savoir tacite est un savoir informulable dont nous ne pourrons jamais percer le secret, il en découle que nous ne pouvons en bénéficier que pour autant que nous maintenons en vie les institutions et les règles de comportement qui lui donnent naissance.

Reprenons l'exemple de la science et du savoir scientifique. De ce qui précède se dégage une vision des mécanismes du progrès scientifique bien différente de la conception traditionnelle. Ce qui rend possible le progrès scientifique n'est pas seulement la stricte adhérence à des règles précises d'expression logique et de critique permanente, mais tout un univers de procédures et de traditions, largement informelles, spécifiques à cette communauté particulière qu'est la communauté des savants.

Ce savoir tacite qui infuse toute recherche n'est ni formel ni rigide, mis en forme une fois pour toute, mais l'inverse : un savoir *vivant,* fait de règles et de procédures, d'habitudes et de traditions, mais aussi d'innovations permanentes ; il évolue, se transforme sous la pression des rivalités et combats intellectuels et sur un fond de consensus collectif impliquant la reconnaissance et le partage d'un certain nombre de valeurs professionnelles et éthiques de base.

« C'est, écrit Don Lavoie, dans cette tension et cette pression permanentes engendrées par *la compétition* que se livrent les scientifiques pour conquérir l'estime et la reconnaissance de leurs confrères, mais aussi pour satisfaire leur passion du " vrai ", que se trouve le véritable moteur de la découverte de nouvelles connaissances. »

Ainsi que le souligne Michael Polanyi, on comprend mieux l'attachement des scientifiques au principe de leur autonomie : il est essentiel que les hommes de science restent libres de maintenir, de rejeter ou d'inventer toute théorie ou paradigme qui leur paraît particulièrement convaincant, non seulement au regard des critères conventionnels de la connaissance scientifique, mais également au regard de ce que leur dicte leur propre capacité de *jugement,* expression d'une forme de savoir inarticulé et informulable, mais néanmoins intuitivement présente [8]. On comprend mieux également pourquoi la concurrence est un principe essentiel d'organisation sociale sans laquelle l'humanité se condamnerait à la régression car elle se priverait de la source même d'une de ses principales formes de connaissance.

Les prix comme mécanisme de communication

Si donc, toute connaissance humaine, fût-ce la connaissance scientifique, repose nécessairement sur un substrat important et inconscient que nous ne sommes pas capables de reproduire explicitement, il est un domaine, montre Hayek, où ce savoir tacite occupe une place dominante : celui des activités de production.

« La préoccupation majeure de Hayek, souligne John Gray, est de démontrer que cette connaissance atomisée et dispersée dans les esprits de millions d'individus, qui permet d'assurer la coordination progressive des multiples plans individuels et de les intégrer dans un ordre économique global où, pour ainsi dire, chacun s'imbrique dans les projets des autres sans le chercher, est une connaissance qui n'a rien de théorique ni même de technique, mais une *connaissance pratique* de situations concrètes — connaissance des gens, des conditions locales ou de situations particulières. Ce qui importe pour assurer la compatibilité et la coordination des plans économiques individuels n'est pas notre capacité à mettre la vie économique en équations et en théories; ce n'est pas non plus notre capacité à formuler l'ensemble des problèmes que pose cette coordination (ce que suppose implicitement la vision planiste), mais notre faculté de faire bénéficier un très grand nombre de gens de toutes ces connaissances pratiques et spécifiques qui sont détenues par les uns d'une façon inexprimable, mais qui se trouvent néanmoins véhiculées pour être intuitivement utilisées par d'autres, grâce à cet extraordinaire engin de télécommunication qu'est le système des prix et de la concurrence [9]. »

Reste à comprendre comment fonctionne ce mécanisme social de « télécommunication » qui permet de transmettre ces informations qu'en réalité « personne ne sait qu'il sait ».

Revenons à l'exemple de la colonie de termites. Qu'est-ce qui fait que le travail de ces milliers d'insectes est si bien coordonné? Où et comment ces sociétés trouvent-elles la connaissance, le savoir, les informations indispensables à une telle organisation ? Surtout, comment ces savoirs, ces connaissances, ces informations sont-ils transmis aux milliers d'agents individuels qui font tout le travail ?

Pas besoin d'imaginer, répondent les sociobiologistes, que, quelque part, une sorte de super-termite donnerait ses ordres aux autres, pour expliquer la remarquable organisation qui caractérise, *vue de l'extérieur,* la colonie de termites. Tout ceci, explique Edward O. Wilson, est rendu possible par la présence d'un « mécanisme de communication de masse » qu'il définit comme « le transfert entre groupes d'insectes d'informations qu'un seul individu ne pourrait jamais, de sa propre initiative, transmettre aux autres ».

Prenant l'exemple de manœuvres aussi complexes que celles qui président à la régulation thermique des nids, Wilson observe :

« Dans toutes ces manœuvres, l'action de chaque individu n'est jamais strictement organisée ni contrôlée par aucun mécanisme extérieur, mais résulte des multiples sensations incitatives qui agressent l'individu, qui sont produites par l'activité des autres individus de la colonie, mais que l'activité de l'individu lui-même contribue à modeler au même titre que celle des autres. »

Tout fonctionne à partir d'incitations d'ordre chimique. Ces signaux chimiques sont ce qu'on appelle des « phéronomes ». Mais il ne faut pas croire que ces signaux constituent une information directe, transmise d'individu à individu. Absolument pas. Pour que l'information apparaisse et soit susceptible d'influencer le comportement des insectes, il faut que le signal émis passe par la médiation synthétisante de l'interaction de l'ensemble des signaux émis simultanément par tous les insectes. Le phéronome est un composant chimique que les insectes se passent de bouche en bouche. Ce qui agit cependant, ce n'est pas la substance directe que chacun transmet, mais la substance chimique particulière qui va résulter de ce qu'un grand nombre d'insectes transmettent chacun le même type de composant. Le signal socialement agissant ne se situe pas au niveau des individus, mais au niveau de certaines catégories ou de certaines classes d'insectes. Par exemple, ce sera le composant chimique produit par l'activité des fourmis ouvrières qui signalera un déficit de fourmis travailleuses, et incitera un plus grand nombre de fourmis guerrières à changer de tâche, ou l'inverse.

Pourtant ce qui, vu de l'extérieur – c'est-à-dire, remarquerait l'économiste, d'un point de vue « macro » –, ressemble à un ordre parfaitement agencé, présente un aspect très différent lorsqu'on le regarde au microscope. Que constate-t-on alors? Une véritable anarchie, une sorte de bagarre furieuse où des milliers de termites s'efforcent par exemple de construire ce que d'autres milliers de termites de la même colonie s'acharnent, au contraire, à détruire. Ce fameux « ordre » que l'on observe de l'extérieur n'est qu'une illusion d'otique, le résultat statistique des activités concurrentes de milliers de termites guidés par des substances chimiques dont les changements de composition conduisent à modifier le « dosage » des actions entre groupes antagonistes. Ce que la termitière nous offre, disent les sociobiologistes, c'est *un remarquable exemple d'émergence d'un ordre statistique produit par la confrontation d'une multitude d'activités concurrentes.*

S'il n'est évidemment pas question de réduire l'homme à la condition d'une fourmi ou d'un termite, il n'en reste pas moins que la description que nous venons de donner de la termitière ressemble à s'y méprendre à celle d'une économie où le moyen de « communication de masse » mis en œuvre n'est plus un composant chimique élémentaire, mais ce signal beaucoup plus évolué et complexe qu'est le *prix*. Dans les deux cas, de l'activité apparemment désordonnée d'un grand nombre d'individus, aux finalités confuses, et même contradictoires, émerge un « ordre spontané » qui incorpore, sans que cela ait jamais été le dessein de personne, infiniment plus d'intelligence que ne peut en manifester un individu isolé, pris au hasard.

Cet ordre, bien sûr, n'est pas parfait; à aucun moment tous les projets individuels ne sont parfaitement compatibles ni imbriqués. Mais cette imperfection, on ne peut la considérer comme un défaut dans la mesure où c'est précisément l'activité concurrentielle des uns et des autres qui seule permet de parvenir à ce degré de coordination, lequel, quoique imparfait, n'en est pas moins infiniment supérieur à tout ce qu'on aurait pu réaliser s'il avait fallu se passer des procédures qui ont rendu possible son émergence.

Poursuivons plus loin l'analogie avec la termitière. Là, tout part du phéronome, cette particule élémentaire du système de communication, de nature chimique, qui préside à la régulation des activités. L'équivalent humain du phéronome, remarque Don Lavoie, n'est pas autre chose que l'argent – ou, plus exactement, la dépense monétaire qui relie, à la manière du phéronome que les termites se passent de bouche en bouche, les deux parties d'un échange marchand.

« Dans les sociétés humaines, fait observer le jeune professeur américain, ce qui constitue la texture du mécanisme de communication de masse analogue au phénomène chimique que nous avons décrit est l'intervention de l'individu dans un double processus par lequel, d'une part, il exerce une pression sur les activités des autres par ses propres dépenses monétaires et les effets que celles-ci entraînent sur les mouvements de prix, et d'autre part, il réagit lui-même aux signaux que l'ensemble des dépenses monétaires engagées par tous les autres et combinées aux siennes mettent en mouvement. Si les insectes " lisent " les messages que leur transmettent les composants chimiques à partir de procédures génétiquement programmées, et réagissent à cette lecture en fonction de ce que leur dictent ces programmes génétiques, ce qui caractérise les êtres humains est leur capacité à réagir " rationnellement " aux constellations de prix qui émergent de leurs interactions monétaires. »

Tout état comptable où se trouvent totalisés les coûts et les revenus que l'on attend d'un projet, contient une quantité énorme d'informations qu'il ne serait jamais donné à aucun comptable, ni à aucun agent économique de réunir par ses seuls moyens. Chaque prix d'une ressource achetée ou louée est le résultat d'une tension complexe entre un grand nombre de plans individuels qui essaient de tirer cette ressource vers des usages différents et concurrents. Le calcul économique des profits et des pertes vise à déterminer quelle combinaison particulière, parmi toutes celles qui sont envisageables, est la plus économique. Mais le fait important est que, s'exprimant sous une forme quantitative aisément lisible, cette information complexe permet à chaque décideur de tester un grand ensemble de combinaisons possibles de facteurs, tout en bénéficiant des activités similaires auxquelles se livrent ceux avec qui il est en concurrence.

Une telle procédure a pour avantage que, grâce à la capacité synthétisante des procédés comptables, elle accroît considérablement la capacité des individus à consacrer leurs aptitudes (rares) à traiter un grand nombre de problèmes complexes sans commune mesure avec ce qui serait possible si on ne devait compter que sur des techniques de communication plus simples, telles que le langage.

Les capacités d'analyse rationnelle de l'homme ne sont pas individuellement supérieures à celles dont pourrait disposer Robinson Crusoé, tout seul sur son île. Mais même si Robinson se trouve déjà confronté à des problèmes de choix rationnel – par exemple, savoir s'il va consacrer son temps à la pêche, ou sacrifier un peu de pêche pour fabriquer un filet qui lui permettra ensuite de pêcher plus en moins de temps, lui laissant ainsi davantage de loisir pour se construire enfin un abri qui le protégera des intempéries, etc. –, ce qu'il peut faire en s'en remettant aux seules aptitudes programmées et héritées de son cerveau n'a rien à voir avec ce qu'il pourrait entreprendre dans un univers civilisé où le système de marché et des prix lui permettrait de choisir en fonction d'un ensemble d'expériences tentées simultanément par un grand nombre d'autres individus en compétition avec lui pour attirer les ressources disponibles vers des emplois concurrents. Il ne peut affecter ses capacités intellectuelles qu'à l'ensemble des hypothèses de production qu'il peut lui-même directement identifier, et il doit, lui-même, faire tous les calculs mentaux qu'impliquent ces opérations, sans jamais pouvoir bénéficier de l'aide indirecte d'autres êtres humains effectuant pour leur compte des opérations semblables.

Le système des prix marchands représente ainsi dans l'évolution de l'espèce humaine une sorte de révolution d'ampleur comparable à ce que représenta dans l'histoire biologique des espèces animales l'apparition des yeux et du sens de la vue. Il permet à chaque personne de prendre des décisions économiques, en tenant compte d'une multitude de facteurs et de conditions qui s'étendent bien au-delà de tout ce que elle-même peut personnellement voir et identifier; tout comme l'apparition de la vue a permis aux espèces animales d'intégrer dans leurs comportements un ensemble de facteurs qu'il ne leur était pas possible de discerner à partir de leurs autres sens élémentaires, comme l'odorat ou le toucher.

D'où une conséquence extrêmement importante : la capacité de nos sociétés évoluées à assurer le maintien des niveaux de bien-être matériel atteints dépend de façon cruciale de cette aide à la décision que représentent les constellations de prix relatifs, non seulement des biens de consommation finaux, mais également de tous les facteurs qui à un moment ou à un autre interviennent dans l'activité productive; et donc de l'information et de l'ensemble de connaissances implicites qui s'y trouvent en quelque sorte « injectés » sous la pression des multiples choix concurrents des différents participants. Moyennant quoi, de la même manière que priver un insecte des matières chimiques qui lui permettent d'interagir avec le travail exécuté par ses congénères le rendrait inapte à toute coopération collective, priver les êtres humains de leur capacité d'observer, de lire et de réagir aux signaux que leur communiquent les constellations de prix relatifs et leurs mouvements, les rendrait incapables de sécréter la moindre économie rationnellement organisée.

Tout le monde est aujourd'hui d'accord, même les tenants du socialisme (mais il a fallu du temps et beaucoup de gâchis), pour reconnaître qu'une société évoluée ne peut se passer de cet instrument de communication de masse que constitue le système des prix. Mais encore ne faut-il pas perdre de vue la nature des arrangements institutionnels indispensables pour que les informations que les prix sont censés véhiculer y soient bel et bien « injectées ». Et c'est là que la difficulté commence généralement.

La plupart des économistes formés à l'école néoclassique de la concurrence pure et parfaite et de l'équilibre général partent de cette vision traditionnelle que le marché ne peut produire les effets favorables qu'on en attend que lorsque aucun producteur n'est en mesure d'exercer une influence quelconque sur les prix du marché. Constatant que sur de nombreux marchés ce n'est pas le cas, et qu'au contraire, de nombreux producteurs sont en position, sinon de monopole, du moins monopolistique, et donc, en mesure d'exercer un certain contrôle sur leurs propres prix, ils en déduisent que, sans remettre en question l'existence même d'un système de prix, les pouvoirs publics ont néanmoins un rôle important à jouer : exercer sur les marchés industriels une influence telle que leurs conditions de fonctionnement se rapprochent de cette situation idéale que décrit la théorie.

Mais raisonner ainsi n'a, en réalité, strictement aucun sens, et montre qu'on n'a rien compris à la nature profonde du mécanisme des prix, et à son fonctionnement. Pourquoi ? Tout simplement parce que ce « pouvoir » que les producteurs ont, dans une certaine mesure, sur leurs prix est très précisément le mécanisme même qui permet d'injecter dans les prix relatifs cette part d'information que chacun, en effectuant ses propres choix, et en les transformant en anticipations de coûts et de prix, est susceptible de communiquer aux autres.

Que les participants au marché exercent une certaine influence sur la formation de leurs prix n'est pas plus une « imperfection », que l'influence exercée par l'insecte sur la composition chimique de son environnement au moyen de ses sécrétions de phéronome ; c'est au contraire l'essence même du mécanisme. Dans un cas comme dans l'autre, il ne suffit pas de décoder le message véhiculé par le changement chimique qui suit la sécrétion de phéronome ou le changement de structure des prix relatifs découlant des multiples décisions individuelles de fixation des prix, encore faut-il qu'une pression, un acte, donc une influence se soit manifestée quelque part, pour faire bouger soit l'environnement chimique, soit les prix. Ces prix ne bougeront pas tout seuls. Dans la réalité, nulle part n'existe cette sorte d'adjudicateur central que suppose le système de Walras ; pour que les multiples messages puissent se former et ensuite être transmis, à un moment donné quelqu'un doit prendre la responsabilité de faire bouger les prix en fonction de ses propres anticipations.

Tout cela est donc absurde et en contradiction avec l'idée même que l'essence du système des prix est d'être un système d'information. S'il n'y avait que des individus et des marchés se conformant aux strictes conditions de la concurrence pure et parfaite, jamais aucun signal, ni aucune information ne circuleraient. Les messages ne peuvent apparaître que s'ils sont injectés dans le système des prix relatifs par la possibilité que les producteurs ont de tenter d'attirer les ressources monétaires des consommateurs ou les ressources diverses qui servent à la production, en manipulant les prix sur lesquels ils disposent d'un certain contrôle dans le sens qui paraît répondre à leurs intérêts, ceci en fonction des informations dont ils disposent mais qui ne sont pas nécessairement partagées par les autres.

« Ces signaux, conclut Don Lavoie, ne peuvent véhiculer que l'information qui y aura été préalablement injectée à partir des pressions multiples, concurrentes et souvent contradictoires mises en jeu par les producteurs dans leurs efforts pour tirer les prix dans le sens qui leur paraît le plus compatible avec la réalisation de leurs propres objectifs. Personne ne peut savoir à priori quelle est la constellation de prix relatifs idéale. L'information véhiculée par le mécanisme des prix n'existe que parce qu'elle y a été inscrite comme le résultat des luttes que se livrent en permanence un grand nombre d'entrepreneurs rivaux en concurrence pour attirer l'argent et les ressources des autres ; elle n'est ainsi elle-même que le produit " spontané ", non prévu et imprévisible d'un processus concurrentiel. »

Les préliminaires de la liberté

Ne peut-on accepter tout ce qui a été dit dans les pages précédentes, et, en même temps, se dire qu'au lieu de s'en remettre aux effets aléatoires de la concurrence, on pourrait parvenir au même résultat, et même à un résultat meilleur, en édifiant un système où ce que les individus savent et perçoivent sur leur environnement serait directement transmis à un organisme central qui se chargerait d'en faire la synthèse à des fins de coordination? N'est-ce pas diminuer l'homme, ignorer ses capacités spécifiques d'intelligence, que réduire sa société au mécanisme d'une société d'insectes?

Ce que nous savons de ce que nous faisons et que nous sommes en mesure de dire de façon explicite ne constitue, on l'a vu, qu'une part infime de ce que nous savons réellement et qui nous permet d'agir et de connaître. Si la faculté intellectuelle de formuler explicitement ce que nous faisons et savons nous rend infiniment plus intelligents que toutes les autres espèces animales, il n'en demeure pas moins que cette faculté ne peut opérer que parce qu'elle s'enracine dans un terreau d'opérations mentales dont nous sommes largement inconscients et que nous ne pourrons jamais totalement expliciter avec l'aide de notre seule raison. Il en va ainsi dans le domaine de la connaissance scientifique. Reste à démontrer qu'il en va de même, et de façon plus forte encore, dans l'activité économique. Mais, objectera-t-on aussitôt, est-il légitime de traiter la connaissance nécessaire à la régulation des activités économiques comme si elle était analogue à la connaissance scientifique, avec les mêmes problèmes de savoir tacite? N'est-on pas en droit de penser que c'est un domaine où ce savoir tacite a beaucoup moins d'importance dans la mesure où ce ne sont pas des théories et de grands systèmes formalisés qui importent ici, mais des faits et des connaissances concrètes, concernant par exemple des procédés de fabrication ou des besoins directement discernables, lesquels ne posent à priori aucun problème délicat d'interprétation ou de vérification?

Il existe de grandes différences entre le genre de savoir spécifique, impliquant la connaissance d'un grand nombre de faits détaillés et particuliers, qui caractérise le type d'informations dont le producteur a besoin, et le type de connaissance générale qui intéresse le scientifique. Mais ces différences rendent, en réalité, l'activité économique encore plus étroitement dépendante des procédures d'ajustement de nature concurrentielle, et non pas le contraire. Si les procédures compétitives sont nécessaires au développement de l'activité scientifique, en grande

partie parce que celle-ci est de nature complexe et
en permanente évolution, tout cela n'en est que plus
vrai des activités économiques qui mettent en jeu des
sommes de détails plus grandes encore, et cela dans un
contexte de changements encore plus rapides et plus
éphémères.

Ce ne sont pas seulement les quantités de biens
disponibles pour la production qui changent en permanence, mais aussi la nature même des biens produits et
échangés qu'affecte sans cesse le mouvement de la vie
économique. Les techniques de production évoluent plus
rapidement que les théories scientifiques. Les applications industrielles ont, en général, une durée de vie bien
plus courte que les théories qui leur ont donné le jour. Le
degré d'interdépendance de l'ensemble des choix qui
caractérisent à tout moment la vie économique est
infiniment plus élevé que celui de l'ensemble des divers
secteurs de l'activité scientifique. Alors qu'une découverte en biologie ou en génétique peut rester longtemps
sans influencer d'autres domaines comme la physique des
particules ou la mécanique, il n'en va pas de même dans
le domaine industriel où toute innovation majeure concernant, par exemple, la mise en production de nouveaux
matériaux ou de nouvelles techniques, a immédiatement
des répercussions concrètes sur de multiples autres secteurs.

Autrement dit, les traits mêmes de l'activité scientifique qui font qu'il lui est impossible de s'exprimer dans un
ensemble de connaissances parfaitement explicites et
articulées se retrouvent de la même façon, mais à un
degré encore plus contraignant, dans le domaine économique; *ce qui rend parfaitement impossible l'idéal d'une
connaissance économique parfaitement articulée, explicite et exhaustive.*

Prenons par exemple cette idée que toute affirmation
scientifique n'a de sens, même lorsqu'elle est parfaitement articulée, que si ceux qu'elle concerne partagent un
même fond de langage intuitif et implicite qui rend la
communication possible entre eux. Nous avons l'équivalent dans le domaine économique. Les prix que communique le marché n'ont de sens informatif pour les opérateurs que dans la mesure où ceux-ci partagent un fond de

définitions communes sur les caractéristiques et les qualités des produits échangés. De même qu'en matière
scientifique, notre capacité à énoncer de façon formalisée
et axiomatique la nature des problèmes analysés permet
de faire avancer notre compréhension largement inarticu-
lée du monde, de même la présence de prix « articulés »
nous rend un service indispensable dans la maîtrise de nos
activités de production qui se présentent à nous largement
comme des ensembles à priori non articulés entre eux.
Mais l'information que communiquent les configurations
de prix relatifs n'a de contenu informatif réel que parce
qu'elle est juxtaposée à tout un savoir implicite et
inexprimé, accumulé comme résultat d'une longue
séquence d'expériences antérieures. Un prix n'est pas
seulement un chiffre; celui-ci n'a pas de sens ni de
signification indépendamment de la connaissance que
nous avons ou pouvons avoir de la nature et des caractéristiques de l'objet ou du service auquel il s'applique. A
deux individus qui ont une perception différente du même
objet – tout simplement parce qu'ils n'en ont pas eu la
même expérience (l'un est un vieil habitué, l'autre un
nouvel utilisateur) – le même chiffre ne communique pas
la même information. L'information qu'il contient reste
un facteur subjectif indissociable de la personnalité du
récepteur – c'est-à-dire indissociable de son fonds subjectif d'expérience et de connaissance tacites préalablement
accumulé.

Partant de là, il ne suffit pas de se dire qu'avec les
super-ordinateurs de demain on aura la capacité de traiter
un nombre aussi élevé d'informations que celui que
véhicule le système des prix d'une économie moderne, et
qu'il devient conceptuellement possible de reproduire
l'intégralité du fonctionnement spontané du marché. Car,
en réalité, du fait même de ces problèmes de subjectivité,
de décodage de toute information, on ne pourra jamais
mettre dans l'ordinateur l'information exacte qui, dans le
système de marché, détermine l'action et les décisions des
acteurs. On ne pourra jamais reproduire celles-ci. Pour
que cela fût possible, il faudrait également connaître
l'arrière-fond de connaissances que les acteurs eux-mêmes
ne savent pas qu'ils savent – ce savoir tacite attaché à la
connaissance des choses et des services, sans lequel les

prix eux-mêmes seraient des chiffres sans aucune signification.

On peut encore pousser l'analogie plus loin. De la
même façon que le processus de la découverte scientifique implique une part d'imagination créatrice dont les
fondements et origines sont nécessairement de nature
extra-scientifique, de même le système des prix relatifs ne
peut contribuer à la solution des problèmes de production
que si interviennent des facteurs de comportement et de
motivation qui n'ont strictement aucun lien avec le type
de connaissance ou de savoir véhiculé par le système des
prix. Par exemple, de même que la reconnaissance ou le
rejet d'une théorie scientifique repose, pour une très large
part, sur l'engagement personnel des chercheurs à l'égard
de la « vérité », de même toute la valeur du mécanisme
des prix comme instrument de coordination des projets
industriels repose sur l'adhésion des acteurs du marché à
une éthique personnelle fondée sur la recherche du profit
comme principale motivation individuelle.
　　La mesure dans laquelle un chercheur se sent impliqué
dans la défense d'une théorie, ou un entrepreneur dans la
réalisation d'un projet industriel particulier, dépend d'un
ensemble de facteurs personnels tels que ce qu'il pense
personnellement des autres théories proposées, ou des
projets industriels envisagés par d'autres entrepreneurs et
qui sont complémentaires ou concurrents du sien. Toute
décision industrielle dépend des estimations personnelles
et subjectives que l'entrepreneur nourrit quant à l'évolution probable, à ses yeux, de la demande ou de l'offre.
Mais, comme l'idée que le chercheur se fait de la « vraie »
science, il s'agit d'anticipations qui, pour la plus large
part, sont ressenties d'une façon purement implicite et
informulable.
　　Le rôle essentiel que les controverses scientifiques
jouent dans l'élimination des théories difficiles à défendre
a pour équivalent, dans le domaine industriel, le rôle que
la rivalité concurrentielle entre les producteurs, et la
discipline du compte de pertes et profits, jouent dans
l'élimination des projets économiquement les moins via-
bles. Dans les deux cas, c'est la pression des confrères et

des concurrents qui fait marcher le mécanisme. Dans les deux cas, rien ne peut se faire sans un minimum de consensus sur un langage et des finalités communes, ainsi que sur un minimum de « théories » communément partagées ; mais dans les deux cas, le ressort de toute avance, qu'il s'agisse du progrès économique ou du progrès scientifique, réside dans la passion personnelle que les uns ou les autres mettent à exprimer leur désaccord avec ce que font ou ce qu'anticipent les autres. Les entrepreneurs expriment leur désaccord avec les prix actuellement affichés ou avec les projets que d'autres entreprennent en affichant ce qu'à leurs yeux les prix devraient être, ou en entreprenant ce qu'ils croient être les « bons » projets. Et c'est ainsi que les informations qu'ils détiennent se trouvent imprimées et communiquées au reste de la collectivité. De la même façon, les chercheurs expriment leur désaccord avec les théories dominantes ou celles de leurs confrères en s'engageant personnellement et en entraînant toute la communauté scientifique dans un processus de critique et de contre-critique, de contestation et de contre-contestation d'où émergent finalement de nouvelles formes d'accord et de désaccord qui font progresser lentement l'ensemble de cette connaissance articulée qu'on appelle « la science ». Mais dans les deux cas, ces processus ne peuvent fonctionner que si, derrière, se profilent la passion et l'ardeur subjective avec lesquelles chacun lutte pour ce qu'il croit être la vérité, sans autre point d'appui que sa propre conviction. C'est grâce à ce mécanisme complexe de pressions exercées par le combat concurrentiel ou la critique réciproque, que progressivement de nouvelles techniques de production sont expérimentées sur le marché, ou que de nouvelles découvertes scientifiques apparaissent, bousculant d'anciennes manières de faire et des théories désormais obsolètes.

Il n'est pas, explique Michael Polanyi, de proposition scientifique qui puisse exister indépendamment de l'engagement personnel d'un chercheur à la défendre au nom de ce qu'il considère être la vérité. Le fait scientifique ne peut lui-même se développer que pour autant que les chercheurs sont libres de s'engager personnellement derrière une théorie, ou au contraire, de la désavouer, dans un contexte de rivalités et de critiques réciproques soutenues par l'ensemble de la communauté scientifique. Les scientifiques ne s'investissent pas moins dans leurs recherches au nom des théories auxquelles ils croient, que les entrepreneurs dans leurs projets industriels au nom des profits qu'ils pensent réaliser. Faites disparaître chez les uns cette passion pour la vérité, chez les autres la conviction que leur rôle est de faire du profit, c'est tout le processus décrit qui se trouve ébranlé. Une fois le motif d'action affaibli ou déconsidéré, il ne faut plus attendre du principe mis en cause qu'il conduise au même résultat. Il ne faut plus s'attendre à ce que le mécanisme des prix véhicule la même connaissance des faits et des choses, ni à ce qu'il puisse déboucher sur un processus de coordination aussi efficace.

Il est clair, conclut ainsi Don Lavoie en citant l'économiste américain Thomas Sowell, que sans la pression de ces engagements personnels, tant la science que le marché perdraient l'essentiel de leur rationalité sociale [10]. C'est précisément parce que le chercheur investit et met en jeu sa propre réputation, tant à ses yeux qu'à ceux de ses confrères, qu'il est motivé à s'engager personnellement pour l'avancement de ce qu'il considère être une cause juste, et non pas seulement parce que cette cause est vraiment juste. Il en va de même dans le domaine économique. Le système de coordination des activités ne peut fonctionner, et ne peut introduire dans le mécanisme des prix le type de connaissance qui en fait un instrument vraiment utile d'aide à la décision, que parce que chaque entrepreneur est libre de s'investir totalement personnellement et avec ses propres ressources, dans ce qu'il considère comme étant la « bonne » décision.

Ainsi donc, poursuit Donald Lavoie, *la liberté de la propriété – c'est-à-dire la liberté laissée à chacun de décider à quel usage il destine les ressources dont il a le contrôle –, ainsi que la liberté intellectuelle du chercheur, jouent un rôle identique et tiennent une place semblable dans la dynamique du progrès social.* Et pourtant, aujourd'hui, on refuse à l'une ce que l'on reconnaît aisément à l'autre. Toucher à l'une comme à l'autre ne peut pourtant avoir que le même effet : saboter ce dont l'humanité est précisément devenue capable grâce aux procédures de nature concurrentielle que des siècles d'expérience et de savoir-faire accumulé ont permis de mettre progressivement au point, bien que cela n'ait jamais été du dessein de personne.

Un aveugle pour nous guider...

Conséquence : toutes les doctrines et idéologies contemporaines, qu'elles soient de droite ou de gauche, dès qu'il s'agit des rapports entre l'État et le marché, restent fondées sur une conception archaïque et dépassée des mécanismes de la connaissance humaine. Elles perdent de vue le fait essentiel que la plus grande part de ce que nous savons, et qui nous permet tant d'assurer la maîtrise des faits naturels que de survivre à la complexité croissante de notre univers social, nous le devons moins à nos capacités individuelles et abstraites de raisonnement et de conceptualisation, qu'à ce degré d'intelligence collective supérieur auquel seul nous permet d'accéder un processus d'interactions sociales fondé sur un double principe de compétition, de rivalité – et donc de liberté.

Il y a cinquante ans, Mises et Hayek démontraient qu'il est impossible « ontologiquement » au socialisme de donner le jour à une société économiquement prospère. On ne les a pas écoutés. On n'a rien compris au caractère fondamental de leur critique. Cinquante ans plus tard, alors que la faillite des économies planifiées est un fait désormais acquis, alors même que les conceptions scientifiques et épistémologiques ont profondément évolué, le contenu de leur critique apparaît d'une extraordinaire modernité, et d'une rare actualité [11]. Mais il y a plus. Ainsi que le souligne le professeur Izrael Kirzner, dans une petite brochure peu connue, ce que Mises et Hayek ont démontré ne concerne pas seulement les économies planifiées. Leurs arguments s'appliquent tout aussi bien aux économies mixtes contemporaines [12].

Toutes les formes modernes d'interventionnisme étatique, qu'elles se donnent pour objectif de planifier toute la production ou seulement certains de ses aspects, que ce soit par des interventions directes (subventions, nationali-

sations, politiques industrielles...) ou indirectes (actions
par les agrégats macro-économiques, politiques de prix,
de salaires, de revenus, etc.) se heurtent à un même
obstacle fondamental : par définition, les organismes
chargés d'appliquer ces politiques ne peuvent pas accéder
au type même de connaissances qui, seules, pourraient
leur donner la capacité de « guider » l'économie dans des
directions décidées à l'avance. Et cela pour une raison
simple : le seul moyen de faire apparaître ces connaissances est la libre concurrence entre des producteurs indépendants; libre concurrence et indépendance qui supposent un régime respectant et garantissant de façon intran-
sigeante la liberté de la propriété privée.

Ainsi donc, encore une fois, tout se tient. Même lorsque
les apparences les plus essentielles de la propriété semblent respectées, il ne saurait y avoir de « propriété à
demi ». Toutes les critiques qui démontrent l'impossibilité
de recourir à une planification totale des activités économiques d'une société aussi complexe que la nôtre
aujourd'hui, s'appliquent également, et pour exactement
les mêmes motifs, aux formes plus légères de planification
ou d'interventionnisme industriel aujourd'hui de règle
dans les social-démocraties contemporaines, même celles
qui sont apparemment, ou se disent les plus « libérales ».
Que la planification totale soit impossible et ne puisse
conduire qu'à l'échec n'entraîne pas que des formes plus
limitées, plus décentralisées, ou plus « démocratiques »
d'intervention et de régulation étatique, feront mieux
l'affaire. Car *toutes partagent le même défaut :* elles
supposent implicitement que certains – les pouvoirs
publics ou leurs agents – ont accès à des connaissances dont, par définition, ils ne peuvent pas disposer
à partir du moment où ils suppriment, ou même simplement entravent le libre jeu de la concurrence économique.

A défaut de planifier la société, conclut Don Lavoie, « vouloir
confier à une agence bureaucratique ou politique quelconque le
soin de " guider " le marché ne peut que ressembler à la
démarche d'un aveugle à qui l'on demanderait de conduire des
bien voyants. Lorsque les pouvoirs publics interviennent pour
" guider " l'économie, ce qu'ils font n'est pas d'imprimer une
direction précise à ce qui ne serait, sans eux, qu'une économie

" à la dérive " ; c'est contraindre l'économie à adopter d'autres directions que celles qu'indique le pilotage automatique du marché et de la concurrence. Ils n'apportent pas à l'économie l'aide d'une barre qui ferait défaut, mais au contraire faussent le mécanisme directionnel qui, sans cette barre artificielle qu'on veut lui ajouter, a au moins pour caractéristique de guider l'économie vers un degré relativement satisfaisant de coordination spontanée. *Les pouvoirs publics sont en réalité des guides aveugles* car, par définition, ils n'ont pas et ne peuvent pas avoir accès à ce type même de connaissance qui seule permet de résoudre les multiples problèmes de production que fait nécessairement naître une société aussi complexe que celle dans laquelle nous vivons. »

Parce qu'il entrave le libre jeu de la concurrence en empêchant les individus de disposer librement de ce qui est leur propriété, et parce qu'il a ainsi pour effet de réduire la somme d'informations et de savoirs « empaquetée » dans le système des prix, l'interventionnisme, aussi limité soit-il, ne peut que conduire à un engrenage cumulatif de désorganisation (dé-coordination), et, par là même, à « la crise [13] ».

Notes

1. Parmi les plus connus de ces nouveaux économistes autrichiens, citons : Richard H. Fink, Don Lavoie, Jack High, Karen Vaughn, Viktor Vanberg (tous de George Mason University), Mario Rizzo (New York University), Gerald O'Driscoll (Federal Reserve Bank of Dallas), Richard Langlois (Université du Connecticut), etc. En Angleterre : S. C. Littlechild (Birmingham). Il n'existe pas encore de document français présentant les principaux acteurs et les grandes lignes de l'école autrichienne. En anglais, on trouvera deux livres récents : celui d'Alexander H. SHAND, *The Capitalist Alternative : an Introduction to Neo-Austrian Economics*, avec une introduction du professeur G. L. S. Shackle (Wheatsheaf Books, 1984) ; et celui de Duncan REEKIE, *Markets, Entrepreneurs and Liberty : an Austrian View of Capitalism* (même éditeur que le précédent, 1984). A signaler cependant un remarquable article de présentation de l'école autrichienne dans une revue de langue espagnole publiée en Argentine, dont l'auteur est Juan Carlos CACHANOVSKY (*Libertas,* revue semestrielle de l'E.S.E.A.D.E., Uriarte 2472, 1425 Buenos Aires, nº 1, octobre 1984).
2. Don LAVOIE, *National Planning : What is Left.* Sera publié en

1985, par Ballinger, sous le patronage du Cato Institute. En avril 1985, sortira également son livre *Rivalry and Central Planning*.

3. « Un socialisme intégral, écrit Mises, est simplement impraticable. Le socialisme n'est pas un système de production viable. Le problème fondamental du socialisme est en effet un problème de calcul économique. Dans un système de division du travail, la production, et donc la coopération sociale, exigent des méthodes de computation des frais exigés par les différentes méthodes imaginables et capables d'atteindre des fins. Dans une société capitaliste, les prix de marché sont les unités de calcul. Mais dans un système où tous les facteurs de production sont appropriés par l'État, il n'y a pas de marché, et par conséquent ces facteurs n'ont pas de prix. Ainsi le calcul devient impossible pour les dirigeants d'une communauté socialiste. Ils ne peuvent savoir si leurs projets et leurs réalisations sont raisonnables ou non. Ils n'ont aucun moyen de découvrir laquelle des différentes méthodes de production envisagée est la meilleure. Ils ne peuvent trouver une authentique base de comparaison entre les quantités des divers facteurs de production et des divers services; ainsi, ils ne peuvent comparer les dépenses nécessaires avec la production prévue. De telles comparaisons nécessitent une unité commune et il n'y a pas d'autre unité possible que celle donnée par le système des prix de marché. Les dirigeants socialistes ne peuvent savoir si la construction d'une nouvelle voie de chemin de fer est plus avantageuse que la construction d'une nouvelle route. Et une fois qu'ils ont décidé de la construction d'une voie ferrée, ils ne peuvent savoir lequel des tracés possibles elle doit emprunter. Dans un système de propriété privée, on utilise des calculs monétaires pour résoudre de tels problèmes; mais de semblables calculs sont impossibles en comparant diverses catégories de dépenses et de revenu en nature. Il est impossible de réduire à une unité commune les quantités de diverses espèces de main-d'œuvre qualifiée et non qualifiée, fer, charbon, matériaux de construction de différents types, machines et tout ce que la construction, l'entretien et l'utilisation de voies ferrées nécessite. Sans une unité commune, il est impossible de soumettre ces plans à des calculs économiques. Le socialisme comme mode universel de production est donc impraticable parce qu'il est impossible de faire des calculs économiques dans un système économique socialiste. Pour l'humanité, le choix n'est donc pas entre deux systèmes économiques; il est entre le capitalisme et le chaos. »

4. Pour une étude historique du fameux débat, et une mise à jour du malentendu qui l'a accompagné, voir le numéro spécial du *Journal of Libertarian Studies,* hiver 1981. Notamment l'étude de Don LAVOIE : « A Critique of the Standard Account of the Socialist Calculation Debate ».

La réponse de Lange à Mises, co-signée par Fred Taylor, a été publiée dans un ouvrage édité par Benjamin E. LIPPINCOTT, *On the Economic Theory of Socialism,* McGraw Hill, 1938, 1964. Les critiques qui suivent ne concernent pas seulement O. Lange et ses collègues socialistes de l'avant-guerre, mais également tous les économistes mathématiciens néo-classiques de l'après-guerre, spécialistes de la théorie des biens publics, qui passent généralement pour avoir démontré la possibilité de systèmes décentralisés d'information non marchands.

5. Pour un récit par Hayek lui-même de son débat avec Lange, voir

son article : « Two Pages of Fiction : the Impossibility of Socialist Calculation », publié dans *Economic Affairs,* avril 1982 (I.E.A. 2 Lord North Street, Londres, WC2); reproduit dans *The Essence of Hayek,* édité par Chiaki NISHIYAMA et Kurt LEUBE, Hoover Institution Press, 1984.

Voir également le fameux article de Warren NUTTER : « Markets without Property : A grand Illusion » (1968) reproduit dans PEJOVICH et FURUBOTN, *The Economics of Property Rights.*

6. John GRAY, « The Idea of a Spontaneous Order and the Unity of Science », intervention présentée à la 12e conférence internationale de l'I.C.U.S., Chicago, 24-27 novembre 1983.

John Gray est l'auteur d'un remarquable article bibliographique sur Hayek publié en 1982 dans la revue *Literature of Liberty* sous le titre : « F. A. Hayek and the Rebirth of Classical Liberalism ». Il vient de publier un livre encore plus remarquable : *Hayek on Liberty,* Basil Blackwell, 1984. Dans ce livre, John Gray s'efforce de montrer comment tout le travail de Hayek représente un système d'idées extrêmement complet qui, selon lui, annonce un glissement important de paradigme dans la philosophie sociale.

7. Dans leur dernier livre *Pourquoi les prix baissent* (Hachette, Pluriel, 1984), Jean FOURASTIÉ et Béatrice BAZIL évoquent ainsi le théorème de Gödel : « Pour bien comprendre comment les prix de revient peuvent être déterminés de façon logique mais non pas automatique, il peut être utile d'évoquer les théorèmes de Gödel, qui démontrent qu'à l'origine de tout système logique, il y a une décision. Un système de raisonnement se fonde en effet sur un certain nombre d'axiomes à partir desquels on peut décider si des propositions sont vraies ou fausses : or, le logicien américain Gödel a montré que, quel que soit le système logique envisagé, il existe toujours des propositions pour lesquelles on ne peut pas décider si elles sont vraies ou fausses. Pour trancher, il faut ajouter au système un nouvel axiome – dont on ne pourra pas démontrer qu'il est compatible avec les autres. C'est le choix du référentiel, à l'intérieur duquel se situe le processus logique de décision, qui constitue l'acte fondamental du chef d'entreprise. »

8. Dans son dernier livre, John Gray montre à quel point l'influence de Michael Polanyi (frère de Karl Polanyi, plus connu en France) a été importante sur la formation de la pensée de Hayek. Son principal ouvrage est *The Logic of Liberty,* publié en 1951. Voir également son essai : « The Determinants of Social action », publié dans *Roads to Freedom : Essays in Honour of Friedrich A. Von Hayek,* édité par Erich STREISSLER, Routledge and Kegan Paul, 1969.

9. John GRAY, « Hayek and the Rebirth of Classical Liberalism », article déjà cité.

10. Thomas SOWELL, *Knowledge and Decisions,* Basic Books, 1980.

11. Il est vrai que l'Union soviétique a fêté son soixante-cinquième anniversaire sans avoir sombré dans le chaos annoncé. Il est vrai également que les réalisations économiques de l'Union soviétique depuis la Révolution d'Octobre sont loin d'être négligeables. Mais cela n'invalide pas les conclusions de l'analyse de Mises ou de Hayek. Les pays socialistes doivent leurs réalisations moins à l'efficacité de leur système qu'à celle des nations capitalistes avec lesquelles ils commercent.

L'absence de données de calcul économique est palliée par l'utilisation des prix fixés sur les marchés des pays capitalistes, dont les Soviétiques copient par ailleurs les techniques. Dans ces conditions, le socialisme n'aboutit pas au chaos (comme ce fut le cas pendant la brève période de socialisme total du « communisme de guerre »); il signifie seulement que, quelque ait été le côté spectaculaire de certaines réalisations socialistes, le niveau de vie des nations socialistes reste aujourd'hui moins élevé qu'il n'aurait sans doute été si elles étaient restées dans le système capitaliste. Paradoxalement, pour continuer à se développer et à fonctionner, l'Union soviétique devrait réinventer les États-Unis si ceux-ci n'existaient pas. Dans les pays socialistes, la croissance n'est pas un phénomène endogène; elle est importée du monde capitaliste, en même temps que les machines, les technologies, les usines achetées clés en main, mais aussi tout simplement les structures de prix relatifs qui sont dictées par les marchés internationaux. Appliqué comme système mondial de production, le socialisme serait tout à fait impraticable. Limité à un certain nombre de pays entourés d'une économie capitaliste mondiale, ce n'est qu'un système inefficace.

Sur le degré actuel de désorganisation de l'économie soviétique, et sur la crise qui affecte actuellement le camp oriental, il n'est que de consulter le remarquable reportage qu'a publié récemment dans le *Herald Tribune,* l'ancien correspondant du *Washington Post* en poste à Moscou il y a quelques années.

12. Cf. Izrael KIRZNER, *The Perils of Regulation : A Market Process Approach,* Law and Economics Center, University of Miami School of Law, L.E.C. Occasional Paper, 4-1/279, 1978.

13. Pour une application de la méthode autrichienne aux phénomènes de croissance et à la « crise », voir l'article de Richard FINK : « Economic Growth and Market Processes » dans R. FINK, *Supply Side Economics, a Critical Appraisal,* University Publications of America, 1982.

IX

Capitalisme et écologie :

privatisons l'environnement!

Nul ne peut plus ignorer la séduction idéologique et politique des slogans écologiques. Qu'il s'agisse du bruit, de la pollution de l'air ou des eaux, de la conservation des ressources naturelles, de la préservation des espèces animales ou végétales menacées de disparition, il semblerait que jamais nous n'ayons poussé aussi loin l'imprévoyance.

Le monde court à la catastrophe. Seule une logique politique mettant fin aux mécanismes prédateurs du système capitaliste peut nous sauver.

Voilà ce dont essaient de nous convaincre les intellectuels qui se situent à la pointe du combat pour l'écologie et les médias qui leur servent de relais.

Cette vision a-t-elle un sens? Est-il vrai, comme on nous l'explique si souvent, surtout pendant les campagnes électorales, que ces nuisances sont le produit inévitable d'un système économique fondé sur la propriété privée et la poursuite du plus grand profit individuel? Peut-on vraiment faire confiance à l'État et aux interventions publiques pour y apporter une solution? Enfin, quel serait le contenu d'une véritable réponse libérale à ces problèmes?

Il n'est pas possible d'écrire un livre sur la propriété sans évoquer, au moins brièvement, ces questions.

* Les notes de ce chapitre commencent p. 348.

Un catastrophisme injustifié

La qualité de l'environnement est devenue l'une des préoccupations majeures de nos contemporains. De plus en plus de citoyens s'inquiètent des conséquences que la vie industrielle moderne a sur leur cadre de vie et sur les grands équilibres écologiques de la planète. Notre société, c'est incontestable, est plus sensible que jamais aux problèmes de préservation de ses richesses naturelles. Cependant, on ne peut pas déduire, de cette sensibilisation croissante, que ces problèmes sont aujourd'hui plus aigus qu'ils ne l'ont jamais été dans le passé, ni que nous nous montrons plus inconséquent que nos ancêtres dans la gestion des ressources naturelles.

Prenons par exemple la pollution. Il ne se passe guère d'été sans qu'on nous conte l'histoire de l'empoisonnement massif de quelque rivière. Il ne se passe pas de semaine sans qu'on nous rappelle que l'air que nous respirons, l'eau que nous buvons ou dans laquelle nous nous baignons contiennent de plus en plus de substances et de germes dangereux pour notre santé. Dès l'école, on apprend aux enfants que les vallées, les montagnes, les forêts, les oiseaux, les poissons... sont menacés de disparition, et l'homme lui-même, d'asphyxie. Tout cela à cause d'un système – le capitalisme – dont on nous répète qu'il fait fi des patrimoines naturels et ne vise qu'à encourager le libre jeu des égoïsmes individuels.

Il ne vient à l'esprit de personne de remarquer que si tout cela était vrai, si vraiment la pollution atteignait le paroxysme que la propagande écologique aime décrire, il faudrait en conclure que l'état de santé des populations des pays industriels ne cesse de se dégrader. Car c'est le contraire qu'on observe. L'espérance de vie moyenne à la naissance est l'indicateur statistique le plus simple et le plus direct dont nous disposions pour mesurer l'évolution des conditions sanitaires d'une population. Or, les chiffres montrent non seulement que cette espérance a fortement progressé depuis le début du siècle – moins de cinquante ans en 1900, plus de soixante-dix ans aujourd'hui, mais également qu'elle a continué de s'allonger au cours des deux dernières décennies. Ce qui tendrait à démontrer que loin d'augmenter, comme on nous le dit, le degré de pollution dont nous sommes les victimes aurait plutôt tendance à diminuer (ou alors, qu'il aurait un effet positif sur l'espérance de vie...).

L'analyse des causes de décès mène à des conclusions identiques. Nous mourons de plus en plus de cancers, de crises cardiaques et de maladies de cœur; toutes maladies liées essentiellement à la vieillesse, et qui n'ont que peu de rapport avec notre environnement naturel [1]. Il y a encore un siècle, c'était tout à fait différent : la majorité des gens mouraient de maladies infectieuses comme la pneumonie ou la tuberculose elles-mêmes directement liées aux conditions de vie souvent désastreuses de la majorité de la population. L'habitude du confort nous fait oublier le cloaque qu'étaient les villes d'autrefois. Même si la pollution automobile des cités modernes n'est guère plaisante, nous avons un peu trop tendance à idéaliser les conditions de vie et de travail de nos ancêtres – et qui sont encore le lot de près de 3 milliards d'hommes dans le tiers monde.

Ainsi que le résume l'auteur américain Julian Simon, dans sa remarquable réfutation du néo-malthusianisme du Club de Rome :

« Il est vrai que le risque de voir un avion nous tomber sur la tête est aujourd'hui infiniment plus grand qu'il n'était il y a cent ans. Il est vrai que le danger de se faire empoisonner par des substances chimiques artificielles est aujourd'hui infiniment plus grand qu'il n'était il y a mille ans. Mais cela ne nous permet pas de conclure que le monde est aujourd'hui plus pollué qu'il n'était avant la naissance de l'aviation, ou avant que les industriels ne commencent à introduire des substances artificielles dans nos aliments [2]. »

Le *Torrey Canyon*, Seveso, Three Mile Island, Bhopal..., les grandes catastrophes écologiques font les délices des médias, qui négligent de nous conter tout ce qui va en sens inverse. Qui sait par exemple qu'on retrouve maintenant dans la Tamise plus de quarante espèces de poissons qui avaient presque disparu depuis près d'un siècle? Qui sait qu'à Londres même on voit réapparaître des oiseaux et des variétés de plantes dont on n'avait plus entendu parler depuis longtemps? ou encore que le fameux *fog* n'est plus du tout ce qu'il était il y a vingt ans. Alors qu'elle était seulement de 1,5 mile en 1958, la visibilité moyenne à Londres un jour d'hiver est aujourd'hui d'environ... 4 miles! De même, qui sait que des lacs que l'on croyait perdus à jamais comme le lac d'Annecy en France, mais aussi certains des grands lacs américains comme le lac Michigan, ou encore le lac Washington dans la région de Seattle, sont devenus des paradis de la pêche?

Il est vrai que de nouvelles sources de pollution sont apparues : risques pétroliers, déchets nucléaires...; que d'autres ont eu tendance à s'aggraver (pollution urbaine et automobile, nuisances liées au bruit...). Mais globalement il n'existe absolument aucun critère qui permette d'affirmer que la qualité de notre environnement est plus mauvaise qu'elle ne l'a jamais été, ni même qu'elle se détériore continuellement. Toute affirmation contraire, si respectable soit-elle, n'est que le regret d'un jugement subjectif traduisant davantage la sensibilité de celui qui l'émet qu'une vérité scientifique incontestable.

Prenons un autre exemple : la protection des espèces animales. Les environnementalistes hurlent au massacre. A leurs yeux, la société pré-industrielle était un paradis d'équilibre entre l'homme et son environnement naturel. La société moderne serait au contraire le théâtre d'une impitoyable lutte pour la survie condamnant toute espèce qui ne trouve pas d'utilité dans le système industriel.

Dans un article au titre provocant : « *Privatizing the Environment* », l'écologiste américain Robert J. Smith a dénoncé l'idyllisme angélique d'une telle vision [3]. Il est vrai, reconnaît-il, que les disparitions d'espèces provoquées par l'action des hommes se sont accélérées depuis la révolution industrielle. Mais, ajoute-t-il, nous oublions bien vite les millions d'espèces qui ont disparu dans le passé sans qu'on puisse en rendre responsables les prédations de la civilisation. Nous oublions aussi, fait-il remarquer, « que les sociétés d'avant la civilisation n'étaient souvent pas moins brutales et pas moins imprévoyantes que l'homme d'aujourd'hui dans sa manière d'exploiter les ressources animales de son environnement ». Et Robert Smith de citer l'exemple des grandes chasses indiennes qui donnaient lieu à de véritables holocaustes de troupeaux de bison, conduits par le feu à se suicider au pied des falaises, sans que les besoins alimentaires des Indiens justifient un tel gaspillage. Enfin, n'oublions pas toutes les espèces, domestiques ou non, qui aujourd'hui survivent et même prospèrent grâce aux moyens et aux besoins de la civilisation industrielle. « Le problème, conclut Robert J. Smith, n'est pas de se lamenter sur celles des espèces qui ont disparu ou sont menacées d'extinction; mais de s'interroger sur les raisons qui font que certaines populations animales disparaissent alors que d'autres se retrouvent aujourd'hui plus nombreuses qu'elles n'ont jamais été. » Ce qui conduit à la question des droits de propriété [4].

La propriété privée, meilleure alliée de la nature

Est-il vrai que la dégradation de l'environnement soit le produit inévitable d'une économie capitaliste fondée sur le profit et le principe de la propriété? Le capitalisme conduit-il nécessairement au gaspillage des ressources naturelles parce que, comme l'affirmait feu le *Projet socialiste*, « il ne s'intéresse qu'aux biens marchands »?

La vérité est tout le contraire : il n'y a de problèmes d'environnement que là où il n'y a pas de propriété; là où les structures de propriété sont insuffisamment définies, ou encore là où les droits de propriété existants sont insuffisamment respectés ou protégés.

Prenons la surexploitation des ressources maritimes. Les mers s'épuisent; il y a de moins en moins de poissons à pêcher; les flottilles sont contraintes d'aller pêcher toujours plus loin. D'où une multitude de conflits auxquels la politique ne manque pas de se mêler. A qui la faute? Au développement des flottilles industrielles, nous répond-on; à la « concurrence sauvage » qui impose une course sans limite à la rentabilité, avec des bateaux toujours plus gros et des techniques de pêche toujours plus sophistiquées.

C'est vrai. Mais il faut aller plus loin. La véritable raison de l'épuisement des mers tient seulement au fait que la mer est un « bien libre », une propriété typiquement collective. Dans un tel système, si je suis prudent, si je limite volontairement mes prises pour ne pas aggraver la surexploitation du milieu marin, je n'ai aucune garantie que les autres feront de même. J'ai donc intérêt à tout faire pour pêcher le plus possible, afin d'éviter que ce que je ne prendrai pas, les autres le prennent à ma place. La « main invisible » du marché fonctionne en sens inverse du mécanisme décrit par Adam Smith : chacun en poursuivant son propre intérêt personnel concourt, au détriment de tous, à l'épuisement de la ressource même que chacun convoite. Mais il n'en va ainsi que parce que ce secteur se caractérise par l'absence de tout droit d'appropriation exclusive; y joue à plein le mécanisme de ce que l'écologiste américain Garrett Hardin a appelé « *The Tragedy of the Commons* » :

> « Une ressource à laquelle tout le monde a librement accès est une ressource dont personne n'a intérêt à assurer l'entretien ni le renouvellement, puisqu'il s'agit d'actions qui, du fait du principe de libre accès, ne peuvent pas y avoir de valeur marchande; donc une ressource condamnée à être surexploitée et rapidement épuisée [5]. »

Cette logique du paradoxe de Hardin, fait remarquer Robert J. Smith, s'applique à toutes les ressources auxquelles nous avons un accès gratuit, qu'il s'agisse de l'air que nous respirons, des rivières où nous nous baignons, des forêts et des montagnes où nous nous promenons, des escargots ou des champignons que nous y ramassons, ou même des paysages et des sites que nous admirons sans nous préoccuper des papiers gras que nous y laissons. Mais dès qu'apparaît un principe d'appropriation exclusive, les choses sont très différentes. Ne pas assurer l'entretien nécessaire à la conservation de la ressource dont on a le contrôle entraîne un coût économique : le sacrifice des jouissances dont j'aurais pu bénéficier demain, mais dont me privera mon imprévoyance d'aujourd'hui. Il en résulte, non pas que toute ressource sera nécessairement gérée de façon optimale, mais que le système de la propriété crée un lien très direct entre la motivation que tout propriétaire a à assurer l'entretien de son patrimoine, et les bénéfices que la collectivité des usagers dans son ensemble peut tirer des efforts de préservation de cette ressource. On retrouve le mécanisme vertueux de la « main invisible ».

Prenons un autre exemple : la désertification qui frappe de nombreuses régions de la planète, notamment le Sahel africain. On entend souvent dire que ce phénomène serait lié à des changements climatiques contre lesquels nous ne pourrions rien. Là encore, la vérité est très différente.

Les spécialistes reconnaissent que la désertification est généralement liée à une surexploitation du sol par des pratiques d'élevage inappropriées ou des habitudes de déforestation excessive qui ruinent l'équilibre écologique du milieu naturel. Mais pourquoi de telles pratiques ? Là encore, nous avons, comme le suggère John Burton à propos du cas libyen, un magnifique exemple du paradoxe de Hardin [6].

Il s'agit le plus souvent de régions d'économie tribale à populations non sédentaires où la terre et ses ressources sont traitées comme un « bien collectif ». Dans un tel système ceux qui vont chercher le bois n'ont aucune raison de faire attention à ne pas couper plus de branchages qu'il ne leur en faudrait réellement pour couvrir leurs besoins immédiats. On coupe carrément le buisson et on l'emporte, car sinon, on n'a aucune garantie que quelqu'un d'autre ne le fera pas. Autrement dit, on ne voit pas pourquoi quelqu'un se préoccuperait de planter de nouveaux arbustres, d'entretenir ceux qui existent, ou encore de développer l'irrigation, puisque investir dans ce type d'activité aboutit tout simplement à rendre disponible une ressource que d'autres peuvent ensuite librement annexer et gaspiller. Il y a quelques années, les experts de la N.A.S.A. furent intrigués par une photographie prise par un de leurs satellites. Au milieu de l'énorme tache brune du désert, ils distinguaient une tache verte surprenante. Qu'est-ce que cela pouvait bien être ? Une visite sur le terrain leur donna la réponse : tout autour de la tache verte il y avait un simple... fil de fer barbelé ! Même au milieu du désert, une simple barrière, symbole de propriété (une *enclosure*), suffisait à faire renaître la vie [7] !

Terminons par un troisième exemple, celui de la chasse et des rivières. En Europe, le gibier appartient

au propriétaire du terrain, même si le droit de chasse
s'organise collectivement dans le cadre d'associations
privées soumises à des contraintes publiques. En Angleterre, ce principe de propriété privée des ressources du
milieu naturel s'applique à l'eau. Les rivières sont la
propriété des riverains réunis en associations dépositaires, non seulement des droits de pêche mais également
du droit d'usage de l'eau. Aux États-Unis en revanche,
la pêche et la chasse sont des activités totalement libres.
En réaction contre les pratiques du droit féodal qu'ils
jugeaient contraires à leur idéal démocratique, les Américains, dès le début de la colonisation, ont opté pour
une politique de libre accès dissociant le droit de chasse
du droit de propriété foncier – sauf lorsqu'il y a évidemment clôture. Le résultat? Les Américains sont les
premiers à reconnaître que leurs rivières sont généralement plus polluées que les rivières européennes, même
si l'état de celles-ci n'est pas aussi satisfaisant qu'on
serait en droit de le souhaiter [8]. De même, semble-t-il,
sauf dans les zones protégées comme les parcs nationaux ou les grands espaces de l'Ouest, l'état d'épuisement des réserves cynégétiques y paraît beaucoup plus
avancé que dans nos régions pourtant de vieille civilisation.

Cet exemple, comme les précédents, montre que le
facteur de protection le plus important des ressources
naturelles, qu'il s'agisse de la faune ou de la flore, est leur
retrait de tout système d'appropriation collective. Les
espèces qui disparaissent sont celles qu'aucun droit de
propriété spécifique ne protège. Celles qui survivent et
prospèrent se trouvent, au contraire, d'une manière ou
d'une autre incluses dans une sphère de droits privatifs
détenus par des individus, et bénéficient donc de la
tendance naturelle des êtres humains à promouvoir leur
propre intérêt – que celui-ci réponde à des motifs essentiellement mercantiles (comme les animaux d'élevage), ou
à des raisons plus nobles de défense de la nature [9].
Contrairement à ce qui est généralement affirmé, la
solution des problèmes de dégradation de l'environnement, de surexploitation des ressources naturelles ou de
destruction de la vie sauvage, passe par une extension des
procédures d'appropriation privée partout où cela est

techniquement possible. Paradoxalement, la propriété est le meilleur allié des amis de la nature [10].

Pourquoi l'État n'y peut rien...

Peut-on faire confiance à l'État et aux interventions réglementaires de la puissance publique pour apporter la solution aux problèmes d'environnement? Là aussi la réponse est immédiate : « non », parce que la réglementation publique n'est qu'une forme atténuée de propriété collective.

S'il est vrai que la pollution est le produit naturel du régime capitaliste et de la liberté laissée à chacun de poursuivre ses propres fins, ce genre de problème devrait disparaître dans une société socialiste où la propriété privée et le profit ont été abolis. Or, ce n'est pas du tout ce que l'on observe. Bien au contraire.

Par exemple, il est bien connu que c'est vraisemblablement en Union soviétique que la pollution moderne bat tous les records. Malgré les cris d'alarme lancés par la communauté scientifique internationale, le lac Baïkal, l'un des plus beaux sites naturels du monde, est aujourd'hui considéré comme définitivement perdu. Les gigantesques travaux d'irrigation menés par les autorités soviétiques ont tellement accru le degré de salinité de la mer Caspienne et de la mer d'Aral que les Russes en sont aujourd'hui réduits à inventer une sorte de caviar artificiel pour compenser la disparition des esturgeons. Dans la mer d'Azov, on pêche aujourd'hui dix fois moins de poissons qu'il y a vingt ans. Enfin l'U.R.S.S. est de tous les pays industriels celui qui a fait le moins d'efforts pour assurer la protection de ses sites naturels : la surface des parcs et réserves protégés a diminué de moitié entre 1950 et 1966. Il en va de même en Chine communiste. Le poisson, traditionnellement si important dans la cuisine chinoise, disparaît du menu quotidien. Le déboisement systématique de régions entières entraîne une désertification particulièrement dramatique. On évalue ainsi à plus de 8 millions d'acres la superficie totale, dans les grandes plaines du Nord, rendue impropre à la culture et à l'élevage par les excès du « grand bond en avant » de Mao.

Mais ce n'est, paraît-il, rien à côté de ce qui se passe en Pologne. Grâce à Solidarité, les savants occidentaux ont découvert que la Silésie est probablement la région industrielle la plus polluée du monde; à tel point que l'acidité des pluies a rendu nécessaire le remplacement des tuiles dorées qui ornaient le toit des chapelles de Cracovie [11].

Ainsi, alors que les économistes analysent traditionnellement les problèmes de pollution et d'environnement comme un phénomène spécifique reflétant une « défaillance » des mécanismes de l'économie de marché, il est clair que les choses sont encore pires dans les pays où l'étatisation était supposée éviter à la collectivité les fautes et les erreurs des pays capitalistes.

Mais il s'agit de pays à institutions « non démocratiques ». Qu'en est-il lorsque le pouvoir de réglementation est détenu par des gouvernements « démocratiquement » élus et donc en principe soumis au contrôle direct des électeurs? Là encore, on peut montrer que placer la propriété des ressources naturelles dans les mains de dirigeants publics, même démocratiquement élus, n'est pas une solution satisfaisante.

Un bon exemple nous est donné par le cas des terres fédérales de l'Ouest américain. Au XIXe siècle, les lois sur la colonisation de l'Ouest ont limité à 160 acres la surface maximum que pouvaient acquérir en toute propriété les pionniers américains. Cette surface était largement suffisante pour assurer la vie d'une exploitation agricole normale sur les terres fertiles des grandes plaines. Mais il n'en va pas de même dans les zones semi-arides de l'Ouest et du Sud-Ouest. Dans ces régions, 160 acres ne permettent d'entretenir que quelques vaches, un troupeau insuffisant pour nourrir une famille. D'où un phénomène de « squattérisation » par lequel les ranchers se sont approprié l'usage de terres qui sont en fait propriété fédérale de l'État américain. Après de nombreuses péripéties, dont les westerns furent le reflet au cinéma, on est arrivé à une sorte de *modus vivendi* par lequel l'État reconnaît aux éleveurs un droit de pacage et d'exploitation sur les terres fédérales, sous réserve de l'obtention d'une licence qui soumet les règles d'utilisation de l'espace à un certain nombre de normes fixées par une administration responsable de la gestion de ces terres – le *Bureau of Land Management* [12].

Dans certains États comme l'Arizona, le Nevada, le Nouveau-Mexique, ces terres fédérales représentent entre la moitié et les deux tiers de la superficie totale. Or ces États connaissent une érosion croissante des sols entraînant une désertification qui n'a rien à envier à ce qui se passe dans d'autres régions de la planète, malgré toutes les ressources technologiques de l'agronomie américaine. Que s'y passe-t-il?

La réponse est simple. Les éleveurs ne disposent que d'un droit de pacage et d'usage limité. Qui plus est, ce droit n'est acquis que pour une période limitée et ses conditions d'exercice peuvent être modifiées par l'administration responsable, à chaque renouvellement. Conséquence : aucun rancher n'est sûr que les conditions d'usage auxquelles il est soumis ne changeront pas demain ou après-demain. Par exemple, il n'a aucune garantie que les coefficients de densité du bétail ne seront pas un jour ou l'autre modifiés dans un sens plus restrictif pour faire plaisir aux groupes de pression qui voudraient voir les terres de l'Ouest plus affectées à d'autres usages (comme la chasse, le tourisme, les loisirs, la transformation en réserves naturelles). Cette incertitude fondamentale liée à la nature même du droit d'usage rend impossible tout calcul économique à long terme; elle empêche toute gestion optimale du patrimoine foncier. Personne n'a intérêt à se préoccuper de l'entretien de la valeur économique d'un espace dont on ne sait pas si demain on ne vous enlèvera pas la libre disposition. Ce qui conduit, comme l'ont montré les études de Daniel Sheridan ou celles de Charles Libecap, non seulement à des rendements très inférieurs à ceux que l'on enregistre dans les mêmes régions sur les terres d'élevage privées; mais aussi à la diffusion de méthodes d'exploitation qui épuisent la terre et finissent par la détruire. Nous retrouvons les effets du paradoxe de Hardin.

Mais n'est-ce pas précisément la mission de l'administration responsable que de veiller à ce que le comportement des éleveurs n'entraîne pas cet épuisement des terres appartenant à la collectivité? C'est en principe leur mission. Mais ce n'est pas une raison pour que tel soit

nécessairement le résultat de leur intervention. Ni les
fonctionnaires, ni les hommes politiques qui les contrôlent
en principe ne sont davantage les vrais « propriétaires » de
ces territoires, même s'ils détiennent le pouvoir de décision ultime. Veiller à l'accomplissement exact de leur
mission ne leur apporte aucun avantage concret. Aucun
d'entre eux ne se porte plus mal parce que les terres sont
moins bien gérées qu'elles ne pourraient l'être. Ce qui
compte pour l'homme politique, ce sont ses chances d'être
réélu, et donc le rapport de forces entre les différents
groupes en concurrence pour l'usage de l'espace; et non
de savoir si les terres de l'Ouest sont exploitées d'une
façon compatible avec la conservation de leur équilibre
écologique à long terme. De même, le fonctionnaire a
plutôt tendance à identifier ce qu'il considère être l'intérêt général avec les usages qui ont pour effet d'accroître
son rôle, son budget et son influence. L'administration
fédérale n'a donc pas plus de motivations que les ranchers
eux-mêmes à veiller à ce que ces terres soient exploitées
d'une façon économiquement optimale. Moyennant quoi,
l'accroissement du poids politique des mouvements écologiques intervenu au cours des quinze dernières années a
eu pour conséquence de conduire à un raccourcissement
de la durée des droits alloués aux éleveurs; ce qui a accru
le degré d'incertitude économique auquel ceux-ci doivent
faire face, et donc accentué le phénomène de surexploitation et de sous-entretien du domaine public. Un résultat
exactement contraire aux effets, en principe, recher-
chés.

Ce n'est qu'un exemple parmi de nombreux autres.
Mais celui-ci montre clairement qu'une ressource « collective », gérée par l'État ne cesse jamais d'être un bien
collectif, même lorsque cet État fonctionne selon des
critères parfaitement démocratiques; un bien collectif lui
aussi victime de la fameuse « *Tragedy of the Commons* ».
L'intervention de l'État n'apporte pas la garantie que
l'équilibre écologique sera nécessairement mieux préser-
vé, bien au contraire.

C'est pour cette raison que se développe aux États-Unis
un mouvement écologique d'inspiration libertarienne qui
n'hésite pas à réclamer que l'État mette en vente ses
terres de l'Ouest et les retourne au secteur privé, *au nom*

même de la défense de l'environnement. Les partisans de cette politique de privatisation – qui recrute de nombreux adeptes dans l'entourage même du président Reagan – appuient leur argumentation sur le contraste qui existe entre les grands parcs nationaux américains gérés par l'État et les réserves privées qui existent dans certaines régions des États-Unis. La politisation de la gestion de ces grands espaces publics, font remarquer les deux grands experts de cette question, professeurs à l'Université du Montana, John Baden et Richard Stroup, est en train de provoquer des dégâts écologiques irréparables alors même que ces parcs avaient pour vocation d'être de véritables sanctuaires de la nature [13].

« Privatisons l'environnement » est en train de devenir le slogan d'une nouvelle génération d'écologistes américains. L'argument de ces « verts » d'un nouveau genre est simple : en rendant le capitalisme responsable de toutes les dégradations de notre environnement naturel, les écologistes se trompent de cible, car la propriété privée est en fait le meilleur allié de leur combat. Le combat des libéraux et des partisans de l'économie de marché est aussi celui de l'écologie.

Les pollués sont aussi des « pollueurs »...

Quelle serait la réponse « libérale » la mieux appropriée à ces problèmes d'environnement ?

Il est indispensable de démontrer qu'on peut apporter une réponse aux problèmes les plus préoccupants de notre société, sans pour autant composer avec les principes de liberté sur lesquels est fondée notre civilisation.

Or, même les plus ardents partisans de solutions libérales oublient généralement le caractère essentiellement réciproque de toute pollution.

La pureté de l'eau ou de l'air n'est qu'une ressource naturelle qui peut être « consommée » pour des usages très divers et souvent conflictuels. Polluer l'atmosphère par les rejets chimiques d'une usine, ou polluer une rivière en l'utilisant comme égout naturel, a pour conséquence que l'on empêche d'autres utilisateurs (le pêcheur du dimanche, le baigneur, le jardinier, le promeneur, l'amoureux de la nature, etc.) de tirer tout profit personnel du respect des caractéristiques naturelles de l'environnement. L'usine qui pollue une ressource impose ainsi une « externalité » à ses autres utilisateurs. Mais, à l'inverse, lorsque les voisins d'une usine, les riverains d'un cours d'eau, ou les animateurs d'une association locale de défense, par leur action politique, obtiennent des pouvoirs publics que l'on impose à une entreprise de supprimer tous ses rejets sous peine de lourdes sanctions, ceux-ci sont également producteurs d'une « externalité » économique à l'encontre de la firme ainsi contrainte de fonctionner avec des coûts de production plus élevés. La pollution est un phénomène social à double sens :

« Toute personne dont l'accès à une ressource a pour conséquence de réduire la jouissance qu'en tirent d'autres utilisateurs, remarquent à juste titre Hugh Macaulay et Bruce Yandle, est en réalité un "pollueur"; et à ce titre, les défenseurs de la nature sont tout autant des "pollueurs" de l'environnement de l'industrie, que l'industrie n'est pollueuse de leur propre environnement [14]. »

Dans une démocratie fondée sur le respect de la liberté des individus et l'égalité civile des droits, aucun usage prioritaire n'est par définition réservé à des catégories particulières d'utilisateurs. L'industrie a autant de raisons de considérer que c'est son « droit » d'utiliser les eaux de la rivière comme égout naturel, que les riverains de demander qu'on respecte leur « droit » d'accéder à une eau non polluée. Il n'y a strictement aucune raison pour que l'intérêt des uns l'emporte à priori sur celui des autres, pour autant que ces derniers sont prêts à payer pour l'usage qu'ils font de la ressource rare ainsi convoitée.

On retombe dans une situation classique de pénurie et d'arbitrage dans l'allocation des droits individuels à l'usage d'une ressource rare, convoitée par de nombreux utilisateurs en concurrence; le type même de problème dont la théorie économique montre qu'il est beaucoup plus efficacement résolu par des mécanismes décentralisés de marché que par des procédures de répartition de type étatique ou politique.

Les économistes affirment habituellement que « les

pollueurs doivent payer ». Ils ont raison, mais à condition
de ne pas limiter ce principe aux seuls pollueurs industriels. Tous les utilisateurs doivent payer pour l'usage
qu'ils font de l'environnement en fonction de l'intensité de
leurs préférences – même si cet usage consiste à laisser
l'environnement dans son état naturel; ce qui ne constitue
après tout qu'une préférence comme une autre. Ce
résultat ne peut être atteint que par le passage à un
système généralisé d'appropriation privée s'appuyant par
exemple sur la création d'un marché de « droits à
polluer » (ou l'inverse : des droits « à ne pas être pollué »)
librement négociables et échangeables entre individus ou
associations privées.

Cette création de droits de propriétés nouveaux peut se
faire par la reconnaissance de droits d'usage déjà existants qui deviendraient ainsi aliénables et librement
échangeables (cas d'une usine déjà construite dans une
zone déserte, et qui deviendrait naturellement propriétaire de l'ensemble des droits afférents à la zone en
question, quitte ensuite à réduire sa pollution contre
l'achat par les nouveaux résidents d'un certain nombre de
ses droits de propriété); elle peut aussi se faire par voie
d'adjudication au plus offrant; elle peut enfin donner lieu
à une opération ponctuelle de redistribution au profit des
plus déshérités qui pourraient librement empocher les
bénéfices que leur laisserait la revente des droits de
propriété créée à leur intention [15]. Rien n'empêcherait
ceux qui ont une forte préférence pour un niveau de
pollution zéro de se regrouper pour racheter systématiquement tous les « droits à polluer » qui seraient à vendre,
et ensuite de les geler définitivement en ne les utilisant
pas (c'est ce que font déjà certaines associations privées
dans le domaine de la protection des sites) [16].

Des principes analogues pourraient être appliqués dans
le domaine de l'urbanisme. On remplacerait les politiques
actuelles de planification foncière par l'attribution de
« droits de développement » librement négociables. Ces
« droits » conféreraient à tout propriétaire de terrain le
droit à une certaine densité de construction par m². Le
propriétaire serait alors libre d'utiliser effectivement le
droit de construction qui lui est ainsi reconnu en fonction
de la superficie de sa propriété. Mais il pourrait aussi ne

pas l'utiliser et le revendre à quelqu'un désireux d'édifier une construction dépassant le coefficient d'utilisation du sol qui lui est attribué; auquel cas, le premier terrain cesserait alors d'être constructible, à moins qu'ultérieurement son propriétaire ne rachète de nouveaux « droits de développement » vendus par des tiers.

Dans un tel système, les citoyens désireux d'étendre la superficie des espaces verts et des zones récréatives pourraient atteindre leur but en se regroupant en associations dont les finances seraient utilisées à indemniser, par le rachat de leurs droits constructibles, les propriétaires de terrains acceptant volontairement d'en geler l'utilisation. On peut même imaginer, en partant de là, la mise en place de tout un système qui permettrait aux propriétaires de terrains « de négocier sur le marché leur acceptation volontaire de certaines "servitudes d'environnement" dont les titres seraient librement cessibles, transférables et rachetables, et pour lesquels se porteraient acquéreurs des associations ou des firmes spécialisées dans la réalisation de certains objectifs d'environnement [17] ».

Certains écologistes libertariens américains vont même plus loin en considérant que la privatisation de tout le domaine maritime serait la meilleure solution pour protéger la société contre les risques de grande catastrophe du type *Torrey Canyon*. Quand de telles catastrophes se produisent, expliquent-ils, il n'est pas toujours facile d'estimer la valeur des dommages que doivent payer les compagnies. Lorsque les terrains côtiers font partie du domaine public, et n'ont donc aucune valeur marchande négociable, les compagnies finissent généralement par payer des dommages très inférieurs à la valeur réelle du coût social de la pollution dont elles sont juridiquement responsables. Les risques d'accidents et de pollution ont donc toute chance de s'accroître. Si toutes les zones côtières, et à fortiori si même les ressources maritimes des plateaux côtiers sous-marins faisaient l'objet d'une appropriation privée (ce qui est maintenant techniquement envisageable), les choses seraient très différentes. La justice calculerait le montant des indemnités à partir de la valeur marchande des droits de propriété en cause. La sécurité ne manquerait pas d'augmenter comme le montre, par exemple, l'extraordinaire cohabitation dont la réserve privée américaine de l'Audubon Society en Floride nous offre l'exemple unique : des dizaines de plates-formes pétrolières au milieu d'un des plus beaux sanctuaires d'oiseaux sauvages de tout le continent nord-américain [18]. Ce sont les revenus mêmes du pétrole qui permettent d'assurer l'aménagement et l'exploitation de la réserve sans que cela coûte un sou au contribuable américain, et tout en maintenant des droits d'entrée raisonnables (nécessaires pour éviter qu'un trop grand afflux de visiteurs ne vienne tout ruiner comme cela se passe dans les grandes réserves publiques).

Imaginer des solutions institutionnelles et juridiques qui permettraient de recréer des mécanismes de marché fondés sur le jeu de la propriété privée, dans le domaine de l'environnement, n'est pas chose aisée. Il faut beaucoup d'imagination. Mais de telles solutions sont possibles comme le montre toute une série d'études publiées aux États-Unis [19].

Que le fonctionnement du régime de la libre entreprise suscite de multiples « effets externes » sur l'environnement ne suffit pas à condamner le système lui-même. C'est bien davantage la preuve à contrario que le contexte institutionnel dans le cadre duquel fonctionnent nos sociétés occidentales n'est pas vraiment un système de libre entreprise et de libre marché. En définitive, les « défaillances » du marché sont moins en cause que celles de la puissance publique, incapable d'accomplir correctement sa mission première, qui est de doter la collectivité d'un système clairement défini et efficacement protégé de droits de propriété adaptés aux conditions de la civilisation contemporaine.

Autrement dit, notre environnement souffre moins d'un excès de propriété et de capitalisme, que du contraire. La hargne dont les mouvements écologiques font preuve à l'égard des institutions de l'économie de marché suggère que ce qui anime leurs leaders est moins leur souci de préserver réellement la nature et notre environnement que leur haine idéologique à l'encontre de tout ce qui est propriété privée, et rappelle le capitalisme. Un bel exemple d'aveuglement collectif, astucieusement exploité par tous ceux qui se sont donné pour objectif d'affaiblir les sociétés occidentales.

Le marché « conserve » plus...

Dernier mythe à remettre en cause : l'idée que l'intervention de l'État serait, par définition, nécessaire pour éviter que la concurrence marchande ne conduise à un épuisement trop rapide des ressources naturelles du sous-sol.

Ceux qui raisonnent ainsi ne peuvent mieux démontrer leur incompréhension des mécanismes de la propriété et du marché. Bien loin de favoriser la « sur-exploitation » des ressources non renouvelables, la logique du marché libre est d'introduire dans les décisions d'exploitation un biais « conservateur » qui n'existe pas dans la décision politique.

Imaginons qu'on découvre un important gisement d'une ressource minérale dans un pays où les ressources du sous-sol appartiennent à l'État et sont directement exploitées par lui (nationalisation) [20]. La première question à laquelle les responsables de l'exploitation sont confrontés est de savoir à quel rythme doit se dérouler l'extraction : lent ou rapide? Faut-il extraire et vendre tout de suite le maximum de minerai ou en conserver le plus possible pour l'exploiter plus tard, dans dix ans, vingt ans ou même cinquante ans?

Le calcul économique dicte la réponse suivante : si l'on s'attend à ce que l'évolution des prix soit telle que dans dix ans la tonne de minerai extraite vaudra plus cher, mieux vaut freiner le rythme de l'extraction et adopter une politique de conservation. L'inverse reviendrait à avantager les générations présentes au détriment des générations futures, en leur permettant de consommer aujourd'hui ce qui sera plus désiré demain. Une telle décision serait synonyme de gaspillage. Si, au contraire, on anticipe non pas une hausse des prix futurs, reflet d'une rareté croissante, mais une baisse des cours, conséquence de la découverte de nouvelles mines ou de la mise au point de nouveaux produits de substitution, mieux vaut accélérer le rythme de l'exploitation, produire davantage aujourd'hui au lieu d'attendre demain.

Malheureusement, ce que seront les prix dans dix, vingt ou cinquante ans, et donc la valeur du minerai exploité par rapport à sa valeur actuelle, nous ne le savons pas. Tout ce dont nous disposons, ce sont des estimations, des anticipations personnelles concernant ces évolutions probables. Imaginons que nous soyons dans une démocratie « parfaite » où ce que décide le gouvernement coïncide avec l'opinion majoritaire des citoyens. Supposons que l'on demande aux gens de dire quelle sera la valeur future du minerai dans dix ans. Il y aura bien sûr quelques personnes pour expliquer que le minerai vaudra alors beaucoup plus cher. Quelques autres exprimeront un sentiment radicalement opposé. Mais l'expérience montre que la très grande majorité exprimera une opinion située au voisinage de la valeur d'exploitation présente. Même s'il y a des risques de grave pénurie, il y a toutes chances que la grande majorité soit favorable à l'exploitation immédiate plutôt qu'à la conservation. C'est une conséquence du taux d'actualisation élevé qui, généralement, caractérise les populations humaines.

Imaginons maintenant que le gouvernement de ce pays, acquis aux idées libérales, décide de dénationaliser la propriété et l'exploitation du sous-sol. Il entend rétrocéder au secteur privé des centaines de mines et de gisements. Cette vente va s'effectuer par la voie de mises aux enchères. Chaque mine fera l'objet de plusieurs offres. Chaque candidat proposera son prix. Il n'y a aucune raison pour que toutes les propositions soient identiques, ni même voisines. Chacun offre en effet un prix qui correspond à la « valeur » qu'il estime pouvoir retirer de l'exploitation future. A son tour, cette « valeur estimée » dépend de la façon dont chaque candidat-acheteur envisage l'évolution probable des prix et des coûts de production. Or il n'y a aucune raison pour que tous les acheteurs potentiels partagent les mêmes anticipations.

Parmi tous ces acheteurs, ceux qui feront les offres les plus basses seront soit ceux qui, pour une raison ou une autre, entendront acheter pour produire le plus possible le plus vite, aux prix actuels; soit ceux qui prévoient une baisse des prix et des revenus de la production, et qui estimeront donc, eux aussi, qu'il y a intérêt à produire le plus possible, le plus vite possible. Les offres les plus élevées émaneront en revanche de ceux qui se disent que dans quelques années le minerai vaudra beaucoup plus cher et qui achèteront donc pour stocker une ressource dont ils espéreront retirer plus tard un profit beaucoup plus élevé.

Selon la loi des enchères c'est le plus offrant qui l'emporte. Ce qui, en l'occurrence, signifie que, parmi tous les acheteurs en concurrence, les premiers servis seront ceux qui achèteront, non pas pour vendre le plus possible le plus vite possible, mais au contraire pour conserver. Conséquence : l'appropriation privée, à l'inverse de ce que l'on croit généralement, introduit une sorte de biais favorable à la conservation des ressources; (et qui disparaît dès lors qu'on passe à une propriété collective gérée politiquement). Car les gisements et les mines ne pourront être achetés par ceux qui envisagent une politique d'exploitation intensive qu'une fois que tous les partisans de la « conservation » auront été servis.

Cette règle d'attribution fonctionne quel que soit le nombre de ceux qui s'attendent à une rareté croissante. Même s'il n'y en a qu'un, il sera toujours le premier servi. A la différence de ce qui se passe avec un mode de gestion politique, la minorité n'est pas nécessairement sacrifiée à la majorité. Même si tout le monde préfère gaspiller tout de suite tout ce qui existe, il suffit qu'un seul n'ait pas la même opinion pour qu'une partie, même faible, des ressources échappe au gaspillage. C'est l'avangage du libre marché où chacun choisit en quelque sorte son menu à la carte par rapport au marché politique où, au contraire, on n'a qu'un seul choix : le menu du plus grand nombre [21].

Le marché n'est pas autre chose qu'une vaste mise aux enchères permanente, où des millions, des milliards de titres de propriété sont ainsi chaque jour offerts aux plus offrants.

Respecter les règles de la responsabilité industrielle...

Pour conclure, quelques réflexions inspirées par les récentes catastrophes de Bhopal en Inde et de Mexico.

Comment assurer la sécurité des installations industrielles et la protection des populations avoisinantes?

Généralement, les économistes posent le problème en fonction de ce qu'ils appellent le degré de sécurité « optimal » – c'est-à-dire, non pas le niveau de sécurité le plus grand possible (qu'on ne pourra jamais atteindre en raison des coûts prohibitifs que cela entraînerait), mais celui où le coût de la dépense supplémentaire affectée à améliorer la sécurité d'une installation devient, au plus, égal à l'utilité qu'une meilleure protection apporte aux voisins. C'est le fameux principe marginaliste utilisé dans toutes les applications modernes de la théorie économique du bien-être.

L'économiste « néo-libéral » conteste cette façon de raisonner. Tout simplement parce qu'on ne peut pas, même avec les meilleurs experts, déterminer ce point « optimal ». La démarche impose que l'on ait recours à une série d'artifices – par exemple, une mesure statistique du coût de la vie humaine – qui n'ont pas grande signification.

Il faut aborder le problème d'une manière différente. La véritable question est de savoir quel système juridique et institutionnel est le mieux à même de contraindre les industriels à installer les systèmes de surveillance et de protection les plus efficaces. La réponse est simple : seul un système de marché reposant sur la libre concurrence, et surtout sur *le principe absolu de la responsabilité financière des industriels* – c'est-à-dire le droit pour les victimes ou leurs représentants légitimes de poursuivre les compagnies devant les tribunaux et de demander une juste réparation – peut donner ce résultat.

Peu de gens savent cependant que ce principe de la responsabilité financière, nos sociétés occidentales n'ont cessé de tricher avec lui depuis plus d'un siècle. Au nom de l'idéologie du progrès économique ou du souci de protéger l'industrie et les emplois qu'elle crée ou les salaires qu'elle distribue, la jurisprudence n'a cessé d'être relativement plus favorable aux intérêts de l'industrie qu'à ceux des victimes ou de leurs ayants droit [22]. On comprend le souci des tribunaux et du législateur : il est des circonstances où une responsabilité trop stricte conduirait les entreprises droit à la faillite. Mais une faillite proclamée dans de telles circonstances n'a pas la même signification qu'une faillite traditionnelle, pour causes économiques – par exemple l'effondrement d'un marché, ou des erreurs de gestion. L'équipement de l'entreprise, son *know how*, le capital humain conservent toute leur valeur. En cas de mise en faillite, les acheteurs se presseront pour reprendre les actifs. Les travailleurs retrouveront assez rapidement leur emploi, s'ils le perdent jamais. La société juridique peut disparaître, mais pas son potentiel industriel. Dans ces circonstances, restreindre la responsabilité civile des entreprises revient à protéger les propriétaires et les actionnaires des entreprises existantes au détriment des victimes, notamment les victimes futures, car en réduisant la responsabilité juridique des propriétaires on réduit d'autant l'effort de sécurité auxquels ceux-ci sont astreints pour protéger leurs intérêts personnels.

Tel est l'« effet pervers » dénoncé par certains auteurs américains à propos de la sécurité dans les centrales nucléaires – dont les responsabilités civiles, aux États-Unis, sont limitées par la législation sous prétexte que de véritables accidents (comme il ne s'en est heureusement encore jamais produit) [23] entraîneraient le versement d'énormes indemnités.

Les catastrophes de Mexico et de Bhopal soulèvent une autre question : celle de la protection des habitants qui s'agglomèrent autour des installations industrielles.

On peut se dire qu'après tout, en venant s'installer après la mise en activité de l'usine, les gens prennent leurs risques, et qu'on ne peut pas tenir l'industriel pour responsable des conséquences possibles qu'il ne pouvait prévoir lorsqu'il a fait ses premiers plans. On peut répondre que ce principe de « non-responsabilité » serait acceptable si les gens, en venant s'installer, étaient totalement conscients des risques qu'ils ont pris. Mais ce n'est probablement pas le cas. Moyennant quoi, on juge normal que le risque retombe sur celui qui, par définition, est le mieux placé pour en connaître les données, et donc pour prendre les mesures qui s'imposent afin d'en limiter la portée. Autrement dit, il paraît normal que la législation contraigne l'industriel à faire le nécessaire pour réduire les risques auxquels les populations avoisinantes sont exposées, mais qu'elles ne tentent pas d'éviter parce qu'il leur coûterait, en quelque sorte, trop cher pour en découvrir par elles-mêmes l'existence et l'étendue, et en tirer les conséquences.

Une autre réaction est de réclamer des règles sévères d'urbanisme, interdisant par exemple toute construction dans le voisinage d'installations industrielles à risque.

Un libéral conséquent ne peut que s'opposer à ce genre de solution. Sauf si la puissance publique respecte les règles du marché : si par exemple, plutôt que d'édicter un règlement d'interdiction, elle achète les terrains à leur valeur marchande. L'État étant alors le légitime propriétaire de l'espace concerné, il peut librement en déterminer les règles d'usage et donc en condamner l'occupation.

Mais il y a encore une troisième solution : faire confiance à la dynamique de la propriété privée et du marché. Si les règles de responsabilité jouent pleinement, si elles ne sont pas « atténuées » par l'intervention de l'État, ou par les préjugés des juges et les pressions qui s'exercent sur leurs décisions, il est vraisemblable que l'ampleur des risques financiers que l'industriel est ainsi contraint de prendre l'incitera à acheter lui-même le terrain avoisinant et à en condamner l'usage. Dans une économie de libre concurrence, ce serait pour lui l'assurance la moins coûteuse.

L'intervention réglementaire de l'État paraît plus commode, plus rapide et plus efficace. Mais elle aboutit à un transfert de nature totalement arbitraire. Tout terrain condamné par des règlements d'urbanisme voit sa valeur marchande diminuer, puisque l'usage n'en est plus libre. Cette réduction de valeur, c'est le propriétaire qui la subit. Même si cette diminution de la valeur de son bien est, au niveau collectif, plus que compensée par le supplément de sécurité qui en résulte pour les autres, il n'y a pas de raison pour que ce soit lui qui ait à en supporter les coûts. Son intérêt personnel est en quelque sorte « sacrifié » sur l'autel du plus grand nombre. Ce qui revient, quoi qu'on en dise, à commettre une injustice. On retombe dans un calcul « utilitariste » qu'un homme qui fait passer la justice au-dessus de tout ne peut pas accepter.

On pourrait à la rigueur admettre la solution réglementaire s'il était démontré qu'il n'y a absolument pas d'autre technique possible. Mais comme ce n'est pas le cas, rien ne justifie qu'au nom de la sécurité, la puissance publique confisque à des personnes privées des droits de propriété qu'elles possèdent légitimement. La réglementation aboutit à faire payer le supplément de sécurité par les propriétaires fonciers avoisinants. Pourquoi eux?

La propriété, c'est la responsabilité. C'est seulement si ce principe est respecté qu'elle peut apporter les bienfaits que l'on en attend. Toute réduction de critères de responsabilité, même pour des raisons de court terme apparemment justifiées, ne peut que faire à long terme le jeu des adversaires de la société libérale et entraîner une extension continue des prérogatives de l'État, au détriment des droits de la propriété individuelle.

Notes

1. Il n'est absolument pas démontré que l'accroissement du nombre de cancers soit lié à la pollution. Cette évolution résulte probablement de ce que l'allongement moyen de la vie conduit un nombre croissant de gens à un âge où l'on est davantage sensible aux risques cancérigènes. Sur ce sujet voir le remarquable article de la journaliste Édith EFRON, « Behind the Cancer Terror », *Reason,* mai 1984.

2. Julian SIMON, *The Ultimate Resource*, Princeton University Press, 1981.

3. Robert J. SMITH, « Privatizing the Environment », *Policy Review*, Heritage Foundation, 1982, n° 20.

4. Sur la sauvegarde de la faune animale voir l'autre passionnant article de Robert J. SMITH : « Resolving the Tragedy of the Commons By Creating Private Property Rights in Wildlife », publié dans le *Cato Journal*, automne 1981, vol. I, n° 2. Cet article est issu d'une conférence préparée pour un symposium organisé conjointement par le Cato Institute et le Center for Political Economy and Natural Resources de l'université d'État du Montana, sur le thème : « Property Rights and Natural Resources : A New Paradigm for the Environmental Movement » (décembre 1980).

5. Garrett HARDIN, « The Tragedy of the Commons », *Science*, décembre 1968, n° 162. Voir également, Garrett HARDIN et John BADEN, *Managing the Commons*, Freeman and Company, 1977.

6. John BURTON, « Externalities, Property Rights and Public Policy : Private Property Rights or the Spoliation of Nature », dans Steven N.S. Cheung, *The Myth of Social Cost*, Institute of Economic Affairs, Londres, 1978, *Hobart Paper*, n° 82.

7. Nicholas WADE, « Sahelian drought : no Victory for Western Aid », *Science,* 1974, n° 185.

8. Pour une comparaison entre les pratiques européennes et américaines, cf. Thomas A. LUND, *American Wildlife Law,* University of California Press, 1980.

9. Un bel exemple, celui de la tortue marine des Caraïbes. Cette espèce est très prisée tant pour sa chair que pour son cuir. Ces tortues sauvages étaient extrêmement abondantes il y a seulement deux siècles. Elles sont maintenant en voie de disparition. Il y a quelques années, un Américain a installé un élevage marin spécialisé dans la reproduction de ces tortues dans l'une des Cayman Islands. Son débouché principal : le marché américain. Les grandes associations américaines de défense de la nature se sont émues de ce que l'on ose faire de l'argent en exploitant des animaux inoffensifs. Résultat : une grande campagne nationale pour obtenir du président Carter l'interdiction des importations. La campagne a porté ses fruits. L'interdiction a été obtenue au nom de la défense de la nature et contre son exploitation commerciale. Conséquence : comme la demande n'a pas disparu, le marché américain est maintenant desservi par des importations illégales de tortues marines abattues en fraude sur les plages des Caraïbes. De nouveau l'espèce est plus que jamais en danger de disparition. Voilà à quoi aboutit le zèle « anticapitaliste » des écologistes...

10. Cf. John BADEN et Richard STROUP, « Saving the Wilderness : A Radical Proposal », *Reason,* juillet 1981. Ainsi que William TUCKER, « Conservation in Deed : Saving the Environment Through Ownership », *Reason,* mai 1983.

11. Lloyd TIMBERLAKE, « Poland – the Most Polluted Country in the World », *New Scientist,* 22 octobre 1981. Sur l'Union soviétique, cf. Fred SINGLETON, *Environmental Misuse in the Soviet Union,* Praeger Publishers, New York, 1976.

12. Cette histoire est tirée de Gary LIBECAP, *Locking up the Range : Federal Land Controls and Grazing,* Pacific Institute for Public Policy Research, San Francisco, 1981. Voir également John BADEN, « Property Rights, Cowboys and Bureaucrats : A Modest Proposal », dans J. BADEN, *Earth Day Reconsidered,* The Heritage Foundation, Washington, 1980.

13. Cf. J. BADEN and R. STROUP, « Externality, Property Rights and the Management of our National Forests », *The Journal of Law and Economics,* octobre 1973 ; « Property Rights, Environmental Quality, and the Management of National Forests », dans *Managing the Commons,* 1977 ; « The Development of a Predatory Bureaucracy », dans *Policy Review,* hiver 1979.

14. Le premier à avoir évoqué le caractère réciproque de la « pollution » est le professeur Ronald COASE dans son fameux article : « The Problem of Social Cost », *The Journal of Law and Economics,* octobre 1960. Cf. Hugh H. MACAULAY et Bruce YANDLE, *Environmental Use and the Market,* Lexington Books, Heath and Company, 1977.

15. C'est une solution de ce genre que je préconiserais pour les dénationalisations. Qu'importe qui seront les bénéficiaires de la politique de dénationalisation, l'important est de recréer des titres de propriété librement négociables, concernant les sociétés individuelles des grands groupes nationalisés et non les groupes eux-mêmes. On

distribuerait les titres de propriété soit au personnel, soit à des déshérités, liberté leur étant laissée de les revendre ensuite aux plus offrants. Des officines spécialisées se créeraient pour assurer le ramassage des titres. Le transfert aurait au moins l'avantage de ne pas coûter un sou aux contribuables. Pour mener une telle opération, nul besoin d'attendre que les entreprises publiques sortent du rouge. L'idée qu'il faut que les entreprises nationalisées redeviennent profitables pour être revendues au secteur privé est pour le moins paradoxale, car si les entreprises nationales sont bien gérées, alors pourquoi les restituer au secteur privé? C'est quand les choses vont mal, et non quand elles vont bien, que la privatisation se justifie le plus.

16. Je pense au remarquable exemple que donne l'association Espace pour demain, dirigée par l'ancien journaliste d'Antenne 2, Pierre Blériot. L'action que mène cette association est parfaitement conforme à la logique d'une société libérale. Même s'il ne le sait pas, Pierre Blériot se conduit en parfait libertarien.

17. Cf. J.-P. Beckwith, « Parks, Property Rights and the Possibilities of Private Law », *Cato Journal*, 1981, vol. I, n° 2.

18. Cf. Robert J. Smith, « Conservation and Capitalism », *Libertarian Review*, octobre 1979.

19. Cf. les deux numéros du *Cato Journal* (1981) presque entièrement consacrés à ces questions. Ils reprennent les interventions présentées à deux symposiums organisés par le Cato Institute. Dirigé par Ed Crane, le Cato Institute, qui a déménagé de San Francisco à Washington il y a trois ans, est un *Think Tank* libertarien qui publie des travaux de recherche consacrés à des sujets d'actualité politique. Ed Crane a été pendant plusieurs années le président du *Libertarian Party* américain. De ce fait, les positions prises par les auteurs du Cato Institute sont souvent beaucoup plus radicales que celles de l'Heritage Foundation, bien qu'il y ait des liens étroits entre les deux institutions et les gens qui travaillent pour elles.

20. Ce qui suit est inspiré de Richard Stroup et John Baden : « Property Rights and Natural Resource Management », *Literature of Liberty*, octobre-décembre 1979.

21. Ceci montre la supériorité du régime de la propriété privée en matière de gestion des ressources naturelles du sous-sol. Reste à savoir quel devrait être le mécanisme régissant les processus d'appropriation (en dehors du cas où il y a revente par l'État). Lorsqu'une ressource nouvelle est découverte dans le sol, qui en est le propriétaire? Fidèles à leur logique, les libertariens (Murray Rothbard, par exemple) ne proposent pas de lier la propriété du sous-sol à la propriété du sol, mais d'appliquer tout simplement le principe du « premier occupant ». Ce principe pourrait se formuler ainsi : toute ressource minière ou minérale appartient à celui qui en est l'inventeur, c'est-à-dire le découvreur : celui qui, par sa découverte – conformément au raisonnement développé dans le chapitre x – a en quelque sorte « créé » la ressource, quel que soit le propriétaire du terrain, qui ne peut avoir comme droit que celui de louer l'usage de sa propriété.

En matière de pétrole, on poserait pour principe que tout gisement nouveau est la propriété de celui qui l'a découvert. Cela pose des problèmes délicats de délimitation des gisements. Mais, d'après les experts, il semble qu'on ait aujourd'hui les connaissances géologiques et techniques permettant de mettre en œuvre de telles solutions. Il faut savoir en effet que les gisements pétroliers ne se présentent pas comme un seul et gigantesque réservoir, mais comme un complexe entremêlé, à des profondeurs différentes, de micro-gisements qui se distinguent les uns des autres par exemple par des pressions différentes, de telle sorte qu'en utilisant ce genre de caractéristique il devient possible de délimiter de véritables droits de propriété, protégeables par un système d'enregistrement légal.

22. Il s'agit là d'un sujet extrêmement important, mais malheureusement peu connu. Au cours des dix dernières années, des historiens et juristes américains ont entrepris d'étudier la manière dont le développement de l'idéologie du progrès industriel et économique a, au XIXe siècle, affecté l'évolution du droit et la doctrine des tribunaux américains. Leurs travaux ont révélé l'existence d'une tendance générale conduisant les tribunaux à arbitrer de plus en plus fréquemment en faveur des intérêts industriels et, en quelque sorte, à absoudre toujours davantage ceux-ci chaque fois qu'un conflit de propriété les opposait à d'autres intérêts, non industriels. C'est ainsi que, dans une étude qui a joué un rôle pionnier dans cette recherche, Morton Horwitz, il y a quelques années, a montré comment les droits des riverains sur les rivières de l'Ouest, jusque-là consacrés par les usages de la *Common Law*, se sont trouvés peu à peu sacrifiés, au nom de l'« intérêt général » et de l'industrialisation, au profit des bâtisseurs de barrages dégagés par les juges de toute responsabilité quant aux conséquences que leurs travaux entraîneraient sur l'approvisionnement en eau des propriétés situées en amont ou en aval (cf. Morton HORWITZ, *The Transformation of American Law : 1780-1860*, Harvard University Press, 1977).

Un autre chercheur, R. Dale Grinder, a découvert un mouvement semblable en ce qui concerne les conflits de voisinage portant sur des problèmes de pollution de l'atmosphère, au moment du grand développement des chemins de fer dans l'Ouest. A partir du milieu du XIXe siècle, les tribunaux, même en cas de dommages évidents, ont de plus en plus fréquemment pris fait et cause pour les compagnies ferroviaires en invoquant l'idée que la stricte protection des propriétés individuelles devait s'effacer devant les impératifs d'un développement économique rapide (cf. R. Dale GRINDER, « The Battle for Clean Air : The Smoke Abatement Problem in Post Civil War America », dans M.V. MELOSI, *Pollution and Reform in American Cities*, University of Texas Press, 1980). Dans *A History of American Law* (Simon and Schuster, 1973), Lawrence M. FRIEDMAN cite une célèbre affaire du siècle dernier où un tribunal relaxa complètement la compagnie New York Penn Central, responsable de plusieurs incendies de maisons provoqués par le passage de locomotives appartenant au réseau de la compagnie, tout simplement parce que l'indemnisation aurait coûté trop cher à la société.

Ces observations conduisent les juristes libertariens à contester l'idée selon laquelle l'Amérique de la fin du XIXe siècle aurait présenté tous les traits d'un véritable régime de libre marché et de laissez-faire. Le véritable laissez-faire suppose un respect extrêmement strict des droits de propriété individuels. Or, à partir du milieu du XIXe siècle, en rupture avec la tradition juridique qui prévalait depuis la fin du XVIIIe, sous l'influence des doctrines utilitaristes, on assiste à ce qu'il faut bien appeler une insécurité croissante de certains droits, du fait même de l'activité des tribunaux. Un libertarien, à la différence d'un « conservateur », ne peut pas accepter une telle situation (qui touche aux racines morales les plus profondes du système que l'on entend précisément défendre). Pour un libertarien, le rôle du droit et de la loi n'est pas de faire prévaloir telle propriété (industrielle par exemple) sur telle autre propriété, au nom d'une doctrine économique quelconque, mais de faire respecter la justice, c'est-à-dire l'exercice des droits de propriété légitimement acquis et transmis, quels qu'ils soient et quelle que soit leur valeur économique, sans s'interroger sur leur nature. Je ne sais pas ce que donnerait l'étude si on l'appliquait au droit français. Mais il n'y a qu'à comparer les indemnités accordées par les tribunaux au titre des accidents du travail avec celles attribuées au titre de la responsabilité civile des entreprises pour constater qu'en cas de catastrophe ou de responsabilité industrielle, les tribunaux ont souvent pris pour habitude d'accorder des indemnités inférieures à ce qu'elles devraient être, en toute justice.

   23. *Reason* a publié un remarquable article sur cette question.

X

Propriété, marché et moralité :

aspects éthiques du droit de propriété

Nous nous en sommes tenu jusqu'ici à un raisonnement de nature exclusivement économique : l'émergence de la propriété privée comme fondement de l'ordre social occidental s'explique par ses caractéristiques d'efficacité. Une telle approche ne peut cependant suffir à consacrer, ni même à établir sa légitimité. Imaginons en effet malgré les conclusions du chapitre précédent, que la planification centralisée, fondée sur la propriété collective des moyens de production, se révèle, à l'expérience, le mode d'organisation économique le plus efficace. Cela suffirait-il pour accepter l'idée qu'un tel système est le meilleur possible, le plus désirable? Si on est libéral, et si on croit en la valeur suprême de la liberté individuelle, on répondra, bien sûr, non. Si on place cette liberté au-dessus de toutes les autres valeurs, même les plus brillantes performances économiques ne sauraient convaincre qu'il s'agit vraiment de la « bonne société », de la meilleure des sociétés possibles.

Dans un discours sur une institution aussi centrale que la propriété, on ne peut pas, à un moment ou à un autre, ne pas réintroduire des considérations d'ordre éthique. L'analyse économique de la propriété doit s'accompagner d'une étude des caractéristiques éthiques et morales du système. Il s'agit d'un problème difficile; et d'autant plus qu'il se situe, selon les circonstances et les préoccupations,

---

* Les notes de ce chapitre commencent p. 408.

à des niveaux d'analyse très différents. D'où un dialogue de sourds fréquent entre gens qui utilisent les mêmes mots, croient se référer aux mêmes concepts, mais en réalité ne parlent pas de la même chose.

A travers les contributions de trois auteurs anglo-saxons, je me contenterai d'évoquer trois façons différentes de prendre ce problème et d'y répondre. Les deux premières ont en commun de montrer pourquoi les procédures qui servent de base au fonctionnement du système capitaliste peuvent difficilement être considérées comme « immorales » — du moins si on se réfère aux normes de moralité les plus courantes dans notre univers. La troisième vise au contraire à présenter un point de vue plus fondamentaliste : montrer en quoi la propriété est une institution qui découle des exigences d'une véritable morale humaine.

Arthur Shenfield : un point de vue libéral classique

Évoquer le problème moral de la propriété revient bien évidemment à poser celui de la moralité du capitalisme. Face à cette question, il y a plusieurs attitudes possibles. L'une d'entre elles est de rappeler que les institutions économiques de la société libérale ne peuvent être dissociées du contexte culturel, moral et même spirituel dans lequel elles se sont développées et qui leur ont donné toute leur puissance. C'est la thèse que développe l'auteur américain Michael Novak dans son gros livre : *The Spirit of Democratic Capitalism,* publié en 1982 [1]. Loin d'être un système « amoral » (c'est-à-dire un système d'essence purement matérialiste et « sans morale »), explique Michael Novak, le capitalisme est un mode d'organisation économique qui n'a réussi que parce qu'il s'appuyait sur un ensemble de valeurs humaines et morales dont son livre s'efforce précisément de présenter la structure.

C'est à ce genre de démarche que se rattachent en France les écrits d'auteur comme Louis Pauwels ou Guy Sorman, et ceux des intellectuels néo-conservateurs américains qui cherchent à réhabiliter le libéralisme en évoquant, notamment, les ressources culturelles, morales et spirituelles qui sous-tendent le dynamisme de la société américaine. C'est également dans la mouvance de ce courant que se situent, à mon avis, les auteurs du dernier livre du Club de l'Horloge sur la propriété [2].

Je prendrai comme point de départ, la conférence prononcée par le professeur Arthur Shenfield lors d'une réunion de la Société du Mont Pèlerin en Amérique du Sud. Le thème imposé était : « Éthique et Capitalisme ».

Ancien directeur des affaires économiques à la Confédération des industries britanniques (le patronat anglais), très lié à l'Institute of Economic Affairs de Lord Harris, Arthur Shenfield est l'un des conférenciers les plus clairs et les plus appréciés de la Mont Pèlerin. Son texte s'intitule : « Capitalism under the Test of Ethics [3] ». Il résume ce qui me paraît être la position type d'un libéral classique (au sens Mont Pèlerin). Parmi les critiques du capitalisme, il en est peu qui contestent sa supériorité purement économique. Ce qu'on lui reproche, c'est surtout sa nature « immorale » qui vient, dit-on, de ce que le capitalisme a pour tendance naturelle de favoriser les comportements humains les moins vertueux, alors qu'au contraire l'essence de la « bonne société » devrait être de renforcer chez les hommes le sens de la vertu et des valeurs morales.

Ceux qui pensent ainsi, observe Shenfield, ont raison de soutenir que le critère d'efficacité n'est pas suffisant pour juger du caractère souhaitable ou non de la société dans laquelle on vit. Les gens ont également besoin de sentir qu'ils vivent dans un système « juste » – ou, à tout le moins, pas trop grossièrement « injuste ». Dès lors, il appartient aux partisans de la société de marché de démontrer que les institutions auxquelles ils sont le plus attachés répondent aussi bien à cet impératif qu'à celui de l'efficacité économique.

Cependant, avant de se lancer dans une telle démonstration, il faut prendre un certain nombre de précautions conceptuelles. Ainsi que le résume Murray Rothbard, on ne peut être moral que si on a la possibilité et la liberté de se comporter de façon immorale – c'est-à-dire d'opter pour une attitude ou un comportement que d'autres jugeront contraires aux normes morales et à leurs conceptions de la vertu ou de la justice [4]. Autrement dit, on ne peut parler de morale qu'à propos de décisions ou de choix essentiellement volontaires; seulement lorsqu'on a affaire à des sujets capables d'action.

« Par définition, précise le professeur Shenfield, les expressions " juste " et " injuste " ne peuvent être appliquées qu'à des individus agissant de façon personnelle ou en groupe. A la rigueur, on peut considérer qu'un gouvernement est juste, ou qu'une entreprise se comporte de façon injuste, parce qu'il s'agit de groupes humains animés par une fin commune, ou constitués en vue de la réalisation d'un objet commun, et impliquant donc une capacité et une volonté d'action à l'égard de l'environnement. Mais, à moins d'accepter l'existence d' " êtres collectifs " dotés d'une personnalité, d'une volonté et de finalités propres, irréductibles aux fins des êtres humains qui les composent, dès lors qu'on passe à des systèmes abstraits de relations non finalisées, comme c'est le cas lorsqu'on parle de " la société " ou du " capitalisme ", un tel langage n'a plus aucun sens. Seuls peuvent être qualifiés de justes ou d'injustes, et donc relever d'un jugement moral, les comportements des êtres humains qui agissent au sein de ces systèmes, ou encore, par extension, les règles sociales qui conditionnent la structure de ces comportements, mais non les systèmes eux-mêmes ».

Une structure ou une situation, qui sont le produit de forces ou d'éléments échappant à tout contrôle d'une volonté humaine, ne peuvent donc, comme le souligne Hayek dans le second tome de *Droit, Législation et Liberté,* être qualifiées de justes ou d'injustes, même s'il s'agit d'événements regrettables [5]. Or telle est précisément la situation d'une société fondée sur le libre jeu des procédures de la propriété privée et du marché : l'interaction d'un très grand nombre de décisions individuelles autonomes fait émerger un ordre social spontané dont on ne peut dire, quelles que soient ses caractéristiques, qu'il ait jamais été voulu par personne en particulier, même s'il est le fruit de l'action des hommes et de leurs desseins. Vouloir qualifier les résultats d'un tel ordre spontané d'injustes, tout simplement parce que ceux-ci ne répondent pas à la vision que l'on se fait du monde idéal, c'est commettre une grave impropriété de langage, en associant sémantiquement deux concepts que rien ne permet, en réalité, de lier logiquement. Tout ce que nous pouvons faire est d'exprimer nos préférences quant à l'état du monde où nous aimerions vivre, mais nous ne disposons, par définition, d'aucun critère moral d'ordre formel, autre que nos propres souhaits, qui permettrait d'affirmer de manière quasi métaphysique qu'une société capitaliste serait par essence plus injuste ou plus immorale qu'une autre parce qu'elle sécréterait, par exemple, des inégalités sociales plus grandes.

Conséquence : si l'on veut juger du caractère moral (ou immoral) de la société capitaliste et des institutions qui lui sont liées, il ne faut pas se placer au niveau global du système *en soi,* ni à celui de ses résultats; mais au niveau des comportements humains qui s'y déploient. La question est de savoir si les règles de fonctionnement propres au système capitaliste et libéral sont compatibles ou non avec le respect des règles de justice auxquelles tout être humain soucieux de rester un être moral se devrait ontologiquement d'adhérer. Si ces règles – par exemple celles de la propriété privée – contribuent à renforcer le sens moral des individus ou l'inverse. Un point c'est tout.

Sans entrer dans le détail de ces règles morales, répondre au premier point n'est guère difficile.

L'essence du capitalisme est d'être un système d'échanges libres et volontaires. Le principe du capitalisme est que les hommes sont des êtres libres de décider personnellement, à l'abri de toute contrainte physique, ce qu'ils entendent faire des ressources dont ils ont le contrôle légitime – c'est-à-dire leur propriété. Le principe est que tout individu est libre d'utiliser, par exemple, l'argent qu'il a légitimement gagné aussi bien pour jouer au casino, entretenir une danseuse, satisfaire ses appétits de lucre et d'ostentation, que pour assurer ses besoins quotidiens, épargner, investir, créer une entreprise et des emplois, aider ses concitoyens dans le besoin, contribuer à la construction d'un nouveau lieu de culte, etc. Le libre marché est, d'abord et avant tout, un mécanisme au service des besoins et des désirs des individus, quels qu'ils soient – qu'ils relèvent de préoccupations purement matérielles, immédiates et contingentes, ou spirituelles; qu'ils soient ou non compatibles avec les normes les plus communes de la moralité communautaire.

Dans cette optique, le capitalisme est un système moralement neutre. Pour autant que les hommes n'enfreignent pas les règles de droit nécessaires au fonctionnement d'une telle société, et qu'ils ne trichent pas avec les lois dont le rôle est de garantir à chacun le libre usage de sa liberté, le capitalisme les laisse libres d'adopter, sous leur propre responsabilité, le comportement – égoïste ou altruiste – qui correspond le mieux à leur propre conception éthique de la vie.

On peut même aller plus loin et soutenir que, contrairement à ce que les gens croient généralement, le capitalisme ne s'identifie pas nécessairement avec une société d'êtres essentiellement matérialistes et égocentriques. Imaginons une société composée uniquement d'êtres altruistes et généreux, faisant passer l'intérêt des autres avant avant la satisfaction de leurs propres besoins. Ainsi que le souligne Norman Barry, même dans un tel univers les hommes continueraient de se heurter au problème universel de la limitation de leurs connaissances, à l'ignorance où nous sommes des faits et des facteurs dont dépend la réalisation de nos desseins, que ceux-ci soient de nature égoïste ou altruiste [6]. Même une société d'altruistes devra toujours faire face aux problèmes de coordination inhérents à toute communauté humaine nombreuse et un tant soit peu complexe [7]. Ce qui nous ramène aux vertus cognitives de la main invisible du marché. Si l'on s'abstrait de l'enseignement des manuels scolaires et universitaires classiques, et si l'on accepte l'argument d'Hayek centré sur le marché en tant qu'instrument de connaissance et de coordination, il est clair que le plaidoyer du libéral en faveur du marché, de la propriété et de la société capitaliste est indépendant des hypothèses implicites que l'on fait sur la nature des motivations individuelles. Même une société d'êtres parfaitement altruistes a besoin du marché pour lui permettre de réaliser leurs desseins de la manière la plus efficace.

Paradoxalement, que le capitalisme soit un système moralement « neutre », voilà ce que beaucoup lui reprochent – et pas seulement les maniaques de la « justice sociale » à tout prix ; mais aussi ceux que l'on peut classer comme des conservateurs traditionnels : se disant attachés aux valeurs traditionnelles de la propriété, ils n'en condamnent pas moins le capitalisme comme agent de cet « amoralisme » qui, selon eux, menacerait la survie même des « valeurs qui ont fait l'Occident ».

De quelque côté qu'ils se situent, leur argument se présente de la façon suivante. Un système moralement neutre ne peut qu'être amoral car l'essence de la bonne société ne peut consister à laisser s'exprimer tous les désirs, quels qu'ils soient. Une société qui ne fait pas consciemment le tri entre le bien et le mal, entre le vice et la vertu, entre les bonnes et les mauvaises (ou les fausses) valeurs, qui laisse les hommes libres de vivre à leur guise, sans le canon d'une ferme morale, est une société où le médiocre et le vice ne peuvent que triompher au détriment des « vraies » valeurs.

« Ces gens-là, remarque Shenfield, partent du principe que, de même que la mauvaise monnaie chasse généralement la bonne, de même un système économique organisé de manière à traiter également tous les désirs humains ne peut que renforcer les instincts les plus vils de la nature humaine aux dépens de ses valeurs les plus nobles... Plus le capitalisme fait la preuve de sa capacité supérieure à créer de nouvelles richesses, plus il renforce l'attrait de l'argent et le goût du lucre. L'argent devient la mesure de toute chose et de toute valeur. La prétendue neutralité du marché libre n'est qu'un alibi de son immoralité foncière. »

Conclusion : c'est donc le rôle naturel de la socété et de l'État, son bras séculier, de savoir, par l'usage à bon escient du droit et de la législation, faire le tri entre les « bons » et les « mauvais » désirs, entre les motivations individuelles estimables (et qui méritent donc d'être encouragées) et celles qui le sont moins (qu'il faut contrarier). Derrière ce *credo* on retrouve les moralistes, les prêcheurs et les inquisiteurs de tout acabit et de toutes les époques, de droite comme de gauche, conservateurs aussi bien que révolutionnaires, zélateurs de l'ordre moral ou de la chasse aux impies, pour qui, ainsi que l'écrivait Carlyle au siècle dernier : « le libéralisme n'est qu'une philosophie tout juste bonne pour des cochons ».

Parce qu'il est fondé sur l'échange, et donc l'argent et l'intérêt, le capitalisme est-il l'ennemi de toute vertu, l'agent subversif de tout comportement moral?

Pour répondre, réplique Arthur Shenfield, il n'est que de prendre un peu de recul historique. L'âme bien nourrie a naturellement tendance à avoir la mémoire courte.

Nous oublions la condition véritable de nos pas si lointains
ancêtres. La littérature nous fait redécouvrir le Moyen
Age, ses richesses culturelles et artistiques, ses trésors de
spiritualité. Mais qui était concerné? Une toute petite
poignée de privilégiés, noyés dans une énorme masse
anonyme de paysans et de serfs dont l'espérance de vie
était à peine égale à la moitié de la nôtre. De même avec
la révolution industrielle. Certes, la condition des masses
ouvrières du début du XIXᵉ siècle n'était guère enviable.
Mais à force de pousser au noir la description, nous en
sommes venus à oublier qu'une grande part de ces
générations soit disant sacrifiées sur l'autel de l'accumulation capitaliste, sans l'industrie naissante, n'aurait
jamais eu la moindre chance de survivre au-delà des
premiers âges de la vie; que, quelle qu'ait été la dureté
des conditions de travail, beaucoup de gens de cette
époque, comme l'ont démontré de façon convaincante les
travaux du professeur Hartwell, vécurent en réalité la
révolution industrielle comme une véritable libération par
rapport à une misère rurale insupportable. Qu'il s'agisse
de la condition ouvrière, de la condition féminine, de
l'esclavage, du sort des pauvres, des malades, des orphe-
lins, ou même encore de la façon dont on traite les
criminels, on peut difficilement nier que *c'est seulement
avec l'essor du capitalisme que le traitement de l'homme
par l'homme est progressivement devenu plus humain.*

« Ce ne sont pas les discours séculaires de l'Église sur les
vertus de l'humilité, du dépouillement et de la charité, rappelle
Shenfield, qui ont sorti nos ancêtres de leur misère millénaire.
Ce ne sont pas eux non plus qui furent responsables de
l'émergence des premiers grands réseaux d'entraide et de
solidarité privée qui accompagnèrent au XIXᵉ siècle l'essor industriel des premières nations où l'esprit capitaliste s'affirma avec
le plus de liberté et de conviction.

« Prenons, écrit-il, l'exemple d'un système social qui se donne
explicitement pour objectif de renforcer le sens moral de ses
citoyens, mais où la productivité demeurerait désespérément
basse. Même sans oppression politique, dans une telle société
tant la vie que le travail n'auront jamais une bien grande valeur.
Inévitablement ceux qui se situent aux échelons supérieurs de la
hiérarchie sociale auront tendance à traiter la vie et le travail
des autres comme on traite une chose sans valeur – c'est-à-dire

avec dédain et insolence. Menacés en permanence par la sanction de la famine, les masses n'auront d'autre choix que d'accepter passivement leur sort. Et ce ne sont pas tous les discours des frères prêcheurs, ni ceux des philosophes ou des moralistes, qui y changeront quoi que ce soit.

« Imaginons maintenant un autre système social qui se définit comme moralement neutre, mais où la puissance productive ne cesse de croître. Chacun en profite, même si ce n'est pas de façon égale. Les masses sortent de leur état de dépendance et de sujétion. Ceux qui travaillent ne sont plus contraints de se vendre à n'importe quel prix, ni de s'applatir devant l'insolence ou l'arrogance de leurs employeurs. Ces derniers se voient contraints, et finalement trouvent tout naturel de les traiter avec respect. Sans que cela ait jamais explicitement fait partie des buts du système, le traitement de l'homme par l'homme est devenu plus humain, et le comportement des citoyens plus conforme à une morale d'homme civilisé. »

Supposons que le système qui se veut moralement neutre se donne pour règle de base que tout transfert de ressources ne peut procéder que d'une transaction volontaire. Nous avons un marché, une économie libre d'où est exclu tout recourt à la contrainte; personne ne peut contraindre son voisin ou quiconque à acheter une chose pour laquelle il n'est pas prêt à faire le sacrifice du prix demandé. Si l'échange se fait, c'est que les deux parties y gagnent : le vendeur, une somme d'argent qui lui permettra d'acquérir d'autres biens d'une valeur plus grande à ses yeux que le bien ainsi cédé; l'acheteur, qui considère que l'usage du bien qu'il vient d'acquérir a plus de valeur que le pouvoir d'achat monétaire dont il vient de se séparer. Que tous les deux y gagnent signifie que le vendeur, en ne poursuivant que son intérêt individuel, contribue à accroître la satisfaction personnelle de l'acheteur, même si cela ne fait pas partie de son dessein. Et cela s'étend à la chaîne de tous ceux qui, à un titre ou à un autre, d'une manière proche ou lointaine, tout en ne poursuivant que leur propre intérêt, ont néanmoins contribué à rendre le produit disponible pour l'utilisateur final.

En quoi faire le bonheur de l'autre sans le savoir ou le vouloir, comme cela se passe sur le marché, serait-il moins honorable que de le faire à dessein, consciemment et volontairement? Au nom de quoi peut-on décréter que

cette solidarité du marché est moralement inférieure ?
« Connaissez-vous, demande Shenfield, une règle d'organisation sociale qui nous contraigne encore mieux que la
libre concurrence à traiter nos compatriotes avec le plus
grand respect ? » Avec le recul, il est difficile de prétendre
qu'à l'essor de la société capitaliste a correspondu une
régression de la moralité des hommes.

Cette observation, de simple bon sens, prend plus de
force encore si on ajoute que le capitalisme est le premier
système social dans l'histoire de l'humanité où l'ambition
des hommes de devenir plus riches peut enfin se réaliser
sans que ce soit nécessairement aux dépens d'autrui. La
grande différence entre le monde d'hier (« que nous avons
perdu ») et celui d'aujourd'hui est qu'alors la seule
manière de s'enrichir était de s'emparer non seulement
des biens et des terres des autres, mais également de leurs
propres personnes. La rapine, la conquête, le pillage, la
mise en esclavage étaient le lot quotidien de la plus
grande partie de l'humanité. Le capitalisme est le premier
Système social dans l'histoire qui ait enfin apporté au plus
grand nombre la possibilité de s'enrichir sans avoir à
spolier le voisin, et cela grâce aux effets dynamiques du
commerce et de l'industrie. L'origine de la richesse ne se
trouve plus dans l'usage brutal de la force, mais dans le
service des besoins de consommation des autres, et
l'avancement de leur niveau de bien-être. N'est-ce pas là
un formidable progrès des mœurs ?

« Si l'on veut juger de la moralité d'un système économique,
conclut Arthur Shenfield, ce ne sont pas les motivations qui
l'inspirent, ni les discours de ceux qui en assurent la destinée,
qui comptent, mais ses incidences sur la moralité des comportements et des attitudes sociales des gens qui en vivent. »

L'histoire nous montre que, sur ce plan, le capitalisme
n'a guère à se reprocher – ce qui n'est pas le cas d'autres
systèmes qui, eux, pourtant, proclament bien haut leur
volonté de réaliser « la justice sur terre » (et dont les effets
pervers, souvent catastrophiques, l'emportent, et de loin,
sur les bienfaits non voulus du marché).

Reste à montrer en quoi des institutions aussi centrales
que la propriété et la liberté des contrats contribuent

elles aussi à renforcer les effets moraux du capitalisme.

A priori, la propriété privée est un principe institutionnel compatible avec n'importe quel type de comportement individuel ou collectif, de nature égoïste ou altruiste, honorable ou blâmable, etc. Le régime juridique de la propriété privée définit les droits des hommes les uns par rapport aux autres quant à l'usage des choses, mais il est muet quant à leur usage et à leur affectation (sinon qu'on ne peut utiliser sa propriété pour empiéter sur les droits légitimes reconnus aux autres). On peut utiliser sa propriété à de bons desseins, ou au contraire pour des activités dont la moralité paraîtra à certains plus douteuse. Mais tant qu'on ne porte pas atteinte aux droits de propriété détenus par les autres, le droit n'a en principe rien à dire. Tel est le principe de l'ordre juridique libéral. Les hommes sont libres. « Cela dit, observe Arthur Shenfield, il est difficile de nier que la propriété s'est aussi révélée un formidable instrument d'élévation morale. » Les raisons qu'il invoque sont très classiques :

« Parce qu'elle requiert soins et attention, écrit-il, la propriété est une véritable école de moralité. C'est la leçon que nous donne celui qui gère ses biens en " bon père de famille ", si souvent cité en exemple dans les ouvrages traditionnels de morale. C'est aussi le message bien connu de la fameuse " éthique protestante " tant admirée par Max Weber (mais qui était aussi l'éthique dominante de tous les pays où la valeur centrale du travail bien fait, de l'effort, de l'épargne et de l'investissement était reconnue). La valeur morale de la propriété vient de ce qu'elle incite son possesseur à la traiter comme on traite ce dont on n'est que le dépositaire, au nom des enfants ou des petits-enfants auxquels on entend un jour la transmettre. Pour en être persuadé, il n'est que de voir le contraste qui apparaît dans notre attitude dès lors que nous avons affaire à une propriété collective, et non plus à une propriété privée; la négligence dont nous faisons généralement preuve dès que nous utilisons une propriété publique. Ce ne sont pas les comportements que l'on observe dans les pays dits socialistes qui nous démentiront. »

Il en va de même avec la liberté des contrats dont j'ai rappelé, dans les premiers chapitres de ce livre, à quel point elle était indissociable du concept de propriété privée.

« Beaucoup de gens, remarque Shenfield, n'ont aucun respect pour les contrats signés. L'essence du système capitaliste est de favoriser ceux qui respectent leurs engagements, et de sanctionner ceux qui ne le font pas. Le caractère sacro-saint du respect des contrats est le ciment essentiel qui assure la solidité d'une société d'êtres civilisés. Le respect des contrats est une qualité morale qui tend naturellement à émerger dans une collectivité où l'on respecte la propriété. Ce qui, à son tour, contribue à élever le niveau moral des gens. »

On retrouve tous les arguments chers aux grands auteurs du XIXe siècle, d'Alexis de Tocqueville à Adolphe Thiers, en passant par François Guizot, Frédéric Bastiat, Yves Guyot, et tant d'autres; arguments aujourd'hui repris notamment dans le livre du Club de l'Horloge sur la propriété :

– La propriété est une institution essentielle pour rendre les individus responsables :

« En effet, l'appropriation privée des gains apprend à chacun le sens de l'effort, non pas désordonné, mais utile à la communauté, puisque l'ampleur de la rémunération est déterminée par le marché. A l'inverse, l'imputation des pertes sur le patrimoine apprend à assumer les conséquences des actes. »

– La propriété est un instrument essentiel d'éducation :

« En effet, comme le précisait Stuart Mill, les facultés intellectuelles se développent le plus là où elles sont le plus exercées; or est-il rien qui puisse les exercer avec le plus d'énergie que des intérêts nombreux dont aucun ne peut être négligé, et auxquels on ne peut pourvoir que par les efforts les plus variés de la volonté et de l'intelligence. »

– La propriété est une condition du civisme et en est inséparable :

« Ah! Messieurs les défenseurs attitrés de la propriété, s'écriait Jules Ferry en 1874 à l'adresse des députés de l'Ordre moral, j'ai plus de foi que vous en la solidité (de notre démocratie) car je sais qu'elle repose sur le cœur et les bras de plus de dix millions de propriétaires; et c'est parce que la démocratie française est une démocratie de propriétaires qu'elle sortira (...) de toutes les passes difficiles [9]. »

Enfin, parce qu'elle laisse au citoyen « l'exercice de ses droits de propriété, au sens large, qui lui permettent d'organiser un secteur privé actif, et de participer pleinement à la vie de son pays, comme il le souhaite en tant qu'être social, sans se perdre comme individu », la propriété est un élément essentiel d'intégration communautaire [10].

Nous sommes partis de l'argument que le capitalisme était un système moralement neutre. C'est vrai si on se limite à une analyse statique des propriétés du système; mais ce ne l'est plus si on se place dans une optique dynamique, avec un recul historique suffisant. Le capitalisme apparaît alors comme un régime économique qui tend naturellement à renforcer tant la moralité privée que la moralité publique. Comme le souligne Gottfried Dietze, dans son livre *In Defense of Property*, dans le mot propriété, il y a la racine « propre ». Ce n'est sans doute pas un hasard. Qu'il s'agisse du français, de l'anglais ou de l'allemand, l'analyse sémantique montre que le concept de propriété a toujours eu une forte connotation éthique [11]. Cependant, ajoute Shenfield, quelque chose encore va plus loin, plus profond.

« Prenons le fameux commandement : tu aimeras ton prochain comme toi-même! Pris à la lettre, ce n'est pas le plus clair ni le plus évident des dix commandements. Traditionnellement, cette injonction est comprise comme nous enjoignant d'apporter le meilleur de nous-mêmes à aider le pauvre et le déshérité, à venir au secours de tous ceux qui, à un moment ou un autre de leur vie, se trouvent dans la détresse. Nul doute, reconnaît Shenfield, que c'est comme cela que l'interprète l'homme de bien. Mais, ajoute-t-il, se limiter à cette interprétation revient à passer probablement à côté de ce qui en est peut-être le message le plus important.

« Quelle est la signification d'un tel " amour "? Tout simplement qu'un être vertueux se doit de souhaiter à son prochain de bénéficier de tout ce qui importe le plus à ses yeux. Or que nous souhaitons-nous le plus? Ce ne peut être la simple satisfaction matérielle car, si essentielle puisse-t-elle nous paraître, il y a bien des situations où celle-ci pourrait nous être donnée, mais qui ne nous en paraîtraient pas pour autant particulièrement désirables. Je pense notamment au prisonnier ou à l'esclave à qui on garantirait les jouissances matérielles les plus essentielles, mais qui n'en seraient pas moins privés de leurs libertés

fondamentales. Lorsque nous disons que nous désirons ces
satisfactions, et que nous les désirons également pour tous les
autres, nous omettons d'y ajouter une spécification extrêmement
importante : à savoir que nous ne pouvons les désirer pour
nous-mêmes qu'à la condition d'y accéder en toute liberté, et
que nous ne pouvons les souhaiter également pour tous les autres
qu'à la condition que cela n'en fasse pas nos esclaves, ni mêmes
nos obligés.

« C'est dans cette précision, commente Arthur Shenfield, que
se trouve la véritable clé du commandement : tu aimeras ton
prochain comme toi-même! Ce que nous désirons le plus pour
nous-mêmes, par-dessus tout, et qu'en conséquence nous devons
accorder à notre prochain, c'est notre liberté de poursuivre
librement nos propres fins. C'est seulement lorsque cette finalité
nous est reconnue, que nous pouvons parler de la priorité à
accorder à nos satisfactions matérielles. En conséquence, ce que
nous exigeons des autres, et que le principe d'amour nous
impose de respecter à leur égard, c'est d'être traités comme des
personnes libres, indépendantes, majeures et responsables. Ce
que nous ne voulons pas, ni pour nous-mêmes, ni pour les autres,
c'est d'être traités non seulement comme des esclaves, mais
aussi bien comme des êtres mineurs, dépendants de leurs
bienfaiteurs, et cela, quelle que soit la générosité et même la
sincérité dont ils peuvent faire preuve.

« Tel est précisément, conclut Shenfield, le type même de
moralité fondamentale que le système capitaliste incarne et qu'il
contribue à renforcer par ses propres disciplines institutionnelles. De tous les systèmes économiques, il est le seul qui, pour
fonctionner, suppose l'existence, et le respect, d'êtres libres,
indépendants et responsables. Tous les autres, quels qu'ils
soient, traitent plus ou moins les hommes soit comme des pions
avec lesquels les autorités peuvent jouer comme elles l'entendent, soit comme des enfants à qui l'on donne ce qu'on considère
bon pour eux. Que les autorités qui assurent la direction de ces
systèmes soient animées des meilleures intentions possibles, et
qu'elles agissent en toute sincérité, convaincues que ce qu'elles
font est vraiment pour le bien de leurs citoyens, ne change rien à
l'affaire. Parce que leur logique est de ne pas traiter les hommes
comme des êtres humains majeurs, libres et moralement responsables, ces systèmes sont, par définition, moralement inférieurs.
Seul celui qui prend la liberté comme point d'ancrage central,
c'est-à-dire ce système tant décrié qu'est le capitalisme, peut
revendiquer la qualité d'être moralement majeur. »

Je me sens en parfait accord avec tous les points qui
viennent d'être évoqués. Il est en effet nécessaire de

rappeler des vérités d'évidence que nous avons malheureusement tendance à oublier un peu trop facilement. Cependant ce type d'argumentation ne suffit pas.

Une recherche sur la légitimité éthique et morale de la propriété et du capitalisme ne peut s'en tenir là. Il est nécessaire, d'une part, de faire mieux apparaître en quoi les conceptions modernes et « utilitaristes » de la justice – actuellement dominantes – non seulement relèvent d'une démarche intellectuelle illégitime (comme le démontre Hayek en dénonçant la validité du concept même de justice sociale), mais ne peuvent que conduire à une société moralement inférieure; d'autre part, de poursuivre la réflexion encore plus en amont, jusqu'aux concepts épistémologiques et métaphysiques dont procède nécessairement tout système éthique. Il ne suffit pas de faire de la liberté humaine la pierre angulaire de l'ordre libéral ni ensuite de mesurer toute morale à son aune; encore faut-il démontrer que cette liberté est ontologiquement nécessaire.

Richard Posner : les vertus de l'éthique économique

L'efficacité économique des procédures de marché ne saurait à elle seule légitimer une institution comme la propriété privée. En cela, je ne fais qu'adopter une attitude à priori largement partagée – à savoir que l'efficacité économique est un concept qui ne peut rien nous dire sur les qualités éthiques d'un système social. Comme si l'efficacité et l'éthique appartenaient à des ordres de valeur complètement séparés, irréductiblement inconciliables; comme si l'efficacité ne saurait nous servir en aucune manière de critère pour évaluer le caractère moral ou non, juste ou non de nos actes et de nos institutions.

En réalité, comme toute construction de l'esprit humain, l'idée d'efficacité économique véhicule nécessairement une certaine conception infuse de la justice. Quelles sont ses caractéristiques? Ses implications en termes de normes juridiques et morales? Ses qualités et ses défauts? Comment ceux-ci soutiennent-ils la comparaison avec les autres définitions, explicites ou implicites, de la justice qui lui sont souvent opposées? Autant de questions trop souvent négligées par les économistes et tous ceux qui, à un titre ou à un autre, se présentent comme les partisans de l'économie de marché et de l'ordre libéral.

L'un des rares à s'y être vraiment intéressé de près est Richard Posner, économiste, professeur à l'école de droit de l'Université de Chicago, aujourd'hui juge à la Cour d'appel de l'État de l'Illinois, et auteur d'un livre largement diffusé dans toutes les universités américaines : *Economic Analysis of Law*, publié en 1974 [12]. Le professeur Posner est un personnage assez exceptionnel, fondateur d'une nouvelle discipline universitaire, l'analyse économique du droit, qui, depuis une quinzaine d'années, parallèlement aux travaux de l'École du Public Choice, a joué un rôle considérable dans la révision des attitudes dominantes aux États-Unis à l'égard des interventions et du rôle de l'État dans la société.

En 1961, le professeur Ronald Coase publie son fameux article : « The Problem of Social Cost » où il soulève la question de l'incidence des règles juridiques de responsabilité sur l'efficacité de l'allocation des ressources. A travers l'analyse de cas de pollution et d'effets externes, Ronald Coase montre que les décisions auxquelles sont arrivés les tribunaux, à partir de leur propre interprétation de la Common Law anglaise, sont conformes aux solutions qu'aurait préconisées un économiste recherchant non pas la justice, mais l'efficacité productive la plus grande possible. Partant de cette observation, quelques années plus tard, Richard Posner et d'autres économistes ou juristes américains entreprennent d'étudier ce que donnerait la recherche consciente de l'efficacité économique la plus grande si on l'appliquait systématiquement à la solution de tous les grands problèmes juridiques qui se posent dans une société aussi complexe et développée que la nôtre; et de voir comment ces résultats se comparent aux solutions jurisprudentielles réelles qui ont spontanément émergé à travers l'histoire et l'évolution de la Common Law anglo-saxonne. Leur conclusion est assez étonnante. Dans la plupart des cas en effet, compte tenu des coûts de transaction qu'implique l'administration de tout système légal, les juges aboutissent d'une manière générale à des solutions auxquelles aurait conduit l'analyse économique fondée sur le paradigme du libre fonctionnement d'un marché concurrentiel. Tout se passe comme si, spontanément, par des voies mystérieuses, la Common Law se révélait être efficiente économiquement, ou encore, comme si les juges, sans le savoir ni le faire exprès, identifiaient leur propre conception de la justice et de la sagesse avec ce qui serait nécessaire du point de vue juridique pour obtenir la plus grande efficacité économique possible [13]. Ce qui est tout de même assez troublant et a conduit le professeur Posner à s'intéresser aux implications éthiques des disciplines de l'efficacité économique. Ce sont les résultats de ces réflexions qui sont rassemblés dans un ouvrage, paru en 1982, et intitulé : *The Economics of Justice* (théorie économique de la justice) [14]. Richard Posner essaie d'y montrer que l'éthique implicitement contenue dans la théorie économique libérale classique se révèle à l'examen plus raisonnable, mieux équilibrée, plus réaliste et responsable que l'éthique d'inspiration essentiellement utilitariste qui, depuis la fin du siècle dernier, inspire le plus souvent le législateur occidental. Ce qui expliquerait les convergences que l'analyse économique du droit permet de déceler entre, d'une part, les décisions des juges américains et, d'autre part, les conclusions normatives auxquelles conduit, en matière de règles juridiques, la stricte application des principes de la théorie économique.

Richard Posner définit ainsi le concept d'efficacité économique : est efficace ce qui contribue à élever le niveau global de la richesse produite et accumulée par la collectivité. La notion de richesse globale étant elle-même définie de manière à inclure non seulement la valeur monétaire totale de l'ensemble des biens et services produits (la quantité de chaque bien ou service multipliée par le prix), mais également tout le surplus économique résultant de ce que, sur un marché concurrentiel, le prix de vente d'un bien s'établit au niveau de la valeur que son acquisition représente pour celui qu'on appelle le client « marginal ». Rechercher l'efficacité économique la plus grande possible signifie donc tout simplement qu'on se donne pour objectif de maximiser la « valeur » totale produite par la collectivité.

Cette définition, il faut le noter, diffère sensiblement de celle que les économistes et les spécialistes de la science politique utilisent généralement dans le cadre de la théorie économique du bien-être qui sert de fondement, depuis le début du siècle, à nos régimes d'économie mixte. Alors que celle-ci, avec la notion centrale d'« optimum parétien » (défini comme la situation où un changement ne peut accroître l'utilité de l'un sans diminuer davantage l'utilité d'un autre), dérive de concepts directement empruntés à la philosophie utilitariste de Jeremy Bentham et de ses disciples du XIXe siècle, il en va différemment de Posner, qui reste beaucoup plus fidèle à l'esprit des économistes classiques de la fin du XVIIIe siècle. Ce qui est recherché n'est pas la maximation de la somme des utilités individuelles – cette sorte d'optimum social qui résulterait, pour reprendre le langage même de Bentham, de la somme des « plaisirs et des peines » qu'entraîne toute action ou décision – mais seulement la maximation de l'ensemble des satisfactions individuelles qui ont une valeur réelle dans la mesure où elles s'expriment à travers une volonté concrète de sacrifice monétaire. Ainsi que Posner le résume lui-même :

« Il est vrai que les notions de " valeur " et d' " utilité " sont étroitement liées; mais il ne faut pas en déduire qu'il s'agit nécessairement de la même chose, et que les deux concepts peuvent impunément être confondus ou substitués l'un à l'autre. S'il est vrai qu'une chose ne saurait avoir de valeur si elle n'est pas susceptible de procurer une utilité supplémentaire à quelqu'un, à l'inverse on ne peut dire que quelque chose qui a une utilité pour quelqu'un a nécessairement une valeur. N'ont de valeur, et ne sont donc susceptibles d'intervenir dans la définition de ce dont on veut favoriser la maximation, que ces satisfactions personnelles, et celles-là seulement, qui se trouvent en quelque sorte appuyées par une volonté et une capacité réelles de paiement, et qui sont donc susceptibles, de manière explicite ou implicite, de faire l'objet d'un échange monétaire. »

Une telle exclusion à priori des besoins et désirs non solvables dans la définition même du point de référence qu'on se donne comme critère de fonctionnement du système juridique, peut paraître scandaleuse et contraire au sens le plus élémentaire d'une « saine justice ». Mais on ne peut porter un tel jugement, réplique le professeur américain, que si on commence d'abord par étudier l'ensemble des implications d'un tel système, et si on les compare aux autres implications qui, elles, découleraient du choix d'un critère éthique différent.

La question est d'identifier en quoi un système de droit qui se donne pour référence d'accroître la valeur globale de la richesse produite (ce que Posner appelle l'« éthique économique ») peut revendiquer un statut moral supérieur à une société où l'évolution du droit serait commandée par d'autres principes – par exemple, par la recherche du plus grand « bonheur » individuel et collectif possible (éthique utilitariste).

Sachant que l'utilitarisme philosophique est devenu, depuis la fin du siècle dernier, la source d'inspiration dominante des juristes contemporains – comme c'est, par exemple, explicitement le cas en matière de réglementation du droit de propriété –, Richard Posner attire l'attention sur les problèmes à peu près insolubles que cette doctrine entraîne dès lors qu'on veut en faire un usage normatif opérationnel.

Le principe de l'utilitarisme est non seulement que l'intérêt collectif doit l'emporter sur les intérêts individuels mais aussi et surtout que l'usage publique de la contrainte est légitime, même s'il entraîne le sacrifice de certains individus, dès lors qu'on suppose qu'une décision permettra d'ajouter davantage d'utilités qu'il n'en sera sacrifiées. Mais immédiatement se pose une série de problèmes délicats de frontière et de mesure : quelles utilités doit-on prendre en compte, et de qui? Faut-il, par exemple, prendre en considération, dans la définition du « plus grand bonheur total possible », les souffrances des animaux, même si cela implique le sacrifice de certains désirs et de certaines satisfactions humaines? Peut-on traiter de la même manière les préférences des honnêtes gens et celles des criminels et des assassins? Même si ces dernières sont plus intenses que les premières? Peut-on mettre sur le même pied toutes les satisfactions humaines indépendamment des motifs et des intentions qui les guident? Problèmes de mesure : comment comparer l'intensité des préférences des uns et des autres? Comment en faire l'addition? Le plaisir et la peine étant des notions individuelles purement subjectives, il est impossible d'imaginer qu'on disposera jamais d'un instrument de calcul quelconque permettant d'établir une « comptabilité du bonheur social ». Depuis toujours les économistes savent qu'il est impossible de se livrer à une comparaison directe des préférences interindividuelles. Une solution pour s'en sortir consiste à utiliser le test de Pareto et de l'échange volontaire. Tout échange volontairement consenti ne peut qu'accroître le niveau global de bonheur dans le monde puisque si l'un des partenaires y perdait, l'échange n'aurait pas eu lieu. C'est la solution de l'utilitarisme « libéral ». Mais elle suppose que l'échange n'entraîne aucune externalité au détriment des tiers (condition rarement remplie), et l'hypothèse hasardeuse qu'au départ la distribution des biens échangés était déjà conforme au critère de maximation des utilités (qui peut le dire, qui peut le vérifier?).

Laissé à sa seule logique interne, l'utilitarisme conduirait, on le sait, à de véritables monstruosités : faut-il relâcher le voleur qui vient de s'emparer de la propriété d'un autre sous prétexte que l'utilité qu'il retire de la jouissance du bien est plus grande que l'utilité que ce bien procurait jusque-là à son détenteur légitime? Faut-il accepter de sacrifier la vie d'un innocent sous prétexte d'améliorer le bien-être d'un très grand nombre d'autres personnes? Et que dire de ceux qui considèrent que leur bien-être passe par la suppression pure et simple des minorités dont le voisinage leur est insupportable? Etc.

L'utilitarisme suppose donc d'être complété par une série de contraintes externes, de caractère contingent, pièces rapportées au système que les hommes choisissent de s'imposer en fonction des circonstances et des problèmes rencontrés; ce qui en fait une doctrine foncièrement *relativiste,* où le pragmatisme politique – c'est-à-dire le pragmatisme des rapports de force momentanés – triomphera au détriment des principes fondamentaux. Selon les circonstances, on choisira de justifier plus ou moins d'État, de laisser plus ou moins de liberté à l'exercice du droit de propriété individuel, de faire plus ou moins de redistribution obligatoire; on traitera les voleurs comme de dangereux criminels, ou au contraire on aura plutôt tendance à les excuser et à les prendre pour des victimes; on acceptera ou on interdira l'avortement; etc. Toujours au nom d'excellentes raisons. C'est le règne du caprice, généralisé à l'ensemble du genre humain, l'impérialisme de la loi du nombre et la dictature de la majorité : la négation même d'une société de droit – et donc la négation de toute véritable justice, fondée sur les principes généraux, incontestables et incontestés, de nature transcendante, et supposés éternels. L'utilitarisme est une belle construction abstraite et rationnelle. Appliqué de façon normative à des décisions concrètes, on s'aperçoit qu'il débouche sur le contraire même de ce qui pourrait lui permettre de prétendre former un système éthique cohérent. Et c'est bien pour cette raison, remarque le philosophe américain Leonard Peikoff, que seule notre civilisation a pu accoucher de ces monstruosités que sont le nazisme et le totalitarisme soviétique [15].

Face à cela, l'*éthique économique*, bien loin de se confondre comme on le croit généralement avec l'utilitarisme, permet au contraire de circonvenir la plupart des problèmes qui viennent d'être évoqués, sans pour autant, précise Posner, tomber sur l'écueil inverse d'un idéologisme rigide.

Prenons deux individus qui tous deux désirent un objet – un collier par exemple – dont la valeur marchande est de 10 000 F. Le premier est prêt à donner 10 000 F pour l'acquérir. Le second n'a pas cet argent et il est prêt à voler, même si cela implique le risque d'une sanction (une amende, une peine de prison) dont la valeur en équivalent monétaire est également pour lui de 10 000 F. Dans une optique strictement utilitariste, rien ne permet de dire si le désir de l'un est plus légitime que celui de l'autre. Si la valeur du collier pour le précédent propriétaire est seulement de 8 000 F, qu'il soit acheté par le premier, ou volé par le second, la « valeur sociale » des deux actes est identique. Chacun accroît la somme totale de « bonheur » dans le monde (la somme des utilités) de 2 000 F. Selon ce critère, le vol n'est pas une activité nécessairement plus répréhensible, moins moral que l'achat volontaire librement négocié avec le propriétaire légitime.

Si l'on prend le critère de l'échange et de l'enrichissement qui est celui de la théorie économique, les choses sont différentes. La position du premier apparaît d'emblée moralement supérieure à celle du second simplement parce qu'il ne peut satisfaire son désir que si, par son acte, il contribue simultanément à améliorer le bien-être de son interlocuteur (sinon celui-ci refusera de lui céder volontairement son bien). Qui plus est, les 10 000 F avec lesquels il règle son achat représentent eux-mêmes la contrepartie d'un pouvoir d'achat qui n'a pu être accumulé que grâce à une série d'actes productifs antérieurs. Comme – en raison de l'argument marginaliste évoqué plus haut à propos de l'établissement des prix de marché –, tout travailleur apporte à la collectivité, sous forme de valeur, plus qu'il n'en retire personnellement en rémunération, il en résulte que la satisfaction du désir du premier n'a en définitive été possible que parce que, précédemment, celui-ci avait déjà contribué à améliorer le niveau de bien-être d'un grand nombre d'autres qu'il ne connaît même pas. On ne peut pas traiter un tel désir de la même façon que celui du voleur qui, quelle qu'en soit l'intensité, n'apporte rien à personne en contrepartie de la satisfaction qu'il tente de s'approprier. A la différence de ce à quoi conduirait l'application d'une stricte morale de type utilitariste, on retrouve une discrimination morale on ne peut plus conventionnelle : un désir qui s'exprime par un acte marchand a une valeur morale supérieure, non pas tant parce qu'il s'appuie sur une transaction purement volontaire d'où toute contrainte est exclue, par définition, que parce qu'il ne peut lui-même être satisfait que comme contrepartie à une série d'actes antérieurs qui ont déjà contribué à enrichir la collectivité.

Conclusion : les désirs des hommes sont multiples, divers, contradictoires et infinis; tous ne peuvent être satisfaits simultanément. Il faut donc bien y introduire un ordre de valeur. C'est le rôle de la morale et du droit de déterminer les désirs légitimes, ceux qui le sont moins ou pas du tout. Une solution serait d'évaluer l'ordre de satisfaction des désirs en fonction de leur intensité subjective. C'est l'idéal de la solution utilitariste. Mais celle-ci supposerait une capacité d'omniscience qui n'est malheureusement pas du ressort de la nature humaine. D'où des dangers d'arbitraire qui s'ajoutent aux risques déjà évoqués de monstruosités morales. Une autre solution est de passer par la sélection de *la contrainte marchande* – c'est-à-dire par le rationnement monétaire. C'est la solution économique. Sa supériorité éthique, remarque Posner, ne vient pas de la neutralité du marché à l'égard des désirs et des besoins, mais du fait que, dans ce système, seuls peuvent être satisfaits les désirs de ceux qui ont déjà fait la preuve de leur capacité à agir dans l'intérêt de tous, même s'ils ne sont guidés que par des motivations étroitement individuelles.

Une objection classique est de souligner qu'on peut difficilement accepter comme morale une règle de rationnement qui, si on la laisse jouer librement, aboutirait à ce que certains, très riches, puissent tout s'offrir et en démunir les autres.

Il est facile d'y répondre. D'abord, pour que cette objection soit recevable, il faudrait accepter l'hypothèse, que font tous ceux qui s'y réfèrent, que le libre jeu de la concurrence sur des marchés privés conduit nécessairement à une concentration croissante des richesses et des patrimoines. Or c'est là une affirmation qui, bien qu'elle soit généralement tenue pour vraie par le plus grand nombre, n'a jamais pu être empiriquement vérifiée. Bien au contraire, comme le professeur Yale Brozen vient, dans un ouvrage récent, de le démontrer même sur le marché encore le plus libre du monde, le marché américain, le taux de concentration industriel, de quelque façon qu'on le mesure, serait plutôt plus faible qu'il n'était au début de ce siècle, ou même dans les années 30 [16].

Une autre réponse est de faire remarquer que même s'il se trouvait quelque part un homme si immensément riche qu'il pourrait réunir entre ses mains autant de pouvoir d'achat que tous ses concitoyens réunis, il ne pourrait pas pour autant s'approprier tous les biens mis en vente sur le marché et les en dépouiller. Pourquoi? En raison de la loi bien connue de l'utilité marginale décroissante des satisfactions humaines, et de la façon même dont fonctionne le marché. Celui-ci est un référendum, une mise en adjudication qui porte non pas une fois pour toute sur l'ensemble des biens et services offerts (comme cela est plus ou moins le cas sur le « marché politique », à l'occasion de chaque élection), mais qui, quotidiennement recommencé, porte, chaque fois, sur chaque unité nouvelle de bien produite. Celui qui voudrait tout s'offrir ferait donc nécessairement monter les prix, jusqu'au point où le sacrifice qu'il aurait à consentir pour s'approprier une nouvelle unité de consommation serait supérieur à l'utilité personnelle qu'il pourrait en retirer. Le principe du mécanisme des prix et du libre marché introduit nécessairement une limite supérieure de rationnement qu'il n'est même pas dans l'intérêt du plus riche de dépasser. *Le marché introduit automatiquement une sorte de protection minimale du droit des minorités, ou des moins riches, à participer au partage des biens produits.* Bien sûr, une très grande inégalité se manifestera peut-être entre ce que les plus riches seront en mesure de s'approprier et ce que pourront seulement se partager les autres. Mais là n'est pas le problème. Ce qu'il faut souligner c'est la différence qui existe entre une telle situation, si peu souhaitable soit-elle aux yeux de certains, ou même d'une majorité, et celle du marché politique où il suffirait par exemple qu'une majorité exclue la minorité de tout accès aux magasins, pour que cette minorité se trouve effectivement dépourvue de tout moyen de satisfaire ses besoins, et cela quel que soit le prix même qu'elle serait prête à consentir. Une telle situation constituerait une véritable monstruosité morale, au sens où nous avons déjà utilisé ce terme. Rappelons-nous, par exemple, le sort des juifs dans l'Allemagne nazie d'avant la guerre, ou celle de nombreuses minorités ethniques dans certains pays du tiers monde au lendemain de leur accès à l'indépendance. De telles monstruosités ne peuvent se produire lorsque l'accès aux biens et services produits est rationné par l'argent.

Cette remarque nous amène à une troisième réponse, celle que développe brillamment Milton Friedman dans son livre *Capitalisme et Liberté,* et qui concerne les rapports entre la propriété, le marché et les libertés [17].

Qui dit propriété privée, dit droit à la libre accumulation de patrimoines privés, pour autant que cette accumulation est le résultat d'activités légitimes qui n'empiètent pas sur les droits des autres. Avoir des voisins extrêmement riches est parfois – et même dit-on de plus en plus – ressenti comme un désagrément profond par ceux qui, par leur faute, ou tout simplement du fait du hasard, ont été moins bien lotis. Il ne faut pourtant pas avoir peur de rappeler que la présence de patrimoines privés très importants est en soi l'une des garanties les plus fondamentales de survie des libertés, et pas seulement des libertés économiques – qu'il s'agisse de la liberté de consommer, de la liberté d'épargner, ou encore de la liberté de la propriété.

Prenons l'exemple de la presse. Imaginons un système sans propriété privée. Imaginons également, pour ne pas fausser le raisonnement, que ceux qui dirigent l'État réaffirment sans ambiguïté leur attachement au principe de la liberté et du pluralisme de la presse. Comme il n'y aura jamais assez de papier, d'encre, de presses pour donner à tous ceux qui rêvent d'avoir leur propre feuille de choux les moyens de réaliser leur ambition, il faudra bien instituer un mécanisme de rationnement. En l'absence de propriété privée et de libre marché, c'est l'État qui jouera ce rôle de répartiteur. Mais l'État, c'est aussi des hommes, ni pires ni meilleurs que les autres, dont la tendance logique et naturelle est d'interpréter l'intérêt général à la lumière de la conception personnelle qu'ils en ont. Rien ne nous prouve encore qu'il existe sur terre une race particulière de surhommes qui, par définition, en raison des responsabilités qui leur sont confiées, et quel qu'ait été leur mode de sélection, démocratique ou non, auraient la capacité de déterminer avec précision l'intérêt global de la collectivité, sans être le moins du monde influencés par le poids d'intérêts particuliers. L'État maintiendra peut-être – en se plaçant dans la meilleure des hypothèses – un pluralisme d'accès au droit d'expression. Mais, le monde étant ce qu'il est, ce pluralisme aura de fortes chances de s'exercer prioritairement au bénéfice des grands courants politiques majoritaires présents dans l'appareil d'État qui se donneront, de façon apparemment très démocratique d'ailleurs, le monopole d'accès aux moyens matériels d'expression, au détriment des petites minorités définitivement privées de toute liberté réelle [18].

Il en va différemment dans un régime de propriété

privée. Les propriétaires de journaux ne peuvent survivre que si leurs affaires sont rentables. Et cet objectif ne peut être atteint que s'ils s'ouvrent à l'éventail de clientèle le plus large possible. Même s'ils ont des idées personnelles très arrêtées, leur propre intérêt financier est de laisser s'exprimer le plus grand nombre possible de courants d'idées. C'est ainsi qu'il n'est pas rare de voir un même propriétaire posséder aussi bien des journaux de droite que de gauche. Dans la presse comme dans le domaine industriel, la logique de la concurrence, du libre marché et de la loi du profit conduit à une segmentation-différenciation des produits qui garantit bien mieux que n'importe quel autre système la liberté d'accès de tous aux moyens d'expression. Qu'on se rappelle, par exemple, la prolifération de la presse contestataire au lendemain des événements de Mai 1968, parfois financée par des fortunes privées. En régime de propriété d'État, le seul recours de ces minorités serait le samizdat.

« C'est là, écrit Milton Friedman, un des rôles – rarement mentionné – que joue l'inégalité des fortunes dans la préservation de la liberté politique : celui du mécénat. Si on veut lancer une idée, quelque étrange qu'elle puisse être, dans une société capitaliste, il suffit de convaincre quelques riches individus pour se procurer des fonds, et ces individus sont nombreux. En vérité, il n'est même pas nécessaire de persuader de la justesse des idées à répandre les gens ou les institutions qui disposent de fonds. Il faut seulement les convaincre que cette diffusion a des chances d'être financièrement couronnée de succès; que, disons, le quotidien, l'hebdomadaire ou le livre, sera générateur de profit. Dans un monde où règne la concurrence, l'éditeur, par exemple, ne peut pas se permettre de ne publier que les écrits avec lesquels il est personnellement d'accord; la probabilité que le marché sera assez vaste pour lui rapporter un bénéfice substantiel sur ses investissements, voilà la pierre de touche. Ainsi rompt-il le cercle vicieux et rend-il en définitive possible de financer des entreprises de ce genre en empruntant des sommes modestes à de nombreuses personnes qu'il n'aura pas auparavant été nécessaire de convaincre. Il n'y a aucune possibilité de ce genre dans une société socialiste; seul existe l'État tout-puissant. »

Se pose évidemment le problème de ceux qui, pour une raison ou une autre, ne sont pas capables d'accumuler le pouvoir d'achat minimal nécessaire à leur survie. Une telle approche les prive de tout droit sur l'allocation des ressources, sauf si leur bien-être fait lui-même partie des arguments de la fonction d'utilité personnelle d'autres gens qui, eux, ont les moyens de leur venir en aide. Une telle conclusion paraît insupportable à la plupart des sensibilités contemporaines.

L'attitude libérale traditionnelle est de considérer que toute distribution est « juste » dès lors qu'elle résulte d'une procédure de marché. Elle a cependant le défaut de ne pas tenir compte du fait que le fonctionnement du marché est indissociable de l'ensemble des règles collectives, légales ou morales, qui, à un moment donné, encadrent la liberté d'action et de choix des agents. Partant d'une dotation initiale des facteurs, et d'une structure donnée des préférences individuelles, elle n'est valable que dans le cadre d'un jeu social où ces règles sont acceptées par l'ensemble de la communauté, sans être remises en cause. Si l'on cesse de prendre l'ensemble de ces règles comme une donnée fixe et intangible, le marché conduit alors, non pas à une allocation optimale unique, mais à un ensemble d'allocations toutes efficaces, au sens parétien traditionnel du terme. Moyennant quoi, le problème est de se demander si toutes ces allocations sont justes au même degré, afin d'arriver à un classement permettant d'ordonner ce qui est plus juste par rapport à ce qui l'est moins. Mais comment procéder?

La technique qui vient immédiatement à l'esprit est de se fixer une norme éthique de justice dont on considère qu'elle s'impose de par sa propre valeur, indépendamment des individus qui forment la société et pour le bien desquels elle est invoquée. C'est la technique qu'utilisent tous les systèmes idéologiques : celle du despote éclairé qui se présente comme l'interprète de Dieu, des lois de la nature ou encore de l'Histoire et de la science. C'est aussi celle qui, à l'heure actuelle, est encore la plus utilisée – pour ne pas dire exclusivement – dans tous les débats sur la justice.

Même dans les systèmes démocratiques, cette démarche se heurte à une impossibilité logique : celle de pouvoir réduire la diversité considérable des vues de chacun sur la justice à une vision commune de ce qui serait le plus juste. On ne peut en effet comparer, donc agréger, des préférences individuelles qui, chez chaque individu, se rapportent à des systèmes de valeur souvent totalement dissemblables. Si les procédures démocratiques de révélation des préférences collectives d'approche parétienne classique sont relativement valables lorsque les choix portent sur des choses ou des problèmes où il est possible d'identifier une norme à peu près commune d'étalonnement des préférences, il en va tout autrement dans un domaine où le subjectif est roi. En conséquence, toute décision collective impliquant le recours à des critères de justice distributive (politiques de redistribution ou de transferts) incorpore nécessairement une part importante de préférences subjectives – celles des meneurs de jeu : les hommes politiques ou les fonctionnaires contraints de porter des jugements de valeur sur les groupes qu'il faut favoriser ou défavoriser et soumis également à l'influence des groupes de pression les mieux organisés ou les plus efficaces. Aborder le problème de la justice (distributive) sous cet angle ne peut conduire qu'à un degré plus ou moins fort de despotisme implicite – fût-il « éclairé ».

Une autre façon de répondre à la question est de classer les différentes allocations possibles, non pas en fonction d'un critère exogène unique, mais en fonction du caractère plus ou moins juste des procédures et institutions sociales du fonctionnement desquelles résultent ces diverses allocations. Le critère de jugement sera, cette fois-ci, non pas l'optimum de Pareto au sens traditionnel du terme (car il exige une comparaison impossible des divers niveaux d'utilité individuelle), mais une autre conception plus stricte de l'optimum qui consiste à considérer que « ne sont optimales que les positions dont on ne peut s'écarter à l'unanimité ». Autrement dit, l'allocation « la plus juste possible » ne répondrait pas à une norme à priori, mais découlerait du fonctionnement de règles sociales adoptées à l'unanimité, et pour la modification desquelles aucune unanimité ne se dégagerait. Comme cela n'est guère réaliste, on est conduit à considérer à l'inverse qu'une distribution sera d'autant moins juste qu'elle est le résultat du jeu de règles sociales s'éloignant d'autant plus du critère d'unanimité.

Cette approche est au cœur de tous les travaux que les économistes néo-libéraux de l'École du Public Choice ont consacrés à l'analyse des divers systèmes politiques et institutionnels. C'est aussi celle du professeur de philosophie de Harvard, John Rawls, dans son fameux livre publié en 1971 : *A Theory of Justice* [19]. Soi-disant pour éviter les jugements de valeur subjectifs, Rawls recherche quel serait en matière de distribution le critère de justice susceptible de réaliser l'unanimité des intéressés si tous les individus étaient placés dans la même situation hypothétique où ils devraient définir individuellement la règle du jeu qui aurait leur suffrage, compte tenu de l'incertitude que son fonctionnement entraînerait pour chacun (personne ne sait si, en fin de compte, il fera partie des plus défavorisés ou, au contraire, du groupe le plus favorisé par la règle du jeu qui sera adoptée). De cette approche, Rawls déduit ce qu'il appelle « le principe de différence » selon lequel « parmi les allocations efficaces au sens parétien, la plus juste est celle qui avantage le plus le groupe le plus défavorisé de la société ».

Depuis leur publication, les thèses de John Rawls ont connu une grande notoriété. Aux États-Unis, ses travaux ont relancé le débat sur les origines du droit. Le renouveau d'intérêt des philosophes américains pour le droit naturel en est une « retombée » directe (voir, par exemple, le livre de Robert Nozick : *Anarchy State and Utopia*, écrit, précisément, pour réfuter la position de Rawls) [20]. En France même, son livre a suscité la réapparition de toute une réflexion philosophique et scientifique (à laquelle les économistes libéraux ne se sont malheureusement pas suffisamment associés) sur les concepts d'équité et de justice sociale.

Bien que ses thèses aboutissent à conférer aux structures de l'État-providence contemporain une nouvelle légitimité morale, Rawls passe généralement pour avoir démontré la possibilité de réconcilier la société libérale avec le principe d'une « justice distributive ». En réalité, indépendamment du problème soulevé par Hayek (à savoir l'hérésie sémantique que constitue l'évocation même du concept de justice sociale), John Rawls n'a jamais rien démontré de tel. Le professeur Buchanan a montré que le principe de justice défini par Rawls ne

constitue pas la solution unique à laquelle permet d'aboutir le processus d'analyse poursuivi, et qu'en partant
exactement des mêmes hypothèses, les mêmes individus
pourraient très rationnellement être conduits à sélectionner une autre règle... par exemple, la recherche de la plus
grande efficacité économique possible, au sens le plus
strict qui soit [21]. Lorsqu'on entre dans le détail de la
construction intellectuelle de Rawls, on s'aperçoit que le
résultat dépend d'hypothèses tellement particulières
quant à la nature et à la forme des préférences des
individus qu'il place derrière son « voile d'ignorance »
(notamment en matière d'attitude par rapport au risque),
que son raisonnement en perd toute valeur. Il suffit de
modifier un tant soit peu ces hypothèses pour obtenir des
résultats radicalement différents, compatibles notamment
avec les principes libéraux les plus classiques.

Par ailleurs, remarque Richard Posner, en réduisant les
hommes réels à une masse anonyme d'ombres rationnelles, John Rawls fait précisément disparaître la dimension
humaine qui, dans la société concrète, peut seule justifier
la définition d'un effort minimal de redistribution. L'analyse de Rawls, conclut-il, n'est qu'un nouvel avatar de la
pensée utilitariste dont on peut démontrer l'indétermina-
tion totale en la matière – c'est-à-dire, encore une fois, la
porte ouverte à tous les caprices, à toutes les fantaisies
subjectives susceptibles d'être endossées par une quelconque majorité de circonstance.

Comment se comporte l'éthique économique en
matière de distribution et de redistribution? Réponse :
dans un système dominé par la référence à la maximisation de la richesse globale, le fait qu'un individu A puisse
tirer de la détention d'un certain pouvoir d'achat une
jouissance personnelle infiniment supérieure à celle qu'en
tire un individu B ne suffit pas à justifier qu'on retire à B
son pouvoir d'achat pour le donner à A, dans la mesure où
un tel transfert n'apporte rien de plus au volume et à la
valeur des richesses produites (même si, en principe, en
raison de la diminution de l'utilité marginale apportée par
l'argent, cela augmente le niveau global de « bonheur »
dans la société). L'argument classique de la théorie du
bien-être, largement utilisé depuis la guerre pour justifier
les politiques de transfert, tombe.

Cependant, observe Posner, contrairement aux arguments développés par les adversaires les plus libertariens de Rawls (Nozick par exemple), cette approche ne conduit pas à la conclusion que toute forme de transfert, quelle qu'elle soit, est nécessairement improductive. Il se peut d'abord que certains efforts d'égalisation des revenus et des patrimoines, relativement modestes, se justifient économiquement s'ils contribuent à réduire le niveau des activités criminelles, et les coûts que peuvent imposer certaines formes de désordre social. De la même façon, même si les gens manifestent spontanément un certain souci d'entraide et de solidarité à l'égard des plus déshérités, on ne peut pas ignorer les problèmes de « bien collectif » que ce type d'activité sociale pose nécessairement. Dans un système excluant toute contrainte, même limitée, le soulagement de la misère la plus cruelle profitant autant à ceux qui n'ont rien donné qu'à ceux qui ont donné spontanément, et qui se sont organisés à cette fin, il apparaît légitime que les pouvoirs publics se préoccupent d'assurer un minimum de soutien institutionnel aux plus pauvres, et cela sans avoir besoin de faire appel à quelque règle à priori de « justice sociale ». Comme par ailleurs, les gens qui travaillent ne reçoivent jamais la pleine contrepartie monétaire de toute la « valeur » qu'ils ont contribué à créer, et que la différence se trouve en quelque sorte ristournée automatiquement aux autres par l'intermédiaire du surplus du consommateur, dans un système de prix de marché, indépendamment même de ce que prélève le fisc, tout se passe donc comme si plus quelqu'un gagne en salaires et rémunérations, plus il se trouve en fait « taxé » au bénéfice des autres. Il est donc faux de dire qu'un système qui a pour objectif de générer la plus grande richesse possible est, par définition, indifférent à toute considération distributive.

Le marché implique une certaine *éthique* distributive. Même si cette éthique n'est évidemment pas celle dont rêvent les égalitaristes, elle n'en est pas moins réelle. En quoi, répétons-le, contribuer à améliorer le « bonheur » des autres sans le savoir ou le vouloir, serait-il moins honorable que de le faire à dessein consciemment et volontairement surtout si on tient compte du fait que contraindre les autres à restituer ce qui leur appartient légitimement ne peut en définitive que réduire la somme de ce qui est disponible pour tous ?

Dans cette optique, souligne le professeur Posner, le principe économique d'efficacité apparaît, avant tout, comme un *principe d'équilibre,* un système complexe de verrous, de garde-fous et de discipline automatiques, issu d'une longue expérience collective, et dont la qualité n'est pas de faire à tout prix des hommes des parangons de vertu ni les maîtres du bonheur (objectifs absurdes, les hommes étant ce qu'ils sont), mais seulement de préserver l'espèce humaine des effets les plus néfastes de ses tentations, si vertueuses soient-elles. Indépendamment même de la valeur morale qu'on peut attribuer à l'accroissement des richesses et des possibilités de consommation, l'exigence d'efficacité économique est encore ce qui s'est révélé, à l'expérience, comme le système le plus complet que l'humanité ait jamais « inventé » pour se défendre contre la menace de ces monstruosités morales dont l'histoire est si riche. (Et cela, tout en réalisant le miracle de préserver la liberté des individus d'adhérer à leurs propres systèmes métaphysiques, philosophiques ou religieux.)

A travers cette contrainte systémique, on retrouve ce qui, au niveau de la régulation des comportements individuels, fait la sagesse d'un bon juge et d'une bonne justice. Les institutions qui, comme la propriété privée, permettent de garantir la plus grande efficacité possible sont « justes » non pas parce qu'il serait particulièrement « juste » de courir après la plus grande richesse possible, ni que les résultats du marché seraient conformes à une définition rationnelle et à priori de la justice ; mais parce que la discipline de l'efficacité économique et des procédures de marché est encore ce qui, à l'expérience, se révèle conduire à l'équilibre « le plus juste » dans l'affrontement quotidien que se livrent les appétits humains de tous ordres. On en voit la confirmation dans la convergence qui semble exister entre les conclusions juridiques auxquelles mène l'analyse économique et nos institutions morales les plus courantes telles qu'elles s'expriment notamment à travers les règles les plus élémentaires du droit.

Murray Rothbard et les libertariens : le retour du « droit naturel »

Troisième approche : celle du droit naturel – l'idée que la propriété privée est une institution moralement juste, non pas en raison des résultats particuliers qu'elle permet d'obtenir sur le plan économique, mais tout simplement parce qu'elle correspond à la nature même de l'homme; parce qu'elle est, ainsi que l'a écrit Frédéric Bastiat : « ... une conséquence nécessaire de la constitution de l'homme [22] ».

Que la propriété soit une institution naturelle en ce sens que ses origines se perdent dans la nuit des temps, il n'y a plus guère de doute. Mais là n'est pas la question. A la différence de l'économiste, le moraliste, lui, considère qu'il ne suffit pas qu'une institution ait toujours existé, ni qu'elle se soit révélée efficace en accroissant le bien-être des hommes, pour être moralement légitime. Encore faut-il démontrer non seulement que son existence respecte les canons les plus fondamentaux de la morale, mais également que, si elle ne produisait pas les effets économiques qu'on lui prête, elle n'en demeurerait pas moins *en soi* moralement désirable. Ce qui amène toute une série d'autres questions encore plus redoutables : qu'est-ce qui peut être *en soi* moralement désirable? Et puisque nous avons évoqué le critère de la nature humaine : de quelle nature s'agit-il? Existe-t-il un critère universel et incontestable qui permettrait en quelque sorte de définir de manière quasiment « scientifique » ce qui relève du « bien » ou de son contraire?

Ces questions, un économiste se les est posées pour défendre d'un point de vue éthique la légitimité de la propriété et des institutions marchandes. Il s'agit de Murray Rothbard, le prophète de l'anarcho-capitalisme, celui que l'on peut incontestablement considérer comme le chef de file intellectuel du mouvement libertarien international; et cela encore davantage depuis la mort, il y a deux ans, de celle qui, par ses romans à grands tirages (*La Source vive, Atlas Shrugged*), a joué un rôle considérable dans l'essor de la contestation libertarienne sur les campus américains, au lendemain de la guerre du Vietnam : Ayn Rand.

Même si certaines de ses propositions et prises de position politiques, par leur caractère souvent extrême et provocateur, peuvent parfois paraître farfelues, Murray Rothbard est loin d'être un charlatan. Économiste, disciple de Ludwig von Mises dans les années d'après-guerre, historien de la Révolution américaine, profondément marqué par l'influence d'Ayn Rand et de sa philosophie « objectiviste » (quoiqu'il ne la cite guère), Rothbard a publié en 1982 un nouveau livre : *The Ethics of Liberty*, un ouvrage dont l'originalité, ainsi qu'il l'explique lui-même, est de reprendre l'approche philosophique aristotélicienne et thomiste du droit naturel pour repenser systématiquement les fondements éthiques et juridiques d'une société de liberté [23].

Alors que, pour répondre à Rawls, Robert Nozick (plus connu en Europe que ne l'est encore Rothbard) se limite à définir ce que serait une conception procédurale de la justice, et en tire son principe libertarien d'État minimal, Rothbard, lui, va beaucoup plus loin. Son objectif est de redéfinir l'ensemble des bases juridiques qui devraient servir de fondement à une société libertarienne. Ce qui nous vaut au passage un réexamen des fondements éthiques et métaphysiques de la propriété qui constitue probablement l'un des textes les plus complets qu'on ait consacrés à cette question depuis le milieu du XIXe siècle (Lysander Spooner), et peut-être même depuis Locke.

Nous avons vu au chapitre second comment, bâtissant sur les prémisses posées avant lui par Grotius, puis par Pufendorf [24], Locke établit le caractère « naturel » de la propriété individuelle en partant du principe que, si dans l'état de nature, chacun est par définition « propriétaire » de sa propre personne – sinon ce serait la servitude, le contraire même de l'hypothèse d'état de nature –, cette propriété de soi implique nécessairement celle de son travail, des fruits de son travail, et par extension de la terre à laquelle on a mêlé son labeur personnel. Mais pour que cet effort de légitimation de la propriété soit complet, il ne suffit pas de partir du postulat que chacun est « naturellement » propriétaire de soi; il faut démontrer pourquoi cette propriété de soi est nécessaire, et pourquoi elle s'impose aux hommes. De même, une fois qu'un individu s'est approprié par son travail une parcelle des ressources mises à notre disposition par l'univers, il faut démontrer en quoi cette appropriation entraîne nécessairement pour les autres l'*obligation* de respecter ce qui a ainsi été approprié. Il ne suffit pas de dire que l'expérience de leur raison suffit à dicter aux hommes qu'il est de leur *devoir* de ne pas toucher à ce que les autres se sont légitimement approprié grâce à leur travail; il faut aussi expliciter d'où la raison tire cette « obligation ». Autrement dit, pour que la démonstration soit complète, il faut aller plus loin, reconstituer un système philosophique et éthique global dont on peut ensuite démontrer que la théorie lockienne de la propriété (et de la liberté) se déduit logiquement.

La solution qu'expose Rothbard consiste à remonter à la conception classique du droit naturel – à la conception d'après laquelle, selon l'excellente définition qu'en donne le professeur Henry Veatch, la source de nos obligations et de nos responsabilités (nos devoirs, mais aussi nos droits) n'est pas une simple affaire de conventions conclues entre nous, mais quelque chose qui peut objectivement se déduire des conditions même de la « nature humaine » [25]. Par-delà les civilisations et les sociétés, il existerait une sorte d'éthique universelle définissant un ensemble de règles morales « objectives » qui s'imposeraient à tous les hommes du seul fait de la constitution particulière de leur « nature », et cela indépendamment de tout contexte culturel.

Question : si cette éthique universelle existe, quels moyens avons-nous de la découvrir?

Il y a deux réponses possibles. La première, de nature théologique, est de considérer que cette « loi morale naturelle », Dieu en aurait fait don à l'humanité sous la forme d'un code imprimé au plus profond de la nature de l'homme. La seule façon de connaître le « bien » et le « mal » est alors de suivre les enseignements divins, de faire confiance à la foi et à la Révélation. L'autre réponse, de nature laïque cette fois, consiste à admettre qu'une telle tâche, nous pouvons l'accomplir rationnellement, par le simple exercice de nos facultés intellectuelles et scientifiques d'investigation de la nature des choses – y compris la nature humaine.

Seconde question : quelles raisons avons-nous de croire que cette éthique universelle, si contraire à nos modes de pensée contemporains (profondément marqués par le scepticisme du XIXe siècle et la mode des philosophes relativistes), existe vraiment ?

Réponse : Prenons un chirurgien en train d'opérer. Il ne s'y prend pas n'importe comment ; il est dépositaire d'un savoir-faire, d'un véritable « art » qu'il a lui-même mis longtemps à apprendre avant de pouvoir l'exercer. Qui oserait dire que cet « art » est le produit de pures conventions humaines ? La manière de conduire une opération chirurgicale ne doit rien au hasard ; elle est le produit d'une longue expérience, elle-même guidée, en quelque sorte, par la « nature » du résultat recherché – la guérison du patient. Si le chirurgien expérimenté fait son incision dans un sens et pas dans l'autre, c'est qu'il y a sans doute une bonne raison à cela, une *vraie raison* que, grâce à nos facultés personnelles de raisonnement et d'investigation, nous pouvons reconstituer à partir de nos propres observations. On retrouve l'idée de saint Thomas d'Aquin : dans toute activité humaine – comme dans le monde physique des phénomènes naturels –, il existe une relation étroite entre la « cause finale » poursuivie et la meilleure façon de l'atteindre qui, elle, nous est dictée par la nature même de la chose en question. Déjà l'Antiquité voyait dans la « cause finale » associée à chaque chose l'essence même de ce qui détermine sa « perfection ». Mais si cela est vrai des différentes fins particulières que les hommes poursuivent, pourquoi ne le serait-ce pas de cette fin encore plus particulière que représente pour l'homme la vie elle-même ? Si la constitution de sa nature dicte pour chaque chose ce qui constitue le sens même de son excellence, pourquoi n'en irait-il pas de même pour la vie de l'homme ? Pourquoi ne serait-il pas possible de déduire de l'observation de la nature humaine ce qui conditionne l'excellence d'une vie d'homme – c'est-à-dire le sens du bien et du mal, l'ensemble des valeurs morales fondamentales par rapport auxquelles seules pourrait se juger et s'apprécier la perfection d'une vie humaine, et donc les conditions du « vrai bonheur » ?

Qu'une pomme tombe d'un arbre, par la seule force de la gravité, nous le reconnaissons comme faisant partie de la nature de la pomme (et du monde en général). Deux atomes d'hydrogène combinés avec un atome d'oxygène donnent une molécule d'eau – nous reconnaissons sans difficulté que ce résultat est « dans la nature » des choses, un produit de la nature de ce qu'on appelle l'hydrogène, l'oxygène, l'eau... La façon dont ces atomes se comportent lorsqu'ils se rencontrent et interagissent est ce qui définit la « loi » de leurs natures. Et c'est la structure complexe qui résulte de l'ensemble des interactions entre ces différentes « lois » particulières qui constitue ce qu'on a appelé « la loi de la nature ».

« Tout ceci, remarque Rothbard, est bien connu lorsqu'on parle des lois physiques, celles qu'observe et décrit la science ; mais en revanche n'est plus accepté dès lors qu'on parle de l'homme. Pourtant si la pierre, la pomme ou la rose ont leur propre nature spécifique, pourquoi l'homme serait-il la seule entité, le seul être, à ne pas en avoir ? Et si l'homme a effectivement une " nature ", pourquoi celle-ci ne pourrait-elle pas faire l'objet d'un effort rationnel d'observation et d'analyse ? Dire que ce n'est pas possible relève d'un a-priorisme parfaitement arbitraire... »

Le droit naturel part du principe que le « bien » correspond à la réalisation de ce qui est, au sens le plus strict, conforme à la nature même de l'être étudié, et ne peut donc être jugé que par rapport à l'état de « perfection » déterminé par sa loi de nature interne. Ainsi que le résume John Wild [26], le droit naturel pose par définition que n'a de valeur, au sens éthique du terme, que ce qui correspond à la réalisation des tendances intrinsèques potentiellement déterminées par la loi de nature interne à chaque espèce. Le bon et le mauvais, le bien et le mal ne peuvent s'apprécier que par rapport au type de comportement qu'il est normal d'attendre d'un être appartenant à une espèce donnée, et qui ne peut lui-même être jugé que par rapport à l'état de perfection et d'excellence déterminé à priori par son appartenance. Ce qui, appliqué à l'homme, signifie que les définitions mêmes du bien et du mal s'ancrent dans ce que la nature même de l'homme exige pour le conduire à son état de réalisation, et donc de « bonheur », le plus complet.

Partant de là, conclut Rothbard, le droit naturel est une discipline dont la finalité n'est pas différente de celle que poursuit l'activité scientifique. Son but, par l'exercice de nos facultés de raisonnement et d'observation, est de faire progresser la connaissance du système « objectif » d'ordre moral qui, si l'on accepte l'hypothèse d'une nature humaine universelle, découle des caractéristiques mêmes de cette nature, et d'en déduire ce qui est le meilleur pour l'homme : par exemple quelles sont les fins qu'il se doit de poursuivre parce qu'elles répondent le mieux à la réalisation de sa propre nature.

Depuis Hume, raisonner en ces termes est complètement passé de mode. La philosophie de Kant a, dit-on, définitivement relégué ce type de réflexion parmi les rebuts de la pensée. Dans un univers habitué à identifier le « bonheur » avec la prise en compte de tous les désirs individuels et subjectifs, quels qu'ils soient, une telle démarche paraît plutôt étrange, et même difficile à comprendre.

Ce n'est cependant pas une raison pour la rejeter d'un simple revers de main. Contrairement à toute attente, on assiste depuis moins de dix ans à un renouveau de travaux – essentiellement anglo-saxons – qui remettent la philosophie du droit naturel au goût du jour. Nozick et Rothbard, pour ne parler que d'eux, ne sont pas des épiphénomènes isolés. Leurs écrits s'insèrent dans le développement de tout un courant nouveau de réflexion philosophique et éthique dont le grand thème est la Théorie des Droits ; une recherche où s'illustrent actuellement des auteurs comme Ronald Dworkin, Alan Gewirth, Tibor Machan, Eric Mack (de Tulasne University), Antony Flew (University of Reading), M. J. Finnis (Oxford), Douglass Rasmussen, Roger Pilon, John Hospers, etc. [27].

Il y a quelques années, le philosophe Henry Veatch, dont j'ai déjà mentionné le nom, a publié un livre ardu mais fascinant où, sous le titre à lui seul très évocateur *Toward an Ontology of Morals* [28], il montre que les arguments développés par les doctrines philosophiques dominantes, pour rejeter la validité des approches s'inspirant du droit naturel, reposent en définitive sur une série

de contradictions internes qui les privent de toute crédi-
bilité réelle; qu'il existe aujourd'hui une étonnante convergence entre la vision de la science qui se dégage des
nouvelles théories de la connaissance scientifique (Popper, Kuhn, Polanyi, etc.) et la conception de la nature que
présupposent les doctrines du droit naturel. Ressusciter
les vieilles doctrines du droit naturel pour servir de base à
de nouvelles recherches apparaîtrait ainsi aujourd'hui
beaucoup moins absurde qu'il y a encore quelques années.
*L'idée qu'il serait possible de se livrer à une étude
« scientifique » des fondements de la morale n'est plus à
rejeter.*

Admettons qu'il soit démontré qu'une telle connaissance est effectivement de l'ordre du possible. Comment
passe-t-on alors à la propriété? Comment démontre-t-on
que la propriété est un droit naturel de l'être humain? A
partir de quoi peut-on affirmer que le droit de propriété
est conforme à la morale, et même qu'elle l'impose? La
chaîne de raisonnement est la suivante.

– Avant de se demander quel système de valeurs
convient le mieux aux hommes, il faut d'abord se rappeler
qu'on ne peut parler de morale, de bien et de mal que là
où il y a des êtres agissant, et donc des choix.

« (L'idée même de morale), souligne Ayn Rand, dans son
recueil intitulé *The Virtue of Selfishness* [29], présuppose l'existence d'une entité capable de poursuivre un but et de faire des
choix. Là où n'existe aucune alternative, là il n'est pas question
de choix, donc d'action, il ne peut être question de parler de
valeurs... La vie est une séquence d'actions qui s'auto-génèrent
et s'auto-entretiennent. Si un organisme cesse d'entretenir cette
séquence d'actions et de décisions, il meurt; ses composants
chimiques demeurent, mais la vie s'en va, la vie cesse. C'est
seulement et uniquement le concept de vie qui rend possible le
concept de valeur. Seul des organismes vivants sont susceptibles
d'être " bons " ou " méchants "... »

– Un organisme peut survivre sous une forme atro-
phiée pendant un certain temps, mais seulement à condition de continuer à entretenir le flux régulier d'actions
nécessaires à la conservation de son existence physique.
Un être vivant ne peut donc vraiment exister que s'il
commence par organiser ses actions – et donc son système

de valeurs – par rapport à une finalité ultime, une « valeur suprême » : la survie de son propre organisme.

« La première de toutes les valeurs, celle sans laquelle toutes les autres ne sauraient même avoir d'existence, le critère de tous les critères, le seul qui puisse constituer une *fin en soi,* remarque Ayn Rand, est la conservation de *sa propre vie.* Est " bon ", par définition conforme au " bien ", ce qui contribue à entretenir ce mouvement permanent d'actions et de décisions qui vont dans le sens de la promotion de sa propre vie; est " mal ", contraire au " bien " et donc " immoral ", tout ce qui contribue au résultat inverse. »

Cet argument, observe Fred Miller J. dans un recueil de textes libertariens édité par Tibor Machan, ne se réduit pas au sophisme élémentaire selon lequel la vie est la valeur suprême parce que se donner des fins quelconques n'aurait pas de sens si nous ne restions pas en vie pour les réaliser. Ce sur quoi Ayn Rand met l'accent est, en un sens, encore plus fondamental : par définition même, nous ne saurions placer de valeur dans une fin quelconque si nous ne commençons pas par faire de la promotion de notre propre vie en tant qu'homme une valeur en soi. Ce n'est pas seulement le concept de vie qui rend possible le concept de valeur; c'est la valeur que nous plaçons dans notre propre survie en tant qu'homme qui seule peut faire de nous des êtres capables d'adhérer ensuite à des valeurs [30].

– De quelle manière l'être humain découvre-t-il le concept de valeur? Comment s'éveille-t-il à la conscience du bien et du mal?
Réponse : par l'expérience de ses propres sensations, par les sentiments de plaisir et de peine que celles-ci engendrent. Les sensations ne constituent pas seulement le premier stade de notre processus de développement cognitif; elles représentent aussi notre premier pas dans l'apprentissage des jugements de valeur. Une expérience physique qui nous procure une sensation de plaisir ou de bien-être est le signe que nous venons de nous livrer à une action conforme à la « loi de nature » qui découle de la constitution de notre espèce. A l'inverse, une sensation de douleur indique que nous venons d'accomplir un acte qui

met en danger le fonctionnement naturel de notre organisme et qu'il vaut mieux ne pas renouveler. Nous savons tous que nombre d'interdits moraux de nature religieuse, par exemple, ne sont que le produit d'une longue expérience qui nous a appris à identifier des classes d'actions nuisibles à notre existence. Autrement dit, notre sens du bien et du mal n'est pas le fruit de l'arbitraire individuel ou collectif, c'est un classement qui puise ses racines dans l'expérience même de faits objectifs.

Conséquence : le bien et le mal ne sont pas, comme on le croit souvent, des inventions subjectives résultant de pures conventions humaines, mais, pour reprendre une expression d'Ayn Rand, *de véritables « faits métaphysiques »*.

– La survie des organismes les plus élémentaires dépend de fonctions physiques automatiques, programmées dans la constitution de l'espèce. La plante n'a pas le choix. Les fins et les actions qui guident son développement, sa croissance, sa vie, sont commandées automatiquement par la constitution de sa nature. Quelles que soient les conditions de son milieu, la plante n'a pas d'autre alternative que d' « agir » de manière à assurer automatiquement sa survie. Elle ne peut pas « choisir » de se détruire.

Les mécanismes qui commandent la vie des espèces animales sont plus complexes et dépendent de l'émergence d'un degré plus ou moins évolué de « conscience ». La forme la plus élémentaire de conscience est celle que procurent les *fonctions sensorielles*. Face à des événements externes affectant leurs conditions de survie, les espèces vivantes les plus simples réagissent en suivant les impulsions que leur communique une sorte de « code de valeurs » pré-programmé qui leur dicte automatiquement ce qu'il convient de faire pour parer la menace.

Chez les animaux plus évolués, aux fonctions sensorielles élémentaires, s'ajoute une *faculté de perception* qui élargit leurs possibilités d'action. L'animal est désormais guidé par une sorte d'apprentissage instinctuel qui se transmet de génération en génération. Mais l'animal n'a pas davantage le choix. Face à une menace, il ne peut que réagir, en suivant automatiquement les impulsions que lui communique son système d'*instincts*; c'est-à-dire le système de valeurs interne et pré-programmé qui lui dicte la perception de ce qui est bien ou mal, de ce qui est compatible ou non avec sa survie.

Le cas de l'homme est tout à fait différent. *L'homme est celui qui n'a aucun code automatique de survie.* Aucun système automatique d'action ne le guide; il ne bénéficie de la protection d'aucun « code de valeurs » pré-programmé. Ses sens ne suffisent pas à lui dire ce qui est bon ou mauvais, ce qui est nécessaire à sa vie ou, au contraire, ce qui la menace. Il n'a rien qui lui dise d'instinct quelle fin poursuivre, quels moyens sélectionner, sur quelles valeurs repose sa vie, quels principes il se doit d'appliquer. Toutes ces réponses, à la différence des espèces animales, ne lui sont pas données à priori. Il lui faut les trouver par lui-même. Comment? Grâce à l'usage de ses capacités mentales d'action conceptuelle et réflexive. Autrement dit, grâce aux facultés de son esprit et de son intelligence. Telle est la « loi de sa nature ».

Conséquence : de toutes ses caractéristiques particulières, la seule qui compte, la seule qui permette vraiment de définir l' « essence » de l'espèce humaine, est *la rationalité,* l'aptitude de l'homme à l'action et à la réflexion rationnelles, car c'est d'elle, de par la constitution même de sa nature, et à la différence des autres espèces, que dépend sa capacité de survie.

L'homme ne peut vivre qu'en faisant fonctionner son esprit. Qu'il s'agisse de satisfaire des fonctions aussi élémentaires que le besoin de se nourrir, de se vêtir, de s'abriter, de se chauffer, ou d'objectifs plus complexes tels que l'organisation d'une chasse, la fabrication d'outils et d'objets destinés à l'échange, ou, de nos jours, la conception et la mise en route d'une centrale nucléaire... toute l'activité de l'homme dépend de son intellect, de sa capacité fondamentale à conceptualiser, juger, questionner, apprendre, comprendre, entreprendre, découvrir, accumuler de nouvelles connaissances.

Pour survivre, explique Ayn Rand, toute espèce vivante doit se conformer à certaines classes d'action déterminées par la structure de sa nature. La première de toutes les contraintes que sa nature impose à l'homme pour assurer sa survie est de se comporter en être pensant et rationnel. Il se peut que des hommes préfèrent ne pas faire l'effort de penser, qu'ils survivent (du moins pendant un certain temps) en en imitant d'autres de manière routinière. Mais, quel que soit le nombre de ceux qui se comportent ainsi en parasites, il n'en reste pas moins que c'est sur l'exercice de cette « raison » humaine que repose, fondamentalement, la survie de l'humanité, et que c'est en fonction de la place qu'elles lui reconnaissent que les civilisations prospèrent ou périclitent...

De là découle une conclusion essentielle : l'affirmation du double caractère, métaphysique et ontologique de la liberté humaine.

Métaphysique : la nature de l'homme est d'être une créature rationnelle. Mais la rationalité est une attitude, une disposition de l'esprit qui n'a rien d'automatique, elle ne peut que résulter d'un choix, d'une volonté individuelle; le choix suppose la volonté de se comporter d'une manière conforme à la nature d'un être rationnel. Toute vie humaine implique donc, dès le départ, la présence d'une liberté; la liberté de choisir – ou de refuser – de vivre en adoptant les méthodes, les termes, les conditions, les objectifs, et les valeurs d'un être rationnel. De toutes les espèces vivantes, l'homme est le seul à avoir la liberté d'agir comme son propre fossoyeur. C'est ce que l'on appelle le « libre arbitre ».

Ontologique : l'esprit ne travaille pas sous la contrainte. L'homme ne peut mener une vie conforme à sa nature, une vie intelligente d'action, de raison, de choix rationnels et de responsabilité, que s'il est libre; s'il est pleinement maître (« propriétaire ») de son corps, de son esprit, de ses opinions, de ses jugements et de ses décisions; maître de choisir ses objectifs, ses moyens, et de les expérimenter. C'est seulement à cette condition que l'homme peut être un créateur, un découvreur, un « être agissant ». Le droit à la liberté individuelle est une exigence fondamentale requise par les caractéristiques mêmes de la vie de l'esprit et de la nature humaine. « Interférer violemment avec les choix de l'homme, viole la loi naturelle de ses besoins [31]. »

Moralité : seule une société fondée sur la liberté – c'est-à-dire sur la reconnaissance du fait que chaque homme est naturellement « propriétaire » de sa propre personne – et qui impose aux autres l'*obligation* de respecter ce *droit* (on retrouve Locke), est moralement légitime, car c'est la seule qui donne à chaque être humain une réelle opportunité de vivre une vie humaine.

– De la propriété de l'homme sur sa propre personne, on passe sans difficulté à la propriété des choses, et notamment à la propriété du sol.

L'homme ne peut survivre que s'il produit par lui-même (ou se procure par l'échange) ses propres moyens de subsistance. Produire nécessite l'utilisation d'outils, d'instruments de culture, la disposition d'animaux, etc. A quoi bon reconnaître à l'individu la liberté d'expérimenter ses propres idées sur la manière de tirer de la terre ce dont il a besoin, s'il n'a pas la liberté d'utiliser ces instruments comme il l'entend – c'est-à-dire s'il n'en a pas la « propriété » ? Admettre l'existence d'une liberté individuelle entraîne nécessairement la reconnaissance du concept de propriété.

Mais, nouvelle question : quand donc cette propriété apparaît-elle ? Comment ? Qu'est-ce qui lui donne naissance ? Quand donc une ressource, une terre deviennent-elles objets de propriété ?

La réponse, le second principe de la théorie de Locke nous la donne : la propriété de soi implique celle de son travail, donc la propriété des fruits de son travail, et, par extension, des ressources naturelles auxquelles on a mêlé son labeur. En prenant une ressource vierge et inexploitée, en la transformant, en y mêlant non seulement son labeur personnel, mais aussi sa créativité, le projet personnel qui l'inspire et le motive, ses idées, sa volonté – en un mot, en y mettant de la « valeur », l'individu se l'« approprie », il en fait « sa propriété ». Il acquiert le droit d'exiger des autres qu'ils respectent ce qui est devenu « son » bien.

Là encore, la légitimité morale d'une telle procédure n'est pas difficile à démontrer. Prenons l'exemple d'un sculpteur qui vient de réaliser une belle statue à partir d'un tas de glaise et quelques autres matériaux (sur la propriété desquels on ne s'interrogera pas pour le moment). A qui convient-il de reconnaître la propriété de cet ouvrage? Il y a logiquement trois solutions possibles : reconnaître au sculpteur la propriété de sa création; donner cette propriété à d'autres; décider que nous sommes tous « co-propriétaires » d'une part égale de la statue (la solution « communiste »).

Prenons la seconde hypothèse. On donne à quelqu'un d'autre que le créateur le droit de s'approprier « par la force » le fruit de sa création, sans même avoir besoin de lui demander son avis. On ressent instantanément l' « injustice » d'une telle solution. Elle pose un problème classique d'efficacité économique : qui acceptera encore de fournir l'effort nécessaire à la production si c'est pour ensuite voir les fruits de son travail expropriés par d'autres? Mais, indépendamment même de cette question, une autre se pose, de nature purement éthique : une telle réponse conduirait à une vision instrumentale de l'homme et à justifier l'existence d'une classe de parasites, contraires aux principes les plus élémentaires d'une éthique universelle reposant sur des valeurs de dignité, de créativité et de responsabilité. Donner à d'autres la propriété de ce qui a été conçu et produit par l'un est donc une règle profondément inique et immorale.

Prenons maintenant la troisième solution. Elle se ramène à la précédente dans la mesure où, dans le monde qui est le nôtre, il nous est impossible de garder constamment un œil sur ce que font et produisent les autres, et ainsi exercer en permanence notre part de propriété. L'égale propriété de tous sur tous n'est qu'un alibi pour masquer une vérité différente : l'appropriation par quelques-uns, au nom d'une vision angélique de la démocratie, des droits de propriété sur les fruits du travail de tous. On retombe sur l'immoralité de la seconde solution. Ce n'est pas sur de tels principes qu'on peut fonder une règle éthique universelle.

Seule la première solution peut être moralement légitime. Le principe le plus incontestable, le plus conforme aux règles mêmes du « droit naturel » (ces règles dictées par la nature de l'homme) est de laisser au créateur la propriété de ce qu'il a créé. Tel est le principe fondateur ultime de la propriété privée, celui dont découle tout le « droit subjectif ».

Mais si cette règle paraît évidente dans le cas du sculpteur qui vient de pétrir la statue de ses propres mains, à partir de sa propre inspiration, qu'en est-il de celui qui a extrait la glaise du sol, ou encore de celui qui a fabriqué ses outils? Ne peut-on dire que ces gens, aussi, sont des « créateurs » qui ont mêlé non seulement leur travail, mais aussi et surtout leur esprit d'initiative, leur sens commercial et leur savoir technique à une ressource vierge ou à une matière encore inachevée, pour faire apparaître un nouveau produit, une nouvelle valeur? Pourquoi seraient-ils moins fondés que le sculpteur à revendiquer la reconnaissance de leur droit de propriété sur les fruits de leur travail?

Et le sol? Si l'on reconnaît bien volontiers la propriété du fermier sur la récolte d'un champ qu'il a semé, en revanche on perçoit mal en quoi cet acte de culture devrait nécessairement impliquer la propriété du sol lui-même. C'est le raisonnement que tenaient au début du siècle les Georgistes américains, qui admettaient très bien le principe de la propriété privée des choses créées par l'homme, mais ne pouvaient admettre qu'une ressource, la terre, qui n'a été ni créée ni produite par lui, mais par Dieu ou par la Nature, pût faire l'objet d'une appropriation privative.

La réponse, là encore, consiste à revenir à la simple logique. Pour qu'une terre puisse servir à quelque chose, pour qu'elle produise, cela implique que son usage – c'est-à-dire sa propriété – soit contrôlée par quelqu'un. Lorsqu'une terre jusque-là inculte et inutilisée est, pour la première fois, mise en culture, il n'y a que trois cas possibles : ou bien on reconnaît qu'elle appartient à celui qui est le premier à la sortir de son état de friche pour la mettre en valeur; ou bien on confie cette propriété à quelqu'un d'autre; ou bien encore, on considère que cette terre appartient également à tous. La seconde option est clairement immorale et contraire à toute justice humaine. La troisième se ramène à la seconde en raison de son impraticabilité concrète. Reste la première : reconnaître le droit de propriété du « premier occupant », du premier à la transformer d'une friche improductive en sol fécond. Son droit de propriété, celui-ci ne le doit pas tant au fait qu'en défrichant le sol, en le labourant, en l'enrichissant, il y a, comme l'écrit Locke, mêlé son travail et son labeur personnel en sorte qu'il se l'est personnellement appropriée, qu'au fait qu'en agissant ainsi, en ayant d'abord eu l'idée qu'en cet endroit stérile il était possible de faire pousser quelque chose, puis en ayant tout fait pour transformer cette idée en réalité, il a véritablement, au sens fort, créé cette terre qui est désormais sienne.

Tout se passe comme si, ayant l'intervention du premier occupant, de celui qui, le premier, a eu la vision de la valeur qu'on pouvait retirer de l'usage de cette terre, celle-ci n'existait pas. Comme si c'était lui, le premier occupant, qui l'avait véritablement créée. Comme dans le cas du sculpteur, mais aussi comme dans tous les actes de production, c'est toujours, en définitive, la création, l'acte créatif, qui instaure et justifie la relation de propriété.

Ainsi que le souligne le professeur Israel Kirzner dans sa remarquable contribution : *Entrepreneurship, Entitlement and Economic Justice* [32], nous touchons là au cœur du concept de propriété : ce qui fait la propriété n'est pas, comme le suggère une lecture trop rapide de Locke, le travail courant, le travail physique de l'homme, son effort, mais l'idée, l'acte créateur qui l'accompagnent et en sont indissociables.

Il ne s'agit pas d'une simple nuance; les conséquences de cette façon de voir sont essentielles. D'une part, on comprend mieux pourquoi la caractéristique fondamentale du système capitaliste est de confondre la propriété avec l'entrepreneur – c'est-à-dire avec « celui qui a l'idée »; on comprend également mieux l'origine des formes de plus en plus dématérialisées de propriété, caractéristiques du monde contemporain. Bien loin de remettre en cause le règne de la propriété, comme certains le disent souvent, la dématérialisation des formes modernes de production correspond au contraire à la nature même du concept. D'autre part, comme les notions d'idée, d'esprit, de création sont des concepts fondamentalement « humains », caractéristiques de l'homme par rapport aux autres espèces qui l'entourent, il est clair que rien n'est, en définitive, plus humain, plus conforme à l'essence même de la nature humaine que ce concept de propriété qui en découle. Enfin, comme, en raison de notre constitution biologique, il ne peut y avoir réflexion et création mentale qu'à un niveau individuel (même si c'est en interaction avec un grand nombre d'autres), il en découle que, par définition, il ne peut y avoir de propriété qui, même lorsqu'elle prend des formes d'association collective, ne s'enracine dans les attributs de l'homme en tant qu'homme, en tant que personne – c'est-à-dire, comme nous l'avons vu avec Michel Villey dans les premiers chapitres de ce livre, dans ce qu'il faut appeler son « droit subjectif ».

Il n'est plus très à la mode d'invoquer la divine providence. Il n'en reste pas moins qu'à travers Rothbard, Ayn Rand, Nozick, et les autres « naturalistes » contemporains, nous redécouvrons ce qu'écrivait déjà Bastiat en 1848, dans son article du *Journal des Économistes* intitulé « Propriété et Loi » :

> « (...) La Propriété est un fait providentiel comme la Personne. Le Code ne donne pas l'existence à l'une plus qu'à l'autre (...) Dans la force du mot, l'homme naît propriétaire, parce qu'il naît avec des besoins dont la satisfaction est indispensable à la vie, avec des organes et des facultés dont l'exercice est indispensable à la satisfaction de ces besoins. Les facultés ne sont que le prolongement de la personne; la propriété n'est que le prolongement des facultés. Séparer l'homme de ses facultés, c'est le faire mourir; séparer l'homme du produit de ses facultés, c'est encore le faire mourir. Il y a des publicistes qui se préoccupent beaucoup de savoir comment Dieu aurait dû faire l'homme : pour nous, nous étudions l'homme tel que Dieu l'a fait; nous constatons qu'il ne peut vivre sans pourvoir à ses besoins; qu'il ne peut pourvoir à ses besoins sans travail, et qu'il ne peut travailler s'il n'est pas sûr d'appliquer à ses besoins le fruit de son travail. Voilà pourquoi nous pensons que la Propriété est d'institution divine, et que c'est sa sûreté ou sa sécurité qui est l'objet de la loi humaine. »

Affirmer que la propriété est un « droit naturel » n'est pas un aveu de faiblesse, l'aveu d'une incapacité à comprendre avec précision la nature et les origines de cette relation. Mais tout le contraire : le produit d'une réflexion, d'un approfondissement, d'une recherche qui n'hésite pas à revendiquer l'épithète de « scientifique ».

Izrael Kirzner et la justice du marché

L'utilitarisme conduit à une conception « affirmative » de la justice. La « justice », c'est atteindre un objectif collectif déterminé à l'avance en fonction d'une norme de résultat qualifiée de « juste » par des gens qui sont censés exprimer l'intérêt de tous. La société apparaît comme une méga-organisation, une méga-entreprise où tous les intérêts particuliers, toutes les volontés individuelles devraient être orientées, comme dans l'entreprise, vers la réalisation d'un but commun. La justice s'y définit comme un résultat d'ensemble indépendant de la qualité des comportements individuels qui le produisent. Que ceux-ci soient « justes » ou « injustes » importe peu. Hayek a démontré de façon convaincante comment une telle vision de la justice, héritée de nos réflexes de l'ère tribale, ne peut que conduire au retour de la plus grande de toutes les injustices : la servitude.

Si l'on adhère à la conception de la propriété comme un droit naturel, on aboutit, au contraire, à une vision très différente : une vision « négative » où il importe moins de définir la justice, que l'« injustice », et seule compatible avec l'affirmation et la préservation des libertés individuelles.

L'injustice se définit comme tout ce qui prive quelqu'un de droits de propriété qu'il a légitimement acquis, soit en vertu du droit du premier occupant (ce que Rothbard appelle : *The Homestead Principle*), soit parce que ces titres de propriété lui ont été légalement cédés par des propriétaires antérieurs, lesquels avaient eux-mêmes acquis ces titres de façon légitime, soit au titre du premier occupant, soit parce qu'ils leur avaient été légalement cédés par d'autres personnes qui... etc. Il n'y a que trois façons « justes » d'acquérir un droit de propriété et ses attributs : par appropriation (c'est-à-dire par application du principe qu'il est naturel de s'approprier une ressource ou une chose dans laquelle on vient de faire entrer de la « valeur »), par application de son initiative, de ses idées et de son travail (c'est la généralisation du droit du premier occupant); par héritage et don gratuit; par l'échange marchand libre et volontaire.

Le critère de la justice réside donc dans la manière dont les droits de propriété ont été acquis. C'est ce que Robert Nozick, dans *Anarchy, State and Utopia,* appelle : une conception « procédurale » de la justice.

C'est aussi la définition de la justice qu'adopte Murray Rothbard en montrant que, si on accepte ces critères, défendre le capitalisme n'implique pas que l'on défende automatiquement tous les droits de propriété tels qu'ils existent à un moment donné; mais seulement ces droits et ces propriétés dont on peut démontrer qu'ils ont été légitimement acquis à partir de l'un des trois procédés évoqués, et qu'ils sont le produit d'une chaîne de transferts au cours de laquelle ne s'est glissée aucune appropriation « injuste ». Bien sûr, une application à la lettre de ce principe entraînerait pas mal de difficultés. Mais, dans *The Ethics of Liberty,* Rothbard montre qu'il existe des solutions juridiques astucieuses, et que les problèmes concrets ainsi soulevés ne seraient pas aussi insurmontables que l'ont dit de nombreux commentateurs du livre de Nozick.

Les conceptions libérales et libertariennes du monde reposent de manière cruciale sur l'axiome que, par définition, *un échange libre est un échange juste.* C'est la justification fondamentale du marché : tout objet acquis par une libre transaction, impliquant le consentement volontaire de l'acheteur et du vendeur, est réputé avoir été acquis « justement ». Imaginons en effet ce qui se passerait si on pouvait démontrer qu'un échange, bien que volontaire et n'impliquant aucun élément de contrainte, peut néanmoins être « injuste ». L'éthique du marché, toute l'éthique libérale s'effondrerait. C'est d'ailleurs au nom de cette justification que l'interventionnisme étatique se répand : pour « corriger » ce que l'on considère être les conditions injustes de certains échanges.

La plupart des arguments généralement invoqués par les partisans de l'État pour contester la justice de certains échanges marchands, ne sont guère sérieux et peuvent être aisément réfutés. Par exemple, lorsqu'on explique qu'un échange ne peut pas être juste si les deux parties ne sont pas égales, qu'il faut donc, d'abord, les rendre telles pour que l'échange ait lieu. C'est une absurdité, car si vraiment tout le monde était égal en tout, pourquoi aurions-nous besoin de procéder à des échanges? Cela rappelle l'idée loufoque, mais si fréquente, que pour introduire plus de justice dans les échanges internationaux, pour éviter les concurrences déloyales, il faudrait commencer par égaliser les coûts et les conditions de production (les protections sociales par exemple); mais alors pourquoi faire du commerce international si ce n'est pour exploiter les avantages comparatifs de chaque pays?

Les « inégalités » le plus souvent invoquées pour justifier l'intervention de l'État sont des inégalités d'information : d'un côté, un vendeur puissant, bien placé, par définition, pour connaître son produit, ses qualités, mais aussi ses défauts; de l'autre, un acheteur isolé, démuni de tout moyen de vérifier les assertions de son fournisseur : une proie facile. J'ai démontré ailleurs qu'il n'est nul besoin d'un État tutélaire et de « fonctionnaires bienveillants » pour corriger ces inégalités réelles ou supposées. Dans une société où règne la libre concurrence et la liberté des contrats le marché suffit à faire émerger des mécanismes de protection et de régulation automatiques [33].

Reste cependant un véritable problème, rarement évoqué. Imaginons qu'on soit dans un cadre économique classique d'équilibre général. L'information est supposée « parfaite ». Tout transfert découlant d'un échange libre et volontaire répond aux critères de la plus parfaite des justices, puisqu'il est le produit de décisions individuelles prises en toute connaissance de cause. Indépendamment même de toute possibilité de fraude ou de dissimulation, on ne peut dire que l'un des partenaires prend avantage de ce que l'autre ignore, pour lui imposer une transaction. Tout échange reflète véritablement la volonté et l'intérêt de chaque partie. Tel est le modèle qui sert de fondement à l'éthique classique du marché et de l'économie d'échange.

Faisons sauter l'hypothèse d'une information parfaite, et celle que l'imperfection de l'information est simplement une question de coûts (qui n'est qu'une version différente de l'axiome de l'information parfaite). Acceptons l'idée que nous vivons dans un monde marqué par une incertitude irréductible, liée aux limites biologiques

de l'esprit humain. Nous nous retrouvons dans l'univers
de la théorie économique autrichienne illustrée par les
travaux de Hayek et de Mises, dont j'évoque les fondements épistémologiques dans le chapitre suivant.

Ainsi que l'explique celui qui apparaît aujourd'hui
comme le principal disciple de Hayek et de Mises, le
professeur Izrael Kirzner de New York University, dans
un livre fondamental : *Competition and Entrepreneurship,* la caractéristique centrale du paradigme autrichien
(à la différence du paradigme néo-classique traditionnel)
est de partir de l'hypothèse que les prix observés ne sont
jamais des prix d'équilibre, mais *des prix de déséquilibre* [34]. Partant de là, la vision économique autrichienne
débouche sur une conception dynamique du marché et de
ses processus qui redonne une place essentielle à l'entrepreneur. L'entrepreneur, au sens le plus pur du terme,
est celui qui révèle une capacité fondamentale à percevoir ce
que personne avant lui n'a perçu, et qui sait en tirer
avantage par les décisions appropriées : par exemple, que
l'intensité de la demande est plus forte ici qu'elle n'est
là-bas, que c'est donc ici qu'il vaut mieux écouler ses
marchandises, qu'il le fera à un meilleur prix, etc. Avant
d'être un producteur et un gestionnaire (expertises qui,
après tout, peuvent se louer sur le marché, comme le
montre l'embauche de managers professionnels), l'entrepreneur est une sorte d'arbitragiste doté d'une faculté
toute particulière : il a le don de flairer les opportunités
d'action que personne d'autre ne sait détecter avant lui.
Par son intuition, ses décisions, ses actes, il *crée l'information,* et la diffuse en la faisant entrer dans le système
des prix. Par les opportunités de profit qu'il décèle dans
les interstices du système des prix relatifs, il contribue à
ramener le système économique vers l'équilibre – tout en
remettant sans cesse en cause cet équilibre dans un
processus dynamique sans fin mais qui présente au moins
cette caractéristique de produire en permanence des
connaissances nouvelles dont on ne voit pas comment elles
pourraient naître dans le système de représentation traditionnel.

L'avantage de la démarche autrichienne est d'être plus
réaliste que la conception néo-classique, et de mieux faire
apparaître la véritable nature des procédures de l'écono-

mie de marché. Elle conduit également, comme en matière de concurrence et de réglementation des marchés, à des conclusions « laissez-fairistes » nettement plus radicales. Mais, en contrepartie elle fait réapparaître une sérieuse difficulté quant aux fondations éthiques du marché.

En effet, tout repose sur le comportement d'une catégorie, les entrepreneurs, qui exploitent des informations qu'ils sont seuls à percevoir pour conclure des transactions avantageuses avec d'autres personnes qui, elles, courent le risque de découvrir qu'en réalité, l'échange n'était pas aussi avantageux qu'elles le croyaient, et qu'elles ne l'auraient pas conclu si elles avaient disposé de toute l'information déjà connue du vendeur. Autrement dit, remettre l'entrepreneur au centre du marché revient à tout faire reposer sur l'activité d'un homme dont la prospérité personnelle dépend en quelque sorte de la façon dont il tire parti des erreurs de jugement ou de l'ignorance des autres.

Peut-on vraiment sur ce principe bâtir un système « moral » ? Un échange auquel on souscrit librement aujourd'hui, mais qu'on regrette le lendemain, est-il vraiment « volontaire », reflète-t-il pleinement l'intérêt de l'individu ? Un profit réalisé dans de telles conditions est-il légitime ? N'est-ce pas toute l'éthique du marché et de l'échange qui est ainsi remise en cause ?

La réponse, observe Izrael Kirzner dans son livre *Perception, Opportunity and Profit,* consiste à revenir à la théorie subjective de la propriété, qui lie l'appropriation d'une ressource libre (non exploitée) à une tâche créatrice de valeur.

Prenons un exemple. Supposons que les oranges se vendent sur le marché à 5 francs le kilo. Un entrepreneur découvre qu'il existe une clientèle prête à payer 12 francs pour le même kilo d'oranges, mais vendu sous la forme d'un jus de fruit concentré. La transformation industrielle des oranges lui coûte 4 francs. Il lui reste, tous frais décomptés (y compris son salaire normal), 3 francs de « super-bénéfice ». Ce « super-bénéfice » est-il immoral parce qu'il ne correspond à aucun acte productif (puisqu'on suppose que la rémunération « normale » du travail de l'entrepreneur est comprise dans les 4 francs de coûts de production)? Est-il naturel que l'entrepreneur soit le « propriétaire » légitime de ces 3 francs? En fonction de quoi peut-il revendiquer cette propriété?

Réponse : en fonction du même argument qui a permis d'établir le caractère légitime de l'appropriation d'un sol inculte par le premier homme qui le met en valeur.

La caractéristique du premier occupant est qu'en défrichant le sol, en le clôturant, en y cultivant des produits que d'autres iront s'arracher au marché du village, *il y a mis une « valeur » qui n'existait pas avant;* il a, au sens fort, *créé* cette « valeur ». Comme nous l'avons vu, c'est en définitive cet acte de création, et lui seul, qui lui permet de revendiquer devant les autres hommes le droit de propriété sur cette terre – c'est-à-dire non seulement la liberté de l'exploiter, mais aussi le droit d'en conserver, pour son usage personnel, tous les fruits.

Revenons à notre entrepreneur-transformateur. Le processus est exactement le même. En ayant eu l'idée de conserver des oranges sous forme de jus concentré, en ayant entrepris l'étude de marché, même sommaire, qui lui a appris que des gens étaient prêts à payer 12 francs le kilo d'oranges ainsi mises en boîte au lieu de l'acheter 5 francs nature sur le marché, en ayant entrepris les dépenses industrielles nécessaires à cette transformation, lui aussi a, en un sens, mis dans ses oranges une nouvelle « valeur » de 7 francs. Il n'a pas moins *créé* cette valeur que le pionnier du Far West ou le paysan des Villes Neuves du Moyen Age n'ont créé la valeur de leur champ. Selon le principe du droit du premier occupant, cette valeur n'est pas moins naturellement sienne que celle du paysan-défricheur. Il n'y a pas de raison pour qu'il ne revendique pas, exactement au nom des mêmes principes, la propriété des 12 francs de valeur ainsi créés – ou, plus exactement des $7 - 4 = 3$ francs de profit.

Ainsi le profit n'est pas la rémunération d'un acte productif; il n'est que l'appropriation légitime d'une valeur appartenant à celui qui, par son initiative et son travail, l'a découverte, l'a créée. On retrouve la définition économique de la propriété et du propriétaire que nous avons donnée dans les chapitres précédents. Au nom de quoi pourrions-nous refuser à nos entrepreneurs modernes ce que notre civilisation a sans difficultés reconnu aux paysans de jadis et de naguère? En quoi la propriété industrielle, la création industrielle seraient-elles moins légitimes que la mise en valeur d'une terre en friches? L'entrepreneur ne « défriche »-t-il pas chaque jour nos besoins et nos désirs? Pourquoi son droit serait-il moins absolu que celui de nos lointains ancêtres?

La théorie subjective de la propriété nous conduit tout droit à une justification du profit. Mais elle répond aussi à la question de la justice des procédures d'échange.

Mettons-nous à la place du producteur d'oranges approché par notre entrepreneur-transformateur qui désire lui acheter son lot d'oranges. Ne sachant pas ce que son interlocuteur a l'intention d'en faire, il les lui vend au prix du marché, soit 5 francs le kilo. Le lendemain, il apprend que ces mêmes oranges ont été revendues à des consommateurs, sous forme de jus de fruit concentré, à un prix de 12 francs, et qu'en conséquence la véritable valeur de ces oranges pour le transformateur était non pas de 5 francs, mais de 8 francs. A-t-il le droit de se plaindre sachant aujourd'hui que ses oranges valent en réalité 8 francs pour son acheteur, et que s'il avait à conclure un nouveau contrat avec lui, il ne le signerait pas au même prix, qu'il a été victime d'une transaction « injuste », « inégale »; qu'il s'est fait exploiter, arnaquer par plus fort que lui, tout simplement parce que celui-ci savait quelque chose qui lui ne savait pas encore? La réponse est bien évidemment non, pour la simple raison qu'il ne peut pas réclamer, à postériori, une part de propriété quelconque sur une « valeur » qui, lors de la première transaction, n'existait pas encore, n'avait pas encore été vraiment créée, et dont personne, en dehors de celui qui avait l'idée, ne pouvait savoir qu'elle serait un jour découverte.

Conséquence : dans son livre *Perception, Opportunity and Profit,* Kirzner montre que ce raisonnement apporte une réponse à un certain nombre de cas limites difficiles qui, en matière de théorie de la propriété, ont toujours posé des problèmes aux spécialistes de la philosophie morale. Mais, pour nous, l'important c'est que, clairement, on ne peut se « partager » à priori quelque chose qui n'existe pas encore. Le même raisonnement, qui légitime l'appropriation du profit résultant de la création d'une valeur nouvelle par celui qui l'a découverte, permet de défendre celui qui vend ou achète à un prix de déséquilibre, de l'accusation qu'en agissant ainsi il n'a pas respecté la « justice du marché ».

La véritable réponse à ceux qui, d'une manière ou d'une autre, se plaignent de l' « injustice du marché » – comme les agriculteurs par exemple, à l'encontre des fameux « intermédiaires » – n'est pas d'ordre économique ; elle relève de l'éthique du droit de propriété et de la philosophie de la valeur.

Notes

1. Michael NOVAK, *The Spirit of Democratic Capitalism,* American Enterprise Institute/Simon and Schuster, New York 1982. Ce livre a l'originalité de présenter ce que l'auteur appelle une « théologie de l'économie ». C'est la première fois qu'un théologien nous donne une défense du capitalisme.
2. Georges BERTHU et le Club de l'Horloge, *Vive la propriété,* Albin Michel, Paris, 1984.
3. Arthur SHENFIELD, « Capitalism under the test of Ethics », Miméo, Société du Mont Pèlerin, 1980. Au cours de la même réunion, le professeur H. M. HARTWELL a également présenté une communication sur le thème : « Ethics and Capitalism : The Morality of the Market System ».
4. Cf. Murray ROTHBARD, « Antimarket Ethics : a Praxeological Approach », dans son livre *Power and Market,* Institute for Humane Studies/Sheed Andrews and McNeel Inc. Kansas City, 1970.
5. F. A. HAYEK, *Droit, Législation et Liberté,* tome 2 : *Le mirage de la justice sociale,* P.U.F., 1982. S'il y a une expression qui connaît aujourd'hui le succès, c'est bien celle de « justice sociale ». Réclamer la justice est réactionnaire. Mais parler au nom de la « justice sociale », c'est aller dans le sens du progrès et de l'histoire. Pourtant, nous explique Hayek, rien n'a moins de signification que la juxtaposition des deux termes.
Un tremblement de terre, des inondations, une catastrophe naturelle, c'est terrible pour ceux qui en sont les victimes. De même une disgrâce physique, une maladie grave. Mais on ne peut pas dire que c'est « juste » ou « injuste », car il s'agit de situations dont nous ne pouvons tenir personne responsable. Le mot « juste » n'a de signification qu'appliqué à des actes ou à des conduites humaines impliquant une intention consciente, et que nous pouvons juger par rapport à des règles de comportement explicites.

Il en va de même pour la distribution des revenus qui résulte du libre fonctionnement du marché. Celle-ci étant le produit non voulu de l'interaction d'une multitude de décisions individuelles, il n'y a aucun sens à parler de justice ou d'injustice à son sujet. On peut juger cette distribution insatisfaisante. Mais il s'agit d'une question tout à fait différente qui n'a aucun rapport avec le problème de la justice au sens propre du terme. Se donner pour objectif de réaliser la justice sociale est donc une expression qui n'a strictement aucun sens, et qui, comme l'explique Hayek, ne sert qu'à justifier des revendications particulières.

Il n'y a qu'une définition de la justice qui soit compatible avec le bon fonctionnement d'une société civilisée : c'est celle qui lie la justice à une conception abstraite de l'équité définie comme l'égalité devant la loi et non comme l'égalité dans la répartition des richesses.

6. Norman BARRY, « The Tradition of Spontaneous Order », *Literature of Liberty*, Institute for Humane Studies, Menlo Park, Été 1982.

7. Cf. Henri LEPAGE, *La Logique et la supériorité de l'ordre social libéral*, Institut du Citoyen, Paris, octobre 1983.

8. Voir le chapitre XI de *Vive la propriété* : « Morale de la propriété : un citoyen responsable ».

9. Cité par Georges BURDEAU dans *Le Libéralisme*, Inédit Politique, Éditions du Seuil, Paris, 1979.

10. La société capitaliste démocratique n'est pas anticommunautaire, explique Michael Novak dans son livre *(The Spirit of Democratic Capitalism)*. Elle laisse simplement aux individus le soin d'agir, d'accroître « la richesse des nations ». Les effets induits profitent à tous. La division du travail, toujours accrue, augmente l'interdépendance des individus, la multiplication des échanges accroît le besoin de l'autre. L'entreprise (pour les actionnaires comme pour les salariés), les associations civiles, les communautés spirituelles, la famille, sont autant de communautés présentes dans notre vie quotidienne. L'individu communautaire, explique également Novak, indépendant économiquement, et à la vie sociale et culturelle très dense, est l'idéal d'une société capitaliste démocratique. Son esprit critique, son altruisme, sa capacité d'adaptation, son sens de la coopération se forgent dans le noyau familial, école de la rationalité économique et politique.

De son côté, Pierre LEMIEUX, de tempérament beaucoup plus « libertarien », auteur du livre : *Du libéralisme à l'anarcho-capitalisme* (P.U.F., Paris, 1983), écrit : « Dans sa célèbre leçon de 1945, Hayek distinguait deux traditions intellectuelles qui, l'une à tort, l'autre à raison, prétendent au titre d'individualiste. Pour Hayek, le faux individualisme, celui de Jean-Jacques Rousseau, des Physiocrates, des Encyclopédistes, prétend non seulement que l'individu est le fondement de la société, mais aussi qu'il doit reconstruire et diriger rationnellement les institutions sociales. Dans le véritable individualisme, à la Adam Smith, à la Edmund Burke, à la Tocqueville, ou à la Acton, l'individu demeure le fondement et la fin de la société, mais il accepte les institutions sociales, résultats non anticipés mais efficaces de la multiplicité des actions individuelles, comme échappant en bonne partie à son contrôle. Tout au contraire du rousseauisme et du socialisme, qui se prétendent parfois individualistes, le libéralisme respecte les institutions sociales traditionnelles et les associations volontaires par lesquelles les individus se socialisent librement. Cela étant, le libéralisme demeure foncièrement individualiste, et même si Hayek penche (peut-être dangereusement) du côté de la tradition, il continue de se réclamer de l'individualisme. Méthodologiquement et politiquement, l'individu constitue la justification de la société. La société n'a pas d'existence propre en dehors des actions individuelles. » (Intervention à l'Université d'été de la nouvelle économie, Aix-en-Provence 11 septembre 1984).

11. Gottfried DIETZE, *In Defense of Property,* The Johns Hopkins Press, Baltimore et Londres, 1963 (2ᵉ édition 1971).

12. Richard POSNER, *Economic Analysis of Law,* Little, Brown and Compagny, Boston et Toronto, 2ᵉ édition 1977.

13. Le professeur Posner est le premier économiste à entrer dans une carrière judiciaire. Ainsi que le résume le professeur Pedro Schwartz dans son remarquable papier : *The Market and the Meta-Market : a Review of the Contribution of the Economic Theory of Property Rights* (Instituto de Economia de Mercado, 1980), l'hypothèse centrale de Posner est qu'un grand nombre d'institutions sociales comme les cours de justice ou certaines institutions gouvernementales auraient tendance à attribuer directement les droits de propriété à ceux qui se montrent les plus capables d'en assurer l'utilisation la plus efficiente, épargnant ainsi aux individus en cause la peine d'avoir à acquérir leurs droits de propriété en les rachetant à ceux qui en font un usage moins efficient.

Pour une bonne présentation, non seulement de la façon dont on peut appliquer l'analyse économique à l'explication des règles de droit et à l'évolution de la jurisprudence, mais également des débats que cette approche pose dans le domaine de la philosophie du droit, voir l'excellent livre de Ejan MACKAAY, *Economics of Information and Law,* (Kluwer, Nijhoff Publishing, Boston et La Haye, Londres, 1982).

Le livre de MacKaay présente de façon fort lisible un grand nombre d'exemples qui tendent à vérifier l'hypothèse du professeur Posner.

Les hypothèses de Posner ont relancé aux États-Unis tout un débat sur les origines du droit. Pour un bon compte rendu de l'histoire de ce débat, cf. l'excellent article de Randy E. BARNETT : « Contract Scholarship and the Reemergence of Legal Philosophy », publié dans *Harvard Law Review,* vol. 97 nᵒ 5, mars 1984.

14. Richard A. POSNER, *The Economics of Justice,* Harvard University Press, 1981. Ce livre est divisé en quatre parties regroupant des textes d'intérêts très divers. A noter la seconde partie où Posner essaie en quelque sorte d'expliquer comment l'analyse économique peut nous aider à mieux comprendre les institutions et les formes d'organisation de la société antique.

15. Leonard PEIKOFF, *The Ominous Parallels, The End of Freedom in America,* introduction d'Ayn Rand, Stein and Day, 1982.

16. Yale BROZEN, *Mergers in Perspective,* American Enterprise Institute, Washington, 1982.

17. Milton FRIEDMAN, *Capitalisme et Liberté,* Édition française, Calmann-Lévy, 1969.

18. Certains auteurs sont, de ce point de vue, très lucides et n'hésitent pas à contester les positions hypocrites de la majorité socialiste actuelle sur le statut de la presse et de l'audio-visuel. Cf. notamment l'excellent

livre de Laurent JOFFRIN, journaliste à *Libération : La Gauche en voie de disparition,* Le Seuil, 1984.

19. John RAWLS, *A Theory of Justice,* Cambridge, Balnap Press of the Harvard University Press, 1971.

20. Robert NOZICK, *Anarchy State and Utopia,* Basil Blackwell, Oxford, 1974. Une traduction française est en cours pour le compte des P.U.F. En France, voir notamment le cahier n° 4, « Le libéralisme et la question de la justice sociale » publié par le Centre de Recherche Epistémologique et Autonomie, 1, rue Descartes, 75005 Paris.

21. James BUCHANAN, *Notes on Justice in Contract,* working paper, Center for Public Choice, 76 - 6 - 4.

22. Frédéric BASTIAT, *Propriété et Loi,* Institut Économique de Paris, 35, avenue Mac-Mahon, 75016 Paris, 1983.

23. Murray ROTHBARD, *The Ethics of Liberty,* Humanities Press, Atlantic Highlands, N.J., 1982. Pour une appréciation critique de la philosophie de Rothbard et de ses travaux, en relation notamment avec ceux de Ayn Rand, voir un récent article de Norman BARRY, « The New Liberalism », publié dans le *British Journal of Political Science,* vol. 13, n° 1, janvier 1983.

24. Pour une histoire intellectuelle très complète des théories de la propriété « droit naturel », cf. Carl WATNER, « The Proprietary Theory of Justice in the Libertarian Tradition » dans le *Journal of Libertarian Studies,* été 1982. Tout à fait remarquable pour juger des contributions relatives de Grotius, Pufendorf et Locke. Tout à fait passionnant également par les longs développements qu'il consacre à un auteur américain du XIXe siècle trop ignoré de ce côté-ci de l'Atlantique : Lysander Spooner.

25. Cf. le très complet article bibliographique du professeur VEATCH, publié dans *Literature of Liberty* (octobre-décembre 1979) sous le titre : « Natural Law : Dead or Alive ».

26. John WILD : « Natural Law and Modern Ethical Theory », *Ethics,* octobre 1952.

Comme ouvrages fondamentaux sur la doctrine du droit naturel et son histoire, voir notamment : A. P. D'ENTRÈVES, *Natural Law, an Introduction to Legal Philosophy,* Hutchinson University Library, 2e édition, 1970, Londres ; Leo STRAUSS, *Natural Rights and History,* University of Chicago Press, 1953 ; traduction française (actuellement introuvable) : *Droit naturel et histoire,* Plon.

27. Tous ces auteurs ne sont pas nécessairement « naturalistes », ni tous les libertariens, même si un grand nombre d'entre eux le sont. Pour une présentation analytique et bibliographique de ce renouveau d'attrait pour la théorie des droits et leur origine, voir :
– John HOSPERS, « The Literature of Ethics in the Twentieth Century », *Literature of Liberty,* automne 1980.
– David GORDON, « Contemporary Currents in Libertarian Philosophy », *Literature of Liberty,* printemps 1981.

Dans la bibliographie renaissante sur ce sujet, notons en particulier les contributions de Roger PILON : « Capitalism and Rights : an Essay toward Fine Tuning the Moral Foundations of the Free Society », *Journal of Business Ethics* 1 (1982) ; « Property Rights and the Free Society », dans *Solving the Housing Crisis,* édité par Bruce Johnson, Pacific Institute, San Francisco, 1982 ; « Corporations and Rights : on

Treating Corporate People Justly », *Georgia Law Review,* 13 (1979); « Ordering Rights Consistently : or What we do or do not have as Rights », *Georgia Law Review,* 13 (1979).

28. Henry B. VEATCH, *For an Ontology of Morals : A Critique of Contemporary Ethical Theory,* Northwestern University Press, Evanston, 1971.

29. Ayn RAND, *The Virtue of Selfishness,* Signet Books, New American Library, 1re édition 1961.

30. Fred MILLER Jr., « The Natural Right to Private Property », dans *The Libertarian Reader,* édité par Tibor Machan, Rowman and Littlefield, Totowa, N.J., 1982.

31. Murray ROTHBARD, *For a New Liberty,* Mac Millan Publishing Co. New York, 1979.

32. Izrael KIRZNER, « Entrepreneurship, Entitlement and Economic Justice », dans *Perception, Opportunity and Profit : Studies in the Theory of Entrepreneurship,* University of Chicago Press, 1979.

33. Henri LEPAGE, *Vive le commerce,* Bordas Dunod, Paris, 1982.

34. Izrael KIRZNER, *Competition and Entrepreneurship,* University of Chicago Press, 1972.

XI

La propriété et les libertés

Le libéralisme, « c'est une moindre liberté pour le plus grand nombre ». Cette formule mémorable est de Jean Poperen [1]. Pour le numéro deux du parti socialiste, comme pour Marx et les marxistes, la propriété privée ne peut s'exercer qu'au prix du sacrifice d'autres « libertés » fondamentales. « Les libéraux et les libertariens, remarque également Cheyney C. Ryan, – un professeur américain de philosophie marqué à gauche –, dans un réponse critique à Robert Nozick, oublient systématiquement que l'institution de la propriété privée implique elle-même une interférence continue avec la liberté de la majorité [2]. »

Dans l'autre camp, celui du libéralisme, on reprend la formule de Lord Acton, le Tocqueville anglais : « Une société qui ne connaîtrait pas les institutions de la propriété privée se condamnerait à ne jamais savoir ce qu'être libre veut dire [3]. » Pour des hommes comme Milton Friedman, Hayek, Mises..., il ne fait aucun doute que le développement de la démocratie est lié à l'existence de la propriété privée; et que celle-ci joue un rôle fondamental de gardienne des libertés. Ainsi que le souligne à juste titre Gottfried Dietze dans son livre *In Defense of Property* : « De tous les droits qui définissent la liberté de l'homme moderne, le droit de propriété est celui qui figure de la manière la plus constante dans tous les grands documents qui ont marqué l'émancipation des peuples occidentaux [4]. »

Qui a tort, qui a raison? Quels rapports la propriété entretient-elle avec la liberté? Quelle place occupe-t-elle par rapport aux autres libertés constitutives d'une société

libre et démocratique? Réponse : tout dépend de la
définition de la liberté que l'on adopte.

Les deux visions de la liberté

Il existe deux grandes philosophies politiques de la
liberté : la libérale (celle du libéralisme classique), la non
libérale (dont le socialisme, la social-démocratie, mais
aussi la plupart des formes contemporaines de libéralisme
ne sont que des variantes plus ou moins prononcées). Il
est important de repérer ce qui les différencie et de bien
comprendre comment leurs systèmes de pensée s'agencent.

Pour le libéral, la liberté est d'abord et avant tout un
concept individuel; la reconnaissance du droit de chaque
être humain à vivre de façon autonome, sans être obligé
d'obéir aux ordres ou aux contraintes que d'autres voudraient lui imposer. En ce sens, la liberté se définit par
opposition à l'esclavage, ou par rapport à l'état de
dépendance personnel qui caractérisait la féodalité. Etre
libre, c'est se voir reconnaître la qualité d'être pleinement
« maître » (ou « propriétaire ») de soi, maître de sa vie, de
son corps, de son esprit, de ses mouvements, de ses actes
et de ses décisions. C'est en quelque sorte se voir
reconnaître le droit de « s'autodéterminer ».

C'est un *droit naturel* – c'est-à-dire inhérent à l'essence
même de la nature humaine; un droit qui, indépendamment de toute intervention législative ou juridique,
découle de la morale universelle qui s'impose aux êtres
humains du seul fait des caractéristiques communes de
leurs natures [5]. Ainsi que l'expose la Déclaration des
droits de l'homme et du citoyen de 1789, reprise dans le
préambule de la Constitution de la Ve République, il
s'agit d'un droit « inviolable » et « sacré » qui pose pour
principe que toute souveraineté réside exclusivement dans
les membres, définis dans leur individualité et leur
diversité, qui composent la société politique [6].

Ce faisant, on débouche sur une définition politique de
la liberté : on dira qu'une personne n'est libre que dans la
mesure où les autres respectent scrupuleusement ses
« droits » [7].

Mais, ainsi que nous l'avons noté au cours du précédent chapitre, admettre l'existence d'une liberté individuelle entraîne nécessairement la reconnaissance du concept de propriété. Admettre que les gens ont un « droit naturel » à la liberté n'a aucun sens si, simultanément et de la même manière, ne leur est pas reconnu le droit à la propriété car, ainsi que l'écrit Ayn Rand :

> « Sans droit de propriété, aucun autre droit n'est possible. Puisque l'homme doit assurer son existence par son propre effort, celui qui n'a pas de droit sur le produit de son effort n'a aucun moyen d'assurer son existence [8]. »

Partant de là, la liberté, telle que la conçoivent les libéraux, découle de l'addition d'un ensemble de droits individuels qui tous, à l'instar du droit de propriété, se déduisent de ce qui est nécessaire pour donner une expression concrète au droit de chacun à « s'autodéterminer », et qui définissent ce que les autres n'ont pas le droit de nous faire, ou encore ce qu'ils n'ont pas le droit de nous empêcher de faire. Ces libertés élémentaires représentent en quelque sorte autant de « droits de propriété » – au sens défini dans le premier chapitre de ce livre – qui définissent les conditions et les domaines dans lesquels chacun peut être réellement « maître de soi » en opposant ses propres conceptions et ses propres décisions à celles que les autres, individuellement ou collectivement, aimeraient lui imposer.

Ces libertés se décomposent en trois grandes catégories : les libertés dites « personnelles » – celles qui concernent la liberté de circuler, la liberté d'expression et d'opinion, la liberté du culte, mais aussi la liberté de la propriété privée, la liberté des contrats, la liberté du travail... ; les libertés « judiciaires » – c'est-à-dire la reconnaissance du droit de chacun à être protégé contre toute arrestation, détention ou jugement arbitraire, la reconnaissance du droit de tout citoyen à un jugement contradictoire, juste et équitable, la protection des droits de la défense (en un mot tout ce qui constitue les « Droits de l'homme », au sens paradoxalement restrictif qu'une organisation comme Amnesty International donne à cette expression) ; enfin les libertés économiques dans lesquelles on retrouve la définition de la liberté du commerce et de l'industrie : la liberté d'exercer la profession ou l'activité de son choix, la liberté d'établissement et de gestion, le droit de choisir librement ses clients et ses fournisseurs, de cesser librement son activité, la liberté de fixer ses prix, etc. [9].

Encore faut-il que quelque chose protège l'exercice de ces « libertés » individuelles, notamment contre les exactions et interférences possibles de ceux qui, dans la société, disposent du monopole de la contrainte étatique. C'est pour cela qu'a été inventé le contrôle du gouvernement par le peuple – c'est-à-dire la démocratie, caractérisée par l'introduction d'une quatrième catégorie de libertés, les libertés politiques : principe de la responsabilité des gouvernants devant le peuple et ses élus, généralisation du droit de vote, reconnaissance de la liberté des partis politiques, liberté d'association, liberté de la presse, etc.

Ces libertés sont d'une nature différentes des précédentes : au lieu d'être l'expression d'une revendication d'autonomie personnelle, elles représentent au contraire un simple *droit de participer* au processus de contrôle démocratique des pouvoirs du gouvernement.

Maintenant, trois choses apparaissent très clairement :

– Il est clair que ce que l'on appelle la liberté est un état dont l'intensité se mesure à l'aune de la gamme des libertés et des droits de propriété reconnus aux individus.

La façon dont le libéral conçoit la liberté – le « droit » à l'autonomie personnelle, la mesure dans laquelle les autres respectent ce droit – conduit naturellement à considérer que toute restriction apportée à l'exercice d'une liberté, ou à l'exercice d'un droit de propriété, représente une atteinte à la liberté, puisque cela entraîne une réduction de l'autonomie des personnes.

– La conception libérale de la liberté ne permet pas de reconnaître de hiérarchie à l'intérieur du système de libertés et de droits qui lui sert de fondement.

« La liberté, écrit Gottfried Dietze, peut être comparée à un arbre et les libertés aux branches qui s'y raccordent. Si on coupe trop de branches, le tronc dépérit. A l'inverse, si on coupe le tronc, les branches ne tardent pas à mourir. De la même manière, si on touche à un trop grand nombre de libertés et de droits individuels, la liberté ne tarde pas à être atteinte, cependant qu'il est évident que là où il n'y a pas de liberté, tous les " droits " ne sont qu'illusoires [10]. »

Pour qu'il y ait liberté, toutes les libertés sont nécessaires; tant les libertés juridiques (qui sont la reconnaissance par la société du droit des hommes à l'autonomie personnelle), que les libertés économiques (qui en sont à la fois l'expression et le moyen), ou les libertés politiques (qui en sont la garantie et la protection).

Aucune de ces libertés n'est supérieure ni inférieure à l'autre. Comme la propriété, la liberté politique n'est qu'un moyen et non une fin en soi; un moyen au service d'une fin unique : la promotion de la liberté « naturelle » de l'homme, définie non pas comme le droit de faire ce que l'on désire, quel que soit ce désir (définition traditionnelle), mais selon l'excellente formule proposée par le libertarien flamand, Frank van Dun, comme la reconnaissance du droit de chacun « d'être son propre maître sans pour autant devenir le maître de quelqu'un d'autre [11] ».

– Pour le libéral, liberté et propriété sont deux concepts jumeaux, qui ne sauraient avoir d'existence propre indépendamment l'un de l'autre.

Cette association conceptuelle apparaît on ne peut plus clairement si on se rappelle que, dans ce système philosophique, être libre, c'est être autonome, être son « propre maître », pleinement « propriétaire de soi-même », cependant qu'être propriétaire, c'est être un centre autonome de contrôle et de décision et donc un « être libre ». « Etre libre », « être propriétaire », sont synonymes.

Passons à l'autre manière de voir la liberté. Celle-ci se déroule de la manière suivante.

Tout d'abord, ici, point de « droit naturel », point de transcendance morale servant de cadre, mais aussi de garde-fou à la définition du droit. On part d'une position « positiviste » où les droits que les hommes se voient reconnaître ne peuvent être qu'une création de la loi. Tout commence par *un refus de l'idée que l'individu puisse*

avoir des « droits » antérieurs ou supérieurs à ceux qui
lui concède la loi positive.

De là découle une définition radicalement différente de
la liberté individuelle : on dit qu'une personne est libre
dans la mesure où on ne lui fait rien d'illégal, rien de
contraire à la loi (et non pas, rappelons-le, dans la mesure
où ses droits sont respectés par les autres); on considère
qu'un état de liberté existe dès lors qu'aucune loi n'est
violée, quelle que soit la loi. C'est la conception la plus
commune, de nos jours, de ce qu'on appelle l'État de
droit.

Dans cette définition de la liberté, n'apparaît aucune
référence au principe d'autonomie et d'autodétermination
individuelle qui est au centre de l'approche libérale. Dans
quelle mesure la loi respecte-t-elle l'autonomie personnelle? Qu'importe..., cela n'entre pas en ligne de compte.
L'important est seulement que tout ce qui se fait, soit
compatible avec le respect de la loi et de la légalité.

S'ajoute une autre idée centrale : la liberté ne peut se
limiter à définir ce que les autres n'ont pas le droit de
nous empêcher de faire. C'est très beau d'être libre, au
sens classique du terme, mais à quoi cela sert-il si
simultanément on n'a pas de quoi manger à sa faim ou si
on n'a même pas un coin à soi pour se loger et dormir? Un
homme privé de tout peut-il vraiment être libre? On
retrouve la fameuse distinction de Marx entre les libertés
formelles et les libertés réelles.

Marx, fait remarquer Roger Pilon, a très clairement
conscience des liens étroits qui, dans la conception
libérale, unissent les concepts de liberté et de propriété;
mais il en tire la conclusion que si être libre, c'est être
« propriétaire », celui qui n'a rien, qui n'a la propriété de
rien, celui-là peut difficilement être considéré comme
libre, si ce n'est de mourir de faim [12]!

Conséquence : si l'on veut faire régner un véritable état
de liberté parmi les hommes, il est nécessaire de compléter les libertés «négatives» des libéraux, par l'octroi
d'autres droits; des droits qui ne se résument pas en une
simple «liberté de faire... » (des droits de...), mais représentent un «droit à...», une véritable créance sur la
collectivité, qui leur est due pour leur permettre d'accéder à un état minimal de liberté personnelle.

On voit alors apparaître une cinquième catégorie de « libertés » qui regroupe ce que l'on a baptisé « droits sociaux » : le droit – pour chacun et pour tous – à un minimum de revenu décent, le droit de recevoir un minimum de bonne instruction et de bonne éducation, le droit à un logement acceptable, à la (bonne) santé, à la retraite, le droit aux vacances et aux congés payés, à l'avortement, etc. La liste n'est pas limitative et peut s'étendre à l'infini, au gré de l'imagination du législateur (par exemple, certains socialistes ont été jusqu'à proclamer l'existence d'un droit « de vivre au pays »!).

Mais le développement de ces « droits-prestations » entraîne une contrepartie. Comme nous vivons, par définition, dans une société de rareté, il faut bien que des normes soient établies, que des décisions soient prises pour dire qui a droit à quoi, dans quelles circonstances et à quelles conditions, etc. Par ailleurs, il faut bien que quelqu'un finance; ce qui implique une politique de transferts obligatoires et l'introduction d'une discrimination entre ceux qui « peuvent » payer et ceux qui reçoivent.

A son tour, cette intervention redistributive de l'État a pour conséquence que chaque individu, parmi l'ensemble des « libertés » qui lui sont reconnues, accorde une importance croissante à celles qui lui confèrent le droit de participer au contrôle des décisions politiques dont sa vie et son bien-être dépendent de plus en plus. On assiste à un véritable retournement de valeurs. Alors que dans la conception libérale classique, les libertés politique ne sont qu'un moyen, et non une fin en elles-mêmes, c'est l'inverse qui se développe. La liberté en vient à s'identifier de plus en plus exclusivement avec l'exercice des libertés publiques, cependant qu'au contraire les autres libertés personnelles – le droit de propriété et les libertés économiques – apparaissent de plus en plus secondaires, et sont même désormais regardées comme un obstacle à la volonté, au pouvoir, et donc à la liberté du plus grand nombre (dans la mesure où, dans un tel contexte, cette liberté s'identifie naturellement avec la liberté de s'approprier sans cesse de nouveaux « droits » qui ne peuvent être institués qu'au détriment des droits de propriété existants). On entre dans un autre univers, où la véritable liberté, dit-on, c'est la démocratie, le pouvoir du suffrage universel, alors que la liberté individuelle est au contraire associée au « pouvoir de l'argent », à la liberté de mourir de faim, à la liberté du renard dans le poulailler [13]...

Une hiérarchie s'établit qui place au premier rang des valeurs toutes les libertés qui, d'une manière ou d'une autre, jouent un rôle dans l'exercice des libertés démocratiques (droit de vote, suffrage universel, liberté d'association, liberté de la presse, procédure pénale, etc.), et relègue au bas de l'échelle celles qui n'ont rien à voir avec l'expression et l'action politique (liberté de la propriété privée, liberté des contrats, liberté de gestion, etc.). Alors que les premières font l'objet de tous les soins, de toutes les attentions et de toutes les sollicitudes (au nom de la défense des « Droits de l'homme »), les secondes sont au contraire négligées, raillées, piétinées (toujours au nom des mêmes « Droits de l'homme »).

Les droits de propriété cessent alors d'apparaître comme des attributs individuels ancrés dans l'essence de la personne humaine, pour devenir de simples prérogatives de la puissance publique; prérogatives dont l'usage et la jouissance sont seulement concédés aux individus pour autant qu'une majorité d'entre eux ne s'y oppose pas. D'une vision du monde où la propriété privée était vécue comme un instrument d'émancipation et de libération, on passe à une conception où la propriété cesse d'être un « droit » pour devenir une simple « fonction » – terme significatif qui, derrière l'idée de « devoirs » (les devoirs du propriétaire de faire un usage de sa propriété conforme au « bien commun »), implique l'idée de révocabilité, de dépendance, et donc tout le contraire de l'autonomie [14]...

Une fois que l'on a en tête ces deux conceptions de la liberté et des droits qui en forment l'armature, on comprend mieux la nature du dialogue de sourds qui caractérise le plus souvent le débat politique sur les libertés.

Par définition, le libéral considère que toute interférence avec les droits de la propriété ou avec la liberté des contrats, toute intervention réglementaire de nature contraignante, à fortiori toute expropriation ou nationalisation, constituent une atteinte aux libertés, une restriction de la liberté.

A l'inverse, de par la nature même de son système de pensée, le non-libéral considère que tant que les décisions sont prises de manière parfaitement légale et tant que les libertés les plus importantes – sous-entendu : la liberté de participer, les libertés politiques – ne sont pas affectées, on ne saurait raisonnablement, en toute bonne foi, parler de restriction, de diminution de la liberté.

Entre ces deux thèses, on trouve l'épaisseur d'un problème philosophique fondamental, depuis trop longtemps évacué de la réflexion politique contemporaine, mais qui refait surface dans la littérature anglo-saxonne : l'homme a-t-il des droits? Et s'il a des droits, lesquels?

La propriété, clé de voûte de la liberté

Toute entrave à la propriété est-elle une entrave à la liberté? La propriété favorise-t-elle ou réduit-elle la liberté? Ce qui précède nous rappelle que tout dépend du système de pensée dans lequel on se place. Il ne faut cependant pas pour autant en conclure que les deux systèmes sont équivalents et qu'on peut librement les mettre sur le même plan.

L'argument non économique le plus fréquemment invoqué pour défendre la propriété et les libertés économiques qui en découlent face aux attaques, dont elles font l'objet, consiste à insister sur le fait que les seules nations où prospère une véritable démocratie sont aussi celles qui respectent le mieux les droits de la propriété privée.

C'est le thème qu'a développé Milton Friedman dans le premier de ses ouvrages grand public, *Capitalisme et Liberté* :

« Le type d'organisation économique qui assure directement la liberté économique, à savoir le capitalisme de concurrence, observe le prix Nobel 1974, est en même temps favorable à la liberté politique car, en séparant le pouvoir économique du pouvoir politique, il permet à l'un de contrebalancer l'autre. L'histoire témoigne sans équivoque de la relation qui unit liberté

politique et marché libre. Je ne connais, continue Friedman,
dans le temps ou dans l'espace, aucun exemple de société qui,
caractérisée par une large mesure de liberté politique, n'ait aussi
recouru, pour organiser son activité économique, à quelque
chose de comparable au marché libre [15]. »

Si l'on définit la démocratie comme un système « plu-
raliste » où la dissémination des centres de pouvoir et de
contre-pouvoir permet, par leur tension, de garantir
l'autonomie des éléments constitutifs de la société, il est
clair que le droit de propriété est l'un de ces contre-
pouvoirs essentiels : en concédant aux individus des « espaces de liberté » inaliénables, la propriété est l'un des
éléments constitutifs de ce polycentrisme sans lequel il ne
saurait y avoir de véritable liberté politique et donc de
démocratie.

La pratique des libertés économiques est aussi, ainsi
que le rappelle Michael Novak dans son livre *The Spirit
of Democratic Capitalism*, un facteur essentiel de développement des comportements démocratiques. L'histoire
montre que la légitimité politique d'un système démocratique dépend de sa capacité à assurer un progrès économique suffisant pour garantir un degré suffisant d'égalité
des chances et de mobilité sociale. D'autre part, l'impulsion économique qui résulte du respect des libertés
capitalistes représente, comme le montrent de nombreux
précédents, le plus sûr moyen de subversion même des
régimes les plus autocratiques [16].

Enfin, nous l'avons vu, il n'est pas difficile d'imaginer
ce qu'il adviendrait de la liberté politique si on supprimait
la propriété privée et le droit à la libre entreprise, par
exemple dans le domaine de la presse et de la communication. Ce n'est pas seulement un hasard si les pays où la
liberté d'expression est la mieux assurée sont aussi ceux
qui respectent le mieux la propriété. Un système de
liberté économique ne suffit pas à garantir le respect des
libertés politiques et démocratiques – de malheureux
exemples le prouvent. Mais, à l'inverse, une chose est
sûre : il n'y a pas d'exemple de régime fondé sur la
négation des libertés économiques qui ait jamais assuré
une authentique liberté politique.

Même si tout cela est vrai – et c'est vrai –, il faut

néanmoins avoir conscience que justifier la propriété en insistant trop exclusivement sur le fait qu'elle est une condition de la démocratie, conduit à réintroduire dans les libertés une hiérarchie entre libertés politiques et libertés économiques, et ainsi, paradoxalement, à entrer dans le jeu même de ceux qui utilisent la démocratie pour mieux détruire la propriété. Il ne faut donc utiliser cet argument qu'avec prudence, en insistant sur l'idée que les libertés économiques ne sont pas seulement un moyen qui favorise l'établissement et l'épanouissement d'un régime de liberté, mais qu'elles représentent elles-mêmes une composante fondamentale de cette liberté, si bien qu'elles aussi sont une fin en soi qui ne saurait être sacrifiée à quelque autre fin sans altérer la liberté elle-même. C'est d'ailleurs ce que rappelle Milton Friedman dès les premières pages de son livre.

A ceux qui sont tentés d'admettre que la liberté impose nécessairement des sacrifices en matière de propriété et de liberté économique, je répliquerai donc par deux arguments plus fondamentaux.

Le premier tient à ce que, indépendamment même des liens qui unissent libertés économiques et libertés politiques, on peut démontrer que seule la présence de la propriété rend possible l'existence d'une véritable liberté.

L'idée – que j'emprunte au remarquable exposé du professeur Frank van Dun, devant la première convention européenne du mouvement *Libertarian International*, à Bruxelles en août 1983 – consiste à repartir de la définition la plus classique de la liberté humaine, celle qui est certainement la plus répandue, car elle est véhiculée par nos schèmes mentaux les plus profonds depuis plus de deux siècles : la liberté, « c'est le droit de faire ce que l'on veut ; le droit de faire ce que l'on désire, quel que soit ce désir ! ».

Si l'on part de cette acception, il apparaît immédiatement que la propriété de l'un est, par définition, une entrave à la liberté de l'autre. Liberté et propriété sont deux concepts antinomiques puisqu'on ne saurait réserver à l'un le contrôle exclusif de l'usage d'une chose sans priver certains autres de la liberté de faire ce qu'ils désirent si, précisément, c'est cette chose qu'ils désirent s'approprier. On arrive également à l'idée que la liberté ne saurait être naturelle à l'espèce humaine dans la mesure où, l'homme étant condamné à vivre dans un univers de rareté, tous les désirs des uns et des autres ne peuvent être satisfaits simultanément sans que l'usage par l'un d'une ressource ne prive l'autre du moyen de réaliser certains de ses désirs. C'est ce que Thomas Hobbes a fort bien vu : dans un tel contexte, il ne peut y avoir de système de liberté naturelle; le fait que chacun essaie d'exercer son droit naturel à faire ce qu'il lui plaît, ne peut que conduire à la guerre de tous contre tous; la vraie liberté est impossible.

Comment en sortir? C'est très simple, répond Hobbes : seule la présence d'un pouvoir souverain ayant le moyen d'imposer, par la contrainte de la loi, des limites au droit des uns et des autres – ayant donc le monopole de la définition des « droits de propriété » – peut rétablir les conditions de la paix civile. C'est le fameux « Léviathan » dont la tyrannie est en réalité, selon le raisonnement de Hobbes, « libératrice ». De même que la propriété privée opprime la liberté des autres (bien que Hobbes reconnaisse que la propriété est nécessaire), de même la loi et sa violence légale libèrent.

Sans nous en rendre compte, nous avons retrouvé tous les ingrédients de ce que j'ai présenté comme la vision « non libérale » (ou antilibérale) de la liberté.

Dès lors que l'on part d'une conception de l'homme vu comme un « panier » de désirs ou de besoins, et que l'on dissocie le concept de liberté de toute référence à une conception transcendante de la perfection humaine, on se trouve, sans le savoir, pris dans un engrenage intellectuel qui conduit à tout ce que l'on déplore aujourd'hui. Avec le recul, le *Léviathan* apparaît non pas comme une œuvre datée et marquée par son temps, mais au contraire comme une formidable, et même une géniale prophétie de ce qui allait arriver à partir du moment où l'on choisit de bâtir les nouvelles sciences humaines sur une vision exclusivement subjectiviste de l'homme conçu comme un « panier de désirs » et non pas comme un panier objectif de « droits ».

Imaginons ce qui se serait passé si, au lieu de la définition utilitariste de la liberté conçue comme « le droit de faire ce que l'on désire... », on avait adopté l'autre définition suggérée par Murray Rothbard : « La liberté, c'est le droit de faire ce que l'on désire... *avec ce que l'on a* [17] ! »

La simple addition « ... avec ce que l'on a ! » – le droit de faire ce que l'on veut seulement avec ce qui vous appartient légitimement – change tout. Si l'on se rappelle que, dans la théorie du droit naturel, « ce que l'on a » (au sens de : ce à quoi on a « naturellement » droit, les droits de propriété « naturels ») se déduit objectivement des implications de la loi de nature propre à l'espèce humaine, avec une telle définition, tous les problèmes posés par Hobbes – et qui depuis trois siècles forment le cœur de toute la philosophie politique occidentale – disparaissent comme par enchantement.

Par exemple, il n'est plus besoin de définir la liberté en précisant qu'elle s'arrête « là où commence la liberté des autres », comme on se croit généralement contraint d'ajouter (impliquant par là même qu'il faut bien qu'il y ait quelque part un super-quelqu'un qui dise où commence et où s'arrête la liberté des uns et des autres). Puisque la liberté individuelle s'applique seulement à ce à quoi l'on a naturellement droit, et que deux êtres humains ne peuvent avoir naturellement droit à la même chose (puisque l'origine de l'appropriation se trouve dans l'acte créatif individuel), cette restriction est inscrite d'emblée dans la définition utilisée.

De même, disparaît l'antinomie de principe entre propriété et liberté puisque, par définition, ma liberté ne peut plus signifier que je suis libre de désirer ce qui appartient à d'autres (à moins d'obtenir leur consentement volontaire). Enfin, ce à quoi chacun a droit se déduisant d'une loi morale simple et objective (le droit de propriété de tout être humain sur lui-même et sur ce qu'il crée), on a ainsi un système de liberté parfaitement défini, aux frontières clairement délimitées, qui fonctionne sans qu'il soit nécessaire de faire appel au prince ou au législateur (sauf, à la rigueur, pour assurer la police de ces droits de propriété qui s'imposent à eux comme ils s'imposent aux autres citoyens) [18].

On retrouve la définition et la théorie libérale de la propriété évoquées plus haut. La liberté cesse d'être une impossibilité pratique. Et cela parce que, remarque Frank van Dun, on a introduit le principe que chacun a le droit de dire : « Ceci est à moi parce que je l'ai créé! c'est à moi parce que j'en suis l'auteur, parce que c'est moi qui l'ai fait! »

Avec une telle définition, précise le libertarien flamand, tous les problèmes changent de nature [19]. Un homme peut dire très sincèrement qu'il désire tout ce qui existe; mais il ne peut pas clamer qu'il a tout créé lui-même. Dans le système de pensée de Hobbes, ce qu'un homme désire a toutes chances d'être ce qu'un autre homme désire, lequel désire lui-même ce qu'un troisième désire, et ainsi de suite, sans fin. Dans la perspective « naturaliste », c'est très différent : ce qui m'appartient parce que je l'ai créé ne peut pas appartenir à quelqu'un d'autre qui, par définition, ne peut pas l'avoir créé lui aussi. Il s'ensuit qu'on peut effectivement dire que toute personne humaine a le droit de faire ce qu'il lui plaît avec ce qui lui revient naturellement, et sur quoi personne d'autre ne peut prétendre détenir aucun droit similaire, sans pour autant craindre qu'il soit impossible pour chacun de jouir librement de ses droits, et en même temps de respecter les droits similaires des autres.

Cette approche « objectiviste », continue Frank van Dun, permet de définir l'existence de frontières naturelles déterminant le domaine des uns et des autres sans avoir à craindre que ceux-ci se recoupent. Et comme ces frontières ne sont pas le produit d'une loi positive arbitraire venue d'on ne sait où, mais liées au caractère bien déterminable et exclusif des réalisations de chacun, elles définissent de façon on ne peut plus effective et observable ce qui doit être naturellement la propriété de chacun.

Il en découle que l'objection de ceux qui identifient toute évocation du droit naturel avec un désastreux laissez-faire à la Hobbes n'a plus de raison d'être.

Tous les fameux paradoxes de la liberté qui ont traumatisé tant de générations de potaches n'existent que parce que nous avons pris l'habitude de dissocier et d'opposer les deux notions de liberté et de propriété. Ces paradoxes disparaissent d'eux-mêmes dans la véritable conception libérale de la liberté. Le principe de l'autonomie ou de l' « autodétermination » individuelle est le seul qui permette d'établir et de développer une théorie des droits – et donc une théorie de la liberté – qui soit pleinement cohérente.

Mon second argument est que tous ces « nouveaux droits » que l'on oppose aux droits de propriété, en réalité, n'en sont pas et ne pourront jamais en être.

Toute la différence entre une position libérale et une position non libérale (ou antilibérale), touchant la propriété, tient à un problème de définition des « droits » que les hommes ont ou qu'ils n'ont pas. Si la propriété fait problème, si sa « souveraineté » est de plus en plus souvent contestée, c'est parce qu'aujourd'hui nous trouvons naturel d'ajouter à la liste des droits individuels classiques que le libéralisme reconnaît à tout homme, toute une série d'autres droits, de nature collective ou catégorielle, qui entrent nécessairement en conflit avec les droits traditionnels de la propriété [20].

Il existe de profondes divergences sur la liste de ces nouveaux droits, et sur leur définition. Elles servent d'ailleurs, en quelque sorte, à étalonner la position des divers partis politiques entre la droite et la gauche. Néanmoins le principe de l'existence d'au moins certains de ces droits est accepté à peu près par tout le monde, au point de figurer dans la Constitution. Que de tels droits puissent exister, même si on ne va pas jusqu'à accepter tous ceux que le socialisme voudrait voir reconnus, et que leur reconnaissance entraîne nécessairement certains empiétements sur l'exercice d'autres droits, comme le droit de propriété, paraît évident à la quasi-totalité des hommes politiques, même les plus libéraux. D'où l'attitude du libéralisme politique contemporain qui, avec des variantes, s'identifie à une sorte de recherche pragmatique du meilleur compromis possible entre des droits plus ou moins contradictoires.

Or, un tel compromis est-il possible ? Peut-on vraiment, sans danger, se livrer à un tel exercice de corde raide ? C'est la question que posait Hayek dans *La Route de la servitude,* ouvrage dont on vient de fêter le quarantième anniversaire. C'est aussi celle qui préoccupe les spécialistes de l'école dite des choix publics, tels James Buchanan et Gordon Tullock. Leur réponse est que tout compromis de ce genre, en l'état actuel de nos institutions, ne peut qu'être instable et évoluer dans une seule et même direction : toujours au détriment des libertés et droits individuels, et au seul profit des intérêts catégoriels et de leur agent, l'État.

Mais il est une autre question encore plus fondamentale qui, elle, a presque disparu de toute discussion. Ces « nouveaux droits » que l'on oppose au droit personnel de propriété existent-ils véritablement, sont-ce des droits que l'on peut vraiment mettre sur le même plan que les droits personnels, universels, et « naturels » mis en forme par les philosophes des XVIIe et XVIIIe siècles? Autrement dit, suffit-il d'une loi ou d'un décret ou même de la sanction d'un référendum pour doter certains hommes de nouveaux droits qui puissent valablement être opposés aux droits de propriété légitimes d'autres hommes?

Un véritable libéral ne peut que répliquer par un ferme *non* à une telle question. Pourquoi? Tout simplement par devoir de cohérence : on ne peut, par définition, maintenir une conception libérale de la liberté, telle qu'elle a été décrite plus haut, et en même temps accepter que *certains* hommes puissent avoir, à un titre ou à un autre, un *droit sur* le travail des autres, puisque adopter un tel principe revient à dénier à ces derniers la qualité d'être pleinement « propriétaires » d'eux-mêmes et donc à *nier leur liberté*.

C'est une question de pure logique. Ainsi que l'a fort bien analysé Ayn Rand, reconnaître à ces prétendus « droits nouveaux » un statut égal à celui des droits libéraux classiques ne peut avoir qu'une conséquence : priver ces derniers de tout contenu réel [21].

On ne peut pas avoir les deux en même temps : *et* le droit personnel à l'autonomie qui définit la conception libérale de la liberté, *et* les « nouveaux droits » économiques et sociaux par lesquels la gauche prétend « libérer » les hommes de l'oppression capitaliste. Sachant que le droit à l'autonomie personnelle se définit comme « le droit de faire ce que l'on veut avec ce que l'on a », cependant que les nouveaux droits économiques et sociaux reviennent à proclamer une sorte de « droit d'utiliser le suffrage

universel pour s'approprier par la force ce qui appartient
à d'autres », *les deux principes sont purement et simplement inconciliables.* Et les deux libertés qu'ils définissent
ne sont pas, comme on veut nous le faire croire, complémentaires l'une de l'autre, mais parfaitement *antinomiques.* L'une doit nécessairement l'emporter sur l'autre. Si
c'est la liberté-autonomie, la liberté règne. Si c'est la
liberté-libération, la vocation de chacun est de devenir
chaque jour davantage la « propriété » (et donc l'esclave)
de tous les autres. A ne pas choisir, à vouloir concilier la
chèvre et le chou, comme le font tant d'hommes politiques qui disent refuser les « idéologies », on se condamne
à faire le jeu du collectivisme. C'est le retour à la case
départ.

Allons plus loin. Non seulement ces droits sont antinomiques avec toute définition « libérale » de la liberté et
des droits individuels, mais on peut aussi montrer qu'ils
ne répondent à aucun des critères qui permettraient d'en
faire de véritables droits, au sens philosophique du
terme.

Par exemple, ainsi que le savent tous ceux qui ont
fait un tant soit peu de philosophie, dans le langage
philosophique le plus fondamental et le mieux établi, ne
peut bénéficier de la qualification de « droit » – au sens
de « devoir » opposable au reste de l'humanité – que ce
qui s'applique à des objets conceptuels abstraits et
impersonnels, et qui a donc une valeur universalisable.
Or, avec ces « droits nouveaux », nous sommes en présence de quelque chose de tout différent, concernant le
plus souvent de simples revendications matérielles et
catégorielles qui, dans un univers humain marqué par la
rareté, ne sauraient faire l'objet d'un processus d'univer-
salisation.

De même, dans le système philosophique d'où est issue
la doctrine des Droits de l'homme, la notion de « droits »
est fondamentalement liée à l'idée d'un dispositif de
règles organisant les rapports des hommes entre eux de
telle manière que « chacun reste son propre maître sans
pour autant devenir le maître de quelqu'un d'autre ».
Sans cette restriction « ... sans pour autant devenir le
maître de quelqu'un d'autre », le concept même de Droits
de l'homme serait absurde, puisque cela reviendrait à

proclamer la liberté universelle de l'homme tout en reconnaissant qu'il y a des hommes qui sont moins libres que d'autres... Dans cette optique, l'idée essentielle est que les hommes représentent, chacun individuellement, une fin en soi, et qu'aucune personne ne saurait être utilisée de façon instrumentale par une autre pour assurer l'avancement de ses propres fins. Or, là encore, avec ces « nouveaux droits » économiques et sociaux, c'est exactement au résultat inverse que l'on aboutit. Ainsi que le fait remarquer Roger Pilon :

« Prendre aux uns pour donner aux autres ce qui appartient aux premiers revient à reconnaître aux autres le droit d'utiliser ces derniers comme " moyens " pour réaliser leurs fins; c'est substituer au principe de la liberté un principe d'instrumentalité, contraire à toute l'éthique des " droits de l'homme " [22]... »

Enfin, on ne peut pas définir les « droits » qu'ont les hommes sans faire intervenir une conception éthique de la façon dont ils devraient se comporter par rapport à eux-mêmes ou avec les autres. On ne peut en effet reconnaître aux individus un « droit » qu'en contrepartie d'un certain « devoir ». Ainsi, dans la conception libérale du droit naturel, c'est le « devoir » envers lui-même que tout homme a de se comporter en homme et de vivre sa vie conformément aux exigences morales de sa nature, qui justifie la reconnaissance du « droit naturel » à la liberté et à la propriété. Or, là encore, cette exigence disparaît complètement avec les « nouveaux droits ». Ceux-ci résultent de l'affirmation de simples besoins et désirs dont on pose par définition qu'ils ont le droit d'être satisfaits indépendamment de toute réflexion éthique sur les devoirs de l'homme. Conséquence : ces prétendus « nouveaux droits » ne sont pas des droits et ne pourront jamais l'être. La conception non libérale de la liberté et de la propriété revient tout simplement à prêter aux hommes – et plus particulièrement à certains d'entre eux – des droits qu'ils n'ont pas et qu'ils ne pourront jamais avoir.

Le conflit entre propriété et liberté n'est ainsi qu'un faux problème; qui n'existe que parce que nos esprits se sont laissé contaminer par une conception fausse de la liberté, de la démocratie et des Droits de l'homme [23].

Les origines du déclin

La propriété se meurt... Ligoté au nom de l'intérêt général, cisaillé au profit des utilisateurs de la puissance publique attaqué du dehors comme du dedans, le droit individuel de propriété, « absolu » et « inviolable » tel qu'il semblait issu de la Déclaration des droits de l'homme de 1789 et du Code civil, se rétrécit comme une peau de chagrin.

Certes, ainsi que ne manquent jamais de le souligner les juristes, cette décadence de la propriété (comme d'ailleurs du contrat et de la responsabilité, ces deux autres piliers de l'ordre libéral) est en quelque sorte compensée par l'extension de la propriété à de nouveaux domaines : biens incorporels, propriété commerciale, propriété littéraire et artistique, etc. Il n'en reste pas moins que le droit de propriété est de plus en plus fragile ; un droit qui n'est plus, comme le soulignait le doyen Ripert dès le lendemain de la guerre, qu'une « concession précaire et révocable ». Signe des temps, la Déclaration universelle des droits de l'homme (adoptée par les Nations Unies le 10 décembre 1948) ne reconnaît plus le droit *de* propriété, mais proclame le droit de chacun *à* la propriété. Celle-ci n'apparaît plus comme l'un des droits fondamentaux de l'homme. « Sur nos conceptions de la propriété, écrit le professeur Carbonnier, s'étend désormais – même quand nous nous en défendons, même quand nous n'en avons pas conscience – la grande ombre législative venue de l'Est. »

Pourquoi cette déchéance du droit de propriété ? Mais aussi, puisque l'un ne va pas sans l'autre, pourquoi ce déclin de la conception libérale du droit et des libertés ? Les réponses ne manquent pas.

Certains évoquent les « effets pervers » des institutions politiques mises en place au XIXe siècle. La généralisation du suffrage universel a entraîné la diffusion d'une conception de plus en plus égalitariste et redistributive de la vie politique. A partir du moment où la puissance publique s'arroge le droit de prendre à Pierre pour donner à Paul (et donc le droit de modifier unilatéralement la distribution existante des droits), un mécanisme inéluctable se met en place : on cherche désormais à satisfaire ses fins davantage en comptant sur l'usage du monopole public de la contrainte, qu'en ayant recours aux procédures contractuelles du marché et de la société civile. La force, le pouvoir, se substituent au droit. C'est l'engrenage de l'économie mixte, du libéral-corporatisme, de la social-démocratie et, *in fine,* du socialisme pur et simple.

Une autre démarche insistera sur le pouvoir des idées. C'est ce que fait par exemple Hayek, en incriminant l'influence du « constructivisme cartésien » qui, dès le milieu du XIXᵉ siècle, étend son ombre monopolistique sur les milieux intellectuels et scientifiques des principales nations occidentales. Impressionnés par les formidables réalisations de cette science toute nouvelle dont on découvre le pouvoir, les grands esprits de l'époque se mettent à croire que l'on peut transplanter dans le domaine de l'organisation humaine les recettes et les techniques qui ont fait fortune ailleurs. C'est Saint-Simon, Marx, puis le socialisme et la planification... La société est conçue comme une machine aux rouages complexes qui ne saurait fonctionner d'une manière satisfaisante sans les soins attentifs et dévoués d'une nouvelle élite d'ingénieurs omniscients.

Pour ma part, je conclurai ce livre en proposant une autre hypothèse : reprenant une idée chère à Murray Rothbard et à d'autres libertariens américains, je me demande si ce n'est pas aux sources mêmes de la pensée moderne, dans l'abandon par celle-ci (fin XVIIᵉ-début XVIIIᵉ) des conceptions « classiques » du droit naturel, que se situe déjà la véritable origine du déclin ultérieur du libéralisme [24].

Cette proposition est paradoxale dans la mesure où elle conduit à situer les sources du déclin du droit libéral à une époque où celui-ci n'est encore qu'un projet philosophique dont l'influence concrète sur les institutions demeure modeste. Mais elle découle directement de ce qui précède : le libéralisme est un système de concepts et d'idées qui ne prend tout son sens et n'acquiert sa pleine cohérence que s'il se rattache à une théorie des droits elle-même ancrée dans une conception transcendante de la nature – et donc de la perfection humaine.

Sans cette boussole, le libéralisme était voué à demeurer une philosophie inachevée, donc fragile, à la merci du moindre vent contraire. Et c'est ce qui s'est passé...

Notes

1. Jean Poperen dans un face à face avec Jacques Barrot sur le libéralisme, dans *Le Quotidien de Paris,* lundi 7 janvier 1985.

2. Cheyney C. RYAN, « Yours, Mine and Ours : Property Rights and Individual Liberty », *Reading Nozick, Essays on Anarchy, State and Utopia,* éd. par Jeffrey Paul, Rowman and Littlefield, 1981.

3. Lord ACTON, *The History of Freedom.*

4. Prenons par exemple la fameuse *Magna Carta* anglaise du XIIIe siècle, vénérée comme la première de toutes les grandes chartes de liberté. Quand on examine de près son contenu, on découvre que n'y figurent aucune de nos grandes « libertés » modernes, qu'il s'agisse de la liberté d'expression, de la liberté d'association, ou même tout simplement de la liberté religieuse, la première de toutes les libertés politiques. On n'y trouve même pas la reconnaissance du principe de l'*Habeas Corpus* ou encore celui du contrôle des impôts royaux par le Parlement, comme l'affirment généralement bien des manuels. La Grande Charte se réduit à une collection de dispositions dont la finalité est de renforcer la sécurité des propriétaires fonciers anglais contre l'arbitraire du pouvoir royal ou celui des administrateurs féodaux locaux. La Grande Charte, remarque Gottfried Dietze, n'est qu'une sorte de code pénal multipliant les garanties qui entourent les conditions dans lesquelles les hommes peuvent être emprisonnés, détenus, jugés, condamnés, et leurs propriétés saisies. Au moment où émerge l'idée d'une justice conçue non seulement comme punition et répression, mais également comme protection des « droits » des individus contre l'arbitraire, le premier de ces droits à ainsi bénéficier d'une protection légale et « organisée » est le droit de propriété.

Passons à la révolution anglaise de 1640, la première des grandes révolutions démocratiques de l'histoire contemporaine. C'est à cette occasion que, par la voix des *Levellers,* se trouve pour la première fois clairement formulée l'affirmation de la nature universelle des droits de l'homme. Cependant la Constitution de Cromwell (*The Instrument of Government* de 1653) ne mentionne explicitement que deux droits individuels : le droit à la liberté religieuse et droit de propriété. Avec la disparition du droit de monopole royal sur la création de nouveaux commerces et de nouvelles industries, le droit de propriété est la première liberté civile individuelle à ne plus faire l'objet d'aucune restriction. Il s'agit enfin d'un véritable « droit », au sens plein du terme. Ce qui n'est malheureusement pas encore le cas de la liberté religieuse : bien qu'officiellement reconnue sur le plan des principes, l'exercice de celle-ci reste sérieusement limité dès lors qu'on n'appartient pas à la confession anglicane ou qu'on n'est pas protestant. De même, l'introduction du droit de vote reste partielle avec l'application du principe censitaire. Dès le début du XVIIe siècle, l'habitude se prend en Angleterre de considérer la propriété comme un droit individuel de statut égal aux libertés personnelles dont le Parlement se fait le défenseur contre les privilèges de la monarchie.

Passons à la révolution américaine. Il s'agit d'une révolution de nature nettement « propriétariste », réaction des colons d'Amérique du Nord contre les atteintes à la liberté du commerce résultant des initiatives maladroites de la métropole. Cela éclate dès les premières lignes de la Déclaration d'Indépendance : la liberté d'acquisition et la libre jouissance de la propriété y sont présentées comme l'un des droits inaliénables de l'espèce humaine, à égalité avec le droit à la vie et le droit à la liberté. Conformément à la philosophie de Locke, le gouvernement y est décrit comme le produit d'un pacte social conçu pour assurer la défense des citoyens et de leurs propriétés. A l'inverse, la propriété est également présentée comme la meilleure des garanties contre tout gouvernement autoritaire. Pour les pères fondateurs de la Constitution américaine, il est clair que liberté et propriété ne font qu'un.

Il en va de même de la Révolution française, en dépit des excès qui ont marqué son déroulement. Les adjectifs « inviolable » et « sacré » qui, dans l'article 17 de la Déclaration des droits de l'homme et du citoyen, qualifient le droit de propriété, sont des adjectifs de circonstance introduits à la dernière minute pour rassurer les acquéreurs de biens nationaux, et leur garantir qu'on ne leur reprendrait pas leurs nouvelles acquisitions. Il n'en reste pas moins que l'article 2 de cette même Déclaration établit sans ambiguïté que la conservation du droit de propriété est l'un des buts fondamentaux de la société politique, et que la propriété est un « droit naturel et imprescriptible », mis au même rang que « la liberté, la sécurité et la résistance à l'oppression ». L'examen des débats parlementaires montre que, pour les constituants de l'époque, la liberté de la propriété est un facteur qui les préoccupe au moins autant que la liberté d'opinion, la liberté de la presse ou la liberté du culte. Il ne vient à aucun d'entre eux l'idée d'établir une distinction et d'introduire une hiérarchie entre, d'un côté, les « libertés politiques » *stricto sensu*, et de l'autre, ce qu'on appelle les « libertés économiques ». Pour eux, la liberté est un concept global qui, comme le définit l'article 4 de la Déclaration des droits, consiste à pouvoir faire tout ce qui ne nuit pas à autrui, et ne saurait elle-même être préservée si des restrictions arbitraires ou abusives étaient apportées à la liberté d'entreprendre. Avant d'être celle d'une nation, la liberté de la révolution est une *liberté individuelle,* celle de l'homme en tant qu'homme. Et c'est pour cela que l'affirmation du droit de propriété y tient une si grande place. Cf. Gottfried DIETZE, *In Defense of Liberty,* The Johns Hopkins Press, 1971.

5. Cette définition me paraît plus rigoureuse et très supérieure à celle qui consiste à présenter le droit naturel comme un droit « antérieur » au contrat social, et donc « pré-existant » à la formation de la société. Dans cette optique, il n'est en effet absolument pas besoin d'imaginer qu'il ait existé un « état de nature » avant que la société n'apparaisse. Ce qui est plus conforme aux conceptions anthropologiques contemporaines.

6. Sur la définition libérale de la démocratie, cf. l'excellente présentation faite par Jean BAECHLER dans *La Notion de démocratie et de citoyenneté,* brochure éditée par l'Institut du citoyen, octobre 1983.

« Une société politique, écrit Jean Baechler, est démocratique dès lors qu'elle pose comme principe de base que toute relation de pouvoir en son sein est enracinée, non dans un principe transcendant (Dieu, la Nation, la Classe, la Race...), ni dans ceux qui émettent des ordres, mais uniquement dans ceux qui acceptent d'obéir (...). La souveraineté réside donc exclusivement dans les gens, définis dans leur individualité et leur diversité, qui composent la société politique. » Et plus loin : « La notion de " représentation " est directement antidémocratique, car elle se fonde sur la possibilité que les gens se dessaisissent de leur souveraineté au profit d'une minorité considérée comme substitut adéquat. Les gens ne peuvent pas abandonner leur souveraineté à quiconque, sans cesser par le fait même de vivre en démocratie. »

7. Je dois cette définition à Frank VAN DUN professeur à l'université de Gand et auteur d'une thèse sur l'origine des droits.

8. Ayn RAND, « Man's Rights », *Capitalism : the Unknown Ideal*, Signet Books, 1967.

9. De manière plus précise, on peut définir la liste des libertés économiques de la façon suivante :
– le droit de disposer librement des fruits de son travail et de ses efforts (droit qui n'est qu'une simple extension de la reconnaissance du droit de chacun à la propriété exclusive de son propre corps, et qui est le fondement même de tout principe de liberté individuelle);
– le droit de choisir librement l'usage que l'on désire faire des ressources dont on a le contrôle (par exemple, son travail, sa créativité);
– le droit d'utiliser librement le patrimoine dont on dispose pour produire ce que l'on désire produire (le droit à l'accumulation d'un patrimoine résultant des deux droits fondamentaux précédents);
– le droit de vendre librement sur le marché les produits de sa production;
– le droit d'en percevoir les revenus à usage exclusif;
– le droit de choisir librement ses clients et ses fournisseurs;
– le droit de cesser librement son activité;
– le droit de transférer librement à un tiers son droit à l'usage de tout ou partie du patrimoine dont on a le contrôle;
– le droit de transférer librement l'usufruit des revenus de son patrimoine à des tiers, etc.

C'est la reconnaissance du caractère individuel et privatif de l'ensemble de ces droits qui définit la présence d'un état de liberté économique.

10. Gottfried DIETZE, *op. cit.,* chap. II.

11. Frank VAN DUN, « The Justice of Liberty », intervention à la convention libertarienne de Bruxelles, août 1983.

12. Roger PILON, « Property Rights and a Free Society », *Resolving the Housing Crisis*, éd. par Bruce Johnson, Pacific Institute for Public Policy Research, San Francisco, 1982.

13. Notons au passage qu'il n'y a rien de plus absurde que cette assimilation du libéralisme à la loi du renard libre dans le poulailler (la loi de la jungle). Il n'y a au contraire pas de système juridiquement plus contraignant pour les individus que le système libéral de la propriété privée. L'industriel ou le commerçant qui se comportent comme le renard dans le poulailler sont des hors-la-loi, un point c'est tout. Je ne dis pas qu'il n'y ait pas d'exemples de « capitalisme sauvage », mais ceux-ci

ne se multiplient qu'à partir du moment où le développement de la
capacité de l'État à modifier arbitrairement la définition des droits de
propriété appartenant aux personnes privées incite les dirigeants et
propriétaires d'entreprises à rechercher de préférence l'appui du pouvoir
de contrainte de la puissance publique pour arriver à leurs fins, plutôt
que la négociation contractuelle du marché. La jungle, c'est l'usage de
la force. Or, l'usage de la force, c'est précisément le monopole du
politique. C'est la politisation des relations économiques du fait du
développement des interventions de l'État qui conduit au retour de la loi
de la jungle.

14. La doctrine de la propriété « fonction sociale » remonte aux
années 1850 et à Auguste Comte. L'idée est reprise en 1905 par le
juriste Léon Duguit qui écrit : « La propriété n'est pas un droit ; elle est
une fonction sociale. Le propriétaire, c'est-à-dire le détenteur d'une
richesse, a du fait qu'il détient cette richesse, une fonction sociale à
remplir ; tant qu'il remplit cette mission, ses actes de propriétaire sont
protégés. S'il ne la remplit pas, ou la remplit mal, si par exemple il ne
cultive pas sa terre, laisse sa maison tomber en ruine, l'intervention des
gouvernants est légitime pour le contraindre à remplir ses fonctions
sociales de propriétaire, qui consistent à assurer l'emploi des richesses
qu'il détient conformément à leur destination. » Ce n'est qu'à partir des
années 1930 que cette doctrine commence réellement à influencer les
juristes, notamment les juristes de tendance chrétienne-sociale.

Il est évident que la propriété a une fonction sociale que l'on peut
même décrire selon les termes qu'utilise Léon Duguit. Mais tout le
problème est de passer à l'application et à la mise en œuvre du principe.
Qui est à même de déterminer si une propriété est utilisée au mieux,
conformément à son utilité sociale ? Réponse : seul le résultat spontané
du marché peut nous le dire. C'est là quelque chose que l'on ne peut pas
connaître indépendamment même du jeu des échanges. On retombe sur
la critique fondamentale de tout interventionnisme. En confiant nécessairement à des bureaux le soin de sanctionner ceux qui n'accompli-
raient pas leur « devoir », la doctrine de la propriété « fonction sociale »
part du principe que les fonctionnaires, ou les élus, sont en mesure
d'avoir accès à une connaissance que, par définition, ils ne peuvent pas
avoir. Le paradoxe de cette doctrine est que c'est précisément pour
s'assurer que chaque ressource est utilisée au mieux de son utilité sociale
que le régime de la propriété privée et de la libre concurrence a été
inventé.

On retrouve le fameux problème du « bien commun » qui préoccupe
tant les théologiens. Dans la doctrine de l'Église, la propriété doit être
subordonnée à son utilisation pour le « bien commun ». C'est la fameuse
thèse de saint Thomas. Mais qui peut dire quel est le « bien commun » ?
Qui peut juger qu'un usage lui est conforme ? La réponse du libéral est
que ce sont là précisément des choses qu'on ne peut connaître que par le
jeu du libre marché.

15. Milton FRIEDMAN, *Capitalisme et Liberté*, Calmann-Lévy,
1969.

16. Dans une intéressante communication présentée lors du colloque
des 23 et 24 novembre 1984, organisé par la Commission sociale de
l'épiscopat, Michel Albert a montré comment la géographie du développement économique recoupe largement celle des Droits de l'homme

et du civisme. La carte de la liberté, expliquait-t-il, recouvre à peu près celle de la prospérité. Tous les pays qui accèdent au développement économique ont tendance à devenir des démocraties (Espagne, Portugal, Grèce, mais aussi les trois principaux pays d'Amérique latine : Mexique, Brésil, Argentine). Sur cette carte du monde, les seuls pays non démocratiques à pouvoir d'achat élevé sont les pays pétroliers. La corrélation entre développement économique et Droits de l'homme est relativement récente. Les deux éléments, développement économique et liberté individuelle, apparaissent nécessaires l'un à l'autre : si l'un est absent, l'autre ne tient pas. La création de richesses, remarquait l'ancien commissaire au Plan, n'est liée ni au climat, ni au sous-sol, ni à la densité démographique, mais dépend essentiellement de données culturelles, psychologiques et morales qui font qu'il y a sous-développement là où il y a excès de pouvoir et réciproquement. Enfin, concluait-il, tous les pays dont le régime politique est fondé sur l'excès de pouvoir, tous ceux qui se détournent des Droits de l'homme voient leur économie se figer par des rhumatismes sclérosants.

17. Murray ROTHBARD, *Power and Market,* Institute of Humane Studies, Sheed Andrews and McNeel, 1970.

18. Je dis « à la rigueur », tout simplement pour souligner que ce n'est pas nécessairement une évidence que seul l'État peut exercer cette fonction de police des droits, ou encore que celle-ci ne peut être exercée que par un monopole. On entre dans le domaine pure de la théorie Libertarienne. Sur ce sujet voir l'excellent livre de Pierre LEMIEUX, *Du libéralisme à l'anarcho-capitalisme,* P.U.F., 1983, « Libre Échange » dirigée par Florin Aftalion.

19. Il s'agit ici d'une traduction rédigée à partir d'un enregistrement pris pendant l'exposé. J'en assume la seule responsabilité.

20. L'actualité politique des trois dernières années ne manque pas d'exemples. Qu'on songe aux « nouveaux droits des travailleurs », proclamés par les lois Auroux, aux nouveaux « droits » des locataires qui résultent de la loi Quillot, aux droits des consommateurs dont Mme Lalumière se fait la championne, etc.

21. Le danger totalitaire, explique Ayn RAND dans *Capitalism : the Unknown Ideal,* vient moins de ce que nous risquerions un jour de voir une bande de dictateurs nous priver brusquement de nos libertés, de nos droits, de nos biens et de nos valeurs, que d'un véritable processus de corruption interne. De même que la richesse de nos nations est menacée par l'inflation de la monnaie, de même, sur le plan politique, nous assistons à une véritable inflation de nouveaux droits. Cette inflation n'est pas moins dangereuse que l'autre car elle conduit à une véritable perversion du concept lui-même. De la même façon que la mauvaise monnaie chasse la bonne, ces « faux droits » ont pour conséquence de priver les vrais droits de tout contenu réel puisqu'ils en sont la négation.

Si l'on accorde aux uns, poursuit Ayn Rand, un droit sur ce qui est produit par le travail des autres, cela signifie que ceux-ci sont eux-mêmes privés d'une certaine partie de leurs droits, et donc condamnés à une certaine forme de travail servile. Tout droit reconnu à un homme qui nécessiterait, pour sa réalisation, que soient violés les droits d'un autre homme, n'est pas et ne peut pas être un droit, puisque personne ne peut avoir le droit d'imposer à autrui une obligation que celui-ci n'a pas lui-même décidé d'accepter. Se voir reconnaître un droit ne signifie pas que ce droit impose aux autres de nous procurer ce que ce droit nous permet seulement de nous procurer à partir de nos propres efforts. Nous ne pouvons pas avoir de *droit sur* quelque chose que nous n'avons pas produit nous-mêmes, nous ne pouvons qu'avoir le *droit de faire* ce que nous avons ensuite le droit de garder...

Le fameux droit au bonheur proclamé par les philosophes du XVIIIᵉ siècle signifiait que nous avons le droit de décider par nous-mêmes des actions à entreprendre qui nous paraissent les mieux adaptées pour nous conduire au bonheur ; mais il ne peut pas signifier que c'est *le devoir des autres de faire notre bonheur*. De la même façon, le droit à la vie ne peut pas signifier que c'est le devoir des autres de nous fournir ce qui est nécessaire à notre vie, mais seulement que nous sommes libres de défendre cette vie par nos propres efforts. Le droit à la propriété signifie que tout homme a le droit de prendre les décisions économiques qui lui permettront de se constituer une propriété, mais il ne peut pas signifier que c'est aux autres de lui apporter cette propriété. Le droit à la libre expression signifie que chacun a le droit d'exprimer ce qu'il veut, sans risquer de se voir censuré ou puni, mais il ne peut pas vouloir dire que c'est aux autres de nous procurer les moyens d'impression et de communication dont nous avons besoin pour diffuser nos idées. Il n'y a pas de droit au travail, il n'y a que le droit de chacun d'accepter ou de refuser un travail que d'autres lui proposent. Il n'y a pas de droit au logement, il ne peut y avoir que le droit de gagner librement sa vie et d'épargner pour acheter la maison que d'autres ont construit et qu'ils sont prêts à vous vendre ou à vous louer.

Les droits des travailleurs, des locataires, des consommateurs, des vieux, des jeunes, des malades, des immigrés, des homosexuels, des prisonniers, de ceux qui ne sont pas encore nés, etc., tous ces droits catégoriels n'existent pas. Il n'y a et il ne peut y avoir que des Droits de l'homme, c'est-à-dire des droits qui concernent ce qu'il y a vraiment d'universel dans chaque homme pris individuellement, et qui s'appliquent à tous sans distinction de race, de religion, de couleur, de profession, etc.

22. Roger PILON, « Capitalism and Rights : an Essay toward Fine Tuning the Moral Foundations of the Free Society », *Journal of Business Ethics,* (1982), 1, édité par D. Reidel Publishing Co., Dordrecht (Hollande) et Boston (U.S.A.).

23. Pour avoir une idée du degré de perversion conceptuelle auquel conduit cette approche, il faut lire le projet de Déclaration des droits socialistes de l'homme que propose l'association D.S.H. (Droits socialistes de l'homme) à laquelle appartient tout le gotha de l'État socialiste, en commençant par les ministres, les conseillers du président, les journalistes, etc. En quelques pages, c'est un retour pur et dur au fameux *Projet socialiste* d'avant 1981. D.S.H., 3, rue de La Rochefoucauld, 75009 Paris (874-95-25).

24. Sur ce sujet voir : 1) Le remarquable article d'Henry VEATCH, « Natural Law : Dead or Alive », *Literature of Liberty,* octobre-décembre 1978, Institute for Humane Studies, Menlo Park, Californie. 2) Le livre de Tibor MACHAN : *Human Rights and Human Liberties,* Nelson Hall, Chicago, 1975.

L'idée est la suivante. Par conception « classique » du droit naturel, j'entends la conception du droit naturel telle qu'on la trouve par exemple chez saint Thomas d'Aquin. Sa caractéristique est d'être fondée sur une conception en quelque sorte normative de la nature humaine : ce qui définit la nature humaine, c'est « ce qu'il est bien » pour les hommes de faire pour être conformes à leur vocation. Le mot nature se réfère à « ce qu'il est dans la nature de l'homme de faire » pour, d'une certaine manière, assumer sa place dans l'univers. Il s'agit d'une définition à caractère téléonomique qui part de l'image de la perfection vers quoi tout homme devrait tendre pour vivre une vie véritablement conforme à sa nature. De « ce qu'il est bien pour les hommes de faire », on déduit un ensemble de principes et de conditions nécessaires pour que les hommes puissent le faire effectivement : ce sont les lois du « droit naturel » qui apparaissent comme des lois « objectives », dictées par la nature même de cet animal particulier qu'est l'homme.

C'est dans ce contexte intellectuel du droit naturel classique qu'émerge au Moyen Âge l'idée que les hommes auraient des « droits ». Et c'est à la fin du XVIIe qu'apparaissent les premières références complètes à la notion de droits universels de l'homme (les *Levellers* sous Cromwell). Mais cette fin de XVIIe siècle est aussi le moment où, avec Hobbes, émerge une autre conception de la nature humaine et du droit naturel. Sous l'influence des développements récents de la science expérimentale (Bacon), la nature humaine est désormais comprise non plus comme se rapportant à une sorte de potentiel à actualiser, mais au contraire comme une source exogène de désirs et de passions auxquels sont soumis les individus. Dans cette optique, la « loi de nature » ne se déduit plus de ce que dictent les « fins » de l'homme (en tant qu'espèce), mais apparaît comme quelque chose d'analogue à une loi scientifique qu'il faut rechercher en étudiant la façon dont les hommes vivent concrètement. Ce sont les débuts de l'économie politique moderne.

Cette inversion de sens a des conséquences incalculables sur la philosophie des « droits de l'homme ». Dans l'approche classique, c'est parce que l'homme a des « devoirs » envers lui-même (ou envers Dieu – selon que l'on adopte une version théologique ou une version sécularisée du droit naturel) qu'il a des « droits ». Mais avec le droit naturel moderne, c'est la notion même de « devoir » qui disparaît. Par définition, celle-ci n'y a plus aucune place. Il ne reste que des « droits ». Mais pourquoi ces droits sont-ils des droits ? À partir du moment où l'on s'écarte d'une conception téléonomique de la nature humaine, pour adopter sa définition scientifique moderne, on se prive de tout moyen de réponse. L'homme moderne ne peut que répondre : « Ces droits sont mes droits parce que je suis persuadé que ce sont des choses vraiment essentielles, des choses qui sont vraiment " dans la nature des choses ". » Mais pourquoi s'agit-il de quelque chose de si essentiel ? Pourquoi est-ce vraiment dans la « nature des choses » que l'homme soit libre ? Dans la nouvelle manière de penser le lien social qui émerge au XVIIIe siècle, il n'y a pas de réponse à cette question. Autrement dit, les droits eux-mêmes, ces droits qui figurent dans la Déclaration de 1789, en sont réduits à ne plus être que l'expression d'un simple désir « subjectif » de l'humanité, une simple affirmation de quelque chose qui paraît évident, mais qui, ainsi que le souligne Henry Veatch, ne se fonde plus sur aucune justification rationnelle.

Mais réduire les « droits » à l'état de simples désirs subjectifs, c'est les fragiliser considérablement. A partir du moment où ce qui représente un « droit » est dissocié de toute référence à un « devoir », il n'y a plus de limites à ce que l'on peut proclamer comme constituant un « droit » de l'homme. C'est ce qui se passe à la fin du XVIIIe siècle où l'on assiste à une prolifération de droits tous plus farfelus les uns que les autres. D'où un discrédit qui s'étend peu à peu sur tout ce qui a rapport avec la doctrine du droit naturel, et qui durera jusqu'à nos jours.

Cet effacement de la doctrine du droit naturel est un événement considérable. Il crée en effet une énorme brèche par où va s'engouffrer, au XIXe, l'influence hégémonique de l'utilitarisme et du droit positif, deux doctrines incompatibles avec le respect d'une stricte philosophie des droits de l'homme. D'autre part, il ouvre la porte en grand à la prolifération de nouveaux droits, eux aussi incompatibles avec les vrais droits de l'homme (les nouvelles conceptions socialistes des droits). C'est le déclin de l'idéologie classique qui s'amorce déjà de façon radicale dès le milieu du XIXe – sauf dans le pays où l'influence de la doctrine du droit naturel reste prédominante, les États-Unis.

Pour résister aux nouvelles idéologies, il eût fallu que le libéralisme s'ancrât dans une doctrine des droits de l'homme plus fermement établie. Mais c'est ce dont la pensée scientifique moderne l'a précisément frustré. Dès le départ, le libéralisme offrait ainsi un terrain favorable à sa propre subversion par les idées en réaction contre son projet d'émancipation de l'individu. D'où sa faible résistance.

Cette analyse n'implique évidemment pas qu'il faille revenir à saint Thomas. Le thomisme exprime une vision de la société qui est encore très holiste. Mais on peut revenir aux disciplines du droit naturel classique sans pour autant retomber dans ce défaut. C'est l'ambition que nourrissent Rothbard et ceux qu'on appelle les libertariens. Leur projet est en quelque sorte de reprendre la grande ambition du libéralisme là où celui-ci l'a laissée, en se fourvoyant au XIXe siècle dans un utilitarisme de bon aloi qui l'a conduit en définitive à se rendre complice d'une formidable réaction contre les principes mêmes qui lui avaient donné naissance.

Remis dans sa perspective historique, le libéralisme est le produit d'une grande aspiration révolutionnaire : l'émancipation de l'homme occidental, sa libération – en tant que personne autonome – des carcans dans lesquels le maintenaient la manière de penser et les institutions de l'Ancien Régime. *Après d'immenses succès initiaux, ce projet a en définitive avorté* : depuis le milieu du XIXe siècle, ce à quoi nous assistons n'est plus une continuation de la marche en avant vers l'émancipation, mais au contraire une marche arrière : la reconstitution, sous des habits nouveaux mais avec les mots de la liberté, d'une société de statuts et de privilèges où les hommes existent et ont des droits, non pas en fonction de ce qu'ils sont individuellement, mais en fonction des groupes dont ils font partie, à un titre ou à un autre. Une société dont la logique n'est pas celle de la liberté-autonomie, mais celle de l'exploitation de tous par tous. Une société où l'individu reconstitue ses chaînes à partir de la prolifération de toute une série de « faux droits » qui ne sont que les maillons d'un nouveau carcan étatique.

C'est cette entreprise d'émancipation qu'il faut reprendre là même où elle a avorté. Cette ambition est précisément celle de la philosophie néo-libertarienne qui, autour de noms peu connus en France – mais avec lesquels Pierre LEMIEUX nous familiarise dans son livre : *Du libéralisme à l'anarcho-capitalisme* –, repense le libéralisme non pas à partir de ses prémisses utilitaristes traditionnelles, mais au contraire à travers un retour à la réflexion métaphysique sur les origines mêmes des droits de l'homme et de leur statut.

Dans cette optique, le néo-libéralisme n'est point une simple réaction d'individualistes échevelés contre un État qu'ils poursuivraient de leur haine irraisonnée, mais la reprise d'un grand et vieux projet révolutionnaire auquel se sont attachés les noms les plus illustres de la pensée occidentale. (Sur ce thème, voir l'article de Murray ROTHBARD : « Left and Right : The Prospects for Liberty », *Egalitarianism as a Revolt against Nature, Libertarian Review Press,* 1974.)

Annexes

Les idées fausses – ce que Guy Lardeyret, directeur de l'Institut du Citoyen, appelle les « idéo-virus » –, tel est notre ennemi le plus redoutable. Ces idéo-virus sont tellement ancrés dans nos mentalités qu'ils contaminent même les esprits apparemment les plus libéraux. On lira ci-après quelques exemples de désintoxication, appliquée à des domaines où les choses sont beaucoup moins évidentes qu'on ne le croit généralement. Pour des raisons de facilité, ces courtes annexes ont été construites sur un mode de questions-réponses. Je n'en ai sélectionné que cinq, mais ce sont des dizaines de fiches de ce genre qu'il faudrait publier.

H. L.

I

Apologie du spéculateur

Q. *Celui qui « stocke » pour revendre plus tard avec un bénéfice est ce qu'on appelle un « spéculateur ». On le considère généralement, par définition, comme un personnage malsain. Dans les sociétés traditionnelles, le spéculateur est celui qui affame les pauvres pour faire du profit. N'y a-t-il pas une limite à la liberté de la propriété et du propriétaire?*

R. Ceux qu'on appelle les spéculateurs ont bon dos. On les accuse régulièrement de tous les maux. Autrefois, on les rendait responsables des famines et des pénuries qui, régulièrement, frappaient la population. Aujourd'hui on les accuse d'incivisme lorsqu'ils mettent le capital financier du pays à l'abri des déprédations économiques commises par nos gouvernants. En réalité le spéculateur est un personnage clé : celui qui, dans les échanges d'aujourd'hui, représente en quelque sorte les intérêts des générations futures, et les défend contre les préférences immédiates des générations présentes.

Lors d'un référendum, ne votent que ceux qui sont aujourd'hui en âge de voter et par définition ne prennent pas encore part au vote ceux qui ne sont pas encore nés, mais qui ne manqueront pas d'être affectés un jour par les décisions d'aujourd'hui. La caractéristique du libre marché est d'offrir à ces générations qui ne sont pas encore nées une sorte de « syndic » de leurs intérêts – le spéculateur.

Le spéculateur est un personnage essentiel qui, en achetant aujourd'hui bon marché ce qu'il revendra demain plus cher avec profit, assure la régulation temporelle des marchés et améliore ainsi leur efficacité.

Q. *Le spéculateur est un individu qui profite des périodes d'abondance pour acheter bon marché ce qu'il revendra beaucoup plus cher en période de pénurie. Ce faisant, on l'accuse de faire monter les prix, d'aggraver les situations de pénurie, et de faire ainsi de l'argent avec le malheur des autres.*

R. On oublie que lorsqu'il achète en période d'abondance pour stocker, le spéculateur commence par empêcher les prix de tomber aussi bas qu'ils l'auraient fait sans son intervention. En contribuant ainsi à maintenir les cours, il incite les producteurs à maintenir une production que beaucoup auraient sans doute abandonnée si les prix avaient continué de baisser. Simultanément, parce que les prix sont plus hauts qu'ils ne l'auraient été, les consommateurs sont incités à consommer moins. Il y a moins de gaspillage. Lorsque la pénurie arrive, d'une part, le spéculateur « déstocke » et fait ainsi baisser les prix par rapport aux sommets qui auraient été atteints si personne n'avait pris le risque – et donc supporté les coûts – de ce stockage. D'autre part, la pénurie est moins grave qu'elle n'aurait été si, pendant la période d'abondance, le spéculateur n'avait entrepris de mettre de côté, à ses fins toutes personnelles, ce qu'il a ensuite revendu avec profit. Même si sa préoccupation première est purement égoïste, le spéculateur remplit un rôle social fort important : il est celui qui, par ses décisions, nous contraint à notre insu à nous rationner pendant les périodes de vaches grasses pour mieux éviter de souffrir des vaches maigres.

Q. *Fort bien, mais le spéculateur est un monsieur qui prend des risques, qui agit en fonction d'anticipations aléatoires et incertaines. Il ne joue un rôle régulateur que si ses prévisions sont justes. S'il se trompe, il va au contraire aggraver l'instabilité. Au lieu d'être « stabilisatrice », son action sera « déstabilisante ». N'est-ce pas une fonction qu'il vaudrait mieux confier à des organismes publics ?*

R. Évidemment, ces effets positifs ne se manifesteront que si le spéculateur voit juste. Il se peut qu'il se trompe. Anticipant une période d'abondance et de baisse des prix, il vend et vide ses stocks, faisant encore davantage tomber les cours. Il se trompe. C'est une période de pénurie qui arrive. Par son comportement, il contribue à aggraver la sévérité de celle-ci. Le comportement du spéculateur peut donc être déstabilisant.

Certains en profitent pour dire que c'est une fonction qui devrait être confiée à un organisme planificateur centralisé. Le problème est de savoir dans lequel des deux systèmes les décideurs – qu'il s'agisse des décideurs « décentralisés » du marché ou de ceux du « Plan » – auront le moins de chance de se tromper dans leurs décisions de stockage et de déstockage. Dans le système de marché, s'il se trompe, le spéculateur peut causer beaucoup de misère. Mais il est aussi le premier à en souffrir très directement. Qui dit erreur de prévision, dit faillite et ruine. Le marché tend automatiquement à éliminer les moins doués pour ce genre d'activité. Les « spéculateurs » ont donc de fortes chances d'être fort compétents et efficaces, même si cela n'élimine pas totalement tous les risques d'erreur.

Maintenant, regardons ce qui se passe lorsque cette tâche de régulation est accomplie par des organismes bureaucratiques (par exemple des offices de stabilisation des prix comme on en trouve pour les productions agricoles ou les matières premières). Les fonctionnaires ne sont pas plus omniscients que les gestionnaires du secteur privé. Eux aussi peuvent se tromper. Mais lorsqu'ils se trompent, même si cela entraîne les mêmes conséquences sociales, il y a une grande différence qui vient de ce que, personnellement, ils ne seront guère affectés par les conséquences de leurs erreurs. Ils garderont leur emploi, le même salaire, les mêmes espoirs de carrière, etc. Dans la fonction publique, il n'existe pas de mécanisme d'élimination des « moins bons » comparable à celui que l'on trouve sur les marchés privés.

Q. *Est-ce qu'il n'y a tout de même pas des circonstances exceptionnelles qui justifient que la puissance publique se mêle de limiter les abus auxquels ce genre d'activité risque de conduire – par exemple en période de guerre ou de famine?*

R. Je répondrai par des exemples.

En 1584, le duc de Parme place le siège devant la ville d'Anvers. Les approvisionnements se font rares. Les prix explosent. Réaction de la municipalité : une ordonnance qui fixe un prix maximum pour chaque denrée.

Anvers était coupée de toute liaison avec son hinterland. Mais les Espagnols n'avaient pas les moyens de compléter le blocus terrestre par un blocus naval efficace. Des navires pouvaient encore passer et ravitailler la ville, quoique les risques fussent grands. Anvers, avec leur aide, pouvait tenir indéfiniment. Mais les navires ne vinrent pas. Pourquoi risquer sa cargaison, ou même sa vie, pour n'obtenir qu'un prix analogue à celui qu'on pouvait se procurer ailleurs sans risque? Anvers dut capituler. Vaincu moins par le blocus des Espagnols que par la stupidité de ses édiles.

En 1770 le Bengale fut ravagé par une abominable famine. Un tiers de la population périt de la faim. Explication du désastre : pendant toute la durée de la famine, le gouvernement s'efforça de bloquer le mouvement naturel des prix, empêchant les mécanismes spontanés de rationnement de jouer. Des stocks de riz restaient camouflés à quelques kilomètres seulement de régions où des populations entières mouraient comme des mouches.

Quatre-vingt-dix ans plus tard, la province du Bengale connut une autre effroyable récolte. Mais cette fois-ci la réponse des autorités fut tout autre. Au lieu de combattre la spéculation, le gouvernement lui laissa les mains libres, se contentant d'améliorer le système des transactions en publiant régulièrement des informations sur les niveaux des prix pratiqués dans les différentes régions. La famine fut évitée. Le rationnement se fit spontanément par le jeu du marché.

Rien n'empêche les pouvoirs publics d'avoir leur propre système d'aide et de secours. Mais il ne faut surtout pas croire que c'est en essayant de réprimer ce qu'on considère être des « abus », qu'on pourra jamais réduire les misères des plus vulnérables. L'interventionnisme, de quelque nature qu'il soit, ne peut qu'aggraver leur sort, un jour ou l'autre.

II

Pétrole et droits de propriété

Q. *Parlons maintenant de l'énergie. N'est-ce pas un domaine où l'appropriation privée des moyens de production a fait amplement la démonstration de ses limites, et apporté la preuve incontestable qu'une économie moderne ne peut pas se passer d'un minimum d'invervention et de planification publique?*

R. Absolument pas. Voilà au contraire un domaine où l'on retrouve des problèmes de définition de droits de propriété et d'exclusivité tout à fait similaires aux autres exemples évoqués dans ce livre.

Les critiques qui, en la matière, sont adressées au marché reposent en règle générale sur trois arguments : 1° les événements de la dernière décennie montrent à l'évidence que les mécanismes de l'économie capitaliste ne permettent pas d'assurer spontanément un équilibre régulier de l'offre et de la demande; 2° le marché est myope et n'assure pas à temps le renouvellement des sources d'énergie; 3° le développement des nouvelles sources d'énergie nécessaires pour prendre la relève du pétrole dépasse les capacités financières du seul secteur privé.

A ces trois arguments, trois réponses :

– Depuis la guerre, l'équilibre du marché mondial dépend très étroitement de ce qui se passe sur le marché pétrolier américain. Or, il est clair que les mécanismes de marché n'y ont pas fonctionné de façon satisfaisante : à l'hyperabondance des années 1960 a succédé la pénurie des années 1970 – qui, par le biais de la croissance spectaculaire des importations américaines a servi de détonateur à la crise mondiale. Mais à qui la faute?

La législation américaine, en matière d'exploitation minière, présente une particularité : seul le pétrole remonté à la surface est protégé par l'attribution d'un droit privatif, le contenu souterrain des gisements restant un « bien libre » qui n'est la propriété de personne. Autrement dit, un exploitant n'est propriétaire de son pétrole que pour autant qu'il l'a extrait du sous-sol. Il s'agit d'un « droit de capture ». Mais il n'est pas propriétaire de la ressource elle-même.

La caractéristique d'un tel régime de droits de propriété est que, dès qu'un nouveau gisement est découvert, chacun a intérêt à l'exploiter au maximum, le plus rapidement possible, afin d'éviter que d'autres le fassent à leur avantage lorsque le gisement souterrain est commun à plusieurs propriétés, ou lorsqu'il suffit qu'un voisin prenne la peine de forer en diagonale pour y avoir accès. Cette situation n'encourage aucun effort de conservation, l'offre des producteurs s'organisant à partir de calculs qui tiennent insuffisamment compte des conditions d'évolution à long terme des ressources.

Il est donc vrai qu'en l'état actuel des choses le marché ne conduit pas à cette régulation « harmonieuse » de la production pétrolière que décrit la théorie économique libérale. Mais ceci n'est que le résultat d'une structure de droits de propriété inadéquates, et non la conséquence d'une quelconque « défaillance » naturelle des mécanismes de marché.

– Les producteurs américains ont trouvé une parade « contractuelle » à cette lacune institutionnelle. Si je suis contraint d'exploiter mon gisement plus rapidement que ne me le dicterait un calcul économique optimal, cela signifie que je vends moins cher aujourd'hui des ressources dont j'espérais obtenir un revenu plus élevé plus tard. Il en va de même de mon voisin qui pompe le même gisement. Tout le monde y perd. Nous avons un intérêt commun à nous entendre. Par exemple en négociant un accord volontaire définissant en commun les conditions d'exploitation du sous-sol (ce qui est une façon d'organiser une certaine répartition des droits de propriété à l'exploitation des gisements). Il est vrai que la mise en œuvre de tels accords n'est jamais chose aisée. Il faut s'assurer qu'aucun des partenaires n'exploitera la bonne volonté de ses partenaires en trichant. C'est un problème que tous les « cartels » connaissent bien et qui explique leur extrême fragilité. Plus le nombre de partenaires est grand, plus il est difficile d'arriver à gérer de tels accords. Mais lorsque ce nombre est relativement limité, c'est quelque chose de tout à fait réalisable. C'est ce qu'ont fait les pétroliers américains en concluant de nombreux accords de rationalisation de leur exploitation. Mais ces accords ont toujours été condamnés par les tribunaux et les pouvoirs publics au nom de la législation anti-trust et de la répression des ententes. Dans ces conditions, il ne fallait pas s'étonner de la myopie persistante du marché.

Mais l'histoire ne s'arrête pas là. Les autorités américaines se sont inquiétées de l'épuisement trop rapide de leurs réserves. Réaction : l'instauration d'un régime de contrôle des prix du pétrole et du gaz naturel américain, afin d'inciter les compagnies à « pomper » davantage le reste du monde. Moyennant quoi ce blocage des prix a entraîné trois autres conséquences perverses : il a enraciné dans l'industrie américaine et mondiale l'illusion d'un pétrole définitivement bon marché ; il a accentué l'inertie de réponse de l'offre en bloquant la prospection sur le sol américain ; enfin, il a freiné l'incitation que les compagnies auraient normalement eue à redéployer leurs efforts vers l'exploitation de nouvelles sources d'énergie susceptibles de devenir progressivement concurrentielles.

Ce faisant, il est faux d'imputer la crise de l'énergie des années 1970 aux mécanismes de régulation de l'économie capitaliste. Celle-ci a trouvé son origine dans la façon dont l'économie dominante de notre époque a faussé, sur son propre sol, le jeu des mécanismes du marché de l'énergie, et ensuite exporté les problèmes qu'elle s'était créé, à elle-même. Ce n'est qu'une simple question de droits de propriété. Il n'y aurait jamais eu d'O.P.E.P. ni de chocs pétroliers, si par ses interventions intempestives et une analyse défectueuse de la situation, le gouvernement américain n'avait contribué à créer les conditions mêmes de succès d'une telle opération.

— Affirmer que seul l'État peut mobiliser suffisamment de moyens pour faire face aux besoins en recherche et développement d'énergies nouvelles n'a aucun sens (même lorsque ce sont des industriels en quête de quelque manne publique qui le disent). L'État n'a pas de ressources propres. Celles-ci ne peuvent qu'être prélevées sur le secteur privé, soit par l'impôt, soit par l'emprunt. Si le marché ne consacre pas spontanément davantage de ressources à ce type d'action, ce ne peut être que pour quatre raisons :

— même si le pétrole coûte aujourd'hui plus cher, son prix n'est pas encore suffisamment élevé par rapport aux coûts de développements et de mise en exploitation de nouvelles énergies ;

— par ses différentes réglementations (blocage des prix par exemple), c'est l'État lui-même qui empêche le marché d'émettre les signaux qui, normalement, inciteraient les capitaux privés à s'orienter vers ces nouveaux secteurs ;

— l'État, en s'attribuant sur l'épargne un droit de préemption, crée une rareté financière qui elle-même contribue naturellement à détourner les entreprises des projets d'investissement les plus risqués (on retrouve ici une conséquence de la « répression financière » qui n'est pas seulement une caractéristique française, mais tend également à se répandre dans la plupart des autres pays occidentaux, mêmes aux États-Unis dans une certaine mesure, et cela malgré les orientations libérales de Reagan);

– enfin la folie des réglementations financières et autres aboutit à créer de telles rigidités et distorsions sur les marchés des capitaux que ceux-ci se trouvent dans l'incapacité de faire apparaître les réponses institutionnelles aux défis nouveaux que pose, dans certains domaines, l'élévation des seuils technologiques.

Avant d'invoquer les insuffisances supposées de l'entreprise – ce qui est un alibi facile –, il faut commencer par se demander si les péchés qu'on lui impute ne sont pas le produit de l'environnement juridique et politique dans lequel elle évolue; un environnement qui l'empêche de donner spontanément le jour aux solutions contractuelles que les problèmes de l'heure appelleraient, en lui enlevant beaucoup de la flexibilité institutionnelle qui est son atout majeur. Bien des défauts qu'on lui impute ne sont en fait que le produit des multiples réglementations et interventions qui contraignent de plus en plus son imagination créative.

III

A qui appartient l'espace ?

Q. *Il y a tout de même un exemple qui montre que dans certains domaines on ne peut pas se passer de l'initiative de l'État : l'industrie spatiale. Les États-Unis ont les entreprises privées les plus puissantes et les plus riches du monde. C'est le pays qui a les experts financiers les plus compétents. Néanmoins, la conquête de l'espace, même chez les Américains, dépasse les moyens de la seule propriété privée.*

R. Que l'espace y soit un monopole de l'État – bien qu'il y ait maintenant une activité privée (satellites de communication, par exemple), c'est un fait. Mais cela ne prouve absolument pas qu'il s'agisse d'un domaine qui, par définition, échappe aux moyens du secteur privé, en dehors de toute aide de l'État.

L'espace peut faire l'objet d'une exploitation industrielle. Par exemple pour la fabrication de certains alliages spéciaux, ou celle de certains semi-conducteurs électroniques, grâce aux propriétés de l'absence de gravité. De même, la Lune recèle des ressources minières colossales, cependant que l'espace peut être utilisé pour la captation de l'énergie solaire. Comment se fait-il que les gigantesques trusts américains ne se soient pas encore davantage intéressés à ce genre d'investissement alors qu'il s'agit là d'un domaine où il est possible d'imaginer des développements fabuleux ?

La réponse à cette question ne réside pas dans le caractère colossal des risques encourus, ni dans l'ampleur des moyens financiers requis. Elle se situe beaucoup plus prosaïquement au niveau de la législation anti-trust américaine qui empêche la constitution de consortiums financiers et industriels adaptés à la dimension de l'investissement. La première firme qui se lancera dans l'activité spatiale sera, nécessairement, une entreprise géante. Comme elle sera la première, avant que d'autres s'y aventurent – ce qui risque de prendre du temps vu la nature particulière de l'investissement technologique en cause –, elle sera automatiquement en position de monopole ; donc une cible toute désignée pour des gens qui ont déjà les yeux sérieusement braqués sur elle. L'autre solution est de rassembler les moyens financiers et l'expertise d'un grand nombre d'entreprises au sein de consortiums géants qui permettent de diviser les risques tout en bénéficiant d'effets de synergie. C'est une pratique courante pour les « grands projets » que l'Occident finance dans le tiers monde. Mais, aux yeux de la loi américaine, de tels consortiums sont purement et simplement illégaux. Résultat : c'est tout simplement l'État lui-même qui empêche l'exploitation privée des potentialités industrielles que recèle l'espace. Moyennant quoi l'argument est retourné par les partisans de l'étatisme, qui prennent prétexte de l'absence de l'initiative privée pour expliquer que c'est bien la preuve qu'il s'agit d'un domaine où le *leadership* de l'État est indispensable.

Il est vrai qu'avec Ronald Reagan et la libéralisation de la politique anti-trust, les choses sont en train de changer. Néanmoins, sachant que Reagan n'est pas immortel, ni les idées qu'il incarne, et sachant ce que leur ont coûté des procès fleuves qui ont duré plus d'une dizaine d'années, on comprend que des firmes même aussi géantes qu'I.B.M. ou Alcoa hésitent encore à s'engager dans de telles aventures, alors que logiquement elles devraient être les premières à le faire. Par ailleurs, il s'agit d'un domaine où l'on retrouve un problème très classique de droits de propriété.

Q. *Comment cela?*

R. Imaginez que demain vous lancez un laboratoire en orbite où vous procéderez au développement de techniques industrielles, biologiques ou chimiques tout à fait nouvelles. Se pose le problème de vos droits de propriété sur cette station orbitale. Vous situant dans l'espace, votre droit de propriété sur ce que vous avez créé n'est protégé par aucun statut juridique.

La question a été résolue par le traité international de 1967 sur le droit de l'espace. Vos droits sur la station orbitale sont reconnus et protégés par les signataires du traité. Mais le traité a prévu que si votre satellite cause quelque dommage que ce soit à un autre engin spatial, ou tout simplement des dégâts terrestres s'il retombe dans l'atmosphère, la responsabilité de ces dommages ne repose pas sur le propriétaire privé, mais sur la nation sous la juridiction de laquelle l'entreprise propriétaire est placée.

C'est très commode pour vous. Cela réduit sérieusement vos risques de responsabilité. Mais la contrepartie est que l'État sous la juridiction duquel vous vous placez a désormais une excuse sérieuse pour exiger un contrôle très strict de vos activités. C'est d'ailleurs ce qu'a prévu le traité où il est expressément écrit qu'on ne peut avoir accès à l'espace sans autorisation gouvernementale.

Qui plus est, le traité de 1967 stipule que tout navire ou laboratoire évoluant dans l'espace pourra être librement inspecté par les représentants de quelque nation que ce soit qui se trouve en mesure d'y accéder. Autrement dit, si un Soviétique ou un Chinois se présente à votre porte (ou, plus exactement, à votre hublot), vous serez obligé de lui ouvrir et de le laisser librement visiter vos installations. Imaginez ce que cela donnerait sur terre si vous étiez contraint par la loi de donner la clé de vos installations de recherche les plus avancées à qui se présente. L'institution d'un droit légal d'espionnage n'est pas fait pour inciter les firmes privées à courir les risques colossaux de l'aventure industrielle spatiale.

Aussi peut-on sans risque s'aventurer à pronostiquer que, malgré les extraordinaires promesses qu'elle recèle, l'exploitation industrielle et technologique de l'espace restera encore longtemps sous-développée par rapport à ce qu'il serait possible d'atteindre dans un régime juridique étendant à l'espace les protections légales, mais aussi les obligations élémentaires qui entourent le droit à la propriété privée terrestre. On a de fortes chances de se trouver dans la situation que risque de créer le dernier accord international sur le droit de la mer (que les États-Unis, avec sagesse, ont refusé d'entériner).

Q. *Quel est le lien?*

R. Le grand problème économique posé par le droit de la mer est celui de l'exploitation industrielle des minerais et minéraux marins, qui gisent sous les flots sous la forme notamment de ces fameux nodules découverts il y a quelques années.

La solution économiquement la plus appropriée serait là aussi d'appliquer le droit du « premier occupant ». Chaque plate-forme installée dans l'océan donnerait à son propriétaire la propriété du « gisement » minier sous-marin qu'il est économiquement possible d'exploiter à partir d'elle. Techniquement, une telle appropriation ne pose aucun problème. Il suffirait d'ouvrir un bureau d'enregistrement international pour recenser les actes d'appropriation. Il faudrait aussi une cour de justice internationale qui aurait à connaître des conflits intervenant entre les différents propriétaires. Tout cela aurait pu être réglé par une convention internationale appropriée.

Ce n'est pas du tout dans cette direction qu'on s'est orienté, mais dans la direction exactement inverse. L'accord qui a été conclu dans le cadre des Nations unies pose le principe d'une solution qu'il faut bien qualifier de « collectiviste ».

L'idée centrale est que les fonds marins non couverts par les souverainetés nationales appartiennent « en commun » à tous les peuples de la terre. Cette propriété commune se traduit par un monopole collectif sur la propriété et l'exploitation des ressources sous-marines dont l'administration est confiée à une agence spécialisée des Nations unies, elle-même doublée d'une entreprise industrielle et commerciale internationale spécialisée dans l'exploitation des fonds sous-marins. Toute entreprise privée souhaitant exploiter un gisement de minerais sous-marins devra obtenir une licence d'exploitation, concédée moyennant royalties. Cette licence lui sera délivrée sous deux conditions : pour obtenir l'autorisation d'exploiter un site, l'entreprise privée devra supporter les frais de la découverte d'un second site dont elle fera ensuite gratuitement cadeaux aux Nations unies (plus précisément, à l'entreprise industrielle dépendant de l'agence spécialisée des Nations unies); elle devra également s'engager à partager avec cette entreprise internationale toutes ses techniques d'exploration et d'exploitation les plus avancées.

Cette solution a prétendument été mise au point pour favoriser le transfert international de technologie au profit des pays les moins nantis. En réalité, il s'agit de la création d'un monopole purement politique dont la conséquence va être de freiner considérablement l'intérêt que les milieux industriels internationaux auraient pu montrer pour la mise en valeur des ressources marines. Celles-ci resteront sous-exploitées, sous-développées.

IV

Propriété privée et planification foncière

Q. *Le « mitage » de l'espace rural n'est-il pas un exemple parfait d'inconvénient collectif auquel conduit une conception trop rigoureusement « individualiste » de la propriété?*

R. On nous dit que ce phénomène est la conséquence de notre attachement quasi mystique à la propriété individuelle. C'est une erreur. Ce qui est en cause n'est pas la « propriété privée » de sa maison, ni la liberté de construire attachée à la propriété du sol, mais l'individualisation excessive de la construction, qu'encourage la politique poursuivie par les pouvoirs publics depuis de nombreuses années.

Toute construction nouvelle entraîne une multiplicité d'effets externes sur les voisins et l'environnement, ainsi que sur les finances des collectivités locales chargées de missions d'intérêt collectif. C'est là quelque chose de bien connu. La conséquence, c'est la prolifération de réglementations foncières et de servitudes d'urbanisme qui les accompagnent, conçues pour contraindre les constructeurs à « internaliser » dans leurs décisions le coût des externalités qu'elles risquent de créer. L'objectif est atteint par une législation qui réduit la liberté de décision des propriétaires de terrains, et donc les attributs les plus fondamentaux de la propriété, cependant qu'elle est source de nombreux transferts indus que beaucoup sont justifiés à considérer comme profondément iniques.

Maintenant, cette question des externalités est d'autant plus importante et cruciale que la construction est plus individualisée. Un constructeur individuel n'a aucune motivation à tenir compte des coûts externes qu'il peut imposer à d'autres. En revanche la question est très différente lorsque la construction est le fait de promoteurs qui agissent un peu comme des marchands de gros et rétrocèdent à des propriétaires individuels les constructions qu'ils ont bâties. S'il veut optimiser le rende-

ment de son investissement, le promoteur a intérêt à imposer à
ses acheteurs le respect d'un certain nombre de *servitudes*
attachées au contrat de vente. Par exemple, en imposant une
clause interdisant certains usages de la propriété, ou encore le
respect de certaines normes d'entretien, d'amélioration, de
décoration, etc. Le fait qu'en achetant une maison dans un tel
lotissement on se trouve garanti contre la présence ultérieure
d'un voisinage désagréable accroît la valeur de cette propriété ;
et permet donc de vendre plus cher, à un prix qui couvre non
seulement le coût de la construction, mais aussi la valeur des
servitudes qui y sont attachées. En agissant ainsi, le promoteur
non seulement maximise son rendement financier, mais contraint également les propriétaires-acheteurs à « internaliser »
une partie des externalités de leur propriété. Il n'y a plus besoin
de réglementation autoritaire, porte ouverte à la collectivisation
et à la dictature de quelques bureaucrates agissant comme des
monarques absolus. C'est le marché qui, par le mécanisme des
prix, internalise ces externalités.

Bien sûr, dans l'exemple que je viens de prendre, celui du
promoteur d'un lotissement, seules quelques catégories d'externalités sont prises en compte. Celles qui concernent le voisinage
de proximité ou de quasi-proximité (les lotissements-villages). Il
demeure des externalités d'environnement qui dépassent la zone
ainsi circonscrite. Mais là encore, on peut raisonner en se disant
que ce qui freine leur internalisation, c'est notre opposition quasi
viscérale à ce que nous appelons la « spéculation foncière ».

Si nous avions de grandes entreprises privées agissant comme
d'énormes marchands de gros, spécialisés dans la vente d'espaces, le même raisonnement que je viens d'évoquer à propos des
lotissements privés s'appliquerait à ces grossistes en terrains.
Leur intérêt individuel les porterait, eux aussi, à pratiquer une
politique de revente sélective permettant d'internaliser un plus
grand nombre et une plus grande variété d'externalités, même
d'environnement. Si je suis propriétaire d'un vaste domaine
boisé, bénéficiant d'un site unique, même si je cours après le
profit maximal, mon intérêt n'est pas de revendre mon terrain à
n'importe qui ; par exemple à des industriels qui diminueraient
d'autant la valeur des autres lots à vendre. Mon intérêt bien
senti est de ne revendre qu'à des promoteurs dont j'ai la garantie
qu'ils implanteront dans cette zone des constructions qui, loin de
dévaloriser l'environnement, s'harmoniseront avec lui, le respec-
teront, contribuant par là à accroître la valeur marchande de
l'ensemble des lots. Autrement dit, le marché peut très bien
faire le métier pour lequel nous croyons ingénument que seuls
des planificateurs bien intentionnés sont qualifiés.

C'est pour des raisons de ce genre que les villages-lotissements

des nouvelles banlieues sont tout de même plus agréables et
mieux conçus que les fameux espaces pavillonnaires de la loi
Loucheur. Les méfaits de celle-ci ne peuvent être retenus à
charge contre le marché. N'oublions pas que la grande période
d'urbanisation anarchique des banlieues s'est située en pleine
période de contrôle des loyers qui contraignait les candidats au
logement à se rabattre sur le petit pavillon individuel. Le
problème n'est pas d'encourager la construction ou la propriété
individuelle. Ni tout autre type de construction. Il est de laisser
le marché jouer librement. Certes des erreurs seront commises.
Mais les bureaucrates en commettent bien plus, eux qui ne sont
jamais personnellement et financièrement sanctionnés pour ce
dont ils sont responsables. Il y aura des abus, des escrocs. Mais
n'y a-t-il pas escroquerie lorsqu'une municipalité place votre
propriété dans une zone *non aedificandi,* que vous la vendez
comme une propriété non constructible, et qu'ensuite votre
acheteur use de ses amitiés politiques ou locales pour obtenir un
changement de classification? L'abus privé est toujours à
déplorer. Mais ses conséquences sont généralement circonscrites, alors que l'abus public affecte tout le monde : il introduit
une *incertitude* de plus en plus grande sur la nature et l'étendue
des droits de propriété que chacun possède. Tout le monde sait
bien que les Plans d'occupation des sols ne peuvent pas rester
rigidement conformes à leurs premières ébauches. Des aménagements deviennent nécessaires un jour ou l'autre. La croissance
de la population contraint à faire des reclassements. Qui va en
bénéficier? Pourquoi ce propriétaire plutôt que tel autre? Les
dividendes qui peuvent en résulter incitent chacun à se lancer
dans son propre effort de *lobbying* local et personnel. Je ne dis
pas que c'est de la corruption, mais il y a bien des circonstances
où l'on s'en approche, comme lorsque les municipalités rançonnent – le mot n'est pas trop fort – les grandes surfaces ou les
centres commerciaux qui projettent de s'installer sur leur
territoire.

L'erreur est inévitable dans toute activité humaine. Ce qu'il
faut, c'est la limiter. Or, précisément, le marché, avec ses
sanctions, est le seul mécanisme que nous connaissons pour
atteindre cet objectif. L'espace n'en souffrira pas davantage. Au
contraire, il y a toutes chances pour qu'il souffre encore moins
qu'il ne souffre actuellement dans notre époque de collectivisation et de réglementation à tout va.

Q. *L'urbanisme et le foncier sont un domaine où l'on n'a pas
attendu les socialistes pour faire du socialisme avant la lettre,
et cela sur une grande échelle. La généralisation du droit de
préemption n'a fait qu'étendre une innovation introduite par
Jacques Chirac à l'époque où il était Premier ministre. Si l'on y*

ajoute les prérogatives des SAFER qui datent de la fin des années 1960, il est clair qu'il ne reste plus grand-chose des attributs fondamentaux de la propriété foncière. La responsabilité de l'« ancien régime » est écrasante. Au cours des années qui ont précédé l'arrivée de la gauche au pouvoir, on a cependant assisté à une évolution caractérisée par l'apparition de sévères réserves concernant l'efficacité de ces procédures. Cela a donné des rapports comme ceux qui ont été publiés sous la signature de Jacques Mayoux (1979) ou de Jean-François Saglio (1980). Ces rapports n'ont plus qu'un intérêt historique. Mais c'est quand même un fait qui méritait d'être rappelé. Tous nos fonctionnaires ne sont pas nécessairement obtus chaque fois qu'il s'agit de peser les avantages et inconvénients des solutions de marché ou de planification.

R. Ces deux rapports traduisent une incontestable prise de conscience des effets pervers de la réglementation, qui commençait à se manifester dans certaines sphères de la haute administration française à la fin du régime giscardien. Par exemple, le rapport Mayoux sur « l'habitat individuel péri-urbain » met bien en lumière l'échec patent de la politique de réserves foncières conçue pour constituer un vivier de terrains à urbaniser, mais qui a débouché sur l'effet inverse en organisant « artificiellement » la pénurie. Le rapport Saglio va encore plus loin en montrant les erreurs conceptuelles qui ont inspiré pendant vingt ans la plupart des doctrines foncières à la mode. Par exemple : que l'augmentation des prix est immorale et anti-économique; qu'il existe une « valeur normale » pour chaque terrain; que la spéculation provient toujours de l'action délibérément incivique de quelques acteurs dominants; que la fabrication des terrains à bâtir repose tout entière sur la possibilité de « coups heureux »; que la détention de terrains par les collectivités publiques est un bien en soi; que l'objectif de toute politique foncière digne de ce nom est de faire baisser à tout prix le coût des terrains; enfin que le prix des terrains étant une donnée indépendante, construire dense est la seule manière de répartir une charge foncière élevée, etc. Toutes idées bien bureaucratiques, qu'on rencontre malheureusement *aussi bien à droite qu'à gauche,* et qui traduisent une méconnaissance fondamentale des mécanismes économiques les plus élémentaires.

A l'époque, ces rapports concluaient, avec raison, que pour lutter contre la pénurie et la hausse des prix, il fallait recréer un marché foncier digne de ce nom. Ainsi que le résumait le rapport Saglio, « il faut rendre au marché la possibilité de fabriquer des terrains ».

Cela dit, sauf exceptions (je pense, en particulier, aux remarquables travaux de l'Institut La Boétie, dirigé par Bertrand de La Rochefoucaud), la plupart des responsables continuent de raisonner sur les problèmes fonciers à partir d'une vision particulièrement étriquée de la façon dont les procédures de marché et de concurrence agissent sur l'organisation de l'espace. Ce domaine reste celui des idées reçues. Par exemple, le rapport Mayoux (édité avant 1981), concluait que si la planification ne marche pas, eh bien « il faut en changer! ». Autrement dit, on ne remet pas en cause la nécessité d'un rôle directeur actif de l'État dans le fonctionnement du marché foncier, mais seulement ses modalités (appel à davantage de procédures « décentralisées »). Si la planification urbaine et foncière n'est pas efficace, ce serait seulement à cause de la centralisation des rouages de la décision...

Q. *C'est tout de même un domaine où il est difficile d'imaginer que l'on puisse plaider pour un laisser-faire total.*

R. Je ne suis absolument pas d'accord. L'idée que la propriété est un instrument parfaitement approprié lorsqu'il s'agit de produire, et de distribuer des automobiles ou des bicyclettes, mais qu'elle ne « fonctionnerait » plus dès lors que la question est d'organiser l'usage des sols, est loin d'être aussi évidente que beaucoup le croient.

Qu'il s'agisse de production industrielle ou d'organiser l'utilisation de l'espace, il s'agit toujours d'un problème identique, classique, d'allocation de ressources rares entre des emplois concurrents. Il s'agit de savoir, parmi toute une série d'usages possibles, quel est celui qu'il convient de sélectionner et d'affecter au sol dont on contrôle la propriété. Cette décision n'est pas de nature différente de celle que doit prendre l'entrepreneur lorsqu'il choisit une technique de production. Dans un cas comme dans l'autre, la prise de décision implique un « calcul économique » pour déterminer la valeur relative des différents usages possibles. Cette valeur est égale à la somme des flux de revenus futurs que l'on s'attend à dégager selon l'usage choisi.

Mais comment connaît-on cette « valeur »? Telle est la grande question. Réponse : seul le fonctionnement d'un marché libre peut nous apporter cette information sous forme d'estimations concurrentes. Seul le libre fonctionnement du marché et de la concurrence peut nous dire que pour un terrain, situé de telle ou telle façon, avec tel ou tel sol, ou encore tel ou tel voisinage, tel usage a toutes chances de rapporter tant, tel autre tant, etc. Seul le marché peut nous permettre de faire des choix rationnels, conformes à l'intérêt de la collectivité qui est que chaque parcelle de sol soit, autant que possible, affectée à celui de ses usages qui dégage la valeur ajoutée la plus élevée.

En matière de planification des sols, ou de planification urbaine, la réponse est la même qu'en matière de planification, ou même, tout simplement, de politique industrielle : comment le planificateur peut-il connaître la valeur des choix qu'il doit faire indépendamment des informations et connaissances que véhicule le marché ? En substituant ses propres décisions aux décisions libres des acteurs du marché le planificateur détruit, en quelque sorte, la base même des connaissances qui lui sont nécessaires pour connaître la valeur des choix qu'il sera ultérieurement amené à faire ; la planification est donc un processus de décision qui ne peut que donner des résultats inférieurs, en terme d'efficience économique, à ceux d'un marché libre. Les sols resteront toujours moins bien utilisés qu'ils ne le seraient si on laissait l'affectation de leur emploi se régler par les mécanismes concurrentiels du marché libre.

Certains croient que des décisions plus « décentralisées », plus incitatives et moins autoritaires, permettraient d'obtenir de meilleurs résultats. Il faut leur répondre que ce qui est en cause, ce n'est pas seulement la « nationalisation » ou la « municipalisation » totale des sols, mais le simple fait que la puissance publique, d'une manière ou d'une autre, de façon directe ou indirecte, visible ou invisible, etc., interfère avec le libre établissement des prix du marché. Comme sur les marchés industriels, cette interférence a pour conséquence de réduire la valeur « informative » des prix véhiculés par le mécanisme des échanges, et ainsi de ruiner peu à peu le fonctionnement de tout le système qui, précisément, permet en principe d'éviter le maximum de gaspillages.

Q. *Le sol est tout de même un bien particulier. C'est un bien pour lequel il y a rareté « absolue ». L'offre en est déterminée une fois pour toute. Elle est totalement inélastique...*

R. Et alors ? Quelle différence cela fait-il ? Bien que ce soit un argument souvent invoqué, il est tout de même fort spécieux d'utiliser la rareté de la terre comme argument pour justifier son retrait sinon total, du moins partiel, de la logique de la propriété privée et de l'économie de marché, puisque c'est précisément l'existence de la rareté qui justifie notre recours à ces institutions économiques! Au contraire, c'est lorsqu'un bien est tellement abondant que plus personne ne songe à se l'approprier, qu'on n'a plus besoin ni de la propriété privée, ni du marché.

L'argument classique est d'invoquer cette inélasticité de l'offre pour expliquer qu'il s'agit de marchés qui ont toutes chances d'être tellement « imparfaits » qu'il faut bien que l'État s'en mêle. Mais cet argument n'a pas plus de valeur que le précédent dans la mesure où la désirabilité des institutions du marché n'a rien à voir avec ce que seraient les propriétés particulières d'un monde où régnerait la concurrence pure et parfaite. Cela n'a aucun sens de justifier le recours à l'État en prenant pour norme de référence une situation hypothétique qui, non seulement ne peut pas exister, mais surtout dont on peut démontrer qu'il ne serait même pas souhaitable de la faire apparaître si cela était en notre pouvoir.

V

A propos d'héritage...

La grande vertu de la propriété et de la concurrence est de mener à cet état des choses où le contrôle des ressources rares de la collectivité se trouve en permanence réorienté vers ceux qui sont susceptibles d'en faire le meilleur usage.

Une objection qui vient spontanément à l'esprit est de se demander ce que l'on fait des gens qui, un jour, se retrouvent à la tête de vastes empires industriels uniquement parce que papa l'était déjà, et cela sans avoir nécessairement les capacités personnelles de prendre la succession. N'est-ce pas là une entorse grave au principe que nous venons justement d'évoquer?

Une première réponse consiste à faire remarquer que ce n'est qu'une question de temps. Si l'héritier est un incapable, un jour finira par arriver où, ruiné, il sera contraint de passer la main à des gens plus qualifiés que lui.

Il y a une autre réponse : ce qui fait problème, c'est tout simplement que notre droit de l'héritage n'a en réalité rien de libéral du tout.

Les vertus de la propriété privée tiennent à ses deux attributs : le droit d'exclusivité, et le principe de la libre transférabilité. Aucun de ces deux principes ne dit qu'un fils (ou une fille) doit nécessairement hériter des propriétés de ses parents. Ce que le principe de libre transférabilité suggère est simplement qu'il est normal, et socialement souhaitable, qu'un père soit libre de transférer ses droits sur son patrimoine à ses descendants, *s'il le désire;* mais pas qu'il y soit contraint, ni qu'il soit bon de l'y contraindre. Le legs étant un moyen de se perpétuer par-delà la mort, et de continuer à donner un sens à sa vie, la liberté testamentaire fait partie des attributs fondamentaux de la propriété privée, et se justifie socialement par le fait que supprimer cette liberté ne peut que freiner l'accumulation du capital : pourquoi continuer à travailler, épargner et investir au fur et à mesure que l'on vieillit si on n'a pas la liberté de décider qui pourra en profiter une fois qu'on aura disparu ? Il est d'ailleurs significatif que l'histoire même de la propriété privée s'identifie pour une très large part avec l'histoire de l'héritage.

Mais si la logique de la propriété privée confère à chacun le droit de léguer ses biens à la personne de son choix, ce qui n'est qu'une simple extension du principe de liberté des contrats, il n'en résulte pas que cela confère aux héritiers le moindre droit sur la succession à laquelle ils peuvent prétendre. Si le droit « de » tester apparaît comme un attribut naturel et une extension légitime du droit de la propriété, le droit « à » l'héritage, lui, n'en est pas un. Il s'agit d'une création du droit moderne dont la logique est étrangère à la nature intrinsèque de cette institution qu'est la propriété privée. Le droit d'héritage devrait normalement entraîner la reconnaissance du droit de « déshériter » ses héritiers naturels, alors que le droit moderne leur donne à priori un droit de propriété « sur » le patrimoine de leurs parents, même si ce droit est limité à une proportion définie par la loi.

Le droit devrait se limiter à organiser les règles formelles de transmission des héritages et des legs. Il ne devrait pas intervenir dans la définition du contenu de cette transmission. Il s'agit là d'une interférence avec le principe même de la liberté de la propriété.

Puisque l'idée est à la mode, un chef d'entreprise devrait pouvoir transmettre la propriété de son entreprise à ses employés, ou seulement à certains d'entre eux qu'il juge dignes de lui succéder, sans que pour autant ceux-ci aient à racheter le capital ainsi transféré aux enfants. (Il faudrait aussi que soit résolue la question fiscale qui rend de telles donations trop coûteuses.)

Conclusion : si la transmission de la propriété des entreprises pose des problèmes, encore une fois, ce qui est en cause relève bien plus de notre droit positif que de la logique même du principe de la propriété privée. Il faut s'en prendre au législateur, et non à l'institution elle-même.

Table des matières

Mieux que des rééditions,

Pluriel

propose de nouvelles
éditions de titres « classiques »
ou récents dans une
présentation éditoriale
de qualité – préfaces, notes,
revues de presse, etc. –
qui en facilite l'accès
et en renouvelle l'intérêt.
Des inédits font le point
sur les grandes questions d'actualité.

« ... « Pluriel » marque incontestablement une date dans l'édition des sciences humaines, car cette collection, loin de se cantonner dans la simple réimpression d'ouvrages rares ou épuisés, vise à rivaliser avec l'édition grand format, voire à faire mieux qu'elle... »

Nicole Zand, *Le Monde des Livres*, Le Monde

Raymond Aron

Essai sur les libertés

Les libertés politiques, personnelles, intellectuelles dont jouissent les citoyens des sociétés libérales n'ont-elles aucune portée effective? Une « révolution » modifiant la propriété des moyens de production peut-elle seule instaurer et garantir une liberté réelle?

Édition revue et augmentée d'un ouvrage essentiel de la réflexion socio-politique contemporaine sur un thème inépuisable et d'une actualité permanente.   8301

Yves Cannac

Le Juste Pouvoir

Une réponse neuve, décapante, parfois cruelle mais toujours constructive à cette question fondamentale : que doivent être dans une démocratie le rôle, les moyens et les responsabilités du Pouvoir?

Au modèle *hégémonique* de la démocratie, prédominant en France, selon lequel le pouvoir est tout, Yves Cannac oppose la conception d'une *démocratie civile,* faisant place à des logiques non politiques, admettant que la société a aussi ses droits. Le pouvoir ne peut être juste que s'il est mesuré juste — s'il est le *juste Pouvoir.*

Édition revue et augmentée.   8412

Jean Fourastié

Les Trente Glorieuses

Les Trente Glorieuses ce sont les trente années — de 1945 à 1975 — pendant lesquelles le peuple français a été affranchi des grandes contraintes de la rareté millénaire, a triplé son niveau de vie et profondément transformé son genre de vie.

Un livre capital, qui aide à comprendre les désillusions, les inquiétudes et les troubles qui sont aujourd'hui les nôtres.   8363

Jean Fourastié et Béatrice Bazil

Le Jardin du voisin,
Les inégalités en France   *Inédit*

La France présente-t-elle réellement le spectacle d'inégalités excessives et choquantes? Plus choquantes, par exemple, que celles des pays voisins? Est-elle plus ou moins inégalitaire qu'au cours des siècles passés de son histoire? Omniprésentes dans le débat politique, ces questions sont examinées ici à la lumière des faits. Salaires, revenus, fortunes sont minutieusement disséqués et analysés. Les conclusions ménagent plus d'une surprise.   8359

Jean Fourastié et Béatrice Bazil

Pourquoi les prix baissent *Inédit*

Que disons-nous couramment des prix ? Qu'ils montent, bien sûr ! Parler des prix est devenu tout à fait synonyme de l'inflation ; elle accapare les débats sur les prix et, en fait, les obscurcit et les tronque. Car l'inflation est un masque qui nous empêche de percevoir les évolutions relatives des prix des différents biens et services, la baisse des prix réels et l'élévation constante du niveau de vie.   8390

Alfred Sauvy

La Machine et le chômage

Les échecs répétés des politiques de l'emploi dans les nombreux pays industriels, et les innovations présentes et attendues de l'informatique ont redonné une pressante actualité à une question vieille de plus de deux siècles : quelle est l'influence du progrès technique sur l'emploi ? Cette question n'avait jamais été clairement exposée. Alfrec Sauvy pallie cette lacune grave, avec la clarté et la pénétration qui lui ont valu la fidélité d'un vaste public.   8384

Michel Drancourt

La Fin du travail *Inédit*

Dans tous les pays développés, le travail se transforme, le temps de travail se réduit. A quoi consacrer la vie en-dehors du travail ? Aux livres ? A la formation ? A sa famille ? A soi-même ? A l'État ? Et si les citoyens s'occupaient enfin de leurs affaires ?

Parti de l'analyse des révolutions et des défis du travail, cet essai incisif invite à une nouvelle organisation du temps et à de nouvelles formes de participation politique.   8403

Les Sept Crises : 1973-1983 *Inédit*
Une enquête de *L'Expansion*.

1973-1983, dix ans de crises. Mais quelles crises ? *L'Expansion* en a isolé sept, et chacune a un symbole : l'Opep, l'endettement, l'informatique, le Japon, le chômage, la baisse du niveau de vie, les nouvelles mentalités. Sept crises qui s'enchevêtrent en un formidable processus de réajustement sur lequel pèse la double menace d'un krach financier ou d'une guerre. Voici une enquête impressionnante devenue un ouvrage de référence.   8430

La France socialiste   *Inédit*

Préface de Michel Massenet

Il est désormais possible de porter un jugement d'ensemble sur l'expérience politique qui se déroule en France depuis le 10 mai 1981. L' « État de grâce » s'est, en effet, rapidement dissipé, et ses promesses n'ont fait qu'aggraver les effets d'une crise mondiale que les socialistes ont été les derniers à reconnaître. Les grands équilibres économiques ont cédé sous le poids d'une gestion aventureuse excédant les moyens financiers de la nation. Les prélèvements fiscaux et sociaux se sont accrus. On constate déjà une baisse du pouvoir d'achat, l'appauvrissement du pays...

Les analyses et les réflexions des auteurs réunis dans ce livre, dont Annie Kriegel et Jean Fourastié, forment un premier bilan de l'expérience socialiste, nécessairement incomplet, mais qui permet d'en comprendre l'évolution.   8392

La Liberté à refaire   *Inédit*

Présenté par Michel Prigent

La liberté est à refaire parce que la France est socialiste.

Du renouveau des institutions civiles à la dénationalisation, en passant par la libération de l'éducation et de l'information, et la réforme de la justice, vingt auteurs de disciplines différentes – dont Florin Aftalion, Yves Cannac, Pierre Chaunu, Bertrand Jacquillat, Michèle-Laure Rassat, Stéphane Rials, Pascal Salin, Charles Zorgbibe, etc. – présentent pour la première fois une somme de réflexions et de propositions définissant ce que devrait être le programme d'un gouvernement libéral bien décidé à ne pas se contenter de gérer l'après-socialisme.   8401

Henri Lepage

Demain le capitalisme   *Inédit*

La crise que nous vivons n'est pas celle du capitalisme, mais celle de l'étato-capitalisme. Ce dont nous souffrons, ce n'est pas de trop de marché, mais de pas assez de marché. Il faut dénationaliser, supprimer les monopoles bureaucratiques, dénoncer les escroqueries de l'État providence, réinventer de nouveaux droits de propriété. Tel est le message que répand une nouvelle génération d'économistes contestataires dont certains n'hésitent pas à se dire « libertariens » ou même « anarcho-capitalistes ».   8322

Demain le libéralisme   *Inédit*

Après le succès de *Demain le capitalisme*, Henri Lepage poursuit son analyse vigoureuse des impasses auxquelles nous ont conduits une vision trop angélique de l'État et une conception trop quantitative de la science économique. Comment redécouvrir le véritable sens économique et politique du mot libéralisme.   8358

Alain Touraine
L'après-socialisme

Le socialisme n'appartient ni au présent, ni à l'avenir, mais au passé. Le socialisme est mort.

Il fut, sans nul doute, la meilleure expression du mouvement ouvrier dans la société industrielle capitaliste; mais il se décompose quand apparaît la société post-industrielle, et se pervertit lorsqu'il devient l'idéologie d'un État industrialisateur. La gauche ne se maintiendra au pouvoir que si, dans le respect de l'héritage socialiste, elle sait entrer dans l'après-socialisme. Si elle s'y refuse, l'après-socialisme prendra la forme de l'anti-socialisme.

Édition revue, mise à jour et augmentée d'une revue de presse détaillée recensant les réactions souvent surprenantes que ce livre a provoquées. 8395

Raymond Barre
Réflexions pour demain *Inédit*

La politique mise en œuvre depuis 1981 a profondément modifié le paysage économique, social, mais également intellectuel, de la France. Raymond Barre analyse la signification et la portée de ces changements, les contradictions qu'ils révèlent, leurs incidences sur les capacités de la société française à relever les défis du monde contemporain. Il s'interroge sur la valeur de certains remèdes proposés pour guérir les maux suscités par un socialisme qui n'en finit pas de se chercher. Il indique les voies d'un redressement possible.

Faisant justice de bon nombre d'idées reçues, ces « réflexions pour demain » offrent un diagnostic sans complaisance de la situation de la France d'aujourd'hui. C'est en même temps un message d'espoir et de confiance en l'avenir. Tandis que s'achève l'ère des illusions et des malentendus, d'ores et déjà s'esquissent et s'affirment les forces du renouveau. 8432

Hervé Le Bras et Emmanuel Todd
L'Invention de la France *Inédit*

La France n'est pas une nation comme les autres; elle n'est pas un peuple mais cent, qui ont décidé de vivre ensemble. Or, du nord au sud, de l'est à l'ouest de l'hexagone, les mœurs varient aujourd'hui comme en 1750. Chacun des pays de France a sa façon de naître, de vivre et de mourir.

L'invention de la France est un atlas qui cartographie cette diversité en révélant le sens caché de l'histoire nationale : hétérogène, la France avait besoin pour exister de l'idée d'homme universel, qui nie les enracinements et les cloisonnements ethniques. Produit d'une cohabitation réussie, la Déclaration universelle des droits de l'homme jaillit d'une conscience aiguë mais refoulée de la différence. 8365

Jean-Claude Chesnais
Histoire de la violence

Contrairement à ce que prétend la rumeur ambiante, amplifiée par les médias et la classe politique, nos sociétés ne sont pas menacées par une irrésistible ascension de la violence. L'idée d'une poussée continue de la grande criminalité est fausse : seules la petite et la moyenne délinquance ont augmenté. Mais plus un mal diminue, plus insupportable paraît ce qui en reste. D'où le sentiment d'insécurité qui semble croître aujourd'hui dans nos sociétés et qui témoigne, paradoxalement, de cette progressive civilisation des mœurs, partie, du temps de la Renaissance, des foyers de modernisation de l'Europe du nord-ouest, pour diffuser lentement à travers tout l'Occident et atteindre toutes les sphères de la vie quotidienne.   8386

Louis Chevalier
Classes laborieuses
et classes dangereuses

Le Paris de Balzac, de Victor Hugo et d'Eugène Sue est un Paris pathologique, qui souffre du déséquilibre des sexes, qui pullule d'enfants trouvés et de naissances illégitimes, que terrorise la peur des maladies vénériennes. Le crime y pousse en terrain privilégié comme la fleur empoisonnée d'une civilisation.

Un « classique » capital de l'histoire des mœurs et des mentalités.

8334

Jean Delumeau
La Peur en Occident

Non seulement les individus, mais les collectivités et même les civilisations, sont engagés dans un dialogue permanent avec la peur. Pourtant les historiens n'ont guère jusqu'à présent étudié le passé sous cet angle. Un vide restait à combler que ce livre s'efforce de remplir en nous faisant découvrir une civilisation — la nôtre — dans son intimité et ses cauchemars.   8350

Georges Duby
Le Chevalier, la femme et le prêtre

Pas d'année, presque de mois, voire de semaine où la « crise du mariage » n'agite les « médias », où l'on n'annonce l'imminente dissolution de la famille. Mais que sait-on des origines et de l'histoire de cette institution matrimoniale à la fois si menacée et si endurante ? C'est entre l'an mil et le début du XIIIe siècle, nous montre Georges Duby, qu'elle s'est mise en place, imposée par les dirigeants de l'Église qui rêvaient d'enfermer le peuple laïque dans la cellule conjugale, cadre consacré, contrôlé par le clergé.

Une synthèse magistrale qui a d'ores et déjà pris rang de « classique ».   8376

Norbert Elias
La Civilisation des mœurs

Quoi de plus naturel que nos façons de vivre, que l'on considère la table, l'hygiène ou le lit? Quoi de plus naturel... ou de plus culturel? Les contacts que nous avons avec d'autres civilisations nous montrent, en effet, que notre comportement quotidien constitue un trait culturel parmi d'autres.

Nouvelle édition augmentée d'une revue de presse détaillée qui recense les commentaires nombreux que ce livre souvent surprenant a suscités.

8312

Deux siècles de révolution industrielle
Un dossier de *L'Expansion*   *Inédit*

Il y a deux siècles, partie d'Angleterre, la révolution industrielle déclenchait la croissance économique et sociale d'où est né le monde moderne.

Ces deux siècles d'innovations et de bouleversements ininterrompus, le magazine *L'Expansion* les a retracés pour ses lecteurs dans un numéro spécial qui a connu un très grand retentissement en raison de son originalité et de sa qualité. Grâce à sa publication dans *Pluriel*, ce « dossier » impressionnant, qui était devenu introuvable, est désormais, durablement, à la disposition du public.

8413

Annie Kriegel
Réflexion sur les questions juives *Inédit*

Non pas la *la* question juive — comme on disait jadis la question sociale — abstraite, quasi métaphysique; mais les questions que pose la présence juive dans l'histoire : la vie communautaire, le sionisme, Israël, et leurs corallaires : l'antisémitisme, l'antisionisme, le terrorisme, la guerre et la paix au proche-Orient.

A la fois témoin, historienne et journaliste, Annie Kriegel nous livre ici le fruit d'une réflexion dont l'actualité baigne dans l'eau vive d'une histoire immémoriale.

8423

Pierre Goubert
Louis XIV et vingt millions de Français

Confrontant le monarque à son royaume et à son temps, Pierre Goubert présente une autopsie de la France du XVIIe siècle. Une grande préface inédite de l'auteur fait le point des recherches en cours sur le XVIIe siècle. Une revue de presse détaillée recense les réactions souvent passionnées que ce livre a suscitées.

8306

Serge-Christophe Kolm
Sortir de la crise _Inédit_

Les impôts ne doivent pas augmenter, mais être diminués. Les pouvoirs d'achat doivent cesser de tomber pour s'élever de nouveau, durablement. Le chômage forcé peut être supprimé. La crise que nous traversons est, en France, le fruit des politiques économiques absurdes menées par les gouvernements successifs. Les politiques dites « de rigueur » provoquent un des plus gros gaspillages d'hommes et de moyens jamais vus. Elles résultent d'une erreur de raisonnement élémentaire. Les prétendus spécialistes ne savent rien, se trompent, nous trompent et nous rançonnent.

Un vigoureux plaidoyer anti-crise par un économiste de gauche iconoclaste.   8419

Hubert Landier
Demain quels syndicats? _Inédit_

Toutes tendances confondues, les organisations syndicales ne rassemblent, en France, guère plus de 20 p. 100 de salariés. Encore cette proportion était-elle en diminution ces dernières années. Cette « crise » du syndicalisme ne tient pas seulement au chômage, mais aussi à la sclérose intellectuelle des appareils et de leurs dirigeants, au poids des arrière-pensées politiques, à l'évolution intervenue dans l'organisation des entreprises.

La présence de la gauche au pouvoir pourrait se traduire par un renforcement des appareils et des intérêts corporatistes, mais sans pour autant que les salariés soient mieux représentés. Pour cela il faudrait que les syndicats remettent fortement en question leurs objectifs et leurs méthodes.   8368

Yves Laulan
La Triche

La crise économique mondiale?... Une fatalité? Il faudrait donc se résigner, s'adapter. Yves Laulan affirme tout le contraire : elle est le royaume de la triche où des joueurs, États-Unis, U.R.S.S., Europe, Japon, producteurs de pétrole ont pour seul souci de tricher le plus possible afin d'améliorer leurs gains de croissance et de puissance. Un jeu impitoyable et dangereux dont l'homme moyen est parfois le bénéficiaire, plus souvent la victime, qu'il s'agisse de l'inflation, du chômage, du niveau de vie ou de la paix mondiale.   8385

Jacques Lesourne
Les Mille Sentiers de l'avenir

A l'heure de la crise, de l'inflation et du chômage dans les pays occidentaux, il apparaît plus nécessaire que jamais de s'interroger sur l'avenir. Non pour s'étonner ou se rassurer, mais pour rendre intelligibles les possibles dans leur diversité. Fruit d'années de recherches, ce livre tente de décrire les différentes images de ruptures et de continuités. Il ne se contente pas d'analyser, mais propose une synthèse et suggère des politiques.
Nouvelle édition mise à jour.   8397

Bruno Lussato
Le Défi informatique

Notre avenir dépend de la révolution informatique. Or, dans ce domaine, se déroule actuellement une véritable « révolution dans la révolution ». D'un côté, ce que Bruno Lussato appelle le « grand chaudron » : l'informatique lourde, centralisée, qu'on nous vante sous le nom de télématique. De l'autre, le « petit chaudron » : micro-informatique, privatique, ordinateurs individuels, outils proportionnés aux problèmes à résoudre : une informatique légère, souple, dès aujourd'hui rentable, et qui se révèle un incomparable instrument de décentralisation, de démassification — en un mot : de liberté.   8387

Maurice T. Maschino
Voulez-vous vraiment des enfants idiots ?
précédé de Vos enfants ne m'intéressent plus

Les deux livres réunis dans ce volume ont fait du bruit, et continuent d'en faire à mesure que se multiplient analyses et témoignages qui en confirment le diagnostic accablant : l'éducation est en faillite, l'école ne fabrique plus que des cancres.
Une critique féroce et lucide qui n'épargne pas plus les élèves « joyeusement incultes », les représentants de l'administration, complices, que les professeurs, passifs ou délirants.
Edition revue et augmentée.   8437

Guy Sorman

La Révolution conservatrice américaine

La société américaine se transforme. La jeunesse repousse la contestation, les femmes luttent contre le féminisme, les contribuables contre l'impôt, les Églises les plus conservatrices rallient en masse de nouveaux fidèles, les intellectuels défendent le capitalisme, les syndicats ouvriers s'effondrent, les Noirs dénoncent la politique des droits civils : une révolution conservatrice contre la gauche et contre l'étatisme.

Ce retour de la morale sur fond de crise économique s'accompagne de la disparition des industries périmées. Dans le même temps, déferlent les nouvelles technologies. Cette association du retour aux valeurs traditionnelles et du microprocesseur définit le « nouveau conservatisme » : le modèle américain des années 80.

Édition revue et augmentée. 8431

Jean-François Revel

Comment les démocraties finissent

Et si les démocraties, ces régimes bénis, n'apparaissaient bientôt que comme de minces et précaires parenthèses à la surface de notre Histoire ?

Et si la démocratie n'était qu'une infime péripétie ? Si l'Occident n'était qu'un accident ?

Et si, non point par la force seule, mais par un lent glissement qui nous fait consentir à l'impérialisme soviétique, le totalitarisme devenait le destin même de la planète ?

Édition revue et augmentée. 8422

La Nouvelle Asie *Inédit*

Un dossier de la revue *Politique Internationale* présenté par Patrick Wajsman et François Joyaux.

La « Nouvelle Asie », c'est la Chine, le pays le plus peuplé de l'univers, mais aussi Taïwan, dont les 18 millions d'habitants exportent autant que le milliard de Chinois communistes. C'est le Japon, seconde puissance industrielle du monde libre ; la Corée et l'Indochine déchirées par les deux plus grands conflits de l'après-guerre. C'est enfin le Pacifique, l'un des plus colossaux enjeux stratégiques du monde actuel. Comment cet ensemble mouvementé n'aurait-il pas une influence déterminante sur la vie internationale, et sur le destin de l'Occident ?

Ce volume comporte notamment des contributions de Jacques Guillermaz, Henri Kissinger, Norodom Sihanouk et Alexandre Soljenitsyne.

8416

IMPRIMÉ EN FRANCE PAR BRODARD ET TAUPIN
58, rue Jean Bleuzen - Vanves - Usine de La Flèche.
HACHETTE/PLURIEL - 79, bd Saint-Germain - Paris.
ISBN : 2 - 01 - 009541 - 3